中国社会科学院学部委员专题文集

ZHONGGUOSHEHUIKEXUEYUAN XUEBUWEIYUAN ZHUANTI WENJI

社会转型与中国经验

李培林◎著

中国社会科学出版社

图书在版编目(CIP)数据

社会转型与中国经验/李培林著. —北京：中国社会科学出版社，2013.1
（中国社会科学院学部委员专题文集）
ISBN 978 - 7 - 5161 - 2058 - 3

Ⅰ. ①社… Ⅱ. ①李… Ⅲ. ①社会转型—中国—文集②社会发展—中国—文集 Ⅳ. ①D616②D668

中国版本图书馆 CIP 数据核字(2013)第 002960 号

出 版 人	赵剑英
出版策划	曹宏举
责任编辑	王　茵
责任校对	孙洪波
责任印制	戴　宽

出　　版	中国社会科学出版社
社　　址	北京鼓楼西大街甲 158 号（邮编 100720）
网　　址	http://www.csspw.cn
	中文域名:中国社科网　　010 - 64070619
发 行 部	010 - 84083685
门 市 部	010 - 84029450
经　　销	新华书店及其他书店

印刷装订	环球印刷(北京)有限公司
版　　次	2013 年 1 月第 1 版
印　　次	2013 年 1 月第 1 次印刷

开　　本	710 × 1000　1/16
印　　张	25. 25
插　　页	2
字　　数	401 千字
定　　价	76. 00 元

前　言

哲学社会科学是人们认识世界、改造世界的重要工具，是推动历史发展和社会进步的重要力量。哲学社会科学的研究能力和成果是综合国力的重要组成部分。在全面建设小康社会、开创中国特色社会主义事业新局面、实现中华民族伟大复兴的历史进程中，哲学社会科学具有不可替代的作用。繁荣发展哲学社会科学事关党和国家事业发展的全局，对建设和形成有中国特色、中国风格、中国气派的哲学社会科学事业，具有重大的现实意义和深远的历史意义。

中国社会科学院在贯彻落实党中央《关于进一步繁荣发展哲学社会科学的意见》的进程中，根据党中央关于把中国社会科学院建设成为马克思主义的坚强阵地、中国哲学社会科学最高殿堂、党中央和国务院重要的思想库和智囊团的职能定位，努力推进学术研究制度、科研管理体制的改革和创新，2006 年建立的中国社会科学院学部即是践行"三个定位"、改革创新的产物。

中国社会科学院学部是一项学术制度，是在中国社会科学院党组领导下依据《中国社会科学院学部章程》运行的高端学术组织，常设领导机构为学部主席团，设立文哲、历史、经济、国际研究、社会政法、马克思主义研究学部。学部委员是中国社会科学院的最高学术称号，为终生荣誉。2010 年中国社会科学院学部主席团主持进行了学部委员增选、荣誉学部委员增补，现有学部委员 57 名（含已故）、荣誉学部委员 133 名（含已故），均为中国社会科学院学养深厚、贡献突出、成就卓著的学者。编辑出版《中国社会科学院学部委员专题文集》，即是从一个侧面展示这些学者治学之道的重要举措。

《中国社会科学院学部委员专题文集》（下称《专题文集》），是中国社会科学院学部主席团主持编辑的学术论著汇集，作者均为中国社会科学院学部委员、荣誉学部委员，内容集中反映学部委员、荣誉学部委员在相关学科、专业方向中的专题性研究成果。《专题文集》体现了著作者在科学研究实践中长期关注的某一专业方向或研究主题，历时动态地展现了著作者在这一专题中不断深化的研究路径和学术心得，从中不难体味治学道路之铢积寸累、循序渐进、与时俱进、未有穷期的孜孜以求，感知学问有道之修养理论、注重实证、坚持真理、服务社会的学者责任。

2011 年，中国社会科学院启动了哲学社会科学创新工程，中国社会科学院学部作为实施创新工程的重要学术平台，需要在聚集高端人才、发挥精英才智、推出优质成果、引领学术风尚等方面起到强化创新意识、激发创新动力、推进创新实践的作用。因此，中国社会科学院学部主席团编辑出版这套《专题文集》，不仅在于展示"过去"，更重要的是面对现实和展望未来。

这套《专题文集》列为中国社会科学院创新工程学术出版资助项目，体现了中国社会科学院对学部工作的高度重视和对这套《专题文集》给予的学术评价。在这套《专题文集》付梓之际，我们感谢各位学部委员、荣誉学部委员对《专题文集》征集给予的支持，感谢学部工作局及相关同志为此所做的组织协调工作，特别要感谢中国社会科学出版社为这套《专题文集》的面世做出的努力。

《中国社会科学院学部委员专题文集》编辑委员会

2012 年 8 月

目　　录

社会转型理论研究

社会学学术史研究

中国经验研究

社会分层研究

社会管理和社会政策研究

乡村发展研究

社会转型理论研究

另一只看不见的手：社会结构转型

经过十几年的改革开放，中国已进入一个新的社会转型时期：转型的主体是社会结构；转型的标志是：中国社会正在从自给半自给的产品经济社会向有计划的商品经济社会转型；从农业社会向工业社会转型，从乡村社会向城镇社会转型，从封闭半封闭社会向开放社会转型；等等①。本文试图对这一问题从理论上作进一步的阐述。

人们一般认为，就影响中国资源配置和经济发展的力量而言，存在着两只手：一只是有形的手——国家干预，一只是无形的手——市场调节。实际上，由于中国社会目前正处在一个结构转型时期，并且中国经济处于含义更加广泛的非平衡状态，因而对于中国来说，还存在着第三只手，即另一只看不见的手，这就是社会结构转型。从一定意义上说，在整个社会转型时期，结构转型作为一种无形的巨大力量，将以它特有的方式规定着社会发展的趋势和资源配置的方向，这种力量用国家干预和市场调节都是无法概括的。在一般的发展过程中，这种力量只是一种潜在的推动力，而在新旧两种体制的转换过程中，这种力量的作用日趋明显。

一　社会转型的概念界定

（一）社会转型是一种整体性发展

在描述一个国家的现代化过程时，"增长"和"发展"这两个概念常常被交替使用。在很多场合，它们是可以互相替代的。然而，这两个概念之间存在着一些基本的区别，代表着两种发展观。

---

① 参见陆学艺、李培林主编《中国社会发展报告》，辽宁人民出版社 1991 年版。

经济增长指的是国民生产总值或国民收入的提高。只要一个国家的商品产量和劳务量相对于人口增长来说提高了，就可以把它看作经济增长了。第二次世界大战结束后，世界进入一个相对和平的发展阶段，大多数国家的发展重点转移到经济建设方面上来，在理论上也形成了以经济增长为核心的发展现，这就是我们现在常说的"传统发展战略"，这一战略的主旨就是以国民生产总值或国民收入的数量增长为目标。这个时期在理论上出现了较有影响的哈罗德—多马增长模型、罗宾逊增长模型、贫困恶性循环论、大推进理论等等。联合国在第一个发展十年（1960—1970）中，也规定了不发达国家的基本发展目标是国民生产总值增长率不低于6%。1969年应世界银行的要求提出的"皮尔逊报告"以及1970年联合国第二个发展十年所提出的"廷伯根报告"，也都代表了这种传统发展观，即认为经济的增长是发展的捷径，只要把蛋糕做得大一点，就可以有更多的剩余分配，从而最终消除贫困现象。此外，西方发达国家为了在殖民体系崩溃以后继续享有传统的原料供应基地和商品销售市场，也运用各种手段把第三世界纳入发展资本主义经济的轨道，并希望西方发达国家的经济增长效果能够有"示范效应"。基于这种背景，在整个50年代和60年代，西方理论界存在着普遍的"增长热"，报纸、广播和政治演讲中充满了各种关于经济增长的词汇。

但是，到70年代初，资本主义国家开始出现"滞胀"的困难局面。不可再生的资源大量消耗，片面增长带来环境的日趋恶化，受害更多的是发展中国家。战后几十年的实践表明，单纯的经济增长并没有真正消除贫困，而且由于发展的畸形，造成贫富悬殊、利润外流、债台高筑、资源短缺、环境污染严重、城乡差别进一步拉大等等。平民教育、社会福利、医疗保健、生态环境、社会公平等社会进步因素都被当作经济增长的代价牺牲掉了。在此情况下，曾经一度在欢快的气氛中十分响亮和时髦的"增长"一词，似乎突然蒙上了悲观的色彩。

"无发展的增长"这句名言大概是对以上状况的精辟概括。它表明，社会发展是一个整体的概念，应该包括经济增长在内的人民生活、科技教育、社会保障、医疗保健、社会秩序等各个方面，其中经济社会结构的转型是发展的最本质内容。

(二) 社会转型是一种特殊的结构性变动

在描述社会转型的理论中,"传统"是一个被用滥了的术语。它往往被作为一种社会结构的类型,与落后的、不发达的、静止的状态相联系,从而带有贬义。与传统相对应的另一端是现代社会,一切先进的、发达的、动态的特征都被归于这种类型,所以说,在西方古典的现代化理论中,把社会结构的类型分成对应的两极是一种"通病",如梅约的身份社会和契约社会,斯宾塞的军事社会和工业社会,迪尔凯姆的"机械团结"社会和"有机团结"社会,莱德菲尔德的民俗社会和都市社会。韦伯的前现代社会和现代社会,贝克的宗教社会和世俗社会,等等。所有这些社会类型二分法学说最终得到一种经典的概括,社会被归结为"传统"与"现代"两种基本类型,二者之间似乎存在着一道难以逾越的门槛,只有一朝跨过才能进入现代社会。

事实上,在所有这些理论中,人们对"传统"的界定往往是十分含混的。西方现代化理论家们习惯于把西方发达国家作为现代社会的理想类型,然后从这种类型的反面去推导传统社会的特征,似乎传统与现代之间是泾渭分明的,而在所有那些被称为"传统"的东西中,最具有传统特征的又是价值观、行为规范、心理状态、信仰等非经济因素或非物质文化。近三十年来,东方一些国家的现代化道路对这种"思维定式"提出了严峻挑战,如东亚和南亚的一些国家和地区虽然已经达到发达或较发达的水平,但他们的民族精神、人际关系、组织管理方式和文化氛围等都还是很"传统"的,被称之为"东方特色"。与此同时,一些拉美国家和中东石油输出国,虽然建起了外观非常现代化的城市,有豪华的宾馆和出售高级奢侈品的商店,甚至人均收入也比较高,但人们仍普遍认为他们并不属于现代化国家。

由此我们可以看出,真正决定一个国家是否实现现代化的因素并非是与自身文化传统的完全决裂,而是社会结构的转型,因为如果从深层意义上来理解,传统本身就是一个蕴含着过去、现在和未来的动态积淀过程。古典现代化理论家由于在理解社会结构的含义时偏重于狭义的文化和囿于西方的发展模式,所以他们的某些结论往往背离了他们的初衷。

我们说社会转型是一种特殊的结构型变动，这有三层含义：一是指它不仅意味着经济结构的转换，同时也意味着其他社会结构层面的转换，是一种全面的结构性过渡；二是指它是持续发展中的一种阶段性特征，是在持续的结构性变动中从一种状态过渡到另一种状态，正如美国哈佛大学教授、世界银行顾问钱纳里在提出结构转换概念时所说的，"在描述经济发展的过程时，我们试图用从一种状态到另一种状态的转换这个概念，取代欠发达国家与发达国家之间的二分法概念"[①]；三是指它是一个数量关系的分析概念，是由一组结构变化的参数来说明的，而不仅仅是一般的宏观描述和抽象分析，关于这一点，我们在下面将作更加深入的探讨。

（三）社会转型是一个数量关系的分析概念

事实上，把数量分析引入对结构性变动的考察，这标志着人们对结构问题的一种重新发现。

注重社会结构和事物的空间安排，这是人类的一种古老的兴趣。但直到进化论出现以前，在社会科学领域，人们对社会结构的探索仍主要是一种静态研究。社会学的创立使人们把对社会结构的研究与社会过程联系起来，即在研究社会运行过程中考察社会结构的变动。但是，那时人们的主要关注点是探索历史表象背后的统一规律。亚当·斯密在经济领域发现的那只"看不见的手"，无疑是这种努力的重要结果，同时也为推动这种努力打了一针兴奋剂。但自此以后，人们对"统一规律"（如结构变动的三段式逻辑）的探索都没有超出抽象分析和经验观察的局限性。

直到20世纪60年代末70年代初，人们才在社会领域对结构问题重新有所发现。这种重新发现的标志之一，就是把数量分析引入对经济社会结构的考察。诺贝尔经济学奖获得者西蒙·库兹涅茨在1966年推出《现代经济增长》一书。他通过对大量历史统计数据的模型分析，对经济增长中的产值结构、产业结构、收入分配结构、消费结构、国际依赖关系等诸方面的变动，都进行了多国之间的比较研究。特别难能可贵的是，作为一个经济学家，他还对与社会结构的经济特征相联系的非经济特征（如人口格

---

① 钱纳里等：《发展的格局》，李小青等译，中国财政经济出版社1989年版，第147页。

局、政治结构、文化特征、社会整合程度等）尽可能地进行了数量分析①。另一位诺贝尔经济学奖获得者阿瑟·刘易斯提出的二元经济论，从另一个方面引起人们对结构问题的重新关注，他从研究"劳动力剩余经济"入手，考察了"传统经济部门"和"现代经济部门"的相互联系②。他用结构分析方法建立的二元经济模型，已成为人们分析发展中国家结构变迁和转型的重要理论框架之一，这种理论框架对于研究发展中国家的城乡关系、劳动力转移、收入分配结构等具有特殊的意义。

事实上，把数量分析引入对经济社会结构的考察是对传统—现代二分法的一个有益补缺，因为它可以使我们更清晰地看到经济社会结构不同层面的变动时序和具体的变动轨迹。在这方面的研究中，更具代表性的是钱纳里的研究。他正是通过经济增长长周期的数量分析在理论上把结构转变和工业化过程紧密地联系起来。早在70年代初，钱纳里根据掌握的统计资料，对100个经济发展程度不同的国家在"二战"后20年中（1950—1970）的经济结构变动趋势进行了数量分析。他以人均国民生产总值为标准，把发展过程分为从人均100美元到人均1000美元9个阶段，然后考察每一阶段上经济社会的10个方面共27个相关变量的变动趋势，以期了解处于不同发展阶段的国家所具有的结构变动特征。这10个方面被分成三大类：一是积累过程，包括投资、政府收入和教育；二是资源配置过程，包括国内需求构成、生产结构和外贸结构；三是人口变化及分配过程，包括劳动力构成、城市化、人口变化和收入分配③。

从60年代初开始，社会学家也在探索以数量指标考察社会结构的变动。那些描述现代化社会结构特征的数量指标，一般被称为社会结构转型的"临界点"。美国斯坦福大学社会学教授 A. 英克尔斯在对亚洲、非洲和拉丁美洲6个不同类型发展中国家进行大量抽样调查后，提出了现代化国家结构特征的10项指标。这个指标体系除选用了一些主要经济指标外，还包括了成人识字率、大学生占人口比重、人口净增率、平均预期寿命等

---

① 参见西蒙·库兹涅茨编著《现代经济增长》，戴睿、易诚译，北京经济学院出版社1989年版。
② 参见阿瑟·刘易斯《二元经济论》，施炜等译，北京经济学院出版社1989年版。
③ 参见钱纳里等《发展的格局》，李小青等译，中国财政经济出版社1989年版，第9页。

一些公认的重要社会指标，从而反映了社会发展观在近几十年中发生的深刻变化①。

从以上我们对社会转型的概念界定中可以看到，社会转型的主体是社会结构，它是指一种整体的和全面的结构状态过渡，而不仅仅是某些单项发展指标的实现。社会转型的具体内容是结构转换、机制转轨、利益调整和观念转变。在社会转型时期，人们的行为方式、生活方式、价值体系都会发生明显的变化。

二　中国社会结构转型的特点

社会结构转型并非社会主义社会发展中的特有现象，而是现代化过程中的一个过渡性阶段。但是由于中国社会在历史背景、文化背景、资源背景等方面的特殊性，使中国社会结构的转型表现出若干不同于一般发展进程的特点。

（一）结构转型与体制转轨同步进行

社会结构转型和经济体制改革如此密切地联系在一起，这在其他国家的现代化过程中是很少见的。中国目前的社会结构转型，原因是多方面的，但最直接的动因是经济改革，这是确定无疑的。

首先，经济改革和对外开放促成各种新要素的产生和导入。在体制要素方面，建立起以公有制为主、多种经济成分并存的新所有制结构，改革了原有的高度集权的组织体制，使生产管理体制、流通体制、金融体制、财税体制、价格体制、分配体制、外贸体制等都发生了深刻的变化。在规范要素方面，初步建立起与商品经济相适应的规范体系。这特别是指引入了市场竞争机制，市场的扩大使资源的流动性显著增强，以职业分化为主体的各种社会分化成为必然趋势，并随之产生各种新型经济——社会组织和职业群体。新的规范体系已不再是以管严管死为内在要求，而是以资源的合理流动为前提。在技术要素方面，改革开放以来，我国已引进各种先

---

① 参见 Inkeles and Smyth, *Becoming Modern*, Harvard Univerity Press, 1974。

进技术两万多项。在社会变迁中，技术是一切新要素中的主导要素。因为技术的发明创造所改变的，并不仅仅是生产能力，它会使人们的整个生活方式和行为方式都发生变化。关于这点，只要看看近十几年来家用电器的迅速普及给人们的生活带来的变化就会一目了然。在观念要素方面，商品观念、效益观念、时间观念、法制观念和社会参与等观念的形成，使人们的总体价值观念迅速变化，极大地改变了人们的思维方式。

在拥有广播、电视、电影、广告、报纸、书刊、电话、传真、电脑网络等现代信息传载手段的社会中，这些新要素的产生和导入得到迅速的传播、扩散和生长，从而使社会结构在各个层面都发生了或快或慢的变化。

然而，这还只是问题的一面。从另一面来看，在体制转轨过程中，由于旧的传统体制已被打破，社会现实在一些深层次上发生变化，过去的某些社会整合方式已不再适应现实的要求，而新的社会体制尚未完全建立起来，新旧两种社会体制、秩序规范和机制的并存交替局面将会持续一个较长时期，由此而产生的各种摩擦、矛盾和冲突会在一定时期内表现得异常激烈。另外，体制改革的过程从根本上说也是利益格局调整的过程。在这种调整过程中，多数人会从改革中获益，但也有一部分人会暂时失去一些利益；放权分权的过程会使一些组织和个人失去原有的权力；在收入水平普遍提高的情况下，由于一部分人通过劳动先富裕起来，会使另一部分人的相对收入地位下移。加之在利益格局调整过程中由于体制不完善而产生的利益分配不公等现象，都会使利益差距拉大的同时伴随着各种利益摩擦和冲突。与此同时，在结构转型时期，各种结构性要素都处于变化之中，具有极大的流动性、过渡性和不稳定性。城乡之间、地域之间、行业之间、经济层面与社会层面之间、物质层面与精神层面之间，都会出现发展的不平衡和不协调。最后，功能分化的加强和持续，社会流动的增加，社会晋升渠道的多样化，这些都使人们的身份和角色处在一种变动的状态，从各个层面上表现出一种"模糊性"。这种"模糊性"往往使个人和组织丧失对自身角色及其角色规范的认同，陷入经常性的角色冲突中，如企业所陷入的作为行政主管部门下属和市场竞争主体的矛盾，乡镇企业工人所呈现的农民户籍身份和工人职业身份的矛盾等等。

总之，在结构转型和体制转轨同步进行的情况下，结构冲突、角色冲突与体制摩擦、机制摩擦、利益摩擦等互相交织在一起，互相牵制，增加了结构转型的难度，也使情况更加复杂化。人们在处理各种冲突中往往顾此失彼，投鼠又忌器。

（二）政府和市场的双重启动

在中国社会结构的转型过程中，政府和市场表现为两种不同的推动力量，但是这两种力量的巧妙结合，的确是世界现代化过程中的一个范例。我们在前面已指出，经济改革和对外开放是中国社会结构转型的最直接动因，由于改革开放极大地促进了生产力的发展，所以也可以说它是最根本的动因。从政府的作用来看，经济体制改革是由党和政府发动的。1978 年党的十一届三中全会确定将工作重点转移到经济建设的轨道上来，并随之颁布了一系列的改革措施。1987 年党的"十三大"提出建立有计划商品经济新秩序，制定了一整套的改革方案，改革开放始终表现为一个倡导、宣传、试点、推广的过程。另一方面，从市场作用来看，由于改革是以市场为取向的，改革直接表现为市场作用的扩大。在调节供求关系和资源配置方面，市场已逐步成为主要的力量，而且市场已不是作为个别、单一的因素介入经济社会生活，而是逐步发育成一个完整的体系。在消费品、中间产品和基础产品方面建立的商品市场以及在资金、劳动力、土地、技术、信息等方面建立的生产要素市场，已经使市场的作用扩展到整个经济领域。市场机制一旦导入，市场体系一经建立，就成为一种不可抗拒的外在力量，不以人们的主观意志和愿望为转移，从而使结构转型成为一种不可逆的趋势。

我们发现，在中国社会转型的过程中，政府力量和市场力量的巧妙结合，得益于三方面的条件：一是顺乎民心民意。改革开放从根本上说是反映了广大人民群众的实际要求，而且"包产到户"、"家庭联产承包责任制"、"乡镇企业"这些改革中出现的新生事物都是人民群众在求生存、求发展过程中的伟大创造；二是坚持使大多数人获益的原则。尽管改革是复杂的利益格局的调整过程，很多方面的利益差距会拉大，但由于坚持使大多数人从直接的经济增长中获益，普遍地改善和提高了人民的生活水平，从而使经济改革获得广泛的支持，也大大增强了人们对结构转型和体制变动的经济承受能力和心理承受能力；三是顺应结构转型的历史潮流，坚持在实践中探索和不断总结经验，调整政策。政府主动的不断"纠偏"，取消那些与市场机制的作用相抵触的做法，政府干预不再作为一种超经济的强制力量，而是作为对市场的有效补缺。

在目前世界各国的发展中，政府与市场的相互作用已越来越成为人们谈论的主题①。在这些谈论中有两种较为流行的观点，一是政府干预和市场调节的二分法，这实际上是把二者有形或无形地对立起来，看成两种相互背离的力量，主张市场决定论的一方往往把政府干预斥为国家强制，而主张政府干预的一方又把完全的市场竞争斥为放任主义；另一种与此相联系的流行观点认为，发达国家的现代化经验表明，市场是经济持续发展唯一可依靠的力量，政府的干预越少越好，政府只应当管理那些在市场之外或市场无法决定的事情。

毋庸否认，竞争性的市场是迄今为止人类发现的有效地进行资源配置和从事生产的合理方式。但是，市场不能在真空中运转，它需要只有政府才能提供的法律和规章制度体系。另一方面，任何市场都是有缺陷的，市场不可能在一切领域的一切方面都起到自发调节作用。政府的很多作用是市场无法替代的，如基础设施和教育投资、减少贫困、控制人口、保护生态环境等，这在几乎所有的国家都是由政府主要负责的。在中国，政府干预的必要性除了因为市场的不完善和法律体系、体制的不完善，还因为一些特殊的情况：一是非均衡的经济和不平衡发展同时并存，矛盾交织在一起，不能单靠市场协调；二是社会关系中血缘、地缘、宗族等情感因素仍起重要的联结作用，尚未建立商品经济所要求的以"事由"为根据的普遍契约关系；三是中国实行的是渐进式的改革，在探索过程中政策调整始终是必要的力量，法律和体制的完善也要有一个过程。

重新考虑国家的作用是发展理论的新课题。这里的关键是国家如何干预，也就是说什么是"有效干预"。从中国改革的经验来看，有效干预的前提是有利于充分发挥市场的调节作用，换句话说，要求企业转换机制，

---

① 世界银行的专家们在1991年《世界发展报告》的绪论中说："发展的核心问题也是本报告的主题，是政府与市场的相互作用。"中国财政经济出版社1991年版，第1页。

政府要首先转换职能。国家干预应主要体现在利用税收、信贷、利率、汇率等经济杠杆进行宏观调控，而不是直接干预微观经济活动。此外，在不应当由企业负责和不能完全依靠市场的领域，如福利事业、社会保障、教育、科研、医疗保健、环境保护、消除地区贸易壁垒、控制收入差距等方面，政府应发挥更大的作用。最后，在维持社会秩序稳定、打击犯罪、搞好精神文明建设、铲除公平竞争的障碍和建立社会主义商品经济新秩序等方面，也应主要依靠政府和法制的力量。

（三）城市化过程的双向运动

根据中国第四次人口普查的统计数据，1990 年全国市镇人口占总人口的比重是 26.23%，这个比重水平不但远远低于高收入国家（75% 以上）和中等收入国家（50%—60%），也低于低收入国家的平均水平（1988 年为 35%）。从表面上看，这个比重水平与改革以来大大加速的职业分化和城市化进程是不相符的。但实际上，它反映了中国城市化道路的一个独有特点，即城市的扩展辐射与农村自身城市化的双向运动。

按照世界各国城市化的一般规律，城市化过程一般分成三个阶段：第一个阶段表现为农村人口的大量外流，向城市集中，城市数量、城市人口和城市地域规模都迅速扩大，城市成为国家整个经济发展的主体，城市聚集效益明显；第二个阶段表现为城市郊区化和城市群区的形成。在这个阶段，富人和中产阶级为了躲避城市中心拥挤、嘈杂、污染和昂贵的地价，纷纷把住宅迁往郊区，使郊区生活繁荣起来，一些原来毗邻的城市也随之连成一片，形成城市群区，如美国洛杉矶城市群区、日本东京—横滨城市群区等。第三个阶段表现为所谓的"逆城市化"趋势，这个阶段城市人为追求乡村的恬静生活和清新空气，纷纷在乡村建立第二住宅，乡村生活获得惊人的复兴，但乡村中的大多数人都已不是以农业为职业[①]。这三个阶段的一个共同特点，就是城市的扩大和向乡村的辐射。

但在中国，城市化过程却表现出它的特殊性。城市化不仅表现在城市

[①]　参见孟德拉斯《农民的终结》（中关于乡村生活复兴的描述），李培林译，中国社会科学出版社 1991 年版，第 301—308 页。

的扩大和向乡村的辐射，更主要的趋势是乡村自身的城镇化，形象一点说，城市化趋势具有"农村包围城市"的特点。一方面，改革以来乡镇企业迅猛发展，农村的剩余劳动力绝大多数都靠乡镇企业吸收，劳动力的转移主要表现为农业人口外流，而不是农村人口外流，即所谓"离土不离乡，进厂不进城"。这就使农业劳动者比重的减少和城市人口比重的增加并非是同步的。统计上的"农业人口"更主要的是一个户籍概念，而不是一个职业概念。在一些经济较发达的地区，很多名义上的"村"甚至"乡"都不再是以农业为主，80%以上的劳动力都是从事非农产业，生活也已十分城镇化，但他们仍然属于"乡村"；另一方面，改革以来在各类规模的城市中，乡村中的镇发展得最快，"镇"人口在全国城镇人口中的比重已由80年代初的30%上升到目前的50%左右，而镇的发展主要是依靠乡镇企业的经济支持和乡村中各种非农产业的专业化、社会化和集中化。总之，镇是被纳入乡村社会并作为乡村社会的网络中心而存在的，因而从一般意义上说，镇的发展首先属于乡村的发展。此外，中国有相当多的城市往往本身就是城乡结合体，特别是那些近若干年来由县升格为市的地方。在那里，乡村区域并不表现为城市郊区，而是城市被纳入乡村社会网络并成为乡村发展的中心。就是农村中"离土又离乡"的那一部分人口，他们季节性的或全年到城市从事建筑业和各种第三产业，但他们的"根"，也就是中国传统意义上的"家"仍在农村，在统计上和户籍上，他们的身份仍是"农民"。

中国城市化过程之所以形成双向运动的特点，主要有三个方面的原因：一是中国的改革是从农村开始的。改革以来最巨大、最显著的社会结构转变发生在农村，农村的发展快于城市，而且更加灵活、更加多样；二是事实上的城乡壁垒（如限制人口流动的户籍制度，城市居民的粮食和副食供应制度、住宅制度，教育制度、医疗制度、就业制度、社会保障制度、劳动保护制度等等）依然存在，从而使乡村地区的城市化更多地表现为自身的结构转变；三是由于中国人口负担过重，在城市基础设施（如交通、水、能源、住宅等）和生活服务设施尚不完善的情况下，大城市的人口承载能力不高，极大地限制了城市的拓展和辐射能力。

中国城市化双向拓展的特点为存在着二元结构的发展中国家提供了另

一种城市化道路的类型。它使中国避免了因农村人口在短时期内大量外流而带来的乡村荒芜、社会震荡和种种由此引发的社会问题，减少了城市的人口压力，促进了乡村生活的繁荣，但城市化中心的分散和城乡的相对分离也造成环境污染在乡村地区的扩散并使城市聚集经济效益受到影响，特别是农村剩余劳动力的转移受到极大限制。

（四）转型进程中发展的非平衡

发展的非平衡与经济的非均衡是完全不同的两个概念，前者是指发展过程中各地区各领域之间的不平衡状态，尤其是指结构转型过程中的失衡状态，后者则是经济学中的专门概念，是相对于瓦尔拉斯均衡而言的，特指在市场不完善和价格不能自行调节供求关系的情况下达到的经济均衡。这两种情况在中国都表现得比较突出，并相互交织在一起，但比较起来，发展的不平衡对中国结构性转型的制约更大。

中国发展的不平衡首先表现在地域上。中国地域辽阔，自然条件相差很大，长期以来在发展水平上就存在东部、中部、西部之间的"梯度发展格局"，富庶地区多在东部，而贫困地区多集中在西部。改革以后，东南沿海地区率先对外开放，建立经济特区、沿海开放城市和经济技术开发区，对外开放分成不同层次的格局与原有的梯度发展格局大致吻合。由于近十几年来沿海地带的发展速度明显高于内地，特别是大大高于西部，从而拉大了东部和西部的差距，从某种意义上说，更加强化了原有的梯度发展格局。

发展的不平衡更表现在城乡之间。城乡壁垒的存在和城乡相对隔离的状态明显地反映了中国的城乡二元结构。虽然改革开放以来农村发生巨大变化，农民生活水平显著提高，农民向非农产业的转移和向城市的流动冲击着原有的城乡二元结构，但城乡二元格局依然存在，而且城乡差距在某些方面有进一步拉大的趋势。随着各种非农产业的迅速发展，农业本身越来越成为最不经济的产业，城镇居民家庭人均生活费收入与农民家庭人均纯收入之间的差距越来越大，农业份额比重越大的区域往往也就是经济越不发展的区域。加之贫困落后的农业区域对劳动力的依赖和社会保障的欠缺，人口的增长往往更快，从而进一步加剧了发展的不平衡。

　　发展的不平衡还表现在产业结构方面。从 80 年代初开始，发达国家已出现明显的从资本密集型产业向技术密集型产业转移的趋势，因为技术密集型产业的利润率一般都大大高于平均利润率。我国虽然在许多领域拥有高新技术并处于领先地位，但在总体应用领域，仍以劳动密集型产业为主，少数高精技术部门和绝大多数技术落后、劳动密集部门的并存，是反映发展不平衡的一个重要方面，我国每年研究出一万多项科技成果，但能得到应用的只占 20%—30%。

　　发展的不平衡也表现为经济发展与社会发展的不平衡。由于改革主要是在经济领域进行的，社会改革相对滞后。较之经济的发展，科技、教育和社会保障等方面的发展远远不能满足结构转型的需要。这种滞后的影响在改革初期并不明显，随着改革的深入，社会发展滞后造成的一些深层次问题逐步暴露出来。

　　最后，中国作为一个人口大国，人均自然资源会始终处于相对短缺的状态，结构转型也会受到某些不可超越的条件限制，从而使转型时期持续的更长一些。特别是人口的重负，将越来越成为结构转型的巨大障碍，在许多方面会改变常规的转型过程。研究和分析中国社会发展的任何问题，都不能忽视人口重负的影响。

三　结构转型的力量所在

　　在整个社会转型时期，结构性变动会成为不同于政府干预和市场调节的第三种力量。事实上，人们已经越来越清醒地认识到，所谓发展，就是社会结构的成功转变，而这种转变一经启动，由于它所带来的明显利益和效果，便会造成一种不可逆趋势和巨大的推动力量，同时也形成一种无形的压力。

（一）结构转型形成的不可逆趋势

　　乡镇企业近十几年来的发展，是说明结构转型形成的不可逆趋势的一个很好的例证。乡镇企业是在中国城乡相对分离的环境中顺应工业化的潮流而成长起来的特殊产物。它在发展的初期，就被人们称为"野孩子"。

一个"野"字，体现出它的强大生命力。这种生命力之强大，习惯中被描述为"异军突起"。十几年前还无足轻重的乡镇企业，现在不仅成为农村经济的主要支柱，而且也成为国民经济的主要支柱之一。但是，对于乡镇企业，长期以来一直有不同的认识，特别是前一个时期，曾刮起一阵贬低乡镇企业的风，一时间乡镇企业似乎成为万恶之源："与国营企业争原料"，"造成社会总供给与总需求的失衡"，"挖社会主义的墙角"，"腐蚀党政干部"，"败坏社会风气"，等等，很多地方出现了砍乡镇企业和拿乡镇企业"开刀"的现象。但是，在1990年，乡镇企业在市场疲软、经济效益普遍下降和自身有所压缩的情况下（据估计，实际从业人员比上年减少约1000万人），总产值仍达到8461.6亿元，上缴国家税金410亿元，分别比上年增长13.9%和19.0%。1991年，全国乡镇企业产值突破了1万亿元大关，达到11611.8亿元，连续数年以每年增长1000多亿产值的速度发展。这种发展势头是难以逆转的，因为乡镇企业已成为振兴农村经济的必由之路（占农村社会总产值的59.2%），是发展农业的重要经济支柱（用于以工补农建农资金86.5亿元，用于支援农村各项建设资金162.8亿元），是农村剩余劳动力转移的主要渠道（吸纳22.3%的农村劳动力），是增加国家财政收入的重要来源（上缴税金占国家税收的15.2%），是提高农村家庭生活水平的可靠保证，是出口创汇的一支生力军（占我国创汇约1/5），同时也是城市工业配套产品和社会消费品的主要供应者之一[①]。总之，乡镇企业的发展业已成为整个社会结构转型中不可或缺的一环。

另一个很好的例证是第三产业的发展。第三产业比重的大幅度提高是结构转型的基本要求之一。现在，发达国家第三产业占国民生产总值的比重在60%以上，中等收入国家在50%左右，低收入国家平均在35%—40%，而我国还不到30%（1991年为26.8%）。在80年代末期，很多人把当时出现抢购风和高通货膨胀归咎于所谓的"经商热"或"全民经商"。甚至至今仍有不少人认为，第三产业不创造价值，发展第三产业只是把工业利润转移到流通领域和其他方面，让个体户和"倒爷"们发了横财。这实际上是一种非常偏执的看法。首先，第三产业是一个非常宽泛的

---

① 本文中凡未注明出处的数据均来自《中国统计年鉴》。

概念，它主要包括三大类行业：一是金融、保险、邮电、外贸、航空、铁路等经济要害部门；二是直接与生活消费有关的商业、饮食业、服务业、住宅、公共交通、文化娱乐、教育、医疗卫生、广播电视、新闻出版等行业；三是咨询、信息、技术服务、旅游等新兴服务行业。这些行业有些虽然不直接创造价值，却参与了价值的实现，是价值创造中不可缺少的一环。其次，在目前的发达国家和大多数发展中国家，第三产业就业人数占社会就业人数的比重一般是高于或相当于其产值占国民生产总值的比重，而我国第三产业是以 18.8% 的就业人数实现了 26.8% 的国民生产总值（均为 1991 年数字），第三产业的就业人数比重大大低于其产值比重；与此同时，我国有 1 亿多农村剩余劳动力和几百万城镇待业人员在寻找就业出路，发展第三产业实在是既利国又利民。可"八五"计划第一年，第三产业增长速度只有 5.3%，既低于计划要求（"十年规划"和"八五计划"要求，平均每年第三产业增长 9%，农业增长 3.5%，工业增长 6.5%），也低于当年国民生产总值实际增长 7% 和工业实际增长 14.2% 的速度。第三，我国正在从温饱走向小康，消费结构发生显著变化，消费取向呈多样化，此外，随着从产品经济向商品经济的转变和市场力量的显著增强，金融、保险、信息、房地产、技术服务等行业变得更为重要，第三产业急需有更快的发展。总之，第三产业的发展也是一种结构转型的大势所趋。

与第三产业的发展相关的另一个有争议的问题是农民的进城谋生。据比较保守的估计，全国进城谋生的农民有上千万人，在农闲季节，人数还要更多。在很多报刊甚至研究专著中，他们都被冠以一个带有贬义的称号——"盲流"，因为他们造成"交通拥挤"、"城市超载"甚至"犯罪率较高"。其实"盲流"不盲，他们完全是顺应乡村社会向城镇社会、农业社会向工业社会的转型趋势，进行有目的、有方向的流动。他们承担起很多城市人不屑于做的脏、累、重的工作，促进了市场的繁荣。对他们要加强管理，引导和制定行为规范是一回事，对这种流动趋势的判断则是另一回事，二者不可混为一谈。

总之，乡镇企业和第三产业的发展、农民进城以经济手段谋生，如此等等，都是结构转型形成的不可逆趋势，不管人们的主观意志和看法如何，它们必然会冲破各种框框的限制，为自身的发展开辟道路。顺应这种趋势，把这种发展纳入正常轨道并积极地加以促进的地区，就会从中获得更多的利益；反之，如果只是一味的"堵"，就会在这种发展的冲击下不知所措，从而加剧结构性冲突甚至引发社会震荡。

（二）结构转型造成的变革压力

我们知道，国营企业的改革目前呼声很高，在体制上有了新的突破。一些地区的国营商业企业实行了"四放开"（即放开价格、工资、经营范围和用人制度的管制），国营工业企业正在被推向市场，并在积极筹划、试点股份制，即以改革产权制度、组织人事制度、劳动就业制度和工资分配制度作为转变企业机制的突破口。国营企业在经过几年的改革探索之后能够迈出这具有决定意义的一步，显然是由于变革压力的存在。

然而，变革的压力来自哪里呢？比较明显的答案是来自政府干预：党和国家领导人一再强调要搞活大中型企业，邓小平同志南方视察之际再三督促加快改革开放的步伐，国务院布置一系列深化企业改革的措施，国家体改委发布企业改革的重点方面，等等。看来，能够把企业"推向市场"的似乎首先是政府。另一种答案是变革的压力来源于市场：近几年我国的消费市场、生产要素市场和劳务市场都已基本形成并更加完善，国家牌价和市场价的差距大大缩小，有效供给能力显著增强，短缺经济下国有企业的垄断优势丧失，市场已逐步从卖方市场转向买方市场，特别是在市场疲软和国家信贷紧缩的情况下，国营企业经济效益的持续下降，迫使企业除改革之外已没有其他退路。这两种答案看来都是很有道理的。然而，也应当看到，一方面，国营企业转换机制与政府转换职能是同一个过程，因为这实际上是要求把不应当由政府来管的事情交给企业自主决定，同时把不应当由企业承担的事情交给政府和社会来管，所以说，政府和企业一样，也面临着变革的压力；另一方面，市场体系也是企业的行动系统，没有企业的积极参与，市场本身是很难充分地发挥自发调节作用的。此外，即使是那些产品适销对路和经济效益较好的国营企业，也仍然强烈地感受到变革的压力。由此可见，变革的压力还有另外的一个来源，这就是经济社会结构的转型。

我国从乡村社会向城镇社会的转变中，农村存在着的大量富余劳动力顺应这一趋势,迂回地绕过城乡壁垒的阻隔,投入乡镇企业和小城镇的建设。乡镇企业借助农村低价劳动力的优势和从夹缝中生长的应变能力,迅速壮大起来,成为强大的竞争力量,使国营企业明显地感受到这种潜在的压力。而国营企业尽管有较好的设备和较高的技术水平,但在劳动密集型企业仍占主体的情况下,劳动力的管理费用却并不像人们想象的那么便宜。如果考虑到各种福利费用、非生产性开支以及就业不足和劳动效率低下等因素,这种判断的理由就更加充分。国营企业在劳动就业制度方面的最先突破,即对来自农村的临时工的大量雇用。这实际上已经反映了结构转变的压力。

在我国从封闭半封闭社会向开放社会的转变中,利用这一趋势而迅速兴起的"三资"企业也很快显示出实力,成为国营企业又一个有力的潜在竞争对手,也再一次使国营企业感受到变革的压力。这次,竞争对手主要凭借的不再是低价劳动力和夹缝中生长的应变能力,而是技术实力、产品质量和出口导向。它们一只眼盯着国际市场,另一只眼也盯着国内巨大的潜在市场,在中国最有利的经济地带站稳了脚跟。那种国营企业一经"合资"便"模样"大变的现象不能不令中国企业界人士"痛定思痛"。

以上所分析的现象都还属于那种明显的事实,似乎还不足以显示结构性压力的潜在特性。我们可以把目光从企业改革的热点转向静悄悄的农村改革。在建立农业生产服务化体系的过程中,一些地方又试图把这一体系纳入行政轨道。它们以社会统筹的方式向农民征集资金,用于建立和资助农业服务组织,然后以无偿和低偿的形式向农民提供服务。但这并没有受到农民的欢迎,因为农民觉得他们被"统筹"的费用高于他们受到的"照顾"。相反,在那些农业服务组织比较健全、受到农民欢迎并发展迅速的地区,都是使农业服务组织成为经济实体。这些经济实体与农业经营者及其家庭的主要关系是商品交换。它们以农业服务规模操作的优势减轻了分散经营的劳务和费用负担。这两种做法表面看起来只是资金流动渠道的不同,实际上却有本质的区别,后者顺应了结构转型要求的社会组织从伦理化到契约化的转变和经济组织从行政化到市场化的转变,因而必然具有更广阔的发展前景。

（三）结构转型对中国的特殊意义

在以往人们对于结构转型的分析中，尽管人们注重的是收入增长和结构变动的相关关系，也就是随着经济增长和收入水平的提高，经济社会结构究竟发生了哪些本质性的变化，而且出于慎重，一般都尽量避免在经济增长和结构转换之间作因果判断。但是，这些研究实际上仍有意无意地隐含着一个基本假设，即经济增长是结构变动的真正原因，结构转换只是被当作经济增长的一种自然结果来看待。我们从前面的分析中可以看到，结构转变决不仅仅是表现为经济增长的结果。它本身就是一种社会变革的推动力量。它使结构性发展成为一种不可逆趋势，而且在体制改革时期，结构转换会成为一种无形的变革压力，影响微观经济领域中行为模式的变动。此外，我们对结构转型的关注，除了它本身所具有的力量外，还因为它对于中国这样的发展中国家来说，具有特殊的意义。

（1）如果把发达国家和发展中国家作一个比较，我们就会看到，在目前发达国家的经济增长中，主要的贡献来源于科学技术水平的提高，而不是资本、原材料和劳动力的投入。在发达国家经济增长的诸因素中，科技进步所占的比重在本世纪初为5%左右，到本世纪中叶上升到40%，70年代进一步上升到60%以上，目前某些发达国家已高达70%—80%，而我国1952—1982年的30年间，技术进步对经济增长的贡献率仅为19%，近若干年，这一比例有较大提高，但也只达到约30%。虽然尽快提高科技水平是迅速发展生产力的关键之一，但就目前的情况来看，相对于发达国家来说，在中国这样的发展中国家中，生产要素的流动、劳动力转移和资源再配置是更重要的增长因素，因而结构性变动的意义更为突出。

（2）与上面的分析相联系，我们可以看到，结构转变对于经济和社会发展的重要性在不同的国家中是不一样的，一般来说，这种重要性是随发展水平而变动的，这已为近年来许多著名经济学家对现代化过程中结构变动的长周期数量分析所证明。换句话说，在现代化的过程中可以划分出一些不同的阶段，在各个阶段都有特定的具有特殊重要性的增长要素。越是发展水平较低的国家，结构变动的重要性越大，而处在结构转型期的国家，结构变动的力量和成效就更为明显。

（3）在经济发达的国家中，由于早已完成现代化过程中的结构转型期，市场也比较完善，资源再配置和结构变动的余地相对来说都较小。而我国正处于结构转型时期和体制转轨时期，虽然旧的体制已被打破，但新的体制并未完全建立起来，结构的非平衡和要素市场的非均衡现象都非常突出，然而，这正说明结构变动的余地更大。在这种双重的非平衡中，结构转变对经济增长将起到更大的推动作用。

（4）发展中国家都面临着发展战略转变或发展战略调整的问题，即从追求单纯的产值增长转向追求全面的社会结构转变，从单纯追求经济增长的速度转向同时追求经济增长的效益和关切增长的结果，从内向型经济（进口替代）转向外向型经济（出口导向）。在这个时期，实行不同发展战略的国家，结构转变的时间、顺序和速度也不同。从一些新兴工业国的经验看，结构转变和利用先进科学技术是经济加速发展的两个主要因素。目前中国的产业结构、就业结构、城乡结构这三个基本的结构层面都处于快速的变动时期，发展战略的调整如果能优先考虑这种结构变动的需要，那么结构转变形成的加速力量就会更加明显。

从以上分析中可以看出，深入探讨中国社会结构转型的特点与规律性，并把经济和社会发展中出现的种种问题、矛盾、冲突和摩擦放在社会结构转型这个大背景中加以考察，不仅可以使我们获得一个新的研究视角，提高工作的自觉性，克服盲目性，避免一切可以避免的失误，而且，对于我们深入理解邓小平同志提出的建设有中国特色的社会主义的理论，指导改革开放与现代化建设的实践，都有重要的意义。

（原载《中国社会科学》1992 年第 5 期）

再论"另一只看不见的手"

我在《中国社会科学》1992 年第 5 期的一篇文章提出,[1] 社会结构转型是既不同于市场调节也不同于国家干预的"另一只看不见的手",它所形成的变革和创新力量在很大程度上影响资源的配置状况和社会的发展方向。本文试图对这一命题在理论上做进一步的阐述,分析社会结构转型如何通过家庭、企业组织、社会潜网等基本结构要素影响资源配置,并考察一下这种资源配置方式可能的逻辑基础。

一   家庭的资源配置

家庭是社会的细胞和社会结构的最基础单位,这种基础地位并没有因现代科层组织的发展和家庭的核心化(夫妻和子女组成的三角家庭取代传统大家庭)而丧失。在一般人看来,家庭主要是一个生活单位,是世代继替的场所,但在传统社会中,家庭几乎具备社会的各种经济功能,在家庭自给自足的生产、分配和消费中,不需要银行、商店、工厂和政府。尽管现代社会已将家庭的许多经济功能分离出去,由更有效率的专门机构承担,"但在一切社会,包括现代的市场经济社会,家庭仍然对相当大的经济活动——一半以上的经济活动——承担责任"。[2]家庭行为广泛涉足于诸如消费、储蓄、财产继承、投资、债务、赡养等各种经济领域,家庭的结构形式和内部关系影响着很大一部分资源的配置。正如美国著名家庭社会学家古德(W. J. Goode)所说:"人们常常忘记现代家庭也是一个经济单

---

① 李培林:《另一只看不见的手:社会结构转型》,《中国社会科学》1992 年第 5 期。
② 加里·S. 贝克尔:《家庭经济分析》,华夏出版社 1987 年版,第 227 页。

位，即使它不再是一个农作单位。"① 作为生产和经营单位的中国农村家庭，其经济功能就更为明显了，2亿多个农户就是2亿多个资源配置单位。

在家庭的资源配置中，主要不是依靠供求关系、法律制度或行政指令，亲缘关系、伦理规范、家庭制度等非经济因素起着重要作用。当农村中社会化大生产的条件尚不成熟时，家庭的资源配置方式有其存在的经济合理性，因为我们基本上可以假定，家庭资源配置中的交易成本较少，它既不需要讨价还价，也不需要签订契约，监督的成本也很少，家庭成员之间存在一种亲属性默契，伦理规范同时也是经济行为的规范。我们知道，在我国的乡镇企业和东南亚新兴工业国或地区的中小企业中，有相当一部分（特别是由第一代创始人领导的企业）具有浓厚的家族色彩，但在初期发展阶段，这似乎并没有成为组织效率的障碍，究其原因，就是因为缺乏现代素质的农民建立现代科层制规范的成本是很高的，而把现成的家族伦理规范移植到企业中，可以大大降低组织成本，刚刚转化成工人的农民对这种规范有遵从的习惯，监督成本也较低。但是，当这些企业发展到一定阶段，往往会出现各种纠纷、摩擦和冲突，组织成本就会成倍增加，这时，企业的组织创新就是不可避免的了。

家庭中的资源配置也不同于企业，它并不是遵从完全处于经济目的的安排。在农村家庭中，有时甚至在家庭、邻里之间，经济交换和社会交换往往交织在一起，难以截然分开。美国芝加哥大学教授、1992年诺贝尔经济学奖得主 G. S. 贝克尔曾把成本效用理论成功地运用于解释家庭生育行为，他认为孩子的成本是决定父母生育行为的关键变量，他的一个著名假设是：如果孩子的净成本是正值，即父母投入的各种抚养费以及占用的时间带来的成本高于孩子可能提供的收益，则对孩子的需求就会降低。反之，如果孩子的净成本是负值，即父母的投入低于收益，则对孩子的需求就会升高。② 人口的"逆淘汰"现象（即文化素质高的家庭生育率远低于文化素质低的家庭生育率）以及发达国家和发展中国家生育率的反差或许是这一假设的一个佐证。但是，中国学者对中国农村不同收入层和不同发

---

① 威廉·J. 古德：《家庭》，社会科学文献出版社1986年版，第14页。
② 加里·S. 贝克尔：《家庭经济分析》，华夏出版社1987年版，第104—127页。

展地区的家庭生育行为的实证研究表明，家本位社会和个人本位社会的生育逻辑是不同的，中国农村家庭的代间取予是一种"不平等的交易"，情感满足和继替责任的考虑远重要于经济交换的考虑。① 这种分析实际上可扩展对家本位社会中其他家庭行为的研究，包括经济行为。家庭对资源的配置也有负面的影响。古德认为，"在中国的家庭制度下，所有的儿子都能平等地继承财产，因此，家庭的资本往往不能完整地保存下来。在日本正如在英国一样，由一个儿子（往往是长子）来继承全部财产。因此，财产可以积累，一个人就能更容易地做出投资的决定"。② 进入80年代以后，中国农村的家庭结构也出现了核心化的趋势，家庭作为生产经济单位变得更加分散，限制了农村规模经营的发展。家庭经营中往往也没有簿记制度，难以对一切经济行为进行精确的算计，这就为各种非经济因素影响家庭资源配置留下了充分的余地。不过，家庭之所以能够作为一种资源配置形式存在，正是由于在一定条件下它比市场配置节约交易成本。

二　企业组织的资源配置

马克思在19世纪60年代就指出，在资本主义发展初期，其基本矛盾具体表现为"个别企业生产的有组织性同整个社会生产的无政府状态之间的矛盾"。在这里，马克思的论述实际上已经表明，企业组织和市场是两种不同的资源配置方式，只不过马克思更为关注的是这一矛盾的政治经济学意义。

20世纪30年代，美国经济学家科斯在一篇当时还不太引人注意、后来却成为新制度经济学派理论基础的文章（《企业的性质》）中指出，企业和市场是两种可以相互替代的协调生产的手段，"在企业之外，价格运动协调着生产，在企业内部，这些市场交易不存在了，与这些交易相联系的复杂的市场结构让位于企业家作为协调者对生产的调节。"③企业的产生

---

① 李银河、陈俊杰：《个人本位、家本位与生育观念》，《社会学研究》1993年第2期，第87—96页。
② 威廉·J.古德：《家庭》，社会科学文献出版社1986年版，第266页。
③ Coase, R. H., "The Nature of the Firm", *Economica*, Nov. 1937, p. 388.

和对市场的替代是因为在一定条件下企业的资源配置更为"经济",可以节约市场的交易成本。同样,企业不可能无限扩张甚至把整个社会变成一个"大工厂",是因为企业的资源配置和生产协调也有组织成本,这样,单个企业组织规模的边界就是由该企业的组织成本与其他企业组织成本的比差以及与市场交易成本的比差来决定的。

小艾尔弗雷德·钱德勒(A. D. Jr. Chandler)在 1977 年也表达了类似的看法,他认为现代企业组织把以前由几个经营单位进行的活动及其市场交易内部化,从而使管理协调这只"看得见的手"替代了亚当·斯密的"看不见的手",但企业组织的管理协调之所以有效,主要取决于新技术的采用和市场的不断扩大。[①]

市场是靠供求关系来配置资源的,企业是靠科层制的职阶系统来配置资源的,这是两种不同的资源配置方式。在企业内部,职阶系统的有效性表现为令行禁止、操作程序化。如果企业的职阶系统不能充分有效,那么企业的资源配置成本也会随之大量增加。对同样一项物品或劳务转移,当企业的组织成本高于市场的交易成本时,市场就会替代企业组织,反之,企业组织就会替代市场。这种边界是一种"自然"的边界,而不是"人为"的边界。技术水准高、市场占有率高的企业,企业组织的扩张往往是经济的,而对于劳动密集型、市场狭小的企业,中小组织规模或许更为经济。

在高度集中的计划经济体制下,国有企业成为行政体系的附属物,这实际上是人为地扩大企业组织,要在整个社会建立一个"巨型企业",其结果必然是成本很高且缺乏效率的。现在要求国有企业理顺产权关系也好,实行股份制改造也好,或者是实行企业三项制度改革和利税分流也好,其目的都是要把企业变成直接面对市场的具有独立经营自主权的法人主体,实际上也就是把企业组织的边界限制在"经济的"范围内。但确立建立社会主义市场经济体制的目标后,人们往往容易忽视的是,即使把企业"推向市场",也不能解决一切问题,还必须下大力气降低企业的组织

---

① 小艾尔弗雷德·钱德勒:《看得见的手——美国企业的管理革命》,商务印书馆 1987 年版,第 1—8 页。

成本。企业的总成本是生产成本和组织成本之和。过去我们往往只注意生产成本，而忽视了组织成本，组织成本实际上只不过是市场交易成本的内部化，是交易成本的转化形态。国有企业中下级与上级的讨价还价（没有真正的老板）以及权力中心分散造成的相互扯皮和多方制约，往往使企业的组织成本很高，因而在市场上缺乏竞争力也就是不难理解的了。

当然，在不存在充分的市场竞争和真实的平均利润率的情况下，区域性贸易壁垒和地方保护主义往往会使一些组织成本绝对量较高的企业在区域内的相对量却并不高，至少一些粗放经营的乡镇企业与农业比较是这样，因而这些在开放的市场中会被淘汰的企业，在某一区域内的存在和发展也仍有其经济上的理由。

不管怎样，企业组织是一种既不同于市场也不同于国家干预的资源配置手段，企业组织的转型和创新也是实现资源优化配置的途径之一。

三　社会潜网的资源配置

社会潜网这个概念指的是在经济生活和社会生活中协调人们行为的各种非制度化的规则，它基本上有两种情况，一种是从制度化规则的发生学意义上讲的，另一种是从体制转轨和结构转型的意义上讲的。

从制度化规则的发生来看，在一种通过法律确立的交易制度和文字契约形成之前，人们的交易活动也不是毫无规范可言的，因为人们从现实生活中认识到，针对每一特例情况具体解决个别交易中的摩擦、矛盾和冲突，其成本往往是很高的，因而需要建立一种相对来说比较普遍运用且能为多数人认同和遵从的规范，这些规范在初期常常表现为习惯法、礼俗、默契、口头民约甚至乡规、族规、帮规，这就是我们说的社会潜网的第一种情况。但是，由于这些非制度化的规则适用的普遍性有限，特别是在出现违约情况后往往要通过非制度化方式解决，其代价和成本也是很高的，这样就产生了制度化的需要，制度从本质上说是资源配置中出于节约成本目的的一种安排。

体制转轨和结构转型是从一种制度化结构向另一种制度化结构的过渡，这种过渡虽然表现在社会结构的宏观层次上，但它却发生在个体行动

的微观层次上。当原有的体制不再适用于新的交易活动，而新的交易活动
又被证明是更为经济有效时，这些交易活动就一次又一次地突破原有体制
的限制，通过无数次的重复在原有体制之外，建立起一套被我们认为有效
的但实际上并不符合现有法律或无法可依的行为规范，这就是我们所说的
社会潜网的第二种情况。在体制转轨时期出现的大量灰色交易，甚至地下
交易活动，有相当一部分是靠社会潜网来规范的。在制度化过程中，这类
活动有一部分因危害了体制过渡的稳定性而被淘汰和限制，也有一部分则
成为新体制的生长点。

　　制度化规则由于体现的是法律意志，因而最能表现为国家干预，而社
会潜网则是一种既不同于市场也不同于国家干预的资源配置形式。当然，
制度这个词在社会科学的使用中其含义是有很大差别的，很多情况下它并
不单指法律制度，也包括礼俗制度。新制度经济学家们虽然研究的主要是
执行经济功能的制度化规则，但他们对制度的定义却是十分宽泛的，在很
多情况下也包括了属于社会潜网的行为规则，涉及社会、政治和经济等各
方面，如管束结婚和离婚的规则，支配政治权力的配置使用的法律规则，
以及确立由市场或政府来分配资源和收入的规则。① 戴维斯（L. Davis）和
诺斯（D. North）则对"制度环境"和"制度安排"做了区别，认为"制
度环境"是"一系列用来建立生产、交换与分配基础的基本的政治、社会
和法律基础规则"，而"制度安排"是"支配经济单位之间可能合作与竞
争的方式的一种安排"，它可能是正规的、长期的，也可能是非正规的、
暂时的。② 拉坦（V. W. Rutian）则直截了当地指出，制度的概念包括了组
织、制度与组织之间的区分是一种"无差别的区分"。③ 这些经济学家提
出的·个很有启发意义的思想，就是制度也是经济增长的变量，而不是某
种"自然状态"或给定的"外生因素"。

---

① T. W. 舒尔茨：《制度与人的经济价值的不断提高》，载 R. 科斯、A. 阿尔钦、D. 诺思等《财
产权利与制度变迁——产权学派与新制度学派译文集》，上海三联书店、上海人民出版社 1994 年版，
第 253 页。

② 戴维斯和诺斯：《制度变迁的理论：概念与成因》，上海三联书店 1991 年版，第 270—271 页。

③ V. W. 拉坦：《诱致性制度变迁理论》，载 R. 科斯、A. 阿尔钦、D. 诺思等《财产权利与制度
变迁——产权学派与新制度学派译文集》，华联书店、上海人民出版社 1996 年版，第 329 页。

与这些经济学家不同的是，我们更为关注的是那些被称为社会潜网的非正规的制度或非制度化的行为规则。其实在现实生活中大量起作用的是这一类行为规则，因为政府的理性、人的理性都是有限的，再精细完备的法律规章也不可能对所有的交易活动都有精确的规定，特别是在体制转轨时期更是如此。

社会潜网对资源的配置往往是通过更加广泛的社会交换来实现的，权力、地位、声誉、人情等都可能作为稀缺资源或特殊等价物参与这种交换，因而需要有一种能够把市场交换包含在内的更广泛的社会交换理论来说明各种交换规则。

从以上对家庭、企业组织和社会潜网的分析中看到，它们都体现为既不同于市场也不同于国家干预的"另一只看不见的手"的力量，而且可以从它们对资源的配置方式上概括出一些共同的特点：①它们存在的经济理由都是对交易成本的节约；②在这种资源配置方式中，各种非经济因素起着重要作用；③以它们的变动为内容的社会结构转型会形成一种不可逆趋势和产生变革、创新的驱动力。

四　规范性理论的逻辑基础

要想把"社会结构转型是另一只看不见的手"这样一个假设纳入规范性理论体系，那就不能不为它寻找逻辑基础。如果我们留心一下近几十年来诺贝尔经济学奖获得者们的研究成就，就不难发现，目前经济学研究的前沿问题显示出一种新的趋向，即把经济学研究的规范性方法扩大到那些传统的非经济领域，如教育、家庭生育和婚姻行为、法律诉讼、制度变迁、伦理规范、组织决策甚至意识形态等。这无疑是一个重要的挑战：如果经济学的研究在这些领域获得凯旋，那么社会学、法学、政治学的很多已有结论都要重写或修订。但同时也是对经济学本身的挑战。把对经济行为的说明扩大到对整个社会行为的说明，需要对影响社会行为的各种非经济因素做出解释，这是否会动摇经济学规范性理论的逻辑基础？

19 世纪末，当古典经济学家创立规范性理论体系时，他们也想如同物理学那样，寻找经济生活中在现象背后支配人们一切行为的普遍规律，因而需要找到类似牛顿力学中"第一推动力"那样的"一只看不见的手"，作为经济学规范性理论体系的逻辑起点，而寻找这个逻辑起点最符合逻辑的方法就是从人们经济行为的目的中去寻找。亚当·斯密认为："各个人都不断努力为他自己所能支配的资本找到最有利的用途。固然，他所考虑的不是社会利益，而是他自身的利益，但他对自身利益的研究自然会或者毋宁说必然会引导他选定最有利于社会的用途。"① 接着他就阐述了那段著名的成为古典经济学基石的话：在"自然秩序"下，每个人"由于他管理产业的方式目的在于使其生产物的价值能达到最大程度，他所盘算的也只是他自己的利益。在这里，像在其他许多场合一样，他受着一只看不见的手的指导，去尽力达到一个并非他本意要达到的目的。也并不因为事非出于本意，就对社会有害。他追求自己的利益，往往能使他在真正出于本意的情况下更有效地促进社会利益"。② 亚当·斯密的意思是很明确的，人是理性的经济人，他的行为受自身利益的驱使，这属于不证自明的公理：经济人从自身利益出发展开的激烈竞争，会使生产成本降到可能的下限，并使产出最大化，从而达到社会稀缺资源的最优配置。这样，就可以以"个人本位"作为逻辑起点，建立起从"一只看不见的手"经由自由竞争到达经济最优状态的整个逻辑演绎体系。亚当·斯密在建立经济学规范体系的逻辑起点时，主要是从生产者的角度考虑问题，因而这个逻辑起点常常被称为"利润最大化假定"，但是当人们以此来解释个人的消费行为时，就遇到了一些困难。消费者选择某种商品并不是为了获得利润，为了消费而买和为了转卖而买的行为目的是不同的。消费目的是一个个人偏好问题，商品的使用价值并不是对所有的人都一样的，有些人从吸烟中得到快乐，另一些人则认为这无异于慢性自杀，消费者所追求的是个人需要的满足。这样，消费者从对某种商品和服务的占有、使用或消费中得到的快乐和满足就被定义为这种商品或服务的"效用"。但是，效用并不像利润那样可以进行精确的计量，所谓"效用量"只是表示商品效用的顺序性排列

---

① 亚当·斯密：《国民财富的性质和原因的研究》（旧译《国富论》），商务印书馆1981年版，第25页。

② 同上书，第27页。

以及因消费品数量不同而发生的效用变化，不过这已经足够了，因为这已经使人们可以从"效用最大化"的逻辑起点去建立关于基数效用和边际效用的一整套规范性消费理论。亚当·斯密的逻辑在这里得到重用补充，新古典主义经济学家已不是仅仅从生产者的角度去考察资源的配置状态，而是从生产者的利润最大化追求和消费者的效用最大化追求两个方面去研究供应和需求形成的市场均衡。

不仅如此，现代经济学家为了使经济学的规范性理论体系具有更广泛的逻辑基础，试图把效用最大化假定的解释范围从消费领域扩大到整个经济活动，用"效用最大化"替代"利润最大化"来作为整个经济学理论的逻辑起点。这样，人们对自身利益的追求就被解释为人们根据自己所面对的约束来做出反映一系列欲望、期望、偏好的选择，而且是追求做出的选择越多越好。[1]

五　不真实的暗含假定

随着经济生活发生的变化，利润最大化逻辑的两个明显预设前提，即在"自然秩序"下完全的竞争和均衡的市场，受到了现实的挑战。垄断的产生和经济危机的出现表明，完全的竞争和均衡的市场只是一种现实中少有的理想状态，现实中更多存在的是不完全的竞争和非均衡的市场，市场的价格信号系统也会出现失灵和误导。凯恩斯经济学和非均衡经济学对利润最大化逻辑的这两个预设前提的修订使经济学获得了巨大的进步。

然而，利润最大化逻辑还存在着两个不真实的暗含假定。

第一个暗含假定是明确界定的产权。这就是说，在产权界定明确的情况下，经济行为者都会理性地进行成本—收益计算，对资源进行最有价值的使用，个人追求利益最大化的结果也使整个社会的利益最大化。在这里，产权被视为交易活动中不变的既定条件，国家和法律只是保护私有产权和自由竞争的工具，家庭和企业只是投入产出的计算机器。然而，由于外部效用的存在，产权的明确界定有时并不是那么容易。所谓外部效应

---

① 参见 Becker G. S. , *The Approach to Human Behavior*, Chicago: University of Chicago Press, 1976。

包括两种情况：一种是对外部造成损害而引起的是否需要赔偿的问题，经典的例子是工厂排放的烟尘污染了空气所引起的纠纷，这里需要界定究竟是工厂有权排放烟尘呢，还是周围居民有权享有清新空气；另一种是从外部得到好处而引起的是否需要付费的问题，经典的例子是养蜂者的蜜蜂，采集了邻居苹果园主的果树花蜜而引起的纠纷，这里谁要向谁付费呢？如果人们对自己行为的外部效应没有成本的限制（赔偿或付费），又怎么会通过自由竞争而使资源得到合理配置呢？所以说，产权安排会影响资源的配置、产出的构成和收入的分配，而产权安排不是不变的既定条件，而是通过交易中的合约形成的，产权的结构往往是多重的，而不是单一的。

第二个暗含的假定是完全无摩擦的交易或交易的零成本。这意味着成本只发生在生产过程，而不发生在交易过程，只要每个生产者都是以可能的最低成本从事生产，那么通过自由交易和竞争就会实现资源的最佳配置。但实际上，任何一项市场交易的实现，都要经过讨价还价、议定和约、监督合约的执行，以及获得各种有关的市场信息等等，这些都是有成本费用的，有时，一种商品的交易成本，甚至会高于其生产成本。正是由于交易成本的存在，才会有旨在降低交易成本的不同于市场的资源配置形式，如家庭、企业组织、社会潜网、制度等等。

现代经济学已对亚当·斯密提出的经济学规范理论的逻辑起点增加了许多条件限制，对利润最大化逻辑的一些预设前提和暗含的假定做了重要的修订。那么，是不是说利润最大化假定已经没有什么意义了呢？绝对不是。这个假定在完全竞争条件下对企业经济行为的考察，就如同物理学中在"真空"条件下对物质运动考察一样，只有获得这样一种纯粹的形式，才会有在增加各种条件限制以后，对经济行为的更为深入的研究。从逻辑上讲，这就是理论从抽象上升到在思维中再现丰富具体的过程。

六　利他主义和成本计算

利润最大化逻辑实际上还面临着两个更为根本的挑战，即对其"理性人"和"经济人"的假定提出的质疑。现代决策理论和管理学说的研究成果表明，由于现实经济生活的"复杂性"以及日趋"复杂化"，人们不可能掌握有关这种复杂性的完备信息，也没有对这些信息进行精确的筛选，并据此做出最优选择的无限的理性能力。从这种意义上说，人的理性是有限的，人们的经济决策也只能从各种可供选择的方案中选择符合其经济目标的方案，然后在符合其经济目标的方案中再选择成本最低的一种。由于理性的有限性，对理性的新的理解只能是人们面对各种制约所能做出的可能选择，资源配置的最优状态实际上也只能是一种相对合理的状态。同时，理性的有限性还意味着政府的理性也是有限的，政府也不可能掌握关于复杂经济生活的完备信息，更难于把这些在量上趋于无限大的信息快捷地处理完毕，并把结果反馈到无数的经济行为者那里，因而也就无法对市场做出灵敏的反应。这样，一方面，政府需要把微观经济决策分散化，以降低信息成本和提高对市场反应的灵敏度；另一方面市场配置会被企业组织配置替代以降低交易成本，由此而奠立了既不同于国家干预，也不同于市场调节的"另一只看不见的手"的逻辑基础。也就是说，在一定条件下，家庭、企业、社会潜网等是较之市场和国家干预更为节约成本的资源配置方式，这就是"另一只看不见的手"存在的经济合理性和必然性。

　　然而，关键的问题在于，我们在前面分析家庭、企业组织、社会潜网的资源配置方式时曾经指出，它们的共同特征之一就是各种非经济因素起着重要作用，一些传统上认为只会对资源配置有负面效应的因素，如亲缘地缘关系、职阶系统、礼俗、道德规范等等，在一定条件下也发挥正面的效应，在节约交易成本方面与市场有替代关系。但是，这种结论显然对利润最大化原则关于"经济人"的假设提出重要挑战：人们在其经济行为中把追求自身利益（或利润）作为惟一或首要目标的原则是否普遍有效？在利润目标以外对其他目标的追求在经济上是理性的还是非理性的？某些利他主义行为是否也在事实上会是节约成本的选择，从而促进资源的合理配置？

　　经济学家们在涉足传统的非经济领域，并用经济学的方法来解释这些领域中人们的行为时，显然意识到了这种危险：市场交易和生产竞争中的利己性假设无法解释一切社会交换行为。贝克尔认为，利他主义不仅可能在利己主义失败的地方引导出有效率的行为，而且可以在利他主义者处于劣势的条件下有意义地改变行为，"利他主义在市场交换中不是共同的，而在家庭中却是更为普遍的，因为利他主义在市场上是没有多少'效率'的，而在家庭里，却是更为有效的"。"即使利他主义只限于家庭，它仍将是全部资源中直接配置的那很大一部分。"他还指出，"在过去200年的时间里，探索利己主义经济效应的复杂模型已经大大发展了，这200年内，经济科学已经按照亚当·斯密的思想反复被推敲过了。现在已经知道的在不同的市场条件下利己主义配置资源的方法实在是太多了。然而，不幸的是对利他主义的同样复杂的分析模型却一直没有被提出来"。① 诺斯在以新的理论框架分析经济史中的产权、国家、意识形态等问题时也发现，个人效用函数远比新古典经济理论迄今为止体现的简单假定复杂得多，"意识形态是种节约机制"，"如果没有一种明确的意识形态理论或知识社会学理论，那么，我们在说明无论是资源的现代配置还是历史变迁的能力上都存在着无数的困境"，"一个有关制度变迁的动态理论如果限于严格的对个人主义的、有理性目的的活动的新古典式约束，我们就无法以此来解释从古代犹太人顽强的斗争到1935年通过社会保障法其间所发生的大多数现实变化"。②

看来，经济学家们已经试图对他们普遍接受的"效用最大化"假定做出新的、内容更为广泛的解释，以便从这个逻辑起点出发建立规范性理论体系，能够包容经济学对传统的非经济领域的最新研究成果。博尔丁（K. Boulding）已经明确地指出：

> 如果企业为了其他事情而牺牲"利润"（不管它们怎样衡量），它们或者是特权，或者是良好的公共关系或劳资关系，一个宁静的生活，流动性，安全感，或是你所拥有的一切，那么很明显这些不能使利润最大化。如果不能使利润最大化，它必须使"效用最大化"。这是一个简单地表明你所做的最好就是你所想的更为明确的方式，这很难说是不真实的，但是除非有些内容被倾注到空洞的效用函数中去，否则它也是少有助益的。③

---

① 加里·S. 贝克尔：《家庭经济分析》，芝加哥大学出版社1976年版，第217、222、227—228页。
② D. C. 诺斯：《经济史的结构与变迁》，上海三联书店1991年版，第51、53、64页。
③ V. W. 拉坦：《诱致性制度变迁理论》，载R. 科斯、A. 阿尔钦、D. 诺思等《财产权利与制度变迁——产权学派与新制度学派译文集》，上海三联书店、上海人民出版社1994年版，第329页。

这就是说，对于涵括了许多并非纯粹的经济因素或非经济因素的效用函数，必须用经济学可以接受的语言来表达，并尽可能的计量化，它才能对于说明最优化问题具有真实的意义。然而，这样做显然是要把经济学家们分析的那些并非出于纯粹利己目的的行为当做经济行为的一种特例，但这会因为非经济因素的难以计量化而遇到许多难以克服的理论困难。如果我们变换一下思路，把经济行为作为社会行为的一种特例，把经济交换作为社会交换的一种特例，那么完整的理论体系的建立也许较为容易一些。但目前看来，无论是经济学本身，还是社会学、法学和政治学，都还没有为这样一种规范性理论体系奠定逻辑基础的能力。尽管如此，从前面的分析中可以看到，我们关于"另一只看不见的手"的假设，已经可以从现有的经济理论体系中找到它的逻辑基础。

在社会结构转型和建立社会主义市场经济新体制的过程中，研究"另一只看不见的手"的运作机制是有重要的现实意义的。尽管市场是迄今为止人类所发现的最有效的资源配置手段，但绝不能制造市场经济的新神话，以为市场就可以解决经济生活中的一切问题。相反，市场经济越发展，我们越是应当注意研究市场调节可能出现的"误区"和固有的"缺陷"。

参考文献

J. 科尔曼，1992，《社会理论的基础》（1990，上，中），社会科学文献出版社。

P. 布劳，1988，《社会生活中交换与权力》（1964），华夏出版社。

张春霖，1991，《企业组织与市场体制》，上海三联书店。

史晋川、夏海舟，1991，《配给制与灰市场》，载陈昕主编《公有制经济运行的理论分析》，上海三联书店。

时宪民，1993，《体制的突破》，中国社会科学出版社。

李培林等，1992，《转型中的中国企业：国有企业组织创新论》，山东人民出版社。

（原载《社会学研究》1994 年第 1 期）

中国社会结构转型对资源配置方式的影响

我在 1992 年《中国社会科学》第 5 期发表的《社会结构转型：另一只看不见的手》一文中提出，社会结构转型是既不同于市场调节也不同于国家干预的"另一只看不见的手"，它所形成的变革和创新力量会在很大程度上影响资源的配置状况和社会发展的方向。1994 年初，我又在《社会学研究》第 1 期发表了《再论"另一只看不见的手"》，对前文的命题在理论上做了进一步的阐述，并努力从规范性理论体系的框架出发为这一命题建立逻辑基础，认为社会结构的一些最基本的实体要素（如家庭组织、企业组织以及社会潜网等非正规制度）是一种特殊的资源配置形式，它们的形成受各种历史的、文化的和其他非经济因素的影响，而不是仅仅受"个人利己心"或"利润最大化"法则的支配，这只"手"的存在意味着要对经济学某些既定的暗含假设和前提作出新的修订。在本文中，当我们试图对中国经济体制改革的分析进行理论上的总结时，我们毫不掩饰自己的理论企图，即跳出目前在西方十分盛行的个体主义方法论解释模式的束缚，建立一种新的解释框架，来说明中国经济体制改革和中国经济成长的过程。

一　个体主义方法论的局限

现代经济学中的市场自由竞争理论有一个重要的逻辑推论基础，它出自英国古典经济学家亚当·斯密的一个重要思想：在"自然秩序"下，受"一只看不见的手"的驱动，每个人从"利己心"出发追求自己的利益，会达到并非他本意要达到的目的，即更有效地促进社会的利益，"他对自身利益的研究自然会或者毋宁说必然会引导他选定最有利于社会的用途"①。这个思想蕴含的逻辑是，经济人从自身利益出发展开的竞争，会使生产成本降到可能的下限，并使产出最大化。这个以"个人本位"作为逻辑起点建立起来的经济法则被称为"利润最大化"假定。这显然是一个从个体主义方法论出发强调经济领域中个人"利己心"的合理性的法则。

与此同时，自卢梭以来的政治学传统和自迪尔凯姆以来的社会学传统都强调"社会契约"和"社会秩序"的主题。卢梭认为"社会契约"是人类追求社会平等的产物，通过社会契约限制个人"嗜欲的冲动"，使个人"服从人们为自己所规定的法律"，才是"更高级的自由"②。迪尔凯姆则认为，"社会秩序"是不能还原为个人行为并且独立于个人而存在的"社会事实"，无论它是以法律或是习俗的形式出现，这种强制的约束力是在社会利益受到侵犯时发挥作用，它凌驾于个人之上，引导着个人需求，所以，"应当从先于它产生的社会事实中，而不是在个人意识的状态中去寻找影响社会事实的决定性因素"③。在方法论上发展了迪尔凯姆这一思想的美国著名社会学家默顿进一步指出："社会结构对违反规范的人比对顺从规范的人施以更确切的压力。"④这些理论显然是对"私利即公益"假设的否定，它提出的重要命题是，社会的协调运转（姑且作为社会学意义上的"福利最大化"假设）需要建立在强制性私欲约束基础上的"社会秩序"，而这种社会秩序是现实中群体利益协调的结果。

以上作为不同学科逻辑基础的这两个几乎相反的命题，存在着明显的"理论上的矛盾"，在解释这种矛盾时简单地否定其中的任何一个都是十分轻率的。

为了避免使这种理论争论伦理化，有必要把方法论上的个体主义（Individualism）与伦理学所说的利己主义（Egoism）相区别，前者的假设是"私利即公益"，后者则直接意味着损人利己或"拔一毛而利天下，不为也"。按照法国社会学家布东的界定，与方法论上的个体主义相对立的概

---

① 亚当·斯密：《国民财富的性质和原因的研究》，商务印书馆1981年版，第25、27页。
② 卢梭：《社会契约论》，商务印书馆1982年版，第30页。
③ Durkheim, E., *Les Reegles de la Methode Sociologique*, Paris: P. U. F., 1956, pp. 3—13, 110.
④ Merton, R. K., *Social Theory and Social Structure*, New York: Free Press, 1968, p. 186.

念是整体主义（Holism），在经济学派上与方法论的个体主义相联系的往往是强调自由放任主义的主张①。但是，这种争论又不能完全回避伦理学问题，因为任何经济秩序都必须具有道义上的合理性，与一定社会的价值观相衔接。

　　个体主义作为一种现代社会科学的方法论原则首先是由德国社会学家韦伯（M. Weber）提出的，经过奥地利籍英国哲学家波普尔（K. R. Popper）的论证、特别是奥地利籍美国经济学家哈耶克（F. v. Hayek）极具争辩性的论述，现在已经成为社会科学中影响广泛的一种方法论原则。波普尔提出有名的"自由主义剃刀"原则：即"国家是一种必要的罪恶，如无必要，它的权力不应增加"②。哈耶克则认为，"我们在理解社会现象时没有任何其他方法，只有通过对那些作用于其他人并且由其预期行为所引导的个人活动的理解来理解社会现象"，而那种把社会理解为独立于个人整体的理论是一种"理性主义的假个人主义"，它一方面假定个人以正式契约的形式将自己的特定愿望与他人达成一致，另一方面假定社会过程受人类理性的控制，"真正的个人主义"在这两个关键点上与"理性主义的假个人主义"形成鲜明对照③。哈耶克由于与缪尔达尔（C. Myrdal）一起获得1974年诺贝尔经济学奖而使他的方法论观点广为流行，但是，他的论述中也存在着明显的个人偏见：一是把问题政治化，认为理性主义的假个人主义是社会主义或集体主义的思想源泉；二是把问题不恰当地与哲学本体论上的复杂争论进行简单的联系，认为真正的个人主义是哲学上"唯名论"的必然结果，而集体主义的理论根据是"唯实论"，属于"本质先于存在"的理论传统；三是把问题民族化，他强烈地抨击了以法国为代表的欧洲大陆国家的理性传统，特别是笛卡儿的理性主义、"百科全书派"代表卢梭和重农主义者，却高度赞赏了富有经济学传统的"英国个人主义"④。

　　我们在这里要提出的问题是，个体主义方法论在解释中国这样一个

---

① Boudon, R., "L'individualisme methodologique", *Encyclopaedia Uiversalis-Symposium: Les Enjeux*, Paris: Encyclo. Uni. France S. A., 1985, p. 644.

② 波普尔：《猜想与反驳》，上海译文出版社1986年版，第499页。

③ 哈耶克：《个人主义与经济秩序》，北京经济学院出版社1989年版，第4—11页。

④ 同上。

"家庭本位"或"集体本位"社会的社会结构变迁和经济成长过程时,是否存在着理论上的局限?换句话说,当西方学者从个体主义方法论出发,面对中国经济高速增长中出现的"家庭利他主义扩展"、乡镇企业"无私有化的进步"、"地方政府与企业的合作"等问题时,的确感到了困惑。

现在看来,个体主义方法论在理解改革以来中国的社会结构变迁和经济成长过程时,至少在以下几个方面忽略了一些变量:

——个体主义方法论往往把"自然秩序"当作既定的东西,或者认为经济秩序是市场选择的"自然结果",忽略了在经济秩序的形成中,个人以及群体利益的冲突和协调、道德的自律性利他主义和法律的强制性利他主义都起着重要的作用。

——经济生活中不存在"惟一的上帝",组织结构是一种既不同于市场调节也不同于政府干预的资源配置力量,组织内部不是市场交易的天下,也不是执行政府指令的场所。

——利他主义同样是各种市场条件下的一种资源配置方式,正如另一位经济学诺贝尔奖得主贝克尔(G. S. Becker)所说的,利他主义不仅可能在利己主义者失败的地方引导出有效率的行为,而且可以在利他主义者处于劣势的条件下有意义地改变行为,"即使利他主义只限于家庭,它仍将是全部资源中直接配置的那很大一部分"①。而在中国,家庭的资源配置比发达的市场经济国家占据更大的份额。

——个体主义者并没有说明无数的目的各异的个体行为是如何整合成一种共同的结构变动趋势,他们只是假定个人追求私利冲动的自由发挥会在客观上起到有利于社会整体的作用,主观地假定局部的失败会从整体的成功中得到补偿,没有看到作为连接个体行动和社会结构的中介的家庭、组织、非正规制度等等,不可能是个人私利冲动"自由发挥"的结果。

——个体主义者声称他们找到了一种从"私利"出发可以自由、自发地过渡到"公益"的机制和制度,主观地排除了现实中的利益冲突也会破坏社会协调运行机制、从而使整体福利下降的可能性,这样他们在极力批判"必然规律"的信念时,又提供了另一只虚假的"必然性"。

---

① 加里·S. 贝克尔:《家庭经济分析》,华夏出版社 1987 年版,第 217、227 页。

——社会发展观的转变使社会发展具有了与经济增长不尽相同的内涵，而当个体主义者把经济学的"福利最大化"原理推广到对其他社会领域（群体生活、政治运作、法律诉讼等）的分析时，他们对"福利"的理解并没有包括保证人类长期生存和持续发展的诸多条件。

当然，个体主义方法论也有许多十分宝贵的、不能忽视的思想，在这里我想指出两点：一是对个人的发展冲动的力量的创造性给予了充分的重视，强调了个人作为独立利益主体的合理性，使利益驱动法则走出一般的道德评价的局限；二是主张市场秩序只能在个人自愿交易的过程中出现，正像布坎南（J. M. Buchanan）所说的，"秩序"是产生秩序的"过程"的结果，不是也不可能独立于"过程"①，从而克服了整体主义方法论脱离个体的社会互动来考察"秩序"和"结构"的缺陷。但它所克服的整体主义的缺陷并不能掩盖或抵消它本身存在的缺陷。

二　群体意识和群体生活规范

群体是人类生存和生活的最基本形式，从家庭、部落、组织、社区一直到社会，不管人类是在原始的、野蛮的还是文明的状态下生活，某种群体形式总是人们实现"福利最大化"的必要条件。某些个人离群索居、过隐士般的生活或许是可能的，但人类却不可能离开任何群体形式而生存和发展。文化孤岛上的鲁滨逊经济作为一种虚构的抽象模型不能说没有理论的价值，但如果认为离开群体生活也会有经济关系，那就如同把真空里的羽毛放到空气里，会失望地发现它竟飘不起来。

在某些情况下，个人利益和群体利益是一致的，这时个人对私利的追求也可以表现为一种"客观利他主义"，即对群体和社会有益的对个人也有益。例如，大家一起推着一辆重载的车子爬坡，其中每个人都想比其他人更省一些力气，但每个人又都清楚地意识到，如果谁一缓手，车子滑下来会把大家都碾死，所以在死亡和卖力之间，每个人都会选择卖力，这样，群体的利益也就成了他个人的利益。这个例子虽然十分简单，但却是

---

① 布坎南：《自由、市场和国家》，北京经济学院出版社 1989 年版，第 74 页。

在群体和自然之间的对抗以及群体和群体之间的对抗中常常会有的情况。

然而，在更多的情况下，群体的利益是不可能与所有群体成员的利益一致的，最大的可能性是，群体利益作为广而言之的社会利益，只与部分社会群体成员的利益一致。对于这种情况，经典经济学给予了乐观主义的回答，认为通过市场的"自然法则"，每个社会成员对个人利益的专一追求会转为对整体社会利益的贡献。这很类似社会达尔文主义的自然选择理论：自然竞争、适者生存。只不过前者为了与群体道德价值观的衔接，还假定部分成员在竞争中的利益丧失会从整体利益的获得中得到补偿，这样就又把群体利益和个人利益归根结底没有任何冲突当作了前提。

实际上，在群体生活的运转中，总是以这样或那样的形式存在着某种保护弱者的机制，这是群体生活之所以可能的必要条件，也是群体道德规范的基础。道德是一种内在的法，一种非正规制度，它要求"自律性的利他主义"，或者说"个人利益的让渡"。在群体生活中，"自律性利他主义"是一种节约成本的机制，因为监督和强制都是有成本和代价的。已经有很多的研究结果表明，在家庭的生产、分配和消费中，利他主义往往比利己主义更有"效率"。① 家庭制的小企业作为资本积累的起点获得的广泛成功似乎也说明了这一点。当然这并不是说自律性利他主义在经济生活中是普遍有效的，在市场交易中，利己主义或者扩大了的利己主义是更为普遍的。在家庭的演变中，家庭结构从传统社会的大家庭到现代社会的核心家庭的变迁，意味着家庭的许多功能已经被一些更有效率的现代组织取代，如银行、学校、社会保险公司等等，而这些组织的效率并不依赖家庭式的自律性利他主义。但这并不能证明，自律性利他主义一旦走出家庭就完全失去了"效率"功能，中国的很多乡镇企业在发展的初期采取了家族式的管理，尽管这种管理方式存在着许多弊病，但它在企业发展的一定阶段，的确在节约监督和强制的成本方面呈现出明显的"效率"。

然而，在市场竞争中，道德自律毕竟是非常脆弱的。在现代社会的群体生活中，强制性的利他主义是必不可少的，经济生活也概莫能外。因为我们的群体生活面对的一个重要的生存状况，就是资源的稀缺性，对资源

---

① 加里·S. 贝克尔：《家庭经济分析》，华夏出版社 1987 年版，第 196—221 页。

的占用，是经济生活和市场竞争的核心内容。在没有强制性利他主义或者强制性利他主义失效的情况下，竞争的无度和无法必然会导致个人以及群体之间的激烈对抗，在特殊的情况下甚至会导致民族之间的仇杀和国家之间的战争。在过去的历史上，通过仇杀和战争来获得对资源占有的妥协成为经济生活中通过市场竞争占有资源的一种经常性的补充。其实，任何市场秩序，包括在个人利益驱动机制下形成的那些"自然秩序"，都是以强制性利他主义为基础的，只不过人们在进行"纯粹的经济分析"时，往往把这种秩序作为一种给定的不变量，而不是经济过程的函数。

所谓"强制性利他主义"，并不是道德提倡中的"理想的利他主义"，不是要求人们在市场竞争中"无私忘我"、"先人后己"或"主观为他人，客观也为自己"，而是要求人们在追求个人利益时不损害公众利益。方法论的个体主义曾假定在市场机制下这二者是完全一致的，但实际上并非如此。制造假冒伪劣产品的企业行为是一个典型的例子。从个人或企业来说，制造假冒伪劣产品显然是受"利润最大化"机制的驱动，是出自"正常的"市场竞争条件下"降低成本、增加收益"的考虑，在企业没有真正的产权收益刺激和经济核算约束的情况下，是不会有这种冲动的。只不过制造假冒伪劣产品者在降低自己生产成本时采取了"内部成本外部化"的形式，即把自己的一部分生产成本转嫁到消费者或其他企业身上。即便是从总体上计算，其他人的损失可能会低于制造假冒伪劣产品者获得的高利润收入，也就是说并不影响总体经济上的"利润最大化"，这种行为对经济生活也是极为有害的，因为它的示范效应成为市场公平竞争的巨大障碍，从而大大增加了建立公平竞争秩序的成本。从这种意义上说，强制性利他主义也是一种节约成本的机制。当我们说市场经济是法律经济时，这是题中应有之义。另一个典型的例子是生产经营中个人或企业的偷漏税行为，在任何市场经济制度下，遵循"利润最大化"原则的真正市场主体都会有自发的偷漏税倾向，因为这是增加利润的一种十分明显的甚至十分有效的手段。对于任何政府来说，杜绝偷漏税行为都是一件非常困难甚至从理论上说也是不可能的事，因为用于检查、调查取证以及庞大税检人员的费用，可能会大大超过通过检查偷漏税而增加的税收，况且付出高成本增加的税收能否更有效的提供福利增量同样是不确定的；换句话说，按照个体主义方法论者的计算逻辑，从总体经济的"利润最大化"来说，偷漏税行为并非就一定是有害的。然而，任何市场经济的国家都不惜在建立严密的税收体系上的花费（这里并不是涉及什么样的税率合理的问题），西方最流行的谚语之一就是，"人生只有两件事无法逃脱：死和税"。建立高成本的税检体系之所以可能，是因为这种强制性利他主义的成本可以从税罚惩戒效应和对竞争秩序的维护中得到足够的补偿。

经济生活也是一种群体生活，而群体生活的协调运行有赖于群体意识和群体生活规范的存在，如果说"群体意识"主要以"自律性利他主义"为基础，那么"群体生活规范"则主要是以"强制性利他主义"为基础，这种强制性在某些情况下可能会表现为暴力强制，但在现代社会则主要是法律强制。

三　社会互动与社会网络变动

社会互动有许多种形式，譬如摩擦、冲突、妥协、合作等等。对于经济生活来说，最基本的社会互动形式是交换。在资源稀缺的情况下，每一个市场上的竞争者都利用自己手中的资源通过交换来达到他的获益目标。这种交换过程是形成交易规则的基础动力，有些经济学家往往把市场交易视为按既定规则进行的活动，其实在"日常经济生活领域"，不按一定成规进行的交易活动是大量的，而且这一类的活动往往能够有意义地改变交易规则。交易规则实际上类似于一种"游戏规则"，它是在游戏的过程中形成的，并常常伴随着游戏的发展而调整规则，并不完全是出自人们的理性设计。对于亿万人求生存、求发展的内在冲动，无论多么精确完善的理性计算也难以说明他们真正合理的变动曲线。中国经济加速发展的生动过程有力地说明，无论是政治家还是学者，对这种发展冲动的创造力所能产生的"意想不到"的结果常常是估计不足。但是，如果因此而认为无数个人的寻利行为会在完全"自发地自由发挥"中产生积极秩序，那就过于理想化了。

经济生活只是人类社会生活的一部分，人们的寻利动机或寻利行为也并不都表现为对利润和金钱的追求。现代心理学的研究表明，人类的需要从生存、安全、自尊、荣誉一直到自我实现和自我发展，可以画出一条上升的曲线。为了满足这些需要，人们可能会利用自己的一切初始资源（知识、体力、技术、人际关系甚至美貌等等）去获得工具性的报酬，如金钱、财富、权力、地位等等，而这些又反过来被作为资源去获得更大的利益和满足。金钱和财富之所以会成为更富有刺激的寻利目标，除了它与现实生活状况的改善具有更紧密的联系外，还因为在资源的社会交换中它往往成为更具有通用交换价值的东西，但这种情况并不是一种普遍法则。换句话说，社会网络（社会博弈规则）是在诸多社会资源的交换过程中形成的，而很多社会资源的价值是不能够用货币单位来计算的，所以就会出现一些特殊的交换形式，如依附于支持、赠予与赞赏等等。

在体制转轨时期，"体制外"是一块广阔的领域，也是社会"日常生活"最为活跃的区域，然而并不因为是"体制外"就没有活动规则，恰恰相反，这里是新的规则产生的源泉，只不过这些规则往往是以"非正式"的形式出现和存在，即我们所称之的"社会潜网"。"社会潜网"又经过无数次的重复、试错和社会选择才形成较为稳定的社会网络，这是创立一切新体制的必然中介过程。

社会网络是在个人和群体的社会互动中形成和定型的，但社会互动并不总是通过"互惠"的社会交换完成，而且"交换"这种经济生活中最通用的关系远远不能概括社会生活中互动关系的全部内容。群体之间的利益摩擦和利益冲突是社会网络变动、从而也是社会的结构变动和体制变动的重要影响力量，在"日常生活"领域，这种互动形式甚至比互惠的交换更为普遍。尽管群体利益的摩擦和冲突往往起始于个人利益的摩擦和冲突，但个人层面的社会互动很难直接对社会结构发生作用，相对于体制来说，个人的影响力在大多数情况下是微不足道的，但个人行为一旦转化为群体的、阶层的或组织的行为，情况就完全不一样了。"民工潮"所反映的就是一种利益的摩擦和冲突形式：农民离开土地进城，是为了得到他们在农村得不得的资源，即以等量但不等质的劳动获得更高的报酬以及城市里的机会和生活待遇。他们以体制外的创业活动在现有城市体制薄弱的边缘营造了"都市里的村落生活"，但随之也带来了一些城市舆论的抱怨，如交通更加拥挤、卫生状况下降、社会秩序恶化、管理出现混乱等等。城市人并不把这些视为伴随服务项目的增多和商品供应的丰富而付出的代价，而是视为一种"单方面的利益受损"，这种舆论的增强会导致摩擦和冲突的加剧，从而根据力量的对比和冲突的强度而产生三种可能的结果：一是在冲击下，现有城市体制扩展对摩擦和冲突的容纳能力，把进城的农民无差别地纳入城市管理体系；二是强化现有城市管理体制，尽量压缩和限制农民进城渠道以及活动的规模和范围；三是"民工潮"成为一种堵不住的"洪流"，远远超越了现有城市体制的容纳能力，这时就不得不进行根本性的体制创新。所以说，任何体制创新都不是理论研究人员在工作室里进行理性设计的结果，他们只不过是在为解决利益的摩擦和冲突选择一种具有现实可能性的"妥协结果"。

　　"地方保护主义"是另一种摩擦和冲突的互动形式。A 地区的银行根据当地行政指令扣押了 B 地区一家企业的贷款，作为他们长期拖欠债务的偿付，于是 B 地区的检察院同样根据当地行政指令拘留了 A 地区一家相关企业的经理，因为他们也同样存在着没有根据合同偿付债务的问题。发达地区的人们认为，区域发展差距和收入差距是正常的，资金、技术、劳力和其他社会资源向发达地区流动符合市场竞争规则，因为那里可以实现更高的增长率和利润率，从而使整体福利增长得更快；而欠发达地区的人们则认为，发展和收入差距的拉大主要根源于不平等的竞争起点，即政策待遇和国家初始资金支持上的差别，发达地区的高收入中有一块是转移了欠发达地区的利润，从而使欠发达地区为发达地区和整体的经济增长付出资金利益受损的代价。这种摩擦和冲突由于成为组织的行动而变得对社会结构的变动更具影响力，也因此而变得更难以通过一种强制力量获得解决。但是，不管这种摩擦和冲突强化到什么程度，出现了什么样的激化状态以及这种状态持续多长时间，在社会"群体生活规范"的约束下，最后的结果总是出现一种具有现实可能性的妥协形式，而且必然是以双方的"利益让渡"为基础，并经过一种社会网络的中介状态才可能走向制度化。

　　无论在怎样一种现实的"公平分配"社会，社会的整体福利都不可能与所有社会成员保持均匀的关系，而一定是与部分占据着更有利的资源位置的成员保持着更紧密的关系。换句话说，伴随着整体福利的增长，一部分人的巨大获益同时也会产生另一部分人的利益受损和相对的利益位置下降，帕累托式的"福利最大化"是一个可以靠近但不可能完全达到的目标。所以说，在社会生活中，特别是在体制转轨时期，个人以及群体之间的利益摩擦和冲突是难以避免的，因此，首先必须考虑到这些摩擦和冲突可能会有意义地改变社会运行规则，包括经济运行规则；其次必须在社会核算中把摩擦和冲突的激化可能产生的社会成本考虑进去，从社会核算而不仅仅是经济核算的角度考虑"福利最大化"问题。

通过妥协实现利益让渡只是"强制性利他主义"的一种形式，而通过暴力实现利益让渡在现实社会中也不是不存在的。总之，在群体生活中，包括经济秩序在内的社会秩序是不可能从个人寻利冲动的自由发挥中自发地生长出来的，而且也不可能建立一种理想的机制，使所有人的这种冲动都对整体福利具有积极的意义，因为这种冲动尽管在很多人那里是福利的源泉，但在另一部分人那里则可能是利益冲突的因由或只是廉价的激情。

四　法人结构对资源的配置

亚当·斯密在阐述由"一只看不见的手"所引导的"利润最大化"原则时，曾强调是在"自然秩序"下。可惜以后对这一理论的发展都没有展开对"自然秩序"的研究，而是把关注点放在如何有效地刺激个人寻利的冲动，从而有意无意地把"自然秩序"作为预先给定的东西或固定不变的东西，而不是作为伴随着交易关系成长而形成的历史产物和经济增长以及社会发展的函数。而且，在很多关于"利润最大化"或经济"最优状态"的纯粹经济分析中，都为个人的寻利行为假定了一种不具有任何"外部性"的封闭系统。在这种封闭系统中，这些经济学家又假定了两种可能出现的结果：一是在自愿的互惠交易中，大家都能获益，而且没有任何一方的利益受损，这就是所谓的"帕累托最优"；二是在激烈的市场交易的竞争中，一些人获益，但也有另一些人的利益受损，而且，如果没有至少一方的损益，其他人也不可能获益，不过局部的损益可以从整体的增益中得到更多的补偿，这就是所谓的市场竞争均衡，也是一种假定的市场竞争的最优状态，这里虽然部分地承认了个人寻利行为的"外部性"，却又假定它可以列入系统内部的成本收益核算并引导出有利的结果。

　　把经济行为从理论上抽象出来作为一种纯粹的状态进行分析是可能的也是必要的，但在现实当中，没有脱离整体的社会生活和群体生活的经济行为。大部分社会行为都是处在一种开放的系统中，具有明显的"外部效应"。砖瓦厂利用钢厂废渣制造建筑材料，这是一种"正外部效应"，因为在生产创利的同时也为钢厂处理了垃圾，这就如同养蜂者的蜜蜂到果园主的果园里"无偿地"采蜜，在采蜜的同时也"无偿地"传授了花粉，这样，个人主义的主观寻利行为也引导出客观的"利他"结果。抽烟者的吸烟（在这里我们不考虑吸烟对身体有害的生理学问题，仍作为实现个人追求效用的寻利行为），不付赔偿地损害了周围其他人的健康，这是一种"负外部效应"，就如同工厂的烟筒冒出的二氧化硫污染了环境却不负任何责任一样，这样，个人主义的主观寻利行为就引导出了客观的"损人"结果。这两种"外部性"的成本和收益在市场的经济核算中往往是不考虑或者忽略了的，但是，如果我们不是仅仅地从经济增长而是从更广泛的社会发展来衡量社会进步和人类福利，那么为建立一种"社会最优状态"（如不存在"最优"，至少是"次优"或"合理"状态）而进行的社会核算，则必须把社会行为的"外部效应"带来的成本和收益考虑进去。否则一切社会行为（包括经济行为）的负外部效应所带来的社会成本都交给社会福利去偿付，而社会福利费用又不列入市场的经济核算，税收的税率和税额也没有社会核算的依据，这样，经济核算就失去了它的真实意义。

　　其实，社会结构并不是完全没有克服社会行为"负外部效应"的自身机制，家庭、企业组织以及由非正规制度构成的"社会潜网"等等，它们作为资源的基础配置单位或群体生活规范，都在市场约束失效或约束弱化的地方发挥着遏止社会行为"负外部效应"的作用。作为生产经营单位的家庭中的伦理规范，作为竞争主体的企业中的组织制度，以及构成底层生活秩序的社会潜网中的"游戏规则"等等，从某种意义上说和在一定的前提下都是谋求"协作"的收益、降低交易的摩擦成本、克服竞争的负面外部效应的有效形式。这种结构力量是在长期生活的"过程"中磨合而成的，是"另一只看不见的手"，它可以引导个人的寻利行为朝着不损害他人利益的方向转化，并在竞争中出现摩擦和冲突时有意义地将其导向妥协或协作，从而在很大一块日常生活领域中替代市场调节或政府干预的角色。

随着现代社会的发展，法人的成长越来越削弱了自然人对社会结构变动的影响，原来社会缩影在家庭中的那些功能，如生产、分配、消费、教育、储蓄、投资、保障等等，已经越来越被公司、学校、银行、福利机构等法人组织所取代，由法人关系构成的法人结构越来越成为社会结构的主要内容。而且，这种变化使传统的"家国一体"的同构性推理以及"治大国"如"烹小鲜"的比较政治学分析都失去了实质性意义。

法人作为独立的行为主体和抽象的法律实体，产生了一些全新的使自然人感到陌生的东西，它把私人关系与法人关系分离开来，法人的资源和利益可不等同于组成法人的自然人所拥有的资源和利益，法人行动也不是自然人行动的简单集合，法人的行动目标可以完全不同于其成员的个人行动目标。"个人的寻利冲动可以自发地促进整体利益"这种假设已越来越不适于对法人内部关系的分析。伴随着法人的成长而完善起来的，是一整套关于刺激、奖励、控制、监督、制衡、惩戒的现代微观权力系统。在现代社会里，法人占据和掌握着社会资源的绝大部分，成为资源配置的一种独立形式，在法人组织内部，既没有市场，也没有政府，而且，这"另一只看不见的手"越来越表现为一种制度化的力量，对社会结构的变动发挥着至关重要的影响。

中国正处在社会结构转型和经济体制转轨的两个转变时期，一方面是从农业社会向工业社会的转型中，旧的伦理人情关系和新的法律契约关系在交叉地发挥作用，同时又由于没有首尾一贯的逻辑而相互抵消着"有效性"，从而出现了一些规范的"断裂点"和"真空地带"；另一方面是从高度集中的计划经济体制向新型的市场经济体制的转轨中，两种运行机制的并存导致经常发生短兵相接，形成体制摩擦和冲突，从而使市场调节犹如失去支点的杠杆和困在笼子里的鸟，而政府干预又不得不受到"上有政策，下有对策"的压力而最后"软着陆"。在这种情况下，由家庭经营体系的重建、企业组织的创新、社会网络的变动所形成的结构力量更为显著地发挥了资源配置的替代作用，成为促进资源合理配置和影响社会发展实际进程的"另一只看不见的手"。

关于市场竞争和政府干预，人们已经设计了无数的理论模型和解释框架，但是对于这"另一只看不见的手"的运行机制，迄今为止我们还知之甚少，特别是对于它在经济体制转轨中的特殊作用的考虑，还被淹没在那些关于传统主题的思考中。

五 中国经济高速成长的体制要素

西方学者在分析中国近十几年经济的高速成长时，有两种倾向。一种倾向是采用东亚经济分析模型，因为在东亚国家发展过程中，很容易找到一些有共性的东西：如高储蓄率、高投资率，外向型经济政策，丰富的人力资源，政治上的稳定，注重教育，共同的文化背景和历史渊源等等。但是，这种分析模型也存在着一些脆弱点：第一，当这种分析走向去寻找诸如儒家传统、储蓄偏好、经营能力，甚至使用汉字、用筷子吃饭等文化特征时，就陷入了一片茫茫迷雾之中，一切结论似乎都难以找到现代科学所要求的确切依据，至多也不过是在重复韦伯（M. Weber）从新教伦理中探求资本主义根源的老路。而自从布罗代尔（F. Braudal）从"日常生活"入手揭示15—18世纪的生活世界、市场经济和资本主义以来，人们对那种同构比较方法产生了越来越多的疑虑；第二，把自由主义的经济模型导入这种分析后，产生了一系列的困难，除香港之外，东亚的其他国家和地区都存在着不同于西方的政府角色，企业的组织结构也存在明显的差异，特别令人棘手的是，如何解释东亚国家和拉美国家在经济成长中形成的鲜明对照；第三，这种分析往往不能充分地考虑体制变量，而中国近十几年的经济高速成长与经济体制的改革密切相关，这是在东亚其他国家和地区的发展过程中不曾有过的一种特殊性。

所以，西方更加注重制度分析的学者更倾向于把中国与东欧和苏联国家进行比较，将其放在"体制变革"的模型里进行分析，因为它们有一个共同的体制起点，即过去都是实行社会主义的计划经济体制，近十几年中体制变革又都是社会生活的主题，因而体制变革结果的不同可以合乎逻辑地从变革方式的差异中得到解释。这些学者似乎并不注重体制变革中政治体制的明显差异，在他们当中的一些学者看来，这说明不了实质性问题，他们甚至认为中国实际的底层经济生活是比东欧和苏联国家更加"资本主义化"和"自由化"的，因为中国从来就没有建立起像苏联那样坚固的高度集权的"统制经济"。他们的关注点更集中在体制变革的程序差异上：一方是从政治体制变动入手，另一方是从经济体制改革开始；一方是矛盾的中心一开始就集中在大城市，另一方是改革从最广大的农村起步；一方是首先解决所有权问题，另一方是首先放权让利；一方是突变式体制易帜，另一方是渐进式的体制调整；一方是动外科手术的"休克疗法"，另一方是舒经活血、退热祛寒的"中医疗法"；等等。但是，这种分析方法也有一些脆弱点；一是容易忽略那些最一般的经济增长因素，如投资、技术、产业结构、对外贸易等；二是把体制变革的"程序"单纯地作为理性设计的结果，而实际上这种"程序"是社会结构条件和各种社会力量互动的必然产物，并不是一种历史的偶然选择；最后是不可避免地暂时舍弃被比较双方在发展程度和文化背景上的差别。

那么，除了那些对所有的经济成长都适用的最一般增长要素以外，在中国近十几年的经济高速成长中，究竟有哪些起着特殊作用的要素呢？经济体制改革究竟通过什么样的形式推动了社会的发展？又在哪些方面可能会对已有的现代化理论提供新鲜的经验呢？笔者认为，经济成长最富有启发性的体制要素可以大致概括如下：

——体制的适度弹性是非常重要的，一方面它可以是蕴藏在无数人内心深处的生存发展冲动释放出巨大的能量，从而产生我们在正常情况下往往低估了的创造性；另一方面它给体制的适时调整留下了充分的余地，可以让时间和实践去修订和弥补理性设计的欠缺。

——农业由于它的自然生长周期和季节属性，可能是最不适宜用工业的方式"组织起来"的生产部门，机械化操作的发展也很难从根本上改变这种特性。今后以农业中介组织为中枢构成的农业供销和服务系统仍然会是以家庭经营为基础的，在相当长的一个发展阶段，家庭仍然是农业资源配置中的一种节约成本的经济形式，在人多地少的情况下，农民提高收入的主渠道可能是兼业而不是规模经营。

——充分利用发展中国家结构变动弹性大、收益高的特点，使体制转轨与社会结构的转型相配合，不断从产业结构、就业结构和城乡结构的转变中获得较高的收益，从而形成促进体制转轨的自发性压力，使体制转轨成为一种不可逆转的趋势。

——在体制改革的双轨并存的过程中，迅速成长起来的家庭经营、各种企业和各种非正规制度有力地发挥了资源配置的替代作用，成为活跃经济生活和推动经济持续增长的"另一只看不见的手"，展示了一个历史悠久的社会所可能具有的强大"自组织"能力。

——改革的放权让利实现了"藏富于民"，个人所得在国民收入中所占的比重从70年代末的60%左右上升到目前的80%左右，资本增殖获得了更强有力的和更广泛的民众推动。

——体制变革的成本采取了分期支付的方式，改革和发展先易后难，从农村到城市，从体制外到体制内，虽然成本的分期支付要付出额外的利息，但这可以从很快就不断取得的成效中得到充分补偿。

——不为改革确立固定不变的模式，重视民间、企业和地方自发性的创新，同时辅之以有计划的"试点"和引进国外先进的管理技术，通过示范效应大大降低体制变革和重复创新的成本。

——政府和企业采取了合作态度，特别是地方政府和当地企业的利益拴在了一起，这使政府在采取各种宏观调控措施时，能够充分地考虑企业的利益，并在必要的时候做出让步。

——改革过程中始终把握住了物质利益原则，使大多数人从改革中得到"实惠"，使各项改革措施的出台与各阶层利益的协调相契合，而不是强制地贯彻一种理性设计的理想方案。

——最后，至关重要的是在改革过程中保持了基本政策的连续性，在体制转轨的过程中，政策变动的大起大落会比体制的低效率付出更大的代价。

中国经济的崛起必然会在全世界引起各种不同的反响。对于一部分人来说，如果中国的经济能够保持持续的高速增长，那么生活在新工业化国家的人口就会比50年代增加十几亿，世界生活就会发生巨变：即从大多数人（占世界总人口3/4）生活在贫穷的农业社会转变到1/2左右的人生活在相对繁荣的工业社会。对于另一部分人来说，如果占世界1/5以上劳力的中国实现工业化，世界经济的领先国家就必须考虑这样的中心问题：要么通过产业结构的升级为后实现工业化的国家准备足够的世界工业品市场，要么准备好进行更加残酷的国际市场竞争，并在必要的时候实行贸易保护主义。还有的人已经发出更加"惊世骇俗"的预言：世界格局将从传统的资源争夺、宗教对立、民族仇杀、国家战争、意识形态阵营的对峙走向文明的冲突（The Clash of Civilizations）。不管怎么样，人类历史还会持续下去，而且不会总是围绕着一个轴心旋转。

（原载《中国社会科学》1995 年第 1 期）

理性选择理论面临的挑战及其出路

　　理性选择是一个古典的话题，近几十年来，一派学者试图使其成为社会科学三大经验学科（经济学、社会学、政治学）解释社会行动的统一的理论和方法，很多社会学家在这方面也作出了自己不断的努力[①]，但另一派学者则对其进行了激烈的批判，甚至将其称为"经济学的帝国主义"[②]。最近我在参加国内的一些课题成果评审和博士论文答辩的过程中，深感在此方面存在着一些理论和方法上的混乱。这也并非仅仅是我个人的感觉，中国社会科学院社会学研究所主办的《国外社会学》，2000 年第 1 期曾特意出了关于理性选择理论的专号，试图厘清这方面的一些认识。现在看来，有必要进一步深化这方面的讨论。

　　对于这种理论和方法论取向上出现的张力，有的学者采取了势不两立的激进主义态度，也有的学者认为，为了化解这种张力，必须追根溯源，返回对主体的自问，返回古典理论，至少也要返回到科学主义和人文精神

---

①　Coleman，J.（1986）"Social Theory，Social Research and a Theory of Action"．*American Journal of Sociology*，91：1309 - 35．（1990）*Foundations of Social Theory*．Cambridge：Heinemann；Friedman，M. and Hechter，M.（1988）"The Contribution of Rational Choice Theory to Macrosociological Research"．*Sociological Theory*，6：201 - 18；Lindenberg，S.（1990）"Homo Socio-Economicus：The Emergence of a General Model of Man in the Social Sciences"．*Journal of Institutional and Theoretical Economics*，146：727 - 48；Abell，P.（1992）"Is Rational Choice Theory a Rational Choice of Theory"．in J. Coleman and T. Fararo（eds.），*Rational Choice Theory：Advocacy and Critique*，Newbury Park：Sage；Hedstrom，P.（1996）"Rational Choice and Social Structure：On Rational-Choice Theorizing in Sociology"．in B. Wittrock（ed.）*Social Theory and Human Agency*，London：Sage.

②　Bohman，J.（1992）"The Limits of Rational Choice Explanation"．in J. Coleman and T. Fararo（eds.），*Rational Choice Theory：Advocacy and Critique*，Newbury Park：Sage；Scheff，T. J.（1992）"Rationality and Emotion：Homage to Norbert Elias"．in J. Coleman and T. Fararo（eds.），*Rational Choice Theory：Advocacy and Critique*，Newbury Park：Sage；斯乌利：《理性选择理论在比较研究中的不足》，《国外社会学》2000 年第 1 期，第 57—65 页。

的分立初始，返回到培根"知识就是力量"的新兴功利主义传统和笛卡儿"我思故我在"的古典理性传统的形成①。这种讨论很有必要，但为了应用的目的，本文的讨论更加侧重于返回经验本身。

关于什么是"理性"，可能和关于什么是"文化"的问题一样，存在着诸多的争论。为了讨论的方便，我们采取经验学科排除"形而上学"问题的办法，排除一切非工具性理性（包括价值理性、实质理性、理论理性等等）的讨论。换言之，理性选择理论所说的"理性"，就是解释个人有目的的行动与其所可能达到的结果之间的联系的工具性理性。但是，随着理性选择理论与其他社会理论之间争论的深入，特别是随着社会科学众多新的研究成果的出现，理性选择理论自身也发生了很大的变化，甚至它的一些基本的假定也都经过了不断的修订和完善，这些修订和完善应当作为我们讨论的基础。

一　理性选择理论的演变

（一）"理性人"的假设对"社会人"的包含

经济学关于"理性人"的假设，几乎是一切经济学派进行经济分析的共同逻辑前提，它主张人们的一切经济行动，都受物质利益的驱动，但这个前提从一开始就受到社会学关于"社会人"假设的对抗。多数社会学家更倾向于认为，现实中的社会行动（也包括经济行动），有着复杂的动因，仅仅从经济单向维度来解释，具有极大的局限性，很多非经济因素，是决定人们行动的重要变量。

例如，什么是"利益"？多数人都认为而且科学也证明吸烟有害，但现实中仍存在大量烟民，我们不能因此就认为烟民的吸烟是非理性的自杀行为。为了能够包容这种利益需求上的个体差异，经济学家引进了"效用"的概念，来表示对某种需求的满足。

对某种效用的追求，起初被理解为某种"稳定的偏好"，但现代心理学的实证研究表明，人们的需求是划分为不同层次的，在食品衣着等需求

①　吴国盛：《科学与人文》，《中国社会科学》2001 年第 4 期，第 4—15 页。

基本满足以后，人们会追求安全、成就感等更高层次的需求，所以"偏好"也不总是稳定的。为了对此作出解释，经济学引入了"边际效用递减"定律，来说明效用并不是人们所需要的对象的一种不变属性，随着人们对某种需要对象的占有量的增加，其效用的增速会降低，这种边际效用最终会跌到零甚至低于零。

古典经济学关于"理性人"的假设，是假设每个人的行为选择主要受其个人内化的偏好影响，而不是受其他人的决策和行动影响，如果每个人的偏好都取决于其他人的偏好，市场均衡理论就无法测定和成立。但经济学对"制度"的研究表明，"制度"类似一种公理化的自然习俗或生理学上的习惯性上瘾，它对个体的行为有重大的影响，在一种制度下个体的行为也会产生"路径依赖"，从而产生趋众行为[1]。凡勃伦（T. Veblen）通过对"炫耀性消费"的研究探讨了个人消费选择之间严重的相互影响（Veblen，1994/1899），加尔布雷斯（J. K. Galbraith）通过对"广告"的研究揭示了卖者对买者行为的影响[2]。所以，目前"理性人"的假设，已经是假设在一定制度下的、偏好受多方面影响的、追求并非单一经济利益的"效用"的理性人。

（二）"完全竞争"的假设对"公共选择"与"合作"的包含

其实，早期的理性选择论者帕累托（V. Pareto）就已经看到，现实中不仅存在"经济效用"，还存在"道德效用"，如经常参加宗教礼拜。帕累托认为必须区别共同体作为整体的效用最大化和共同体作为个体聚合的效用最大化，理性的公共选择必须以后者为目标，追求在一些人获益的同时，其他人也没有损益，他用这种"最优"概念取代了"最大化"概念，这样"最优"实际上既是经济最优，也是道德最优[3]。尽管"帕累托最优"往往被认为只是一种神话，但它却成为后来公共选择理论的核心概念，也成为评价竞争结果的一种限制。科尔曼（J. Coleman）也探讨了竞

---

[1]　North，D. C.（1990）*Institution*，*Institutional Change and Economic Performance*. Cambridge：Cambridge University Press.

[2]　加尔布雷斯：《经济学与公共目标》，商务印书馆1983年版。

[3]　Pareto，V.（1966）*Sociological Writings*. London：Pall Mall.

争中个体利益如何与集体利益一致的问题，他认为现实中存在着诸如信任关系、权威关系、规范这样的"社会资本"，所以会出现为了得到社会资本而采取的"单边资源让渡"行动，从而促成"法人行动者"的形成，社会的发展使个体行动者之间的互动越来越少，而现代的法人行动者之间的互动越来越多，尽管法人行动者也难以真正达到"帕累托最优"的均衡状态，但它在个人竞争的残酷和集体行动的搭便车难题之间，找到一种协调个人利益和集体利益的理性选择①。此外，博弈论揭示了竞争中合作的重要性，证明在不合作的情况下，个人效用最大化行动可能对个人和可能的合作者都是最糟糕的结果，最经典的例子就是人们熟知的"囚徒困境"（Prisoner's Dilemma，个体不得不就是否揭发对方作出选择）②、"贡献者困境"（Contributor's Dilemma，个体不得不就为公共物品的生产做何等贡献作出选择）和"撒玛利亚人困境"（Samaritan's Dilemma，个体不得不就是否帮助别人作出选择）③。这样，竞争实际上不可能在一种完全理想的状态下进行，共同行动中每个人的理性选择必须考虑其他人的选择，"合作"也就成为竞争条件下理性选择的必然结果。

（三）理性"最大化"假设对"次优选择"和"X 效率"的包含

"经济人"或"理性人"的假定，都是以经济分析最大化原理为出发点，其含义就是消费者追求效用的最大化，厂商追求利润的最大化。获得过经济学诺贝尔奖的西蒙（H. Simon）认为，这种假定的前提是，经济人具有他所处环境的完备知识，有稳定的和条理清楚的偏好，有很强的计算能力，从而使其选中的方案达到其偏好尺度上的最高点；但现实中的人都具有处理信息能力的限度，因而是"有限理性"的人，在信息不完备的情况下，他们通常不是在所有被选方案中追求最佳方案，而是追求"满意"

---

① Coleman, J. (1986)"Social Theory, Social Research and a Theory of Action". *American Journal of Sociology*, 91: 1309 – 35. (1990) *Foundations of Social Theory*. Cambridge: Heinemann.

② Elster, J. (1989) *Nuts and Bolts for the Social Sciences*. Cambridge: Cambridge University Press.

③ Parfit, D. (1986)"Prudence, Morality and the Prisoner's Dilemma". in J. Elster (ed.), *Rational Choice*. Oxford: Blackwell.

的方案，或者说"次优方案"。就像一个博弈者，他实际追求的只是取胜的途径，而不可能是取胜的最好途径①。

新古典经济学假设，厂商总是在既定投入和技术水平下实现产出最大化和单位成本最小化。但自从 1966 年莱宾斯坦（H. Leibenstein）提出 X（低）效率理论后，人们一直在积极批判性地重构新古典学说。莱宾斯坦观察到，企业内部不是组织效率最大化的，因为内部组织的简单变动就可以增加产出，厂商也不是利润最大化的，因为厂商并不按边际分析原理经营，这种非配置性的低效率现象，莱宾斯坦称为 X 低效率。他的后继者们认为，造成 X 低效率有各种原因，关键是生产活动不是可以借助现代数学和物理方法描述的技术决定系统，在一定程度上与人们的心理和生理活动相联系，任何人都具有追求最大化和不追求最大化的两面性，这两种倾向的对立和并存，决定了新古典学说所谓完全理性的人只能是一种极端的和个别的情况，通常的情况是，个人的理性选择只在信息充分的情况下才进行理性最大化的计算，更多的决策则依赖于习俗、惯例、道德规范、标准程序和模仿的形式作出（一般是非理性最大化的）②。

由此可见，所谓的理性最大化，只是在具有充分信息和处理信息的充分能力的条件下的一种可能性，而在通常的情况下，理性选择的结果一般只能是"次优"或存在 X 低效率的。

二 理性选择理论的困境

（一）关于"小农"理性命题的悖论

在人类学和社会学关于传统乡村的研究中，传统的小农在很长一段时期，一直被视为一个另类，通常被描述成传统、封闭、保守的群体象征符号，由于多数的此类研究是采用参与观察的个案调查方法，更注重远离"宏大历史记述"的非文字经验事实、集体记忆和口述文化，因而努力挖

---

① Simon, H. A. （1982）*Models of Bounded Rationality.* Cambridge, Mass.: MIT Press. 张宁燕：《经济发展与制度选择》，中国人民大学出版社 1992 年版。

② Frantz, R. S. （1988）*X Efficiency: Theory, Evidence and Applications.* Kluwer Academic Puilishers.

掘的往往是个案的特殊性。即便探讨小农行为一般规则的研究，也往往强调这种规则不同于其他社会群体行为规则的特殊性，特别是强调这种特殊行为规则的文化意义。在这样的探讨中，小农的生存方式成了一种特殊的文化遗产，并不因为普遍的现代化而发生彻底的转变，所以把传统乡村的小农纳入社会现代化变迁的研究，是一种学术上的"武断"。

为了说明这一点，人类学家习惯引证的经典例子：一个是马林诺夫斯基（B. K. Malinowski）发现和概括并随后被许多人类学家解说的"库拉交换圈"。对于这种具有经济交换功能的"臂饰"和"项圈"的交换圈，几乎所有人类学家都指出了单一经济理性维度解释的"荒谬"和"幼稚"①；另一个是吉尔兹（C. Geertz）发现和描述的作为"深层游戏"的"巴厘岛斗鸡"。边沁（J. Bentham）在《立法理论》一书中从功利主义立场出发，提出"深层游戏"（deep play）的概念，指那些参与赌注过高的赌博游戏的人陷入一种非理性的行为逻辑，而吉尔兹揭示，巴厘岛人类似赌博的斗鸡游戏，在深层阶段更为重要的已经不是物质性获取，而是名望、荣誉、尊敬、敬重等"地位象征"，这种被边沁主义者视为非理性的"深层游戏"，蕴涵了巴厘岛人社会生活的"核心"驱动力和全部意义②。大部分注重"小传统"、"地方性知识"的实体主义学者，都不认为小农是非理性的，只不过是认为，小农的理性是一种不同于"功利主义"的"另类理性"。蔡雅诺夫（A. V. Chayanov）在《小农经济的理论》中，认为小农经济是一个不同于资本主义企业的独立体系，有自己独特的运行逻辑和规则，它对最优化目标的追求和对利弊的权衡，体现在消费满足程度和劳动辛苦程度之间的估量，而不是在利润和成本之间的计算③。斯科特（J. C. Scott）在他研究东南亚小农生计的《小农的道义经济》一书中也指出，小农经济行为的动机与"谋利"的企业家的行为动机有很大差异，在小农特定的生存环境中，其"规避风险"的主导动机和与自然的"互惠

---

① Leach J. W. and E. Leach（1983 eds.）*The Kula*. Cambridge：Cambridge University Press.

② Geertz, C.（1973）*The Interpretation of Cultures*. New York：Basic Books.

③ Chayanov, A. V.（1986［1925］）*The Theory of Peasant Economy*. Madison：University of Wisconsin Press.

关系"，体现的是小农对抗外来生计压力的一种"生存理性"①。这类解释隐含的一种判断是，现实中并不存在独立的和抽象的经济行为，一切经济行为都是社会行为，所以单一的经济推论是武断的和外来的逻辑。

与这种小农"另类理性"的解释相反，很多经济学家论证了"经济理性"解释小农经济行为的"普适性"。舒尔茨（T. W. Schultz）在《传统农业的改造》一书中，认为小农并非没有理性的另类，他们作为"经济人"，其实很类似资本主义企业家，同样富有进取精神，尽管他们由于技术和资本的限制，经济规模较小、收益较低，但其生产趋近一种既定条件下较高效率的"均衡"水平，一旦有新的经济刺激，小农一样可以进行传统农业的改造，而不需要外来的集体组织②。波普金（S. Popkin）在《理性的小农》一书中分析小农的政治行为时则更进一步，认为小农简直就可以比拟为一个"公司"的投资者，他们的行动选择，完全是在权衡各种利弊之后为追求利益最大化作出的③。

也有一些学者，试图在研究中包容和调和以上这两种解释逻辑的矛盾。黄宗智（Ph. Huang）在研究中国长江三角洲小农经济时指出，人口的压力和耕田的减少，使小农采取了趋于"过密化"的生存策略，即在单位劳动日边际报酬递减的情况下，小农为了生存仍不断增加单位耕田面积劳动力的投入，以换取单位面积产出的增加，这种维持生计的策略，完全不同于追求利润最大化的资本积累策略，但这并不表明小农缺乏经济理性，一旦有了外部的刺激，如随着中国改革开放后乡镇企业的发展，其他替代的就业选择使小农耕作劳动投入的"机会成本"增加，小农就能走出支配他们的"过密化"生存逻辑④。

---

① Scott, J. C. (1976) *The Moral Economy of the Peasant: Rebellion and Subsistence in the South-east Asia.* New Haven, Conn. : Yale University Press.

② Schultz, T. W. (1964) *Transforming Traditional Agriculture.* New Haven, conn. : Yale University Press.

③ Popkin, S. (1979) *The Rational Peasant: The Political Economy of Rural Society in Vietnam.* Berkeley: University of California Press.

④ 黄宗智：《长江三角洲小农家庭与乡村发展》，中华书局1992年版。

（二）关于"家庭理性"的悖论

家庭是社会学的传统研究领域，在众多的研究家庭问题的社会学文献中，结构—功能主义的解释似乎一直处于一种主导地位。这种解释试图超越心理学和生物学塑造的关于家庭生活的传统图示，即把择偶、婚姻、生育、亲子关系等等仅仅视为受"情感"的驱动或受"生理需求"的驱动。但这种解释多半建立在这样一种判断上，即家庭是一种特殊的社会单位，不是生物团体单位，家庭关系不是生物关系，而是社会关系，家庭的产生、延续和发展，有它自身的"理由"，这个"理由"也不是个人利益计算的"经济理性"，而是人类生存延续的"社会功能理性"。家庭的"世代继替"，成了解释一切家庭制度产生和存在的法则。家庭传统的"一夫多妻制"、现代的"一夫一妻制"、部分游牧民族的"兄弟共妻制"以及某些特殊的"走婚制"，择偶的"外婚制"和"乱伦禁忌制"，父权或母权的"家长制"和"氏族制"，继承的"长嗣继承制"、"男性后代分家制"和"按继承权序列分配制"等等，其产生和存在都是在特定的生存环境中体现世代继替的"社会功能理性"。

然而，社会交换理论在婚姻研究中较多的使用，也表现出一些社会学家明显的受到理性选择取向的影响。例如，认为黑人男性与白人女性的婚姻几率超过白人女性与黑人男性，是黑人男性用较高的社会地位去换取白人女性较高的人种地位的结果；认为包办婚姻是新郎的劳动力、彩礼和生活安定许诺与新娘的养育费用价格和品貌价格的交换，而"换婚制"只不过是这种交换的极端例子[①]。

芝加哥学派的经济学家贝克尔（G. S. Becker），以"经济分析"研究"非经济领域"著名，他将理性选择理论广泛运用于诸如婚姻、生育、犯罪、歧视、竞选等非经济领域的举动，甚至被指责为"经济学帝国主义"。贝克尔影响最大的应该说是他关于家庭生育行为的成本—效用分析，他认为现代社会中出现的家庭规模或子女数量随收入的增加而减少的现象，是因为养育子女成本的上升和效用的下降，孩子的成本—效用关系是决定父

---

① Eshleman, J. R. (1985) *The Family*. Massachusetts：Allyn and Bacon.

母生育行为的关键变量。在他看来，生儿育女就如同购买耐用消费品，其成本是生育和抚养的费用和占用时间带来的机会成本，其效用是家庭情感的满足和家庭成员间的互惠，在一般情况下，对子女的需求同对其他消费品的需求一样，会随家庭收入的增加而增加，但是当现代社会中生儿育女的"机会成本"大大增加，从而使孩子成本超过孩子效用时，自然生育率就会下降①。

贝克尔也注意到"家庭理性"的某种特殊性，他认为市场交易中利己主义是普遍的，而家庭中利他主义是更为普遍的，利他主义在市场上没有效率，但在家庭里是更为有效的。

在解释这种有效性的来源时，贝克尔说他与涂尔干的看法正相反，涂尔干认为劳动分工扩大的优势不是增加生产，而是促进了有机团结，即参加者利益和思想情感的和谐一致，贝克尔认为有机团结是有效的劳动分工的原因而不是结果，利己的人们之间的劳动分工可能会鼓励欺骗和逃避责任，而不是有机团结②。贝克尔在这里实际上已经触及到竞争中的理性合作问题。

（三）关于"东方理性"问题的悖论

韦伯在《新教伦理与资本主义精神》一书中认为，欺诈、贪婪等非理性冲动以及获利的普遍欲望，都与资本主义精神不相干，资本主义更多地是对这种非理性欲望的抑制或至少是一种理性的缓解。韦伯试图从发生学的意义上回答，为什么资本主义以及与此相连的现代科层化组织首先在西方出现？与马克思从生产关系和布罗代尔（Fernand Braudel）从日常物质生活追寻资本主义起源的路径相反③，韦伯从精神和文化层次上寻根。他的研究结论是，资本主义制度的建立受资本主义精神的推动，而资本主义精神来源于新教的禁欲主义宗教观念，这种观念又最早发端于加尔文教的

---

① Becker, G. S. (1976) *The Economic Approach to Human Behavior.* Chicago：University of Chicago Press.

② Ibid. .

③ 布罗代尔：《15 至 18 世纪的物质文明、经济和资本主义》（3 卷本），顾良、施康强译，生活·读书·新知三联书店 1979 年版。

英国清教徒的"天职观"，即相信上帝安排下的工作神圣、节俭、核算、勤劳等等。韦伯认为，"在一项世俗的职业中殚精竭力，持之不解，有条不紊地劳动，这样一种宗教观念作为禁欲主义的最高手段，同时又作为重生与真诚信念的最可靠、最显著的证明，对于我们业已称为资本主义精神的那种生活态度的扩张，肯定发挥过巨大无比的杠杆作用"①。

然而，韦伯认为东方社会缺乏这种宗教理性，他在进行文化比较时指出，中国的儒教是一种另类的理性，儒教的理性主义是对世界的合理性适应，基督教（新教）的理性主义则是对世界的合理性控制，儒教的东方理性是不彻底的，在"外王"的经世抱负与"内圣"的安身立命之间缺乏内在的一致性，所以"内圣"的精神无法对世俗生活的理性化起到促进作用，儒教在中国的精致化和至高无上的地位，反而阻碍了中国资本主义的发生和发展②。

韦伯的理论存在着一种内在的张力：一方面他的理性化推论使他相信个体的有意义的理性选择行动具有强大的社会结构和经济制度的建构作用，另一方面他的人文关怀使他也看到理性化的铁律可能造成的压制人的创造性的后果。

韦伯的理论也因此受到来自两个方面的批评。一些经济学家认为韦伯的假设和文化解释缺乏理性选择理论的彻底性和科学所需要的实证检验，萨缪尔逊以一种不屑的口气批评说，韦伯关于新教伦理的理论"不能证明任何东西，因为它没有任何东西可以被证明"③。中国和华裔学者则大多批评韦伯有贬低或曲解东方理性之嫌，对韦伯关于儒家伦理是传统中国社会中阻碍资本主义发展的最主要原因的判断提出质疑，有的认为东亚经济的崛起是对韦伯的假设的"经验性挑战"，富有说服力的表明"新儒家伦理有助于经济发展"，因此要推翻韦伯这个"长期以来几为学术界默然遵守

---

① 韦伯：《新教伦理与资本主义精神》，于晓等译，生活·读书·新知三联书店 1987 年版，第135 页。

② Weber, M. (1951) *The Religion of China*, *Confucianism and Taoism*, Trans. by Hans H. Gerth, New York：Free Press；苏国勋《理性化及其限制：韦伯思想引论》，生活·读书·新知三联书店 1988 年版。

③ Samuelson, P. D. (1979) *Economics*, New York：McGraw-Hill, p. 718.

的铁案"①；有的认为理论上的儒家伦理与日常生活中遵守的儒家伦理并不一致，生活中儒家的"光宗耀祖"的成就目标和精神动力推动了经济发展②；还有的认为，在中国传统的价值体系中，也存在与新教伦理相仿的节俭、勤劳的工具理性，这是中国明朝中叶后商业蓬勃发展的原因③。

（四）关于"集体行动理性"的悖论

亚当·斯密（Adam Smith）在他的古典经济学奠基之作《国民财富的性质和原因的研究》中，曾给出一个"利益最大化"原理：理性人（经济人）的趋利避害行动，会使资源优化配置，从而使社会收益最大化。他认为，在市场竞争中（自然状态下），虽然每个人都是从个人利益出发，但却受市场这"一只看不见的手"的指导，从而达到一种他未曾预期也并非出于他的本意的结果，就是更有效地促进了社会利益。"各个人都不断努力为他自己所能支配的资本找到最有利的用途。固然，他所考虑的不是社会利益，而是他自身的利益，但他对自身利益的研究自然会或毋宁说必然会引导他选定最有利于社会的用途"④。

亚当·斯密似乎在个人理性和集体理性之间找到一种合理的过渡，他给我们描述了这样一种理性选择的逻辑：

个人的理性选择——达到个人未预期的结果：集体的理性

与此相反，奥尔森（Mancur Olson）认为无法从个人理性选择的假设推论出集体理性实现的必然结论，他实际上给我们描述了另一种理性选择的逻辑，即集体行动的逻辑：

个人的理性选择——达到个人未预期的结果：集体的非理性

在政治学、社会学和社会心理学领域，传统的群体和组织理论一般认为，具有相同利益的人形成的群体，会采取一致的行动以增进他们的共同

①　金耀基《儒家伦理与经济发展》，载金耀基《中国社会与文化》，香港：牛津大学出版社 1993年版，第 128—151 页；黄绍伦《中国文化与香港的现代化》，载黄绍伦《中国宗教伦理与现代化》，香港：商务印书馆 1991 年版，第 172—199 页。

②　陈其南：《家庭伦理与经济理性》，载《当代》1987 年第 10 期，第 54—61 页；1987 年第 11期，第 72—85 页。

③　余英时《中国近代宗教伦理与商人精神》，台北：联经 1987 年。

④　亚当·斯密：《国民财富的性质和原因研究》，北京：商务印书馆 1981 年版，第 25—27 页。

利益。奥尔森则认为这种结论基本上是错误的，他的研究证明，"除非一个群体中人数很少，或者除非存在强制或其他某些特殊手段以使个人按照他们的共同利益行事，否则有理性的、寻求自我利益的个人不会采取行动以实现他们共同的或群体的利益"[①]。因为集体收益是公共性的，每个人为增进集体收益付出的成本并不能等同于他分享的集体收益，因而坐享其成的"搭便车"现象就会存在，从而造成个人增进集体收益的激励失效，所以群体越大，分享集体收益的人越多，人们越不会为共同利益采取行动。奥尔森还认为，市场群体（如商人）是一种"排他群体"，成员之间进行的是"分蛋糕"的零和博弈，一些人的获益是另一些人的损益，所以希望群体越小越好，而非市场群体（如游说群体）是一种"相容群体"，成员之间进行的是"做蛋糕"的正和博弈，新参与的人并不影响原来成员的收益，所以希望群体越大越好。但即便是"相容性群体"，"搭便车"和激励失效的问题也依然存在。

奥尔森认为，为了克服集体行动的激励失效问题，需要建立"赏罚分明"的制度实行"有选择性激励"，他承认经济激励并不是唯一的激励，也存在声望、尊敬、友谊等方面的"社会激励"，但社会地位和社会承认也是"非集体物品"，也可以用分析经济激励的方法去分析。尽管如此，奥尔森对"选择性激励"的有效性并不存有奢望，因为他认为，在大的群体中，为实行"选择性激励"而付出的监督成本可能总是高于其收益。所以，奥尔森所说的"集体行动的逻辑"，实际上是一般情况下集体行动的困境，如果说亚当·斯密的逻辑代表了乐观的理性选择论，解释了个人理性选择的建构意义，那么奥尔森的逻辑则代表了悲观的理性选择论，解释了个人理性选择建构的局限性。

吉登斯（Anthony Giddens）力图克服类似的理论矛盾，他试图在强调结构决定意义的结构功能主义和强调行动决定意义的解释学派之间找到一条调和的中间道路，就像他在政治上试图在左派和右派之间找到一条"第三条道路"，所以既批评了制度还原论忽视了各种社会自主性力量所发挥

---

① 奥尔森：《集体行动的逻辑》，陈郁等译，上海：上海三联书店、上海人民出版社1996年版，第2页。

的充分作用，也批评了意识还原论忽视了行动者对自己行动的反思性控制。他在他的"结构化"社会理论中，用"结构的二重性"取代了"结构—行动二元论"，既一方面主张主体有目的行动建构了社会结构，另一方面也主张既有的社会结构是社会行动发挥建构作用的条件和中介①。

吉登斯从宏观的社会理论层面为我们提供了一种可以调和集体理性悖论的行动逻辑：

主体有目的的行动——达到未预期的后果：该后果成为继续行动的条件

吉登斯的逻辑似乎有了更大的包容性，他没有解释"未预期的后果"是否符合集体理性的问题，从而留下了更宽广的解释空间，但因此也就大大降低了对此进行经验验证的实用意义。

三 理性选择理论的方法论特征

理性选择既是一种理论，也是一种研究方法，它的特征是，在方法论上是个体主义的而非整体主义的，是归纳而非演绎的，是经验求证的而非哲理解释的。然而，最能代表其方法论特征、最受到争议，也最受到激烈批评的，就是其方法论上的个体主义（methodological individualism），与其相对立的是方法论上的整体主义（methodological holism）。

英国研究社会分层的著名学者高德索普（J. H. Goldthorp）是社会学的"理性行动理论"的积极倡导者，他认为，近十几年来，越来越多的社会学家倾向于理性选择理论，他们在方法论上的共同特征，就是主张通过个体行动的解释来分析社会现象的方法论个体主义，他们强调行动理论应当是社会学研究的中心，相信在研究微观—宏观的联系时必须首先从研究个体行动的（预期的和未预期的）结果着手②。

法国主张方法论个体主义的社会学家布东（R. Boudon），在一篇阐述

① Giddens, A. (1984) *The Constitution of Society*. Cambridge：Polity Press.

② Goldthorp, J. H. (1997) "The Quantitative Analysis of Large-Scale Data-Sets and Rational Action Theory". *European Sociological Review* 12：109 – 112.

个体主义方法论的专文中指出，在社会科学中，存在着三种主要的研究范式：一是建立在方法论个体主义原则上的研究范式，包括绝大部分经济学传统的学者、德国古典的社会学家（如 Weber，Simmel，Sombart）、一部分意大利古典的社会学家（如 Mosca，Pareto，Michels）和美国的社会学家（如 Merton，Parsons），这个研究范式吸引了很多当代社会学家；二是"涂尔干主义"，即注重分析社会事实的总体规则，而较少分析有目的的个人行动的意义，结构主义是这种研究范式的代表之一；三是"解释学"（hermeneutic）的研究范式，即认为社会科学的任务是研究历史演变和社会结构的意义，特别是研究社会批判的主体力量，个人只有融入社会群体中才有解释的意义①。

实际上，在众多遵循理性选择理论的学者中，对方法论个体主义的解释仍存在很多差异。哈耶克（F. A. V. Hayek）和波普尔（K. R. Popper）是比较激进的方法论个体主义的代表人物，他们往往试图将方法论上的争论演变为意识形态的争论。哈耶克认为，我们在理解社会现象时没有任何其他方法，只能通过对作用于其他人并且由预期所引导的个人行动的理解来理解社会现象，而那种把社会理解为独立于个人的整体的理论是一种"理性主义的假个人主义"。哈耶克的讨论远远超出了方法论层次，在理论传统上他激烈抨击了以法国为代表的理性传统，特别是笛卡儿的理性主义、卢梭为代表的"百科全书派"和重农主义，却高度赞扬富有经济学传统的"英国个人主义"，在哲学上他批评了"本质先于存在"的"唯实论"，认为真正的个人主义是"唯名论"的必然结果，在政治上理性主义的假个人主义是社会主义和集体主义的思想源泉②。波普尔认为，在一切社会科学和人文科学中，都必须遵循分析个体行动的"情景逻辑"的方法，被观察到行动可以在它发生的情景中被理性的"重构"，从而作为我们解释历史本文的起点；对于独立于个人的类似国家的"实体"，则要用

---

① Boudon, R. （1985）"L'individualisme Methodologique". in *Encyclopaedia Universalis*: *Symposium*. Paris: Encyclopaedia Universalis France S. A.

② 哈耶克：《个人主义与经济秩序》，贾湛等译，北京：北京经济学院出版社 1989 年版。

"自由主义的剃刀"通通剃掉①。

　　韦伯、西蒙和布东则可以说代表了一种比较温和的方法论个体主义。韦伯是最早提出"方法论个体主义"这个概念的,他在去世的那一年写的一封信中说,"社会学的研究,只能从一个、一些或许多不同的个人行动入手,因此必须采取严格的'个体主义'方法"②。韦伯在这里特意为"个体主义"加了引号,以表明他所提出的方法论个体主义的新概念,完全有别于伦理学上所说的个体主义。实际上,韦伯与哈贝马斯都强调注重主体行动意义的解释学方法,其区别在于,韦伯的出发点是解释有意义的个体行动,而哈贝马斯的出发点是解释具有社会批判力量的群体行动。另外,与波普尔注重"情景"(situation)分析不同,西蒙强调"过程"(procedure)分析,他认为社会科学之所以要采取方法论个体主义,这主要是与人们的认知和决策过程有关③。布东则明确指出,当个体主义加上方法论的定语后,它就获得了完全不同的意义,它只是指在研究社会现象时,必须重构与该现象相联系的个体行动选择,要把这种现象作为有目的的个体行动集合的后果,这并不排斥从宏观上研究价格与一般需求的关系或出生率曲线这种"结构性规则"或"变量之间的关系",但对这些规则的解释必须基于对个体行动意义的"理解"④。

　　方法论个体主义受到来自多方面的批评,它最受到指责的是其"社会原子论"倾向,即把社会现象归结为个人行动的结果,忽视了社会结构本身的影响,特别是没有弄明白整体的宏观现象并不是个体行动集合的自然结果。像萨谬尔逊这样的经济学家也认为,一个人可以设法解决自己的就业问题,但全体人则未必能够如此,在这里,对个人的选择行为及结果的考察虽然很有益,但遗憾的是它与就业总量没有必然的关系⑤。

　　① Popper, K. R. (1976)"The Logic of Social Sciences". in T. W. Adorno et. al., The *Positivist Dispute in German Sociology*, London: Heinemann.

　　② 转引自 Boudon, R. (1985)"L'individualisme Methodologique". in *Encyclopaedia Universalis*: *Symposium*. Paris: Encyclopaedia Universalis France S. A.

　　③ Simon, H. A. (1982) *Models of Bounded Rationality*. Cambridge, Mass. : MIT Press.

　　④ Boudon, R. (1985)"L'individualisme Methodologique". in *Encyclopaedia Universalis*: *Symposium*. Paris: Encyclopaedia Universalis France S. A.

　　⑤ Samuelson, P. D. (1979) *Economics*, New York: McGraw-Hill.

　　我们在这里讨论的方法论上个体主义与整体主义之争,实际上仍是我们在前面提到行动决定论与结构决定论之争的一种表现,不同的是它是个体行动决定论与结构决定论和群体行动决定论两方面的争论。然而,在实际的社会科学研究工作中,这种方法论上的划分远没有这么针锋相对和旗帜鲜明。多数学者都往往采取多种分析路径,不过分析结论又确实受到一定的研究范式的影响。问题在于,为什么大多数主张理性选择理论的学者也都主张方法论上的个体主义?我觉得这主要是理性选择理论在理论上的"彻底性"所要求的,因为如果不坚持和相信有意义的个体行动对结构、制度、规律等的建构能力,那么结构、制度、规律等等要么成为无法进行理性分析的复杂变量的结果(如"文化"的影响),要么是一种无法解释的力量驱使的结果。从理性选择的理论来看,这种结论等于什么也没有说。不过,面对来自各方面的批评,方法论上的个体主义者也对他们的主张作出新的解释,他们开始承认社会结构对个体行动的限制,但认为这些限制只是决定了个体行动的可能场域而不是现实的场域,只是为个体行动确定了标向而不是路线[①]。

四　理性选择理论受到的新挑战及其出路

　　近30年来,理性选择理论不断地从经济学领域向社会学和其他社会科学领域扩展,也有越来越多的社会学家开始关注理性选择理论或者或多或少地采取了理性选择理论的视角。但这并不代表着理性选择理论的凯旋,因为它的受关注正在使它受到一些严峻的理论挑战。

(一)理性选择理论面对的挑战

　　首先是来自经济学本身的挑战。人们发现,即便是在比较纯粹的经济领域,即便是严格按照理性选择理论建立起来的复杂经济学模型,在解释多个自变量对某个因变量变化的影响程度时,事实上总是存在一个既有变

---

① Boudon, R.（1985）"L'individualisme Methodologique". in *Encyclopaedia Universalis*: *Symposium*. Paris: Encyclopaedia Universalis France S. A.

量无法解释的"残差"。无数的经济学家都为这个无法解释的"残差"所苦恼,因为社会科学的模型无法像自然科学那样是完全封闭的,"残差"的存在说明或许存在着从理性选择角度所忽视的自变量,而任何新的自变量的加入,都有可能改变原来模型的测算结果。也就是说,即便是在经济领域,由于人们的理性选择涉及个人的欲望、偏好、预期和决策,"不确定性"总是无法排除的"幽灵",而一些表面看来非理性的影响力也会发生常规的影响。

其次是来自新经济社会学"嵌入理论"的挑战。它要求回答的问题是一个更具有颠覆性的问题,即经济活动能否作为一个现实生活的"抽象实体"按照理性选择的假设进行分析?"嵌入理论"认为,一切经济活动都是嵌入社会生活中的,我们无法假定存在着只为满足个人物质欲望的"纯经济"活动,就像我们不能假定存在只为满足个人性欲的家庭。决定贸易、货币运行和价格机制的因素中,很重要的是由风俗习惯、公共义务、政治权威、法律行政要求、社会认同等构成的社群规范①。经济活动也并非完全受经济的正式制度支配,它的很大一部分是受社会的非正式制度的调节,在市场竞争和垄断的支配之外,存在一个基本上是"非正式"的"日常物质生活"领域②。"嵌入理论"的挑战,不仅仅在于它所提出的命题,如一切经济行动都嵌入社会关系当中、经济制度是社会行动的建构等等,更重要的是根据这一理论所作出的经验研究的反证③。已有一系列的经验研究结果表明,在诸如求职、劳动力流动这样的"经济活动"领域,由社会关系网络构成的"社会资本",与"物质资本"和"人力资本"一样,对人们的理性选择及其选择的结果发挥着重要的影响,"社会资本"的这种影响可以改变甚至改善基于"物质资本"和"人力资本"的可能

---

① Polanyi, K. (1958) *The Great Transformation*. Boston: Beacon Press.

② 布罗代尔:《15 至 18 世纪的物质文明、经济和资本主义》(3 卷本),顾良、施康强译,北京:三联书店 1992 年版。

③ Granovetter, M. (1985) "The Strength of Weak Ties: A Network Theory Revisited". in P. Marsden and N. Lin (ed.), *Social Structure and Network Analysis*. Beverly Hills: Sage.

的市场配置结果[①]。

第三是来自社会哲学"主体间性"认识论的挑战。理性选择理论难以回答的问题是，为什么根据同样的经验资料甚至同样的"科学"研究方法，不同的研究者可以得出不同的结论。这种现象在社会科学研究中是司空见惯的。理性选择理论的彻底性，要求在事实之间的因果推定中只存在一种"科学的"解释，它假定一切理性的推论逻辑都可以达成科学的"共识"。而"主体间性理论"（这个生僻的概念其实不过是互动理论和交往行动理论在认识论上的一种表达）认为，社会科学研究的社会现象和社会事实，大多数与人们的主体反映有关（欲望、偏好、预期、选择），因此研究者与被研究"物"的关系，不是主体与客体或主体与对象的关系，而是主体与主体之间的关系[②]。经验的客观性实际上受到两方面的威胁，即解释者理论体系的影响和被解释者反映的影响，因而认识过程实际上是解释者作为直接参与者的理解过程。所谓理性的推论结果，不过是主体间的争论、沟通和达成一致。所以，"主体间性"的研究方法，就是一种互为主体的理解方法，是一种批判性的反思的"换位思考"。

最后是来自人类学"遮蔽理论"的挑战。现代人类学似乎已经从一种追求无文字无数据信息的人类学转变为追求充分信息的人类学，而理性选择理论的难题之一就是理性选择者的信息缺失问题。一项严肃的人类学研究通常需要6个月以上的参与观察的田野工作（这似乎只是人类学家的一种经验共识），对他们来说，宏观研究依据的大量所谓经验资料，都只不过是生活本文的符号系统，而且是经过很多层"遮蔽"（时空距离、话语叙说、语言转喻、数据抽象、逻辑加入等等）、造成大量真实信息缺失（"遗忘"）的符号系统[③]。所以，人类学的工作，首先是"祛蔽"，是解释符号与生活本文的关系，是解释被"遮蔽"的生活逻辑，而不是强加于真

① Granovetter, M.（1982）"The Strength of Weak Ties: A Network Theory Revisited". in P. Marsden and N. Lin（ed.）, *Social Structure and Network Analysis*. Beverly Hills: Sage; Burt, R.（1992）*Structural Holes: The Social Structure of Competetion*. Cambridge: Harvard University Press.

② 哈贝马斯：《交往行动理论（第一卷）》，洪佩郁、蔺青译，重庆：重庆出版社1993年版。《认识与兴趣》，郭官义、李黎译，上海：学林出版社1999年版。

③ 斯蒂格勒：《技术与时间：爱比米修斯的过失》，裴程译，南京：译林出版社2000年版。

实生活一种外在的理性逻辑。在他们看来，研究的价值，更重要的不是证明理性推定的结果或"大规律"的普遍性，而是解释超出理性推论的东西和"地方性知识"的多样性。

（二）理性选择理论发展的出路

理性选择理论要获得新的发展，真正需要解决的难题并不是研究的工具和技术方面的欠缺，而是"理性的社会选择"何以成为可能的问题？理性选择理论假设的前提是每个人都是"自由的"，可以按照符合自己利益的偏好作出选择，但每个人都是生活在社会的群体中，群体生活要依赖社会选择的理性才能得以延续和发展。社会选择的理性，不是建立在一些人的"自由"和另一些人的"地狱"之间，也不是建立在"上帝"的"自由"引导和芸芸众生的皈依顺从之上。

然而，从多样性的个人"自由"选择出发，如何能达到并不损害个人"自由"的社会选择呢？这个根本性的问题是极具挑战性的，以至于当森（Amartya Sen）证明人们的生活质量和贫困不能以其拥有的财富来衡量，而要以其拥有的选择自由来衡量时，学术界为之一振，宣称这是发展理论和实践的革命。森接受 1998 年诺贝尔经济学奖的讲话题目就是《社会选择的可能性》。森的一个重大理论贡献就是他证明了理性的社会选择何以成为可能的问题。在他之前，主流经济学界存在着三种对社会理性选择可能性（或曰理性的进步的可能性）的怀疑论：一是认为，在一定的社会中，由于不同的个人具有偏好和价值评判上的差异性，所以不可能产生理性的和"一致的"（coherent）社会评价。这派学者在说明其观点时喜欢引用 18 世纪法国数学家关切的"投票悖论"（voting paradox）问题，即在投票人偏好差异的情况下投票结果会出现"循环大多数"的问题。这方面的代表性理论是阿罗（K. Arrow）著名的"不可能性定理"（impossibility theorem），这个定理被解释为严格的证明了从个人差异性偏好导出社会理性选择的"不可能性"[1]。二是从方法论的角度对人类达到预期目的的能力提出质疑，认为现实的长期历史一再表明，它总是被"未预期的结果"

---

① Arrow, K. （1963）*Individual Values and Social Choice*. New York：Wiley.

（unintended consequences）所主宰。亚当·斯密、门哥（M. Menger）和哈耶克都以不同的方式强调，如果现实中发生的大多数重要事件都是未预期的，那么我们主观上追求预期目标的行动从方法论上来说就是无意义的。三是怀疑维护共同价值行为规范的有效性，认为在市场机制发挥主导作用的情况下，人们的行为方式无法超越狭义定义的"私利"，因而不可能发生在市场机制驱动之外的社会变迁，不可能产生所谓更加"社会的"、"道德的"和"约定的"的社会安排，这种善良的愿望只是无法实现的乌托邦而已。

森在证明理性的社会选择何以成为可能时指出，阿罗的"不可能性定理"并没有错，但它证明的只是有条件的（在决策信息缺乏情况下的）不可能性，它的欠缺是没有充分考虑个人理性选择所依赖的信息基础，随着个人获得信息的增加，人们对持续获益的途径会有更清醒的理解，达到社会理性选择的可能性也在不断增加，自由、民主、共同体、合作、社会公正都是在相互获得信息的增加中实现的。森认为，历史发展结果的"未预期"（intended）并不表明其不可预见（predictable），对重要的未预期结果的预见应当是我们理性分析经济改革和社会变迁的一部分，预见性的因果分析可以使我们减少和避免有害的未预期结果，更加接近社会理性选择。森还以中国的改革实践取得的成就和产生的问题来说明，经济学家对未预期结果的缺乏预见，是由于把社会变迁视为经济改革的自然结果的思维定式，他们往往忽略对深层的社会变迁如何促成特定的经济改革的过程进行分析①。

综上所述，我们可以看到，目前理性选择理论在自身发展中所探讨的一些基本命题，对这一理论最初的基本假定已经作出很多的修正和完善工作，所以任何批评和评价也应当考虑到这些理论发展，不能一味地指责其最初的假定，似乎只要证明这些假定的难以成立，就可以完成推翻理性选择理论的壮举。社会学对所谓"经济学帝国主义"的批评，应当尤其注意

---

① Sen, A. (1985) "Rationality and Social Choice". *American Economic Review* 85. (1999a) "The Possibility of Social Choice" (Nobel Lecture). *American Economic Review* 89. (1999b) *Development as Freedom.* New York: Anchor Books.

这个问题。总体上看，理性选择理论对现实的假定，仍然类似于物理学对真空状态的假定，它的最大的长处就是逻辑清晰、操作性强，排除了很多"不确定"因素，特别是比较便于通过建立模型进行数理分析，在进行宏观比较分析和确定宏观社会现象之间的函数关系时，这一理论更加凸显出它的优势。但正因为如此，它也最容易受到指责，最容易显露它简化社会生活的重大缺陷。尽管理性选择论者在很多案例研究中作出很多理论的修正或增加了许多理性选择的约束条件，以便增强对复杂社会生活的解释力，但在更经常使用的数理分析中，迫于分析工具的限制，又不得不舍去复杂社会生活的种种"不确定性"。这是理性选择论者的苦恼，同时也是非理性选择论者的难题，因为尽管后者可以为他们取得的对某些理性选择结论的"证伪"成就而骄傲，但在通过"证实"而建立"公理"和"规范性理论"方面却往往难以奏效，因为大量不确定因素的增加往往使他们构建的理论失去任何操作性意义。

面对理性选择理论，在社会学中实际上存在着三种态度，这些态度有时甚至陷入尖锐的对立状态：一是认为理性选择理论的假定只不过是现实中的一种极端情况或一种理想的特例，这种理论的"科学主义"的工具取向与社会科学的批判和怀疑精神背道而驰，它的流行和带有霸气的扩展泯灭了社会学的创造力和人文关怀，使社会学沦为经济学的附庸，因而必须抵制这种取向的强化；二是认为理性选择理论虽然存在重要的缺陷，但目前还是我们可以选择的理论方法中最好的也最具有操作性的一种选择，社会学要建立规范性理论体系，必须沿着理性选择理论的路径向前推进，社会科学要想成为一种"科学"，就要减少理论解释的"不确定性"和"随意性"，在经验研究学科建立起统一的规范体系和数理语言；三是认为社会学从一开始就带有边缘学科的特征，因而在理论和方法上要采取一种开放的宽容态度，博采经济学、政治学、人类学甚至哲学母体的众长，大可不必去追求一种统一的逻辑语言，社会学中的理性选择理论和人文关怀精神具有互补的意义，这种互补可以使我们达到返回古典理论时发现的那种理论均衡，它使社会学具有了更广阔的发展空间和对话领域。

我们应当看到，一种理论的建构不仅仅是一个工程，也是一个过程。在这个过程中，由于社会现象的复杂性以及人的思维和认识过程的复杂性，理论上的对话和争论非常必要。理性选择理论尽管有种种缺陷，但它毕竟是我们的理论讨论必须观照的基础体系之一。社会学要在它的各个研究领域建立起一系列规范的中层理论，必须注重理性选择理论研究视角，你可以不同意理性选择理论的假定和推论，但你不能没有对一种规范的理论体系的追求。理性选择理论在自身的发展中，也要克服简化社会现象的缺陷，更加注重研究对社会现象影响因素的"复杂性"、"不确定性"的研究，吸纳其他理论取向提出的"挑战"和"反思"，增强自身理论体系的包容能力。

其实，如果说理性选择理论的主张在社会学家中的扩展，代表了一种社会学的经济学化趋势，那么越来越多的经济学家把理性选择理论运用于社会领域的分析以及对社会变迁凸显的关注，则可以说是代表了一种经济学的社会学化趋势，二者之间的张力、互补和融合，可能正是理性选择理论发展的动力和出路。

参考文献

奥尔森（Olson, M.）（1996/1980）《集体行动的逻辑》，陈郁等译，上海：上海三联书店/上海人民出版社。

亚当·斯密（Smith, A.）（1981/1880）《国民财富的性质和原因研究》，北京：商务印书馆。

布罗代尔（Braudel, F.）（1992—1993/1979）《15 至 18 世纪的物质文明、经济和资本主义》（3 卷本），顾良、施康强译，北京：三联书店。

加尔布雷斯（Galbraith, J. K.）（1983/1973）《经济学与公共目标》，北京：商务印书馆。

哈贝马斯（Habermas, J.）（1994/1991）《交往行动理论（第一卷）》，洪佩郁、蔺青译，重庆：重庆出版社。（1999/1991）《认识与兴趣》，郭官义、李黎译，上海：学林出版社。

苏国勋（1988）《理性化及其限制：韦伯思想引论》，生活·读书·新知三联书店。

金耀基（1993）《儒家伦理与经济发展》，载金耀基《中国社会与文化》，第 128—151 页，香港：牛津大学出版社。

哈耶克（Hayek, F. A. V.）（1989/1949）《个人主义与经济秩序》，贾湛等译，北京：北京经济学院出版社。

黄绍伦（1991）《中国文化与香港的现代化》，载黄绍伦《中国宗教伦理与现代化》，第172—199页，香港：商务印书馆。

黄宗智（2000/1990）《长江三角洲小农家庭与乡村发展》，北京：中华书局。

斯乌利（Sciulli, D.）（2000）《理性选择理论在比较研究中的不足》，《国外社会学》第1期，第57—65页。

斯蒂格勒（Stiegler, B.）（1999/1994）《技术与时间：爱比米修斯的过失》，裴程译，南京：译林出版社。

陈其南（1987）《家庭伦理与经济理性》，载《当代》第10期，第54—61页和第11期，第72—85页。

韦伯（Weber, M.）（1987/1958）《新教伦理与资本主义精神》，于晓等译，北京：三联书店。

吴国盛（2001）《科学与人文》，《中国社会科学》第4期，第4—15页。

余英时（1987）《中国近代宗教伦理与商人精神》，台北：联经。

张宇燕（1992）《经济发展与制度选择》，北京：中国人民大学出版社。

周长城（2000）《理性选择理论及其研究》，《国外社会学》第1期，第1—5页。

Abell, P. (1992) "Is Rational Choice Theory a Rational Choice of Theory". in J. Coleman and T. Fararo (eds.), *Rational Choice Theory: Advocacy and Critique*, Newbury Park: Sage.

Arrow, K. (1963) *Individual Values and Social Choice*. New York: Wiley.

Becker, G. S. (1976) *The Economic Approach to Human Behavior*. Chicago: University of Chicago Press.

(1981) *A Theatise on the Family*. Cambridge: Harvard University Press.

Buchanan (1954) "Social Choice, Democracy and Free Market". *Journal of Political Economy* 62.

Bohman, J. (1992) "The Limits of Rational Choice Explanation". in J. Coleman and T. Fararo (eds.), *Rational Choice Theory: Advocacy and Critique*, Newbury Park: Sage.

Boudon, R. (1985) "L' individualisme Methodologique". in *Encyclopaedia Universalis: Symposium*. Paris: Encyclopaedia Universalis France S. A.

Burt, R. (1992) *Structural Holes: The Social Structure of Competetion*. Cambridge: Harvard University Press.

Coleman, J. (1986) "Social Theory, Social Research and a Theory of Action". *American Journal of Sociology*, 91: 1309 – 35. (1990) *Foundations of Social Theory*. Cambridge: Heinemann.

Elster, J. (1989) *Nuts and Bolts for the Social Sciences*. Cambridge: Cambridge University Press.

Eshleman，J. R. （1985） *The Family*. Massachusetts：Allyn and Bacon.

Geertz，C. （1973） *The Interpretation of Cultures*. New York：Basic Books.

Becker，Gary S. （1976） *The Economic Approach to Human Behavior*. Chicago：University of Chicago Press.

（1981） *A Treatise on the Family*. Cambridge，Mass. ：Harvard University Press.

Chayanov，A. V. （1986［1925］） *The Theory of Peasant Economy*. Madison：University of Wisconsin Press.

Frantz，R. S. （1988） *X Efficiency：Theory，Evidence and Applications*. Kluwer Academic Pubilishers.

Friedman，M. and Hechter，M. （1988） "The Contribution of Rational Choice Theory to Macrosociological Research". *Sociological Theory*，6：201 – 218.

Goldthorp，J. H. （1996） "The Quantitative Analysis of Large-Scale Data-Sets and Rational Action Theory". *European Sociological Review* 12：109 – 112.

（1997） "Rational Action Theory for Sociology". Working Paper of Oxford University.

Granovetter，M. （1982） "The Strength of Weak Ties：A Network Theory Revisited". in P. Marsden and N. Lin （ed. ），*Social Structure and Network Analysis*. Beverly Hills：Sage.

（1985） "Economic Action and Social Structure：The Problem of Embeddedness". *American Journal of Sociology* 91：481 – 510.

Hedstrom，P. （1996） "Rational Choice and Social Structure：On Rational-Choice Theorizing in Sociology". in B. Wittrock （ed. ） *Social Theory and Human Agency*.

London：Sage. Weber，M. （1951） *The Religion of China，Confucianism and Taoism*，Trans. by Hans H. Gerth ，New York：Free Press.

Leach J. W. and E. Leach （1983 eds. ） *The Kula*. Cambridge：Cambridge University Press.

Lindenberg，S. （1990） "Homo Socio-Economicus：The Emergence of a General Model of Man in the Social Sciences ". *Journal of Institutional and Theoretical Economics*，146：727 – 48.

North，D. C. （1990） *Institution，Institutional Change and Economic Performance*. Cambridge：Cambridge University Press.

Pareto，V. （1966） *Sociological Writings*. London：Pall Mall.

Parfit，D. （1986） "Prudence, Morality and the Prisoner's Dilemma". in J. Elster （ed. ），*Rational Choice*. Oxford：Blackwell.

Polanyi，K. （1958） *The Great Transformation*. Boston：Beacon Press.

Popper，K. R. （1976） "The Logic of Social Sciences". in T. W. Adorno et. al. , The *Positivist Dispute in German Sociology*, London：Heinemann.

（1968）*Conjectures and Refutations: The Growth of Scientific Knowledge*. New York: Harper & Row.

Samuelson, P. D. （1979）*Economics*, New York: McGraw-Hill.

Scott, J. C. （1976）*The Moral Economy of the Peasant: Rebellion and Subsistence in the South-east Asia*. New Haven, Conn. : Yale University Press.

Simon, H. A. （1982）*Models of Bounded Rationality*. Cambridge, Mass. : MIT Press.

Giddens, A. （1984）*The Constitution of Society*. Cambridge: Polity Press.

Popkin, S. （1979）*The Rational Peasant: The Political Economy of Rural Society in Vietnam*. Berkeley: University of California Press.

Scheff, T. J. （1992）"Rationality and Emotion: Homage to Norbert Elias". in J. Coleman and T. Fararo （eds. ）, *Rational Choice Theory: Advocacy and Critique*, Newbury Park: Sage.

Schultz, T. W. （1964）*Transforming Traditional Agriculture*. New Haven, conn. : Yale University Press.

Sen, A. （1995）"Rationality and Social Choice". *American Economic Review* 85.

（1999a）"The Possibility of Social Choice" （Nobel Lecture）. *American Economic Review* 89.

（1999b）*Development as Freedom*. New York: Anchor Books.

Veblen, T. （1994 ［1899］）*The Theory of the Leisure Class*. New York: Dover Publications, Inc.

（原载《社会学研究》2001 年第 6 期）

社会学学术史研究

现代化的求索：启蒙、进化与改良

一　启蒙与西学东渐：社会学的产生

（一）社会思想与社会学思想

在西方，社会学的产生一般从法国的孔德算起，学术界中多数人认为他是社会学的创始人，因为是他为了区别于已被"庸俗的"社会统计学家"剽窃"了的"社会物理学"概念，首先创造了 Sociology（社会学）这个拉丁语和希腊语的混合词，并在 19 世纪 30—40 年代出版的六卷本《实证哲学教程》的第四、五、六卷中（特别是第四卷中），首先提出了社会学这门新学科的观点。但孔德的思想在西方一般仍被归于社会哲学的范畴，也就是说在他那里，社会学的思想还没有脱离哲学的母体，社会学在研究对象和研究方法上还没有获得区别于其他学科的专门性。社会学的学科化一般从法国的迪尔凯姆算起，因为是他于 19 世纪末首先在大学里开设社会学课程，在 1895 年发表了《社会学方法论》，并随后创办了《社会学年鉴》，他使社会学在正式教育体系中确立了独立的学科化地位，成为脱离哲学母体的独立学科。关于这段社会学创始和学科化历史的解说，虽然也有一些笔墨官司和思想姻缘的公案①，但基本上是白纸黑字摆在那儿，提不出太多的异议。

---

①　如法国已故的现代著名社会学家阿隆（Raymond Aron），就极力地扬孟抑孔，认为孟德斯鸠是先于孔德的社会学理论家，而不仅仅是思想先驱，孟德斯鸠的理论解释比孔德更具有新意，孔德的学说不过是简单化了的决定论哲学，所以阿隆的社会学理论教程是从孟德斯鸠讲起，而不像一般人那样从孔德讲起。Aron R.（1967），*Les Etapes de la Pensee Sociologique*, Gallimard, 1967. 中文版：雷蒙·阿隆，《社会学主要思潮》，上海译文出版社 2005 年版。

但在中国，社会学在中国的产生就成了一个问题，而且是一个颇有争议的问题。要澄清这个问题，首先要把社会思想与社会学思想区别开来。学术思想的学科化应当说是一种近现代的现象，是学术研究中社会分工精细化的结果。古代和古典时代的先贤圣哲，基本上都是百科全书式的人物，他们学贯古今，知通百科，堪称思想大师。尽管他们在某些方面可能更加专门化一些，更加偏重于我们今天所说的人文科学、社会科学或自然科学，但他们绝非今天我们所说的专家。这个现象，在东方国家和西方国家是一样的。古希腊先哲亚里士多德在西方被许多学科尊崇为开山鼻祖，他不但著有《形而上学》、《物理学》等哲学和自然科学著作，还著有《伦理学》和《政治学》等人文科学和社会科学的著作，而这些著作中包含的思想涉及哲学、物理学、生物学、心理学、逻辑学、伦理学、政治学和经济学等等，他也就因此而被许多学科奉为创始人或奠基人。把整个自然界和人类社会视为一个统一的研究对象，并把所有的知识融入一个统一的体系，这可能是西方近现代以前所有学者的共同特点和意识，起码是近现代以前那些堪称思想大家的学者的共同特点和毕生追求。

西方直到 18 世纪的启蒙思想家，学术研究的学科化过程仍未完成，伏尔泰、孟德斯鸠、狄德罗、卢梭等一大批学者，我们可以称他们为思想家，但却很难称他们政治学家、经济学家、法学家等等，因为他们的思想尚未经过专门的学科化，知识在他们那里是一个包罗万象的、可以解释一切的整体。如孟德斯鸠并没有因为写了《法的精神》（旧译《法意》）就成为专门的法学家，他在法国更经常被称为文学家、政治理论家或法律史家，英国著名的经济学家凯恩斯，在他的《就业、利息和货币通论》一书的法文版序言中，甚至说"孟德斯鸠是法国最伟大的经济学家，只有亚当·斯密才能与其相比拟"[1]。也不知是真心认为孟德斯鸠富有开创性的经济思想，还是讽刺法国缺乏经济学的思想大师。以英国的绅士做派来看，更像是前者，每天下午正点喝红茶的英国学者，不会潇洒到在自己书的外

---

① Keynes, J. M. (1953), *Theorie Generale de l' Emploi, de l' Interet et de la Monnaie*, Traduit par J. de Largentaye, Paris: Payot, p. 13.

文版发行时开这种国际玩笑,但穿着牛仔裤就上大学讲台的法国教授们,对这种来自英国的赞誉之词却并不以为然,反而认为这是一段"颇有争议的俏皮话"。西方启蒙思想家实际上是从摧毁知识的旧体系、特别是形而上学体系发端的,他们那时认为,对宏大体系的刻意追求(esprit de systeme)已经不再是理性的动力,反而成为理性的障碍和制约,但事实上,启蒙思想家所激烈抨击的知识构造的传统,是从不证自命的定理出发,演绎出一成不变的知识体系的做法,他们自己却以归纳的自由精神创造着他们所追求的新的知识体系。在他们中间,我们也许无法像我们习惯的那样,发现像西方17世纪学术思想从笛卡尔到马勒伯朗士、从斯宾诺莎到莱布尼茨,从培根和霍布士到洛克的清晰发展线索,但他们共同具有的建立新的百科全书知识体系的系统精神(esprit systematique),却是理解他们的学术追求和思想取向的钥匙①。换句话说,西方18世纪启蒙思想家完成的是思想认识论或知识观念论的革命,但他们并没有完成知识的学科化和专门化的过程,套用库恩关于科学群体的观念"范式"(Paradigm)的说法,这也可以说是一种尚未进行观念"范式转换"的"历史的局限"。

　　在思想大师们的知识体系具有包罗万象、浑然一体的特点的时代,社会思想是每一位思想大师必然具有的、而且不可能不具有的思想。只不过在古典时代,思想家达到大师的地步,不像现在有诺贝尔奖或者其他什么国际大奖这种既荣耀又实惠的名号,所以那时若不是被赐一个什么等级的爵位,就只能是赐一顶哲学家的桂冠。而在哲学家那里,社会思想往往被视为其哲学思想的婢女、陪衬、延伸和尾缀,教科书或思想家评传中,也往往是先评介其哲学思想和政治思想,然后来个关于伦理、教育、历史等社会思想的尾巴。所以,写社会思想史,人们必然追溯到历史上第一位思想大师那儿。而写社会学思想史,只能从孔德写起,就像写经济学思想史只能从亚当·斯密写起一样,顶多加上点在此之前的"思想先驱"之类,而不能不管什么学科都去抱亚里士多德的佛脚。百科全书式的知识体系与学科化的知识体系是不同的,社会思想与社会学思想也是有本质区别的。

---

① 卡西勒:《启蒙哲学》,顾伟铭等译,济南:山东人民出版社1988年版,序、第1—35页。

每一门知识完成其学科化的时间也是不同的，大概哲学是最早完成其学科化的，经济学的学科化大概比社会学的学科化早了一代人的时间，亚当·斯密已经著作等身、寿终正寝之时，孔德才刚断文识字，而政治学的学科化还要晚很长时间。

　　中国的社会思想也可以追溯到古代的诸子百家，但中国的社会学思想是什么时候产生的呢？中国的社会学又是什么时候完成学科化的呢？谁是中国的孔德？谁是中国的迪尔凯姆呢？如果没有西方学术思想的引入和中西文化的交流、冲突和撞击，中国学术思想的学科化过程是否仍会按照它实际经过的轨迹？换句话说，中国古典知识体系过度人文化的底蕴，能否使现代学科化意识的产生成为一种中国知识体系自身的自然发展的过程？凡事都要有个标准，有个说法，有个尺度，什么是现代的学科化意识呢？这种学科化意识显然不是创造个新名词、杜撰个新概念或提出个前无古人的什么"学"来那么简单。法国著名的现代结构主义哲学家福柯，这位更经常被国内学人尊崇为具有解构意识的"后现代"大师，曾在他的方法论奠基之作《词与物》中，把西方从文艺复兴至 19 世纪的知识结构变迁划分成三个阶段：16 世纪文艺复兴时代的知识体系是建立在"相似原则"上的，17、18 世纪古典时代的知识体系是建立在"有序原则"上的，而19 世纪现代的知识体系是建立在"因果律原则"上的，追寻最终根源的因果律，探索现象背后的统一的普遍规律，是现代知识体系共同的主题[①]。并非所有的现代人都具有现代的意识，也并非现代的意识仅仅产生于现代。从把上帝作为一切现象的终极原因，到追求各个具体领域中具有解释力的普遍法则，这是跨时代的学术意识的过渡，但这种过渡和学科化意识的形成经历了几个世纪和数代人的时间。牛顿寻求物理学领域中上帝的第一推动力，寻求解释从苹果落地到行星运行的万事万物的"万有引力"定律；布封寻求植物学领域中普遍法则，寻求解释植物的物种分类和物种生成转换的"有机分子"定律；亚当·斯密寻求经济学中财富的奥秘，寻求引导人们从私利本性出发走到公益的未预期结果的"看不见的手"；孔德则寻求人类社会中像其他领域一样起支配作用的不变的法则，寻求社会历

---

① Foucault, M.（1966），*Les Mots et les Choese*, Paris：Gallimard.

史根据"秩序"和"进步"的法则从神学阶段到形而上学阶段再到实证科学阶段的根本发展规律。

中国古典时期并不缺乏对解释万事万物的统一因果律的寻求精神，阴阳五行学说就是这种寻求的结果，但这种学说过早的精制化，以致成为泯灭其他思想创见的具有至高无上意义的统制学说。而且，这种与浑然一体的知识体系相适应的体系精神，在长期的自身发展中，再也没有完成时代门槛的跨越，没有演变和转型为对具体学科领域中统一因果律的寻求。各个具体的学科领域，无论是哲学、炼金术还是医学和化学，仍然习惯于沿用阴阳五行的统一假说来解释专门领域中的具体现象和技术，所以中国可以在 1578 年就出现李时珍的《本草纲目》，很早就有细致的完整的动植物分类学，可以在 1637 年就出现宋应星的《天工开物》，很早就有各种生产技术和制造方法的分类，但由于缺乏对具体学科领域中自身的统一因果律的寻求，所以从《本草纲目》中没有发展出分子生物学，从《天工开物》中也没有发展出现代的物理学和化学，同样中国从自身发达的哲学思想、伦理思想和史学思想中也难以产生社会学。对具体学科领域统一因果律的寻求是一种现代的学科化意识的萌生，这种意识在中国的萌生是西学东渐的结果。所以说，中国历史上有博大精深、系统完整且智慧璀璨的社会思想，但社会学和社会学思想在中国的出现却是西学东渐、文化融合的产物。

为什么说中国社会学思想的产生，除了西学东渐的影响，也同时是文化融合的产物呢？这是因为，中国 19 世纪末 20 世纪初走向实证的启蒙思潮，恰恰与社会学的实证特点合拍了。孔德在阐述社会学的实证特点时就曾指出，实证的精神就是用实在、有用、确定、精确的知识取代虚妄的神学和形而上学的东西，用对现象的不变规律的研究取代从所谓的第一原因出发的解释，而且他还自傲地宣布，从他开始，对社会现象的研究才真正成为实证的科学。梁启超在他 1923 年演讲的《中国近三百年学术史》中，对中国学术开始走向务实的思潮追溯得更远，他认为近 300 年的学术思潮是对过去 600 年的道学传统的反动，"这个时代的学术主潮是：厌倦主观的冥想而倾向于客观的考察。无论何方面之学术，都有这样的趋势。可惜客观考察多半仍限于纸片上的事物，所以它的效用尚未能尽量发挥。此外还有一个支流是：排斥理论，提倡实践。这个支流屡起屡伏，始终未能很占势力。总而言之，这三百年学术界所指出的路，我认为是不错的——是对于从前很有特色而且有进步的，只可惜全部精神未能贯彻。以后凭藉这点成绩扩充蜕变，再开出一个更切实更伟大的时代，这是我们的责任，也是我这回演讲的微义"①。这也并非梁启超一人的看法，蒋方震在 1921 年为梁启超的《清代学术概论》写的序中说："由主观之演绎进而为客观之归纳，清学之精神，与欧洲文艺复兴，实有同调者焉。"又说："今时局机运稍稍变矣，天下方竞言文化事业，而社会之风尚，犹有足以为学术之大障者，则受外界经济之影响，实利主义兴，多金为上，位尊次之，而对于学者之态度，则含有迂远不适用之意味。而一方则谈玄之风犹未变。民治也，社会也，与变法维新立宪革命等是一名词耳，有以异乎？无以异乎？此则愿当世君子有以力矫之矣。"②这反映了当时学术思潮上的走向实证的精神以及与之相伴随的社会上的实用风气。许多学者在概括 16 世纪至 19 世纪 40 年代中国的学术思潮时，都称之为"经世致用思潮"或"明清实学思潮"③。

当然这种西学东渐和知识交融的过程，绝非是充满诗意和浪漫气氛的文化旅游，而毋宁说是在被动的强权和屈辱之下自觉的发愤自强之举。关于这个过程，林林总总的史书上有各种分析，而梁启超的描述可能更接近他们那一代人和他们那一派人的真实想法以及他们所经历的实际过程：

> 原来中国几千年来所接触者，——除印度外——都是文化低下的民族，因此觉得学问为中国所独有。"西学"名目，实自耶稣会入来所创始。其实所谓西学者，除测算天文，测绘地图外，最重要

---

① 梁启超：《中国近三百年学术史》，载《梁启超论清学史二种》，上海：复旦大学出版社 1985 年版，第 91 页。这个版本是经过朱维铮先生校注的，比通行的《饮冰室合集》版本少了许多差误。

② 梁启超的《清代学术概论》原是应蒋方震之邀为其《欧洲文艺复兴史》一书写的序言，但"下笔不能自休"，一写就是洋洋数万言，几乎与原书差不多了，结果只好单独成书，并反邀蒋方震为之作序。见梁启超《中国近三百年学术史》，载《梁启超论清学史二种》，上海：复旦大学出版社 1985 年版，第 89—90 页。

③ 陈鼓应、辛冠洁、葛荣晋主编：《明清实学思潮史》（3 卷本），济南：齐鲁书社 1989 年版。

者便是制造大炮。阳玛诺、毕方济等见重于明末，南怀仁、徐日升等之见重于清初，大半为此。西学中绝，虽有种种原因，但太平时代用不着大炮，最少亦应为原因之一。过去事实既已如此，那么咸、同间所谓讲求西学之动机及其进行路线，自然也该为这种心理所支配。质而言之，自从失香港、烧圆明园之后，感觉有发愤自强之必要，而推求西之所以强，最佩服的是他的"船坚炮利"。上海的江南机器制造局，福建的马尾船政局，就因这种目的设立，又足以代表当时西学家之心理。同时又因国际交涉种种麻烦，觉得须有些懂外国话的人才能对付，于是在北京总理衙门附设同文馆，在上海制造局附设广方言馆，又挑选十岁以下的小孩子送去美国专学说话。第一期所谓西学，大略如此。这种提倡西学法，不能在学界发生影响，自无待言。但江南制造局成立之后，很有几位忠实的学者……译出几十种科学书，此外国际法及其他政治书也有几种。自此，中国人才知道西人有还藏在"船坚炮利"背后的学问，对于"西学的观念"，渐渐变了。①

后来，梁启超在1922年为《申报》50周年纪念撰写的《五十年中国进化概论》一文中，把这个过程概括为中国的觉悟和学问进步的三个时期：第一期是"先从器物上感觉不足"，标志是鸦片战争后的洋务运动；第二期是"从制度上感觉不足"，标志是中国在中日甲午战争中惨败后开始的"变法维新"运动；第三期是"从文化根本上感觉不足"。梁启超认为，第三期的种子可以说是由第二期播植下来，而第二期"学问上最有价值的出品，要推严复翻译的几部书，算是把19世纪主要思潮的一部分介绍进来，可惜国里的人能够领略的太少了"（《饮冰室合集·文集》）。所以，所谓"西学东渐"，不过是"西器东渐"和"西制东渐"后的必然的

① 文中阳玛诺（Emmanuel Diaz Jeune）是葡萄牙传教士，1610年明万历年间来到中国，毕方济（Franciscus Sambiaso）是意大利传教士，1614年明万历年间来到中国，南怀仁（Ferdinandus Verbiest）是比利时传教士，1659年清顺治年间来到中国，徐日升（Thomas Pereyra）是西班牙传教士，1673年清康熙年间来到中国，他们曾在明末清初协助中国朝廷铸造兵器、改良枪炮。见梁启超《中国近三百年学术史》，载《梁启超论清学史二种》，上海：复旦大学出版社1985年版，第91页。

结果，三者是一个符合因果逻辑的统一的过程。

（二）群学与社会学

多数中国的学人都知道，社会学最初在中国被称为"群学"，其最主要的标志，就是严复在 1897 年把英国社会学家斯宾塞 1873 年著的 *The Study of Sociology*（《社会学研究》）一书翻译成中文时，译成了《群学肄言》。但问题是，"群学"这个学科名称，究竟是严复以其古文的功底和根据其信达雅的翻译标准杜撰的呢，还是中国当时已经存在"群学"这样一个研究领域，严复不过是为了翻译的方便而套用？如果当时中国已经有"群学"，那当时中国学者思想中所理解的"群学"与斯宾塞对"Sociology"的解说是否一致？如果中国在严复翻译斯宾塞的著作以前并不存在"群学"这样一个研究领域，严复为什么没有选择"社会学"这个日本已有的译法而是选择了"群学"翻译 Sociology？而严复在当时很明显已经知道了日本人把 Society 译作"社会"，他自己也在解说"群学"的同时，经常的使用"社会"的概念。

根据我所接触到的史料看，在严复之前，中国并不存在"群学"这样一个专门的研究领域，也没有人使用过"群学"的概念。换句话说，在严复引入"群学"之前，中国有关于"群"的思想（社会思想），但没有群学的思想（社会学思想）。关于这一点，严复自己心里是很明白的。1902 年严复在写给梁启超的信中叙述翻译的甘苦时，指出计学（经济学）"其理虽中国所旧有，其学则中国所本无"的道理，这对群学也是通用的：

> 再者计学之名，乃 Economics 字祖义著想，犹名学之名，从 Logos 字祖义著想。……又见中国古有计相计偕，以及通行之国计、家计、生计诸名词。窃以谓欲立一名，其深廓与原名相副者，舍计莫从。……计学之理，如日用饮食，不可暂离，而其成专科之学，则当二百年而已。故其理虽中国所旧有，而其学则中国所本无，无庸讳也。若谓中国开化数千年，于人生必需之学，古籍当有专名，则吾恐

无专名者不止计学。①

严复是中国最早使用"群学"这个专名的人，他最早使用"群学"一词的时间，大概是在 1894 年。早在 1881 年前后（"光绪七八之交"）②，严复就阅读到了斯宾塞的 *The Study of Sociology* 一书，当时他才 28 岁。严复从洋务派领袖左宗棠等人创办的海军学校——福州船厂附设的船政学堂毕业后，于 1877 年被派到英国格林尼茨海军大学读书，1879 年未毕业便被调回国，次年被李鸿章调到北洋水师学堂任总教习，此后的 1885—1894 年的 9 年间，严复在北洋水师学堂任职的同时，奔波于福建和北京两地，连续 4 次参加科举考试均名落孙山。所以严复有较多时间从事翻译，应当在 1894 年乡试落选以后。从发表的译作看，严复较早的翻译作品是英国宓克（A. Michie）著的《支那教案论》（*Missionaries in China*）和赫胥利（T. H. Huxley）著的《天演论》（*Evolution and Ethics*），这两本著作都是 1894 年后开始翻译的。但是，在翻译天演论之前或之间，严复似乎已经开始翻译社会学和政治学方面的著作，只是他最早的社会学翻译作品没有在当时发表。严复在《天演论》的"导言十三·制私"一节的按语中写道："人道始群之际，其理至为要妙。群学家言之最晰者，有斯宾塞氏之《群谊篇》，拍捷特《格致治平相关论》二书，皆余所已译者。"③ 可见在 1894—1896 年翻译《天演论》之前或之间，严复已翻译过社会学的著作，并开始使用"群学"的专名，只可惜目前笔者无法找到这两个译本，也未见有发表的记载。另外，严复早期曾试图翻译法国巴黎法典学堂讲师齐察理的著作，他译为《国计学甲部》，但仅译了 3000 字左右，具体的翻译时间不详，但显然是其最早的译品之一，翻译时间应在 1894 年或之前，这3000 字左右的残稿中有两条按语，均与"群学"有关。其中一条原书的

---

① 见"与梁启超书"，载严复《社会剧变与规范重建——严复文选》（简称《严复文选》），卢云昆编选，上海远东出版社 1996 年版，第 525 页。

② 严复在《〈群学肄言〉译余赘语》中说，"不佞读此在光绪七八之交，辄叹得未曾有，生平好为独往偏至之论，及此始悟其非"。载严复《社会剧变与规范重建——严复文选》（简称《严复文选》），卢云昆编选，上海远东出版社 1996 年版，第 127 页。

③ 严复：《社会剧变与规范重建——严复文选》（简称《严复文选》），卢云昆编选，上海远东出版社 1996 年版，第 321—322 页。

译文为："以群学为之纲，而所以为之目者，有教化学或曰翻伦学，有法学，有国计学，有政治学，有宗教学，有言语学。"一条按语为："群学西曰梭休洛支（Sociology）。其称始于法哲学家恭德（孔德）。彼谓凡学之言人伦者，虽时主偏端，然无可分之理，宜取一切，统于名词，谓曰群学。"①

对于 Sociology 这样一门中国"本无"的学科，严复为什么没有使用日本学术界"社会学"的译法呢？美国研究严复的汉学家史华兹（B. Schwartz）认为，严复反对日本用"社会"译"society"，而喜好用传统概念的"群"来译，因为严复认为"群"的意思更接近"society"作为一个社会集团而不是作为一个社会结构的概念，严复译文的宗旨是"最大限度地运用中国古代哲学的隐喻手法来表达西方概念，但具有讽刺意味的是，大多数由他创造的新词在与日本人创造的新词的生存竞争中逐渐被淘汰了"②。然而，严复所使用的"群学"的译法，显然不仅仅是对传统概念和中国古代哲学隐喻手法的偏好。严复对"群"的理解，当然首先是受到中国古代哲学家荀子的思想影响，他在解释斯宾塞"群学"的概念时，多次引用荀子的话，如在《原强》中说："荀卿子有言：'人之所以异于禽兽者，以其能群也。'"在《〈群学肄言〉译余赘语》中说："荀卿曰：'民生有群'。"③ 严复援用荀子关于"群"的概念，自然由于"群"比较接近 Society 的含义，但更重要的是，严复当时的翻译，具有强烈的实用急用色彩，他是在寻求富国强民的道路，而《荀子》中的"富国"、"强国"、"王制"、"礼论"、"议兵"、"君道"等诸篇的思想，恰好符合严复的思想取向。特别是《荀子·王制》中关于以群强国的思想，与严复当时悟出的富国道理以及他从斯宾塞的著作中读出的"微言大义"，都是一致的。如荀子在《王制》中指出，"人能群"在于人能根据不同社会地位"分"，而"分"之后能"行"，是因为有维持社会秩序的规范"义"，有

① 严复：《〈国计学甲部〉（残稿）按语》，载王栻主编《严复集》第 4 册，北京：中华书局1986 年版，第 847 页。引文中的括号及其中的注词是笔者添加的。
② 史华兹：《寻求富强：严复与西方》，叶凤美译，南京：江苏人民出版社 1995 年版，第 88 页。
③ 严复：《社会剧变与规范重建——严复文选》（简称《严复文选》），卢云昆编选，上海远东出版社 1996 年版，第 127 页。

"义"有"分"才能强胜:

> 水火有气而无生,草木有生而无知;人有气、有生亦且有义,故
> 最为天下贵。力不若牛,走不若马,而牛马为用,何也? 曰:人能
> 群,彼不能群也。人何以能群? 曰分。分何以能行? 曰义。故义以分
> 则和,和则一,一则多力,多力则强,强则胜物,故宫室可得而居
> 也。故序四时,裁万物,兼立天下,无它故焉,得之分义也。故人生
> 不能无群,群而无分则争,争则乱,乱则离,离则弱,弱则不能胜
> 物;故宫室不可得而居也,不可少顷舍礼义之谓也。能以事亲谓之
> 孝,能以事兄谓之弟,能以事上谓之顺,能以使下谓之君。君者,善
> 群也。群道当,则万物皆得其宜,六畜皆得其兴,群生皆得其命。
> (《荀子·王制》)①

在翻译《群学肄言》之前,严复在翻译《天演论》时,就已经引入
了许多荀子的思想,如他在《天演论》那半是原文之意半是他自己的阐释
并且有选择地大大缩略了的译文中,就随处可见群论的语言,某些篇目的
题名就直接意译为"善群"、"群治"等。其实严复真正看重的是斯宾塞
的著作,翻译《天演论》不过是翻译斯宾塞著作的准备,因为斯宾塞的著
作"数十万言……其文繁衍奥博,不可猝译"②。《天演论》在严复的心目
中,是把生物学原理运用于社会人伦,是"保群"的理论,它就像是斯宾
塞的群学理论的一个导言,也正因为这一点,严复首先翻译的是赫胥黎的
《天演论》,而不是当时英国更著名的具有划时代意义的生物学著作——达
尔文的《物种起源》,严复的心思根本没在生物学上,而是在生物社会
学上。

严复把 Sociology 翻译成"群学",还因为他自认为在斯宾塞的著作中,
发现了与中国传统儒家学说中经世致用的思想相吻合的要义,也就是所谓
格物致知、修身治国、内圣外王的道理,而斯宾塞不过是把这种思想发展

---

① 荀子:《荀子·王制》,载《荀子新注》,北京:中华书局 1979 年版,第 127 页。
② 王栻主编《严复集》第 4 册,北京:中华书局 1986 年版,第 1327 页。

成一门精制得多的学问。在《〈群学肄言〉译余赘语》中，严复指出："窃以为其书实兼《大学》、《中庸》精义，而出之以翔实，以格致诚正为治平根本矣。"在《原强》中，严复在谈到斯宾塞的"群学"时说的更加清楚：

> "群学"者何？……凡民之相生相养，易事通功，推以致于兵刑礼乐之事，皆自能群之性以生，故锡彭塞氏（斯宾塞）取以名其学焉。约其所论，其节目支条，与吾《大学》所谓诚正修齐治平之事有不期而合者，第《大学》引而未发，语而不详。至锡彭塞（斯宾塞）之书，则精深微妙，繁富奥衍。其持一理论一事也，比根柢物理，征引人事，推其端于至真之原，究其极于不遁之效而后已。（《原强》）①

对于西方社会学早期的代表人物孔德和斯宾塞来说，社会学是各门学科的科学女王，是包括其他一切学科的综合科学，至少也是社会科学和人文科学的总汇，各门学科按照统一的原理被置于社会学这个包罗万象的系统中。这与严复心目中格物致知、经世致用的大法，即作为"天演"之学和"群治"之学的"群学"，应该说是完全一致的，不存在误读的问题。严复明确指出，"群"是一个比人们一般理解的"社会"更宽泛的概念，他说："群也者，人道所不能外也。群有数等，社会者有法之群也。社会，商工政学莫不有之，而最重之义，极于成国。尝考六书文义，而知古人之说与西学合。"②

当然个别的误读现象也是存在的。几乎在严复翻译斯宾塞《群学肄言》的同时，谭嗣同正在写作他的《仁学》。由于严复的《原强》已于1895年3月4日至9日发表在天津《直报》上，当时影响很大，所以关心

---

① 引文括号及其中的注词是笔者加，严复把英国社会学家 H. Spencer 的名字较早译为锡彭塞，后译为斯宾塞尔，最后定为斯宾塞。引自卢云昆编选《社会剧变与规范重建——严复文选》（简称《严复文选》），上海远东出版社 1996 年版，第 8 页。

② 严复：《社会剧变与规范重建——严复文选》（简称《严复文选》），卢云昆编选，上海远东出版社 1996 年版，第 525 页。

时事的谭嗣同于 1896 年开始着手写作《仁学》时，按说不可能没有读过
严复在《原强》中关于斯宾塞的"群学"的那段表示一见钟情的话。不
过，似乎不善西文的谭嗣同，虽然对中国传统的儒道释典籍如数家珍，却
似乎并未真正理解严复以"群学"的专名介绍的 Sociology 究竟是什么东
西。谭嗣同的《仁学》广采佛学、易经、老庄、儒家、西学、算学等各种
学术思想于一体，倡导"仁以通为第一要义"，似乎意在为变法思想奠立
本体论基础。在《仁学》中，谭嗣同既使用过"群学"也同时使用过
"社会学"，但都是各门学科或西方各门社会科学学科的意思，与严复阐述
的"群学"相去甚远。在《仁学》的"自序"中，谭嗣同写道：

> 网罗重重，与虚空而无极。初当冲决利禄之网罗，次冲决俗学若
> 考据、若词章之网罗，次冲决全球**群学**之网罗，次冲决君主之网罗，
> 次冲决伦常之网罗，次冲决天之网罗，次冲决全球**群教**之网罗，次冲
> 决佛法之网罗。[①]（《仁学》）

1993 年加润国先生在给《仁学》加注时，在上面引文的"群学"处
特注明："群学：社会学。"这似乎有画蛇添足之嫌，因为谭嗣同此处所说
的"群学"，显然不是孔德或斯宾塞所说的社会学，也不是严复意译的群
学，更不是我们今天所说的社会学，而是"各门学科"或"各种学术"
的意思。谭嗣同要冲决的"全球群学"网罗，是各种学科的网罗，而不是
"社会学"的网罗。况且严复所倡导的"群学"，正是为变法维新开道的
学说，岂有被革新者明知而要冲决之理。在《仁学》的"仁学界说"第
27 条界说中，谭嗣同的"群学"是"各门学科"的意思表明得更加清楚：
"格致（自然科学）即不精，而不可不知天文、地舆（地理）、全体（生
理）、心灵（心理）四学，盖**群学群教**之门径在是矣。"[②] 在同一"仁学界
说"的第 25 条界说中，谭嗣同还同时使用了"社会学"的专名，这大概

---

① "群学"、"群教"的着重黑色是笔者为了醒目加的。谭嗣同：《仁学——谭嗣同集》，加润国
选注，沈阳：辽宁人民出版社 1994 年版，第 6 页。
② 引文中的括号及其中的注词是笔者所加，"群学""群教"的着重色也是笔者加的。谭嗣同：
《仁学——谭嗣同集》，加润国选注，沈阳：辽宁人民出版社 1994 年版，第 9—10 页。

是中国最早使用"社会学"一词的记载①，不过也是"西方各门社会科学"的意思：

> 凡为仁学者，于佛书当通《华严》、及心宗、相宗之书，于西书当通《新约》及算学、格致、**社会学**，于中国书当通《易》、《春秋公羊传》、《论语》、《礼记》、《孟子》、《庄子》、《墨子》、《史记》及陶渊明、周茂叔、张横渠、陆子静、王阳明、王船山、黄梨洲之书。（《仁学》）②

谭嗣同并非没有学科分类的概念，在写《仁学》之前，他曾在1894年写过《思纬壹壹台短书》一文，详述西方学科的分类："西人分舆地为文、质、政三家。……故西学子目虽繁，而要皆从舆地入门。不明文家之理，即不能通天算、历法、气学、电学、水学、火学、光学、声学、航海绘图、动重、静重诸学。不明质家之理，即不能通化学、矿学、形学、金石学、动植物诸学。不明政家之理，即不能通政学、史学、文学、兵学、法律学、商学、农学、使务、界务、税务、制造诸学。"又说"西人表学译名统计"，"图表者，尤所以总群学之目而会其归"③。所以，在谭嗣同的学科分类中，"群学"不是一门学科，而只是各门学科的总称。不过，在谭嗣同的心目中，似乎还有关于"群学"的另外一层意思，即"群学"是民众组织起来的学问，关于这一点的佐证是，在他1898年发表在《湘报》上的《壮飞楼治事十篇》中，第9篇的题名就是"群学"，但通篇讲的都是如何通过组织各行各业的行会（如学会、农会、工会、商会等），达到"无变法之名，而有变法之实"的目的。可见，当时与严复没有直接

---

① 孙本文在1948年写的"晚近中国社会学发展的趋向"一文中说，中国社会学在名义上始于1896年，当时学人著作中初见社会学之名，但实际上介绍社会学的内容入中国，则在6年之后，即1902年，其时严复所译英人斯宾塞的群学肄言全部以及章炳麟所译日人岸本能武太的社会学出版（见孙本文："晚近中国社会学发展的趋向"，载《社会学刊》1948年第6卷，第46页）。孙本文没有指出谁最早使用"社会学"一词，不过1896年这个年份与谭嗣同写作《仁学》的年份相同。

② 引文中"社会学"的着重色是笔者所加。谭嗣同：《仁学——谭嗣同集》，加润国选注，沈阳：辽宁人民出版社1994年版，第9页。

③ 谭嗣同：《仁学——谭嗣同集》，加润国选注，沈阳：辽宁人民出版社1994年版，第187—189页。

交往的谭嗣同,其头脑中的"群学",还是一个比较模糊的概念。不过谭嗣同在《仁学》中诸如"两千年来之政,秦政也,皆大盗也"的一些振聋发聩的呐喊,以及他的所谓"中外通、上下通、男女内外通和人我通"的醒世奇言,甚至令梁启超都对严复惊呼,谭嗣同"真异才也"[①]。

"群学"在中国的产生,自然是西学东渐和中外文化碰撞、融合的结果,可它一经导入和产生,就完全被纳入中国的文化话语系统和观念系统,但作为新的种子,它也在改变着这一话语系统和观念系统。

二　社会进化:天演、变法、保群

(一)天演人变:寻求社会进化的规律

如果说梁启超是中国的孔德,这可能有些言过其实,因为梁启超并没有孔德那样系统的社会学理论。不过,梁启超对中国"群学"创始的贡献,他对社会变迁因果规则的有意识的寻求以及他的现代学科分类的意识,都使他堪称中国社会学的最重要的创始人。而且,梁启超学识的博深和学术地位的显赫之于中国,远高于孔德之于英法或西方。

梁启超的"群学"思想,直接师承康有为,同时又深受严复和谭嗣同的影响。通过严复,他吸收了斯宾塞、赫胥利的社会进化思想,通过谭嗣同,他对《易经》的变通之理有了更深刻的体会。在《说群》的自序中,梁启超曾谈到他的变法保群思想的渊源:

> 启超问治天下之道于南海(康有为)先生。先生曰:"以群为本,以变为用。斯二义立,虽治千万年之天下可已。"启超既略述所闻,作《变法通议》。又思发明群义,则理奥例赜,苦不克达。既乃得侯官严君复之治功《天演论》,浏阳谭君嗣同之《仁学》,读之犁然有当于其心。……乃内演师说,外依两书,发以浅言,证以实事,作《说群》

---

① 梁启超在1897年春写给严复的信中说:"侪辈之中,见有浏阳谭君复生者,其慧不让穗卿,而力过之,真异才也!著《仁学》三卷,仅见其上卷,已为中国旧学所无矣。"载李华兴、吴嘉勋编《梁启超选集》,上海:上海人民出版社1984年版,第84页。

十篇，一百二十章。（"《说群》序"，载《饮冰室合集·文集》。）

康有为大概是在 1882 年他 25 岁的时候，顺天乡试失败途经上海，开始接触到西方的思想，"益知西人治学之有术"，而到 1886 年前后，他已经冲破旧学的束缚，完成了从"几何定理"到"人类公理"的推演①。这样，康有为开始把"天演"和"人变"视为服从统一的支配规律，而最主要的天演人变规律，就是他所发现的孔子在《春秋》里所讲的"微言大义"。康有为在《春秋董氏学》中解释道："三世为孔子非常大义，托之《春秋》以明之。所传世托据乱，所闻世托升平，所见世托太平。据乱者，文教未明也。升平者，渐有文教，小康也。太平者，大同之……文教全备也。……此为春秋第一要义。"② 这成为康有为用心良苦的"托古改制"的理论基础。作为康有为的大弟子和第一传人，梁启超沿着这条道路，作了进一步的探索，并糅进了西方古典的政治体制分类理论：

> 治天下者有三世：一曰多君为政之世，二曰一君为政之世，三曰民为政之世。多君世之别又有二：一曰酋长之世，二曰封建及世卿之世。一君世之别又有二：一曰君主之世，二曰君民共主之世。民政世之别又有二：一曰有总统之世，二曰无总统之世。多君者，据乱世之政也；一君者，升平世之政也；民者，太平世之政也。
>
> ……
>
> 严复曰：欧洲政制，向分三种：曰满那弃者（Monarchy 君主制），一君治民之制也；曰巫理斯托格拉时者（Aristocracy 寡头制），世族贵人共和之制也；曰德谟格拉时者（Democracy 民主制），国民为政之制也。……
>
> ……
>
> 盖地球之运，将入太平，固非泰西（西方）之所得专，亦非震旦

---

① 参见康有为的早期著作《实理公法全书》及后人有关的述评。载黄明同、吴熙钊主编《康有为早期遗稿述评》，广州：中山大学出版社 1988 年版，第 58—83 页。

② 康有为：《康有为政论集》（上册），北京：中华书局 1981 年版。

（中国）之所得避，吾知不及百年，将举五洲而悉惟民之从，而吾中国，亦未必能独立而不变，此亦事理之无如何者也。① （《论君政民政相嬗之理》，载《饮冰室合集·文集》）

明眼人一看就清楚，这几乎完全是亚里士多德政治体制分类学的理论翻版。亚氏在他的《政治学》一书中，按高低优劣的次序，把政体分为6种：君主制、贵族制、共和制、僭主制、寡头制、民主制；这6种政体按好坏、理想现实之别分为2类：君主制、贵族制和共和制是好的、理想的，而僭主制、寡头制和民主制是坏的、变型的和现实中实际存在的；同时这6种政体按统治者人数的多寡又分为3种类型：君主制和僭主制是由一人或二人统治的政体，贵族制和寡头制是由少数人统治的政体，共和制和民主制是由多数人统治的政体②。梁启超不过是把这种政体分类融入一种进化的系统中，这种政体进化的思想又在很大程度上是通过严复而受到的西方思想的影响和启发，而严复在翻译孟德斯鸠的《法意》（*Espris de Lois*《法的精神》）的过程中，显然已通晓了西方思想中关于从专制政体到君主政体再到民主政体的进化理论。严复在他的《法意》译文的一条按语中说："孟氏所分治制，公治、独治、专制三者。其所称之独治，于中本无民权，亦非有限君权，但云有法之君主而已"③。严复把康有为关于社会经据乱世、升平世、太平世达到世界大同的思想与西方的政体进化思想融合为一体，形成一套较为系统的关于社会演变规律的学说。

如果把康有为和梁启超的三世进化理论与孔德的有关学说加以比较，我们会发现惊人的相似之处。孔德把人类智力（intelligence）的发展分为三个时代：神学的（或想象的）时代、形而上学的（或抽象的）时代，科学的（或实证的）时代。在神学时代，人类把各种现象的存在归因于生命体或与人类相似的力量；在形而上学时代，人类在解释各种现象时乞灵

---

① 引文中的括号及其中的注词是笔者加的。

② 汪子嵩：《亚里士多德》，载《西方著名哲学家评传》，济南：山东人民出版社1984年版，第61页。

③ 严复：《社会剧变与规范重建——严复文选》（简称《严复文选》），卢云昆编选，上海远东出版社1996年版，第395页。

于抽象的实体，如大自然；在科学时代，人类只是观察这些现象，并找出它们之间的因果联系，即支配各种现象的规律。科学的实证思想首先在数学、天文、物理、化学、生物学等领域取得胜利，然后扩展到社会科学，促成社会学的产生。孔德由知识发展的三个必然时代，推演出社会发展的三个必然阶段：即军事时期、过渡时期和工业时期。孔德还认为，这种三阶段发展论，是他"发现的一条伟大的根本规律，这一规律服从于不变的必然性，并具有稳固的基础，而这一基础，或者建立在我们关于组织的认识所提供的理性验证上，或者建立在基于对过去的认真审察而形成的历史检验上"①。

令人奇怪的是，孔德在当时比斯宾塞要更加知名，而且在严复翻译斯宾塞的著作之前已经有了孔德的著作的英文译本②，但严复似乎对孔德的思想并不感兴趣，他能从斯宾塞的著作中发现（似乎并无明显联系的）《大学》、《中庸》的精义，却并没有从孔德的著作中发现（联系如此明显的）《春秋》的微言大义。

严复对斯宾塞偏爱的原因之一，也许是由于在社会发展规律起源问题上，斯宾塞与孔德的根本差异。孔德是从人类智力的发展规律推演出人类社会的进化阶段，而斯宾塞是从生物进化的发展规律推演出人类社会有机体的进化，所以他们虽然都被冠以"实证主义代表"，但出发点是完全不同的。斯宾塞在谈到这种分歧时说："孔德所倡导的目的是什么？是对人的概念的进步作出完整的回答。我的目的是什么？是对外部世界的进步作出全面的回答。孔德认为各种思想具有必然和实在的继承关系，我却认为各种事物具有必然和实在的继承关系；孔德希望弄清自然知识的起源，我的目的是要弄清……自然界各种现象的构成。他研究主观，我探讨客观"③。斯宾塞的这种立场，显然更接近于中国晚清学术界出于对宋明理学

---

① Comte, A. (1907), *Cours de Philosophie Positive*, t. I, Paris: Schleicher Freres editeurs, pp. 2 - 3.

② 严复 1898 年开始翻译斯宾塞的《群学肄言》，但至少在 1896 年，哈·马蒂诺就编译了英文版的 3 卷本《奥古斯特·孔德的实证哲学》，由伦敦的 Bell 出版社出版。参见王栻《严复与严译名著》，载商务印书馆编辑部编《论严复与严复名著》，北京：商务印书馆 1982 年版，第 11 页；科瑟：《社会学思想名家》，石人译，北京：中国社会科学出版社 1990 年版，第 1 页的注。

③ Spencer, H. *Autobiography*, t. II, New York: Appleton, 1904, p. 570.

的反动而走向实践主义的思潮，也符合变法维新人士从中国"天人合一"、"体用不二"的观念范式出发为改革立论的习惯做法，特别是斯宾塞关于"适者生存"的社会进化论，对于追求富国强国之路的变法维新人士来说，真可谓久旱逢甘露。

这种对斯宾塞的偏爱，甚至使严复对斯宾塞的思想可能产生了某种误读。斯宾塞的一个重要思想，就是从军事社会到工业社会的社会结构转型的思想，这不同于孔德按社会的进化阶段来划分社会类型的方法，这是按社会结构的构成方式来划分社会类型，斯宾塞认为军事社会的社会结构构成方式是"强制性的"，而工业社会是"自愿合作的"，我们在这儿已经可以看到后来迪尔凯姆（E. Durkheim）关于"机械团结"和"有机团结"的划分的影子。而古典现代化理论中关于从传统社会向现代社会转型的种种理论划分，如身份社会和契约社会（H. S. Maine）、礼俗社会和法理社会（F. Tonnies）、民俗社会和都市社会（R. Redfield）、前现代社会和现代社会（M. Weber）、宗教社会和世俗社会（H. Becker）等等，都是基于同样的对社会结构构成方式的界定以及关于社会转型的假设。但严复出于寻求富强的热情和对军事力量、经济力量的共同关注，似乎并没有强调斯宾塞理论中军事阶段与工业阶段的根本区别，有时甚至把二者等同起来，因为在他思想里，工业求富和军事求强是一致的；另一个类似的误读例子，是严复从斯宾塞这个 19 世纪英国"放任的个人主义"典型代表的著作里，读出了强调国家和社会整体力量的群体主义思想①。

从天演到人变的推论，是变法维新学者的理论基础，也是梁启超、严复的"群学"的立论基础。康有为早在 1895 年春"公车上书"之前就在《变则通通则久论》中疾呼："天不能有阳而无阴，地不能有刚而无柔，人不能有常而无变。"② 梁启超更是在他 1896 年发表的著名的《变法通议》的自序中，开宗明义地指出：

---

① 史华兹：《寻求富强：严复与西方》，叶凤美译，南京：江苏人民出版社 1995 年版，序、第 52—53、72 页。

② 康有为：《康有为政论集》（上册），北京：中华书局 1981 年版，第 110 页。

　　法何以必变？凡在天地之间者，莫不变。昼夜变而成日，寒暑变而成岁；大地肇起，流质炎炎，热熔冰迁，累变而成地球；海草螺蛤，大木大鸟，飞鱼飞鼍，袋兽脊兽，彼生此灭，更代迭变，而成世界；紫血红血，流注体内，呼炭吸养，科科相续，一日千变，而成生人。借曰不变，则天地人类，并时而息矣。故夫变者，古今之公理也。（"《变法通议》自序"，载《饮冰室合集·文集》）

　　严复在他 1895 年 3 月发表的《原强》中，也是先介绍达尔文关于物竞天择、适者生存的生物进化论，再叙说斯宾塞的"群学"，虽"其书于达氏之《物种探原》为早出"，但其"宗天演之术，以大阐人伦治化之事"。所以，由天演到人变，是"知治乱兴衰之故，有修齐治平之功"的道路：

　　欲明生生之机，则必治生学；欲知感应之妙，则必治心学；夫而后乃可以及群学也。且一群之成，其体用功能，无异生物之一体，大小虽异，官治相准。知吾身之所生，则知群之所以立矣；知寿命之所以弥永，则知国脉之所以灵长矣。……故学问之事，以群学为要归。唯群学明而后知治乱兴衰之故，而能有修齐治平之功。呜呼！此真大人之学矣！（《原强》（修订稿））①

　　关于自然界和人类社会都服从于统一的规律的思想，梁启超和严复等革新派人士都深信不疑，所以他们认为，要富国强民，就要顺应天演之规律，变法维新。而且，梁启超从"天人合一"的思想出发，认为虽然各种社会现象和历史现象"其间必一一皆有因果之联系，而非出于偶然"，但自然界的法则，也并非能够脱离人的作用，"以无意识之自然演成运命"②。梁启超在这里，实际上已经透露出他在晚年所说的思想矛盾：即一

　　① 严复：《社会剧变与规范重建——严复文选》（简称《严复文选》），卢云昆编选，上海远东出版社 1996 年版，第 20 页。
　　② 葛懋春、蒋俊编选：《梁启超哲学思想论文选》，北京：北京大学出版社 1984 年版，第 221 页。

方面认为,历史和自然界一样,服从统一的因果律;另一方面又认为,历史为人类心力所造成,因果律不可能绝对适用于历史。

梁启超直到晚年(1922年)的时候,才彻底改变了关于统一因果律的看法,又重新提出"历史里头是否有因果律"、"历史现象是否为进化的"问题,并认为自己过去"完全错了",因为宇宙事物可分为自然和文化两系,"自然系是因果律的领土,文化系是自由意志的领土",历史现象最多只能说是"互缘"的,不能说是"因果"的,自然系的活动是归纳法研究得出、受因果律支配和具有非进化的性质,而文化系的活动是归纳法研究不出、不受因果律支配和具有进化的性质("研究文化史的几个重要问题——对于旧著《中国历史研究法》之修补及修正",载《饮冰室合集·文集》)。

(二) 群学: 内圣外王和群本主义

上面我已经提到,严复不止一次地说过,他在斯宾塞的社会学著作里,发现了与中国传统儒家文化中的格物、致知、修身、齐家、治国、平天下的道理"不期而合"的思想。从今天的研究视角来看,斯宾塞的社会有机体进化论与中国传统的儒家思想完全是两种思想体系,很多地方甚至是根本相左的,那么究竟是斯宾塞著作里的什么东西让严复感到这种"不期而合"呢?

从东西方思想体系的差异来看,西方的哲学更像是一种智力游戏(人智学),而中国的哲学更像是一种生活的道理(人生学)。严复翻译的西方著作,主要是经世致用的社会学、经济学、法学、政治学著作,较少涉及哲学等人文学科的著作,这些经世致用的著作符合中国学者对实用学说的偏爱。另外,斯宾塞和孔德一样,自诩自己的社会学是一切社会科学的总汇,揭示了社会发展的根本规律,而在严复看来,中国《大学》中的修齐治平思想,也代表了中国儒家学者关于人生道路和社会发展根本法则的看法。还有,斯宾塞认为,人类社会与生物进化一样,服从"物竞天择"的统一规律,这与中国传统的"天人合一"思想表面看来似乎是一致的。最后,斯宾塞的有机体进化论学说,对于严复这样的渴望中国富强的改良派革新人士来说,是充满诱惑力的,而英国当时社会经济状况的繁荣,无疑使这种诱惑力更增添了神话的色彩。斯宾塞撰写《群学肄言》（《社会学研究》）的 1873 年前后，英国已经成为世界经济的中心，英国当时的对外贸易额已经超过法国、德国、意大利三国的总和，几乎是美国的四倍，英国控制着海洋，它的海军的独霸地位在当时是无可争议的，当欧洲大陆上的国家陷入战争和革命的漩涡中时，英国却在国内外独享和平与安宁。曾在英国海军学校学习的严复，自然会将英国这种经济的进步与其思想的进步联系起来。《天演论》等译作之所以能在当时的中国引起如此的轰动，是与中国知识界对国家富强的渴望密切相关的。

当时中国的革新派学者，与孔德、斯宾塞一样，也有一种综合各门社会科学、寻找统一的社会发展规律的雄心，而这种学问上的追求，在很大程度上亦是对西方作学问的方法的呼应。这种做学问的方法，就是寻找符号（文字或社会现象）背后相当于规律的"本文"，而对新派学者来说，也就是中国的所谓要发现"微言大义"。在梁启超看来，中国的学问中揭示"适者生存"道路的"本文"，就是"内圣外王"的道路，这也是中国作学问的最高目的。他说："儒家哲学范围广博，概况说起来，其用功所在，可以《论语》'修己安人'一语括之。其学问最高目的，可以《庄子》'内圣外王'一语括之。做修己的功夫，做到极处，就是内圣；做安人的功夫，做到极处，就是外王。至于条理次第，以《大学》上说得最简明。《大学》所谓'格物致知诚意正心修身'，就是修己及内圣的功夫；所谓'齐家治国平天下'，就是安人及外王的功夫。"①梁启超还明确地指出，儒家学说与近代社会科学在研究问题方面具有所谓的一致性："有许多问题，是近代社会科学研究的，儒家亦看得很重。在外王方面，关于齐家的，如家族制度问题；关于治国的，如政府体制问题；关于平天下的，如社会风俗问题。所以要全部了解儒家哲学的意思，不能单以现代哲学解释之。儒家所谓外王，把社会学、政治学、经济学等等都包括在内；儒家

---

①　梁启超：《儒家哲学是什么》，此文是 1927 年出版的《儒家哲学》一书的第 1 章，载《饮冰室合集·专集》第 103 卷。另外，《大学》一书中关于"修齐治平"道路的那段非常著名但也非常啰嗦的解说是："古之欲明明德于天下者，先治其国；欲治其国者，先齐其家；欲齐其家者，先正其心；欲正其心者，先诚其意；欲诚其意者，先致其知；致知在格物。物格而后知至，知至而后意诚，意诚而后心正，心正而后身修，身修而后家齐，家齐而后国治，国治而后平天下。"

所谓内圣，把教育学、心理学、人类学等等都包括在内。"（《儒家哲学是什么》，载《饮冰室合集·专集》）

所以，在梁启超看来，社会学首先是外王的学问，即齐家治国平天下的学问，而且是外王的功夫中排在政治学和经济学之前的第一位的学问。

梁启超和严复以天演人变理论为基础的"群学"思想，是由"群本"、"保群"、"合群"、"善群"、"群德"、"群术"、"群治"等一系列概念构成的体系。其核心是"以群为本、以变为用"的群本主义，其主干是以"合群"为原则的社会整合思想。

关于"群本"思想，梁启超指出，"群"是"万物之公性"，世上有"能群者"，有"不能群者"，合群是造物，离群是化物，能群者存，不能群者灭，物不一种，种不一变，根据"递嬗递代之理"，必然"后出之群渐盛"，"前此之群渐衰"，野蛮之群不敌文明之群。这几乎完全是进化论的物竞天择、适者生存的思想。从这里也可以看到，从词源学和语言学上说，"群"的概念和意思更多地来自中国的文化和儒家学说，但是从解释学和语义学上说，"群学"的思想和这思想的本文主要来自西方达尔文的生物进化论和斯宾塞的社会有机体进化理论。

严复在翻译赫胥利的《天演论》的过程中，甚至指出赫胥利的心感而群较之斯宾塞的安利而群是舍本求末。严复的"保群"思想与"物竞天择"的思想如出一辙：

　　赫胥黎保群之论，可谓辨矣。然其谓群道由人心善相感而立，则有倒果为因之病，又不可不知也。盖人之由散入群，原为安利，其始正与禽兽下生等耳。初非由感通而立也。夫既以群为安利，则天演之事，将使能群者存，不群者灭；善群者存，不善群者灭。善群者何？善相感通者是。然则善感通之德，乃天择以后之事，非其始之即如是也。其始岂无不善相感通者？经物竞之烈，亡矣，不可见矣。赫胥黎执其末以齐其本，此其言群理，所以不若斯宾塞氏之密也。（《天演论》）①

---

① 严复：《社会剧变与规范重建——严复文选》（简称《严复文选》），卢云昆编选，上海远东出版社1996年版，第323页。

严复虽然非常强调国家主义和民族主义的思想，但他通过翻译亚当·斯密的《原富》（原名 *An Inquiry into Nature and Causes of the Wealth of Nations*，现简译《国富论》）一书，似乎已经接受了关于从"私利"到"公益"的那只"看不见的手"的自由主义经济思想：他认为中国历史上治化难进，在于把义理分开，倡导"君子言义不言利"，而计学（经济学）的最伟大之功，就在于使义利相合；他还说，令他读《原富》原文"潸然出涕"的是，"吾未见其民之不自由者，其国可以自由也；其民之无权者，其国之可以有权也。"①

与严复相比较，梁启超的群学理论更多地融进了中国文化中处人做事的道理。一方面，梁启超看到了社会整合（合群）的重要性，认为合群是适应物竞天择之公理的保群之道；另一方面，他也把形式上的合群与实质上的合群作了区别，认为即使有形式上的合群，也终不免一盘散沙，而实质上的合群要建立在利他主义的"群德"基础上。个人服从集体（绌身而就群），小集体服从大集体（绌小群而就大群），公而无私，舍己奉献，这成为以后的改革者和革命者发动和组织民众时所倡导的首要道义精神，而梁启超显然是将此精神作为群学要义的首倡者之一：

> 合群云者，合多数之独而成群也。以物竞天择之公理衡之，则其合群之力愈坚而大者，愈能占优胜权于世界上，此稍学哲理者所能知也。吾中国谓之为无群乎？彼固庞然四百兆人，经数千年聚族而居者也。不宁惟是，其地方自治之发达颇早，各省中所含小群无数也；同业联盟之组织颇密，四民中所含小群无数也。然终不免一盘散沙之诮者，则以无合群之德故也。合群之德者，以一身对于一群，常肯绌身而就群；以小群对于大群，常肯绌小群而就大群。夫然后能合内部固有之群，以敌外部来侵之群。（"十种德性相反相成义"，载《饮冰室合集·文集》）

---

① 严复：《社会剧变与规范重建——严复文选》（简称《严复文选》），卢云昆编选，上海远东出版社1996年版，第341—342、379页。

梁启超关于"群术"和"群治"的思想,进一步显示出他把社会整合的可能性建立在道德的基础上,特别是建立在集体主义的道德基础上:

> 今夫千万人群而成国,亿兆京垓而成天下,所以有此国与天下者,则岂不以能群乎哉! 以群术治群,群乃成;以独术治群,群乃败。己群之败,它群之利也。何为独术? 人人皆知有己,不知有天下。君思其府,官私其爵,农私其畴,工私其业,商私其价,身私其利,家私其肥,宗私其族,族私其姓,乡私其土,党私其里,师私其教,士私其学,以故为民四万万,则为国亦四万万,夫是之谓无国。善治国者,知君之与民同为一群之中之一人,因以知夫一群之中所以然之理,所常行之事,使其群合而不离,萃而不涣,夫是之谓群术。天下之有列国也,己群与他群所由分也,据乱世之治群多以独,太平世之治群必以群。以独术与独术相遇,犹可以自存;以独术与群术相遇,其亡可翘足而待也。彼泰西群术之善,直百年以来焉耳,而其悖兴也若此。("《说群》序",载《饮冰室合集·文集》)

梁启超最初是通过严复对斯宾塞理论的介绍,了解和吸收了西方的社会学思想,并建立起自己的群学理论。但是,他把社会整合的可能性建立在集体主义道德基础上的思想,却似乎更接近他当时并不甚了解的孔德,而与斯宾塞的自由放任主义思想相悖。孔德的社会学思想强调整体和秩序,而且也是把社会秩序建立在道德的一致性上,他认为社会有机体的社会生活不能建立在个人契约和天赋人权之上,社会秩序要求合法权威、等级制度和道德的一致性,否则就会崩溃为彼此互无联系的一盘散沙;他还认为,科学的精神要求我们不能把个人的需求和功利考虑作为出发点,真正的社会单位不是个人而是家庭,正是在家庭内部,基本的利己主义倾向受到约束而服从于社会利益,"集体有机体本质上是由家庭(这是它真正的元素)和阶级、阶层(这是它真正的组织)以及城市、乡镇(这是它真正的器官)组成的"[①]。孔德给法国社会主义思想家圣西门当过秘书,

---

[①]　科瑟:《社会学思想名家》,石人译,北京:中国社会科学出版社1990年版,第10页。

他对社会进步、社会秩序和集体权威的赞赏以及对无政府主义的排斥，无疑也受到过圣西门的影响，而梁启超关于把"群德"作为社会整合基础的理论，也与其师康有为的大同思想不无联系。

在梁启超的时代，那些站在学术前沿的少数学者，应当说对西方的学术思想已经开始有了比较全面而深刻的了解，而梁启超是这少数人中的佼佼者。他在1902年发表的《论学术之势力左右世界》一文中，列举了影响世界的"十贤"学说：歌白尼（哥白尼）的"地圆学说"，倍根（培根）的"格物之说"，笛卡儿的"穷理之说"，孟德斯鸠的"立法、行法、司法三权鼎立之说"，卢梭基于天赋人权的"民约之说"，富兰克令（富兰克林）的"电学"，瓦特的"汽机学"，亚当·斯密的"理财学"，伯伦知理的"国家学"①，达尔文的"进化论"。除此之外，梁启超还列举了奈端（牛顿）的"重学"，嘉列（O. Guericke）和杯黎（R. Boyle）的"排气器"，连挪士（C. Linne）的植物学，康德的"纯全哲学"，皮里士利（J. Priestley）的化学，边沁（J. Bentham）的功利主义，黑拔（J. Herbart）的教育学，仙士门（圣西门）和喀谟德（孔德）倡导的"人群主义"（Socialism）及群学，约翰弥勒（J. S. Mill）的"论理学、政治学、女权论"，斯宾塞的群学，以及法国文学家福禄特尔（伏尔泰）、日本文学家福泽谕吉、俄国文学家托尔斯泰（"论学术之势力左右世界"，载《饮冰室合集·文集》）。对来自西方的思想，革新派学者也是有选择的，富国强国的意识是支配其学术选择的重要情结。梁启超所列的十贤中，伯伦知理无论从社会名气上还是学术地位上，都无法列其他九贤之右，但梁启超的"君主立宪"情结，使他对伯伦知理的国家主义学说大加赞赏，同时激烈地批评卢梭社会契约论的"自由主义"基础，他甚至没有读出卢梭思想中强烈的集体主义倾向，坚持认定卢梭的理论不适合中国的建国目标，适合中国的是伯伦知理的国家理论，因为中国最需要的是有机的统一和有效的

---

① 伯伦知理（Johann Friedrich Bluntschli，1808—1881）是瑞士的法学家和历史学家，在私法和国际公法方面著有许多著作。可能是由于其著作是以德文写成，梁启超误以为他是德国人，并称其为"政治学大家"。伯伦知理当时并不具有一流的学术声望和影响，将其列入"十贤"，大概是由于梁启超对国家学说的偏爱和这一学说当时对中国革新派人士的影响。

秩序，是把"部民"转变为"国民"①。梁启超的这种强烈的重国家、群体轻社会、个人的思想，在很大程度上对他的学术思想产生了重要影响，成为他的群学、群论的政治主题，也为他后来在政治上走向保守埋下了伏笔。

三　现代化：改良与制度变迁

（一）社会学改良思想与学术的制度化

社会整合的实际需要和思想情结是社会学思想产生的重要动因。在 19 世纪 30 年代孔德写作《实证哲学教程》并创立社会学的时候，正是法国 1848 年革命的前夜，经济萧条引起激烈的社会动荡和混乱，知识阶层和中产阶级也出现道德标准的信仰危机。孔德一生经历了 7 个政权、无数的暴乱、骚动和市民起义，相对稳定时期很少。因此，寻求维护社会稳定和社会秩序的社会整合机制，以及通过社会改良实现社会进化和社会进步，成为孔德社会学的主要特征，也似乎成为后来社会学的整个学科的基本特征之一。斯宾塞从 1862 年发表《第一原理》到 1873 年发表《社会学研究》（《群学肄言》）这段时期，正是英国维多利亚时代（1815—1914 年）的中期，这是与孔德所处的动乱时代完全不同的时期，是远离革命和动乱的时期，但也是英国即将结束其工业霸主地位的时期，知识界普遍出现危机感，要求进行新的社会整合，斯宾塞的社会学是英国当时这种要求的反映，他的社会有机体学说，为实现新的社会整合和维护社会均衡的秩序提供了社会学理论基础。总之，社会学从它产生的时候起，似乎就与一种本质上属于社会改良的思想相联系，即通过渐进的、非暴力的、非革命的社会进化实现社会进步，通过社会结构的转型实现制度和观念的变革。法国的著名社会学家阿隆（R. Aron），在谈到社会学家与法国 1848 年革命的关系时曾说，由孔德设想和开创、并由迪尔凯姆加以实践的这种社会学，是

---

① "政治学大家伯伦知理之学说"，载《饮冰室合集·文集》第 5 册第 14 卷；张灏：《梁启超与中国思想的过渡（1890—1907）》，崔志海、葛夫平译，南京：江苏人民出版社 1993 年版，第 169—186 页。

以社会而不是以政治为中心的，甚至把政治放到从属于社会的地位，这就往往造成贬低政治制度的变革而重视社会基本现实的变迁，迪尔凯姆热衷于社会问题、道德问题和职业组织的重组，而对议会机构却采取蔑视和冷漠的态度①。

孔德社会学的社会改良思想和维护社会秩序的思想，受到革命理论家马克思理所当然的激烈批判。而且，这种批判与马克思对亚当·斯密的经济学和黑格尔的辩证法进行的充满赞誉之词的继承性批判是截然不同的。马克思在 1866 年写给恩格斯的一封信中，表达了严谨的德国思想家对孔德实证主义的轻蔑："我现在在顺便研究孔德，因为对于这个家伙英国人和法国人都叫喊的很厉害。使他们受迷惑的是他的著作简直像百科全书，包罗万象。但是这和黑格尔比起来却非常可怜（虽然孔德作为专业的数学家和物理学家要比黑格尔强，就是说在细节上比他强，但是整个说来，黑格尔甚至在这方面也比他不知道伟大多少倍）。而且这种腐朽的实证主义是出现在 1832 年！"② 到 1871 年马克思写《法兰西内战》的时候，他专门写了"工人和孔德"一小节，他怒斥孔德派为资本统治制度和劳动雇佣制度辩护，并以非常严厉的语词批判道："孔德在政治方面是帝国制度（个人独裁）的代言人；在政治经济学方面是资本家统治的代言人；在人类活动的所有范围内，甚至在科学范围内是等级制度的代言人；巴黎工人还知道：他是一部新的教义问答的作者，这部新的教义问答用新的教皇和新的圣徒代替了旧教皇和旧圣徒。"③

西方社会学思想在产生的时候所具有的明显的社会改良特征，以及改良思想与革命思想之间产生的激烈冲突，在中国社会学产生和发展的过程中再次重演。梁启超和严复在 19 世纪末建立中国的群学思想的时候，正是 1894 年中日甲午战争之后，中国处于王朝衰落、内困外辱境况的时候，

① Aron，R.（1967），*Les Etapes de la Pensee Sociologique*，Paris：Gallimard. 中文版：雷蒙·阿隆：《社会学主要思潮》，上海译文出版社 1988 年版，第 278—279 页。

② 马克思：《马克思致恩格斯（1866 年 7 月 7 日）》，载《马克思恩格斯全集》第 31 卷，北京：人民出版社 1963 年版，第 236 页。

③ 马克思：《马克思致恩格斯（1866 年 7 月 7 日）》，载《马克思恩格斯全集》第 31 卷，北京：人民出版社 1972 年版，第 423—424 页。

因此他们的群学具有鲜明的保群保族、富国强国的实用目的，以及由社会学的秩序和进化理论所决定的社会改良特征，就是非常自然的了。

与梁启超相比，严复思想的改良色彩似乎更加鲜明。严复早期为变革救亡大声疾呼，反对专制主义，主张君主立宪，倡导以自由为体，以民主为用，但到晚年，他在政治上逐渐趋于保守，对辛亥革命不理解，并为袁世凯称帝造舆论①。不过，他的温和渐进改良思想，却似乎是一贯的，并不仅仅是一种应时政治态度，而是以其群学理论为基础的。他28岁时初读《群学肄言》，就认为自己"生平好为独往偏至之论，及此始悟其非"。他强调群学的主旨是反对盲进破坏，注重建设："群学何？用科学之律令，察民群之变端，以明既往测方来也。……乃窃念近者吾国，以世变之殷，凡吾民前者所造因，皆将于此食其报。而浅谫剽疾之士，不悟其所从来如是之大且久也，辄攘臂疾走，谓以旦暮之更张，将可以起衰而以与胜我抗也。不能得，又搪撞号呼，欲率一世之人，与盲进以为破坏之事。顾破坏宜矣，而所建设者，又未必其果有合也，则何如其稍审重，而先咨于学之为愈呼！"② 这也就是严复所自认为的"吾国变法当以徐而不可骤也"的道理。

梁启超与严复有很大的不同，他不仅是一位大学问家，也是实际参与和领导变法革新的风云人物。他对于自己介于改良与革命之间的思想，在1902年底发表的《释革》一文中，作了很细腻的界说。他认为，首先，中国的"革"字，兼具英语中的 Reform（改革、改良）和 Revolution（革命）两种意思，前者可译为"改革"，后者可译为"变革"，二者的区别是"Ref主渐，Revo主顿；Ref主部分，Revo主全体；Ref为累进之比例，Revo为反对之比例；"其次，"革也者，天演界中不可逃避之公例也"，不论是自然界还是人类社会，都服从适者生存的法则，不适应者就要淘汰，淘汰分为"天然淘汰"和"人事淘汰"，人事淘汰就是"革"，包括改革和变革（革命）；第三，人们所说的"革命"，实际上也就是变革，革命

---

① 张志建：《严复学术思想研究》，北京：商务印书馆1995年版，第23—24页。

② 严复：《社会剧变与规范重建——严复文选》（简称《严复文选》），卢云昆编选，上海远东出版社1996年版，第123页。

不局限于政治领域，在宗教、道德、学术、文学风俗、产业等各个领域都可以发生革命，就是在政治领域，革命也不是就意味着王朝的易姓更迭，王朝更迭也不一定就是革命，因为"革命"一词是英国 1688 年的"光荣革命"后才使用，而此前几经王朝更迭，都不叫"革命"；第四，1789 年的法国大革命使人们都认为革命就是暴力革命、就是王朝革命，从而对革命产生恐惧，而实际上国民变革也是革命，如 1868 年日本的明治维新，中国需要的就是明治维新这样的大变革，而不仅仅是废八股兴策论、废科举兴学堂的改革，中国面临生死存亡和"被天然淘汰之祸"，因此所谓革命，亦即变革，是"今日救中国独一无二之法门"，"不由此道而欲以图存，欲以图强，是磨砖作镜，炒沙为饭之类也"（《释革》，载《饮冰室合集·文集》）。所以，梁启超在政治上仍是主张王朝集权下的变法（君主立宪），具有强烈的国家主义和民族主义特征，他曾是改良派的主帅，与孙中山的革命派对立，虽然为讨伐张勋复辟他撰写檄文，不惜与保皇的老师康有为撕破脸皮，但反对暴力革命主张社会改良的倾向，可以说是他一生的思想烙印①。

　　社会改良的思想似乎已经成了社会学整个学科的思想特征，而不仅仅是某些社会学家的学术思想特征或主旨态度。正因为这一点，它也注定被在马克思主义指导下武装夺取政权的革命思想家斥为非马克思主义的或反马克思主义的，苏联在 20 世纪 30 年代、中国在 50 年代，都把社会学整个学科作为"资产阶级的伪科学"进行批判②，并从教育和研究体系取消了这门学科③，中国直到社会学被取消 27 年后的 1979 年，出于"改革开放"和实现现代化的"建设"需要，社会学和政治学等才在邓小平的倡

---

① 孟祥才：《梁启超传》，北京：北京出版社 1980 年版，第 106—118、247 页。

② 中国 50 年代初期对"资产阶级社会学"的批判，到 1957 年与"反右斗争"也联系起来。参见胡绳《关于资产阶级社会学的札记》（1957—1958 年）、《争取无产阶级世界观的彻底胜利——在中国科学院召开的座谈会上的发言》（1957 年），载胡绳《枣下论丛》（增订本），北京：人民出版社 1978 年版。

③ 中国在 1952 年高等院校的院系大调整中，模仿苏联的做法，取消了社会学系的设置，财经政法等社会科学教育受到普遍冲击，如政法科在校生占大学在校生的比重，从 1947 年的 24.33% 下降到 1952 年调整后的 2%，财经系科招生占高056招生总数的比重，从 1950 年的 16.03% 下降到 1953 年调整后的 2.9%，参见毛礼锐、沈灌群主编《中国教育通史》（第 6 卷），济南：山东教育出版社 1989 年版，第 78—79 页。

导下而得以恢复名誉并随后恢复学科①。

社会学的社会改良思想，在中国 20 世纪上半叶的政治革命风云中屡试不果，名誉扫地，但社会学所孕育的社会改革家倡导的变法维新，却使得社会学作为一种学术，在渐进的潜移默化的制度变迁中得以制度化，并通过这种学术的制度化而得以学术的现代化。

变法维新的改良派学者的现代化理想，体现为对富国强国的渴望，而他们富国强国的方略，虽然首先是政治体制、经济体制和社会体制的改革，但最终又都似乎归结为一个民众教育的问题，从而促使他们积极参与和鼓动教育体制和学术制度的改革，这大概是学者的本性使然。

1895 年 3 月，严复在《原强》中说："海禁大开以还，所兴发者亦不少矣：译署，一也；同文馆，二也；船政，三也；出洋肄业局，四也；轮船招商，五也；制造，六也；海军，七也；海署，八也；洋操，九也；学堂，十也；出使，十一也；矿务，十二也；电邮，十三也；铁路，十四也。拉杂数之，盖不止一二十事。"他认为这些西方国家富国强国的制度，移到中国来则往往"淮橘为枳"，难收实效，所以"今日要政"还在开民智、厚民力、明民德②。

1895 年 5 月，康有为在他写的《上清帝第二书》（即著名的"公车上书"）中，提出下诏鼓天下之气，迁都定天下之本，练兵强天下之势，变法成天下之治。关于具体的变法富国方略，他提出 6 条："夫富国之法有六：曰钞法，曰铁路，曰机械轮舟，曰开矿，曰铸银，曰邮政"；同时他也提出改革教育，说"尝考泰西之所以富强，不在炮械军兵，而在穷理劝学"③。

---

① 邓小平在 1979 年 3 月理论工作务虚会上说："实现现代化是一项多方面的复杂繁重的任务……我们面前有大量的经济理论问题……不过我并不认为政治方面已经没有问题需要研究，政治学、法学、社会学以及世界政治的研究，我们过去多年忽视了，现在也需要赶快补课。"参见《邓小平文选》（第 2 卷），北京：人民出版社 1994 年版，第 180—181 页。随后，1980 年南开大学首先恢复社会学系，中国社会科学院建立社会学研究所。

② 严复《原强》初于 1895 年 3 月 4—9 日发表在天津《直报》，这里所引是根据该文修订稿。参见严复《社会剧变与规范重建——严复文选》（简称《严复文选》），卢云昆编选，上海远东出版社 1996 年版，第 17、29 页。

③ 郑大华、任菁编选：《强学——戊戌时论选》，沈阳：辽宁人民出版社 1994 年版，第 14、24 页。

1896 年 8 月，梁启超在《变法通议》的"论变法不知本原之害"一篇中指出："今之言变法者，必曰练兵也，开矿也，通商也"，但若没有这些方面的专门学校传授这些方面的知识和技艺，则铁路、轮船、银行、邮政、农务、制造等等"百举而无一效"，因此"一言以蔽之曰：变法之本，在育人才；人才之兴，在开学校；学校之立，在变科举；而一切要其大成，在变官制"。(《变法通议》的"论变法不知本原之害"篇，载《饮冰室合集·文集》)

1898 年 12 月，《知新报》的评论《论中国变政并无过激》一文，历数中国开放海禁后受西方影响开始时兴的各种"新政"：变科举，变官制，变学校，许士民上书，许报馆昌言，去衰老大臣，派亲王游历，办民团，改洋操，汰旗兵，兴海军，开内地邮政，开海外学堂，立农务局，立工务局，立商务局，立医学，修铁路；以及免厘金，重官俸，废毒刑，免奴婢，徙游民，实荒地，禁洋烟，禁赌博，推广善堂，保护华工，开女学，禁缠足，开赛会，迁新都，开议院，立宪法，开懋勤殿，立制度局，免长跪礼，开太平会，置巡捕房，开洁净局，设课吏馆，立保民约，等等①。这些大多数今天已经融入"日常生活"的制度，20 世纪初都是标志着变法维新、富国强国的"符号"。

与这些新制度的符号融入日常生活体系一样，社会学融入中国的知识系统，并在中国的教育体系中获得一定的位置，这种不经意观察难以领略其"深刻性"的制度变迁，正是中国在剧烈变幻的政治风云中缓慢走向现代化的实际过程。

中国在洋务运动时期，洋务派领袖人士就建立了许多新型学校，主要是外语、工业和军事学校，如京师同文馆（1862 年），上海广方言馆（1863 年），广州同文馆（1864 年），湖北自强学堂（1893 年），福建船政学堂（1866 年），上海机器学堂（1865 年），天津水师学堂（1880 年），江南水师学堂（1890 年），天津军医学堂（1893 年），天津武备学堂（1895 年），但一般是除外文外，主要传授西方的理工科基础知识。

---

① 郑大华、任菁编选：《强学——戊戌时论选》，沈阳：辽宁人民出版社 1994 年版，第 289—306 页。

康有为是较早注重传授西方人文科学和社会科学知识的变法维新人士。1891 年春，康有为在广州设立"长兴学舍"，初时有学生 20 余人，后因学生不断增加两次迁址，1893 年冬迁到广州府学宫深处的仰高寺，易名为"万木草堂"。这是中国第一个把"群学"列入教学课程的学校。后来，梁启超在撰写《康有为传》时，生动地描述了作为大教育家的康有为，并根据康有为撰写的《长兴学记》，及其亲身所受的教育，精心绘制了长兴学舍（即后来的万木草堂的前身）的教学体系图①。这个教学体系把学科分为义理学、考据学、经世学、文字学；义理学主要是指哲学和伦理学，考据学包括史学和自然科学，经世学包括政治学和社会学，文字学包括文学和语言学；这大体已经有了今天人文科学、社会科学和自然科学分野的影子。

康有为在广州长兴学舍（万木草堂）的教书时间，主要是从 1890 年秋到 1894 年初，此后进京会试，其间也曾回粤讲学，1895 年春康有为再次进京参加会试并发动"公车上书"。但他 1896 年上半年又"讲学于广府学宫万木草堂"，"续成《孔子改制考》，《春秋董氏学》，《春秋学》"，1897 年 6—7 月又曾最后"还粤讲学，时学者大集，乃昼夜会讲"②。"群学"不知是何时列入长兴学舍教学课程的，关于康有为所教的"群学"课程的内容，在康有为的《长兴学记》、《万木草堂口说》以及其他著作中，也都没有任何的记载，康有为仍属于不通外文的传统学者，很少涉及西学，因此康有为是否真正讲授过"群学"，实在是存疑之处③。不过康有为当时的确大量购置西学译本，指导学生自学西学，上海制造局译印西书售出 12000 册，康有为一人就购 3000 余册；同在万木草堂学习的梁启

---

① 该"学表"出自梁启超所著《康有为传》，载《饮冰室合集·文集》第 9 卷，亦载于《康南海自编年谱（外二种）》，北京：中华书局 1990 年版，第 245 页。

② 康有为：《康有为政论集》（上册），北京：中华书局 1981 年版，第 19—23 页。

③ 参见康有为《长兴学记、桂林问答、万木草堂口说》，中华书局 1988 年版。梁启超所绘制的长兴学舍的教育体系图，基本上是根据康有为的《长兴学记》，但也有出入，其中"志于道"、"据于德"、"依于仁"、"游于艺"诸项及所属分项都是康有为文中所列的，而"义理之学"、"经世之学"、"考据之学"和"词章之学"各项，是康有为所列的中国传统的四门"通学"，其所属的具体科目以及部分西学内容（包括群学），全都是梁启超根据自己的解释增添的，并改"词章之学"为"文字之学"，最大的修改是梁启超略去康有为原来所列的"科举之学"及所属的"经义"、"策问"、"诗赋"和"楷法"诸分项，可能是梁启超认为该课程设置不符合康有为的变法维新思想。

超的弟弟梁启勋回忆道：学生们"要读很多西洋的书，如江南制造局关于声光化电等科学译述百数十种，皆所应读。容闳、严复诸留学先辈的译本及外国传教士如傅兰雅、李提摩太等的译本皆读"。① 据此，长兴学舍所传授的"群学"，应是严复介绍的斯宾塞社会学，因为康有为在其著作中，并未留下他自己的有关群学思想的文字，甚至从未提到"群学"的概念。然而，最早引进西方社会学思想的严复，在1894年以前还未开始译书，他最早介绍斯宾塞群学的文章是《原强》，该文虽写于1894年春（"甲午春半"）②，但发表于1895年3月，所以万木草堂所设"群学"课程，只有两种可能性：一种可能性是，群学是在1895年以后设立的，这种可能性仍然很小；另一种可能性是，梁启超所绘制的这个课程体系只不过是指万木草堂的学生接触到的学科内容或读书和讨论涉及的知识，是梁启超根据康有为的讲学大纲精心"加工"了的教育体系，并非康有为所设的专门课程，因为康有为一人为师，难以想象承担这么多的课程，况且数学之类，非他所长，他的西学也只能依赖译本，所以所谓群学课程，不过是指万木草堂的学生在1895年以后接触到的对斯宾塞社会学思想的中国化阐释而已。

但是，至少梁启超头脑里的学科分类体系，已经与中国传统的由子学、经学、史学等构成的知识体系有了根本的差别，开始接近现代的知识体系。1902年时，梁启超认为理论是实事之母，理论又可分为理论之理论和实事之理论，前者是指哲学、宗教等，后者是指"政治学、法律系、群学、生计学等"；同年在谈到创立新史学的问题时，他又指出史学与地理学、地质学、人种学、人类学、言语学、群学、政治学、宗教学、法律学、平准学（经济学）等学科有直接关系，而与"哲学范围所属之伦理学、心理学、论理学、文章学及天然科学范围所属之天文学、物质学、化

---

① 参见张伯桢《万木草堂始末记》，稿本；梁启勋：《万木草堂回忆》，载《文史资料选辑》第25辑。（林克光，1990：109）

② 严复在1896年10月写给梁启超的一封信中说："甲午春半，正当东事臬兀之际，觉一时胸中有物，格格欲吐，于是有《原强》、《救亡决论》诸作，登布《直报》……"可见《原强》写于甲午战争即将爆发之时，而发表在天津《直报》上的日期是甲午战争后的1895年3月4—9日。（严复，1996版：521）

学、生理学"等常有间接关系;20 年之后的 1922 年,他又提出不能把科学看得太窄了,以为只有化学、数学、物理、几何等等才算科学,"殊不知所有政治学、经济学、社会学等等,只要够得上一门学问的,没有不是科学",科学就是"求真知识","求有系统的真知识","可以教人的知识",不改变对于科学的偏见,"中国人在世界上便永远没有学问的独立"①。可见梁启超头脑里的"群学"以及中国社会学自身,也有一个通过逐步界定其在学科体系中的位置而得以"学科化"的过程。

在中国,"群学"易名为"社会学",是由于中国人翻译日本学者介绍 Sociology 的著作时,直接采用了"社会学"这种日本学者的译法。辛亥革命之前,就有人以日本学者的著作为蓝本编译了几种社会学的著作,开始采用"社会学"的译名。如 1902 年,章太炎译岸本能武太介绍斯宾塞和吉丁斯(F. H. Giddings,1855—1931)理论的《社会学》,由广智书局出版;1903 年,吴建常转译市川源三的《社会学提纲》,而该书是吉丁斯《社会进化论》的日文易名译本;1903 年,马君武译出斯宾塞《社会学原理》的第二编《社会学引论》;1911 年商务印书馆出版了欧阳钧编译的日本学者远藤隆吉的《社会学》,而远藤隆吉的著作也不过是转手介绍美国社会学家吉丁斯心理学派的学说;此外,较有影响的还有 1920 年和 1922 年商务印书馆出版的美国社会学家爱尔乌特(C. A. Ellwood,1873—1946)的三本书的译本:《社会学及社会问题》、《社会心理学》和《社会问题——改造的分析》。与此同期,大学里开始设立社会学课程:1908 年,美国教会在上海办的圣约翰大学创设社会学课程,由美国学者亚塞·孟(Arthur Monn)讲授;1913 年,上海沪江大学也开设社会学课程,并于1915 年由美国教授葛学溥(D. H. Kulp)创立社会学系,讲课的除葛学溥外,还有美国学者白克令(H. S. Bucklin)、狄来(J. Q. Dealey)等人;1917 年,北京的清华学校(后来的清华大学)设立由美国学者狄德莫(C. G. Dittmer)讲授的社会学课程;1919 年,燕京大学(美国教会在北京办的大学)成立由美国学者步济时(G. S. Burgess)任系主任的社会学

①　参见梁启超"新民议"、"新史学"、"科学精神与东西文化"等文(李华兴、吴嘉勋编,1984:354、287、794—797)。

系。除教会学校外，国立的京师法政学堂于 1906 年和京师大学堂于 1910 年，也都开设了社会学课。章太炎的门生、留学日本回国并在北京大学（1912 年京师大学堂改为北京大学）任教的康心孚，大概是第一位在大学讲授社会学课程的中国学者，他也是中国第一代社会学家孙本文的老师。①

对于中国的社会学来说，可与社会学创始人孔德相比拟的，无疑是梁启超，也许严复比梁启超更了解西方的社会学，但梁启超的"群学"的思想深度及其学术意识远胜于严复。那么，在中国，谁又是使社会学学科化的迪尔凯姆呢？现在看来，在中国社会学的发展史上，无人可与迪尔凯姆相比拟，若一定要相比的话，大概应该首推陶孟和（原名履恭，1887—1960）。孙本文虽是早期社会学家中著述较多的人，而且对社会学在中国的传播贡献最大，但他的著作多属于思想和理论的二传手之作。陶孟和是中国最早留学学习社会学的人之一，也是第一位用社会学方法分析中国社会并撰写出社会学专著的人，1915 年他与梁宇皋用英文合著的《中国乡村与城市生活》一书，由伦敦经济学院出版；他是最早在中国讲授社会学的中国教授之一，20 年代初就在北京大学开设社会学和人口学的课；他还是最早在中国组织社会调查的中国学者之一，是中国第一家社会调查机构的主持人，他在 1915 年写的京城人力车夫的调查报告可能是中国学者写的最早的调查报告。当然，就纯学术的比较来说，梁启超的渊博可能远非孔德所能比拟，而迪尔凯姆的精深又远非陶孟和所能比肩。

社会学在中国的学科化过程，反映的正是中国普遍的制度变迁的实际过程，而这种普遍的制度变迁，构成了中国现代化的洪流。社会学的学术制度，就像学校的制度、邮政的制度、铁路的制度一样，它是一种现代化的"制度符号"，有了这些符号才能解读和延续现代化的"思想本文"。这些制度的酝酿、引入和建立，也许是渐进的、潜移默化的甚至不经意的；随着时间的磨蚀和它们融入"日常生活"，人们或许已经完全忘记了它们最初所具有的意义；但这些制度的形成过程，的确蕴含着观念的断

---

① 关于这段中国社会学早期的历史，有各种记载描述，但史料似乎都出自孙本文主编的《社会学刊》（1929—1948）第 2 卷第 2 期的《中国社会学运动的目标、经过和范围》一文。参见杨雅彬《中国社会学史》，济南：山东人民出版社 1987 年版，第 27—32 页；胡绳：《枣下论丛》（增订本），北京：人民出版社 1978 年版，第 243—260 页。

裂、方法的创新和社会的转型。

（二）学术走向生活及其反思

中国社会的现代化是一个漫长的社会结构转变过程，制度变迁是这个过程的组成部分。制度变迁虽不像思想观念变革那么充满着论战的激情和攻守转换的戏剧性，但相对于日常生活的基层结构变迁来说，它毕竟是显著的，具有思想符号和行为规范的普遍意义的，特别是政治体制的暴风骤雨般的变革，往往会成为划分时代的标志。在现代化的过程中，日常生活的基层结构的变迁，是最大量发生的、最不为人所在意的和最经常、最持久也是最根本、最深层的社会变迁。很多学者习惯于把思想观念视为比日常生活更深层的东西，而现代社会学方法的导入，将这一观念本身颠倒过来。

历史上的学者，似乎从来注重的都是从书本里寻知识，讲究师承关系，讲求思想源渊。学问的深浅，要看概念的锤炼功夫，要看能否从已有的知识体系中发现新的微言大义，从而建立自己的知识话语和观念符号。日常生活的油盐酱醋茶、食衣住行闲，大概应归于形而下的形而下末流，不是学者们的思维值得关注的东西。现代社会学方法的产生，是把自然科学对"自然现象"的观察、比较、分析的方法移植到社会科学上来，它开辟了从对社会现象和社会事实观察中寻找学问的道路。做学问，要学会询问，这也许就是学问的本义。但在 19 世纪中叶以前，世界上还很少有人把今天社会学的所谓社会调查方法概括为一种做学问的路子。法国的社会学家、经济学家和工程师勒普莱（F. Le Play，1806—1882），通过对工人家庭进行的实地调查和个案调查获得的资料，在 1864 年写了《欧洲工人》一书，从而使他成为开创社会学调查方法的最早的先驱之一。而法国社会学家迪尔凯姆（E. Durkhcim，1858　1917）通过他在 1895 年出版的《社会学方法的准则》和 1897 年出版的《自杀论：一种社会现象的研究》，使社会学在做学问的路子方面完全从哲学的母体独立出来①。革命的理论家为了理论的适用性，也很早就开始使用社会调查的方法，恩格斯在 1845

---

①　在 19 世纪末 20 世纪初，由于西方帝国拓展和维护殖民地的需要，人类学受到刺激而快速发展起来，对土著社会的关注使许多人类学家赴非洲、澳洲和拉丁美洲进行实地调查，社会学的参与观察调查方法也因而进一步地发展了。

年他 24 岁时，就根据实地调查写了《英国工人阶级状况》；而马克思在 1880 年他 62 岁时还设计过一个长达 100 个问题的《工人调查表》①。

社会学在中国的导入和产生，也使中国学者做学问的方法为之一变。中国的学者们这时才幡然省悟，原来学问（尤其是解释具体社会现象、解决具体社会问题的学问）也是可以来自对日常生活的观察的。社会学的社会调查方法在中国的运用，使中国学术的实践取向进一步强化了。中国最早的社会调查大概是北京社会实进会（1913 年北京高校学生组织的社会服务组织）于 1914—1915 年对北京人力车夫的调查。此外，1923 年，陈达指导清华学校学生调查了附近的成府村 91 户人家、安徽休宁县湖边村 56 户人家和学校雇役 141 人；1924—1925 年，甘博、孟天培、李景汉在北京调查了 1000 个人力车夫、200 处出赁车厂和 100 个车夫家庭；1926 年，孟天培和甘博以北京几家粮店的账簿、行会章程为依据，以若干的家庭社会预算为参照，调查了北京 1900—1924 年 25 年的物价、工资和生活费用变化情况；1926—1927 年，陶孟和采用家庭记账法，对北平 48 个手工业工人家庭和 12 个小学教员家庭的生活费进行了调查，写成《北平生活费之分析》一书，于 1930 年出版 。在中国教学的外国教授，也指导学生进行了深入的调查：1918—1919 年，沪江大学社会学教授葛学溥（D. H. Kulp）指导学生对广东潮州 650 口人的凤凰村进行了调查，调查结果用英文写成《华南乡村生活》于 1925 年出版；1922 年华洋义赈救灾总会委托马伦（C. B. Malone）和载乐尔（J. B. Taylor）指导 9 个大学的 61 个学生，对直隶、山东、江苏、浙江 4 省的 240 个村、1097 户进行了调查，并以英文写成《中国农村经济研究》；1923 年，在白克令教授指导下，沪江大学社会调查班的学生调查了上海附近 360 口人的沈家行村，调查结果写成由张镜予主编的《沈家行实况》，于 1924 年由商务印书馆出版，这大概是第一个用中文写的农村社会调查报告②。中国早期社会学调查报告的经典之作，当属李景汉 1933 年发表的《定县社会概况调查》。我在此处不厌其烦地罗列这些中国早期的社会调查，只

---

① 参见《马克思恩格斯全集》第 2 卷，第 269—287 页；第 3 卷，第 250—258 页，人民出版社 1963 年版。

② 杨雅彬：《中国社会学史》，济南：山东人民出版社 1987 年版，第 34、55—57 页。

是为了说明，这种研究的方法，并非中国本来就有的，也并非从中国传统治学文化的土壤里自然长出来的，它像社会学在中国的产生和邮政、铁路、学校等新事物在中国的出现一样，也是中西文化碰撞的产物和中国走向现代化过程中观念断裂的标志。

制度的变迁，只在某些历史的时段表现得比较突出，尽管 20 世纪以来，中国的制度变迁（包括制度革命和体制改革）曾多次成为历史的主题，但制度相对稳定的时期仍然是更为经常的、更为长久的状态。制度本身的含义，就意味着它是相对稳定的行为规范，人们不可能永远在制度变迁中生活，就像无法驾车行驶在交通规则日新月异的道路上。制度的建立是为了降低人们行动的成本，制度具有这种节约行为成本的功能，因此制度变迁本身是要付出成本的，只有当制度变迁的收益大于成本时，这种制度变迁才是合乎理性的。但是，相对于制度变迁来说，日常生活的基层结构的变迁是每日每时都在进行的，它是由无数的、似乎司空见惯、习以为常但又实际上变动不居的日常社会现象构成的，这种持续的不间断的社会结构变迁是社会发展的常态，只不过有时缓慢的让人感到死气沉沉，有时又加速的让人感到变幻如云、不知所措。社会学所研究的、所关注的、所要通过社会调查获得的学问，实际上就是关于这种日常生活基层结构的变化规则的知识，这种知识除了来自对日常生活经验的分析综合之外，别无他途。

这种做学问的方法，并不只限于对"现实问题"的研究。在历史研究的领域，这一方法也同样有效。法国著名的历史学家布罗代尔（F. Braudel，1902—1985）在研究 15—18 世纪物质文明、经济和资本主义时，就特别注重从最基层的日常生活结构的变化入手，他不厌其烦地从各种琐碎的关于衣食住行的资料中去发掘那些人们所不经意的东西，认为这样才能真正揭示市场经济和资本主义的形成[①]。这样撰写历史当然不如研究重要历史

----

① 布罗代尔是法国年鉴历史学派第二代的代表人物，该学派是由费弗尔（L. Febvre，1878—1956）和布罗赫（M. Bloch，1886—1944）创立的，其研究方法受到人类学、社会学、地理学、心理学、经济学和语言学的影响，强调研究要"科学"和"客观"，注重依据经过缜密考证的第一手资料，尤其是档案资料，发掘个别、特殊社会现象之间的历史因果关系。布罗代尔对日常生活的关注，开历史研究的新风。参见布罗代尔《15 至 18 世纪的物质文明、经济和资本主义》第 1 卷，顾良、施康强译，北京：生活·读书·新知三联书店 1992 年版。

人物和重大历史事件的传统历史方法简洁，甚至让人觉得把轰轰烈烈的历史写得那么平常乏味、那么枯燥繁琐，但这样撰写的历史也许才是更为真实的、更接近历史本来面目的。中国是史学大国，但对中国的历史，史学家更多关注的是正史（"二十四史"）和编年史（《资治通鉴》等），而不是各种历史档案本身，对中国的"二十四史"，史学家历来关注的也是本纪、帝纪、列传、世家以及王朝更迭等重大事件，近现代治史的学者，才把目光更多地转向考古发掘的和历史遗留的实物，注重引证和依据第一手资料，也更注意研究史书中反映日常生活的食货志、刑法志、地理志、礼仪志、乐志、艺文志、职官志、舆服志、选举志等等。

所以，一百多年来中国现代化和社会结构变迁的历程，人们可以从不同的层面和角度来观察。人们比较习惯的层面和感到方便的观察角度，往往是划时代的历史事件、耳熟能详的代表人物和不同派别的社会思潮，而人们最容易忽略的重要层面就是"日常生活"。19世纪末，中国"人多好之"的进口衣物食物用物，如洋布、洋缎、洋呢、羽纱、漳绒、毡毯、手巾、花边、纽扣、针线、伞、颜料、牙刷、牙粉、胰皂、火油、咖啡、吕宋烟、纸卷烟、洋酒、火腿、洋肉脯、洋饼、洋糖、洋盐、洋干果、洋水果、药水、丸粉、马口铁、钟表、日晷、寒暑表、风雨针、电气灯、自来水、玻璃镜、照相片。电线、显微镜、德律风、传声筒、留声筒、氢气球等等①，现在早已成为寻常之物，在生活中和人们的记忆中甚至难以留下它们改变生活方式的变迁痕迹，但它们的导入和融入中国日常生活的过程，就像制炮造舰等技术、学校邮政铁路等制度和物竞天择适者生存等思想导入和融入中国社会的过程一样，反映的是中国缓慢走向现代化的社会结构变迁过程，而且是从日常生活的最基础层面揭示这一过程。

20世纪初社会学在中国的导入和产生所推动的学术走向生活、走向实践的取向，以及外辱内忧之下学者所形成的富国强国的强烈使命感，形成了中国社会学的介入生活、干预生活的传统，推动一大批学者走出书斋步

---

① 1895年，康有为在《上清帝第二书》（即著名的"公车上书"，因进京会考的书生可乘公车，所以史称公车上书）中，提出务农、劝工、惠商、恤穷的"养民之法"，这里所列的物品，是他在谈到劝工、惠商时列举的关系"民生国计"的外来工业品和引起严重贸易逆差的外来生活商品。参见郑大华、任菁编选《强学——戊戌时论选》，沈阳：辽宁人民出版社1994年版，第19—20页。

入生活基层。同时，也形成了学术上的一个明显特征：即在研究中国时强调文化"特殊性"。

关于"特殊性"的问题，起初似乎是由于学西方不见实效，焦虑之下反观中国现实，于是发现了中国不具有走西方道路的文化基础这个"理由"，但开始也还只是涉及东方之于西方、中国之于外国在社会结构和文化上的特殊性，但后来关于这种"特殊性"的探讨被扩展到很多的学术领域，包括学科的理论、规则和方法。

梁启超是较早（1906 年）提出东西方社会具有根本差异的学者。他提出这种差异，不过是为了证明，欧美的经济社会"陷于不能不革命的穷境"，而中国的经济社会，只能"使循轨道以发达进化，而危险之革命手段，非所适用也"。他解释说："我国现时之经济社会组织，与欧洲工业革命前之组织则既有异，中产之家多，而特别豪富之家少。其所以能致此良现象者，原因盖有数端。一曰无贵族制度。欧洲各国，皆有贵族，其贵族大率有封地。……二曰行平均相续法。欧洲各国旧俗，大率行长子相续。……三曰赋税极轻。欧洲诸国，前此受教会重重压制，供亿烦苛，朘削无艺，侯伯、僧侣不负纳税之义务，而一切负担，全委诸齐氓。……凡此皆说明我国现在经济社会之组织，与欧洲工业革命前之经济组织，有绝异之点。而我本来无极贫极富之两阶级存，其理由皆坐是也。"[1] 梁启超在这里提出的，不仅是中国社会组织特殊论，而且是中国社会组织优越论。

陈独秀在即将就任北京大学哲学系教授的 1915 年，在其创办的《新青年》杂志上发表了《东西民族根本思想之差异》一文，认为第一，"西洋民族以战争为本位，东洋民族以安息为本位"；第二，"西洋民族以个人为本位，东洋民族以家庭为本位"；第三，"西洋民族以法治为本位，以实利为本位；东洋民族以感情为木位，以虚文为本位"。陈独秀所说的东洋民族，显然是指中国，而且他的阐述中扬西洋的民族性、贬斥中国民族劣根性的取向是明显的，他认为中国的宗法制度损害个人独立之人格，窒碍个人意思之自由，剥夺个人法律平等之权利，养成依赖性从而戕贼个人之

---

[1]　李华兴、吴嘉勋编：《梁启超选集》，上海：上海人民出版社 1984 年版，第 502—503 页。

生产力，所以"欲转善因，是在以个人本位主义，易家庭本位主义"。①

　　梁漱溟大概是近代以来中国学者中谈东西文化差异问题最多的人，1920—1921 年他就发表了《东西文化及其哲学》一书，除早期那篇使他以中学之学历而能持北京大学教鞭的《究元决疑论》②和关于印度哲学的著作外，这个问题几乎贯穿于他所有的著作，而 1928—1933 年发生的"中国社会史论战"，显然刺激了他在这方面的思考。梁漱溟认为，首先，中国是"伦理本位的社会"，中国已蜕出的宗法社会是"家庭本位的社会"，"西洋近代社会是个人本位的社会——英美其显例；而以西洋最近趋向为社会本位的社会——苏联其显例"，"团体与个人，在西洋俨然两个实体，而家庭几若为虚位。中国人却从中间就家庭关系推广发挥，而以伦理组织社会消融了个人与团体这两端（这两端好象俱非他所有）"。其次，西洋"中古社会靠宗教，近代社会靠法律"，而中国社会"以道德代宗教，以礼俗代法律"。第三，中国是"职业分途的社会"，西洋是"阶级对立的社会"，西洋社会"中古则贵族地主与农奴两阶级对立，近代则资本家与劳工两阶级对立。"最后，中国社会只有周期性的治乱而无革命，西洋社会则既有工业革命又有社会革命。梁漱溟强调中国文化和社会的特殊性，大致是为了说明中国民族性的劣根性，而改造这种劣根性要从"乡村自治"开始，而不能走西方资本主义的道路。③

　　1947 年，费孝通在经历了他的实地社区调查阶段之后，开始用比较的

---

　　①　陈独秀：《东西民族根本思想之差异》，原发表在 1915 年《新青年》第 1 卷第 4 号，此处引自《世纪档案（1895—1995）》，北京：中国档案出版社 1995 年版，第 129—132 页。

　　②　梁漱溟在北京上完中学后，再未接受正规教育，完全靠自学。1916 年他 24 岁时，在《东方杂志》上发表了谈印度佛学的《究元决疑论》一文，蔡元培看到后遂邀他到北京大学哲学系讲授印度哲学课程，而此时在北大哲学系执教的基本上都是留学回来的，此事一时传为佳话，成为蔡元培不拘一格选人才的例证。参见梁漱溟《我的自学学史》，载《梁漱溟全集》第 2 卷，济南：山东人民出版社 1989 年版，第 659—698 页；《穷元决疑论》，载《梁漱溟全集》第 1 卷，济南：山东人民出版社 1989 年版，第 20—21 页。

　　③　关于中国社会与西方社会这几个差别，梁漱溟在他 1937 年出版的《乡村建设理论》（一名《中国民族之前途》）中都已提出，而据他所说，这种见地和主张，萌芽于 1922 年，大半决定于 1926 年冬，而成熟于 1928 年见梁漱溟《我的自学学史》（载《梁漱渠全集》第 2 卷，济南：山东人民出版社 1989 年版，第 141—573 页）。此处引自他的《中国文化要义》，该书内容曾于 1941 年在广西大学讲演，1942 年开始写作，但到 1949 年才出版（载《梁漱溟全集》第 3 卷，济南：山东人民出版社 1990 年版，第 1—305 页）。

手法从理论上分析乡土中国的特征。他认为，中国乡土社会的基层结构，是由"一根根私人联系所构成的网络"形成的"差序格局"，而现代西洋是"团体格局"，"在团体格局里个人间的联系靠着一个共同的架子；先有了这个架子，每个人结上这个架子，而互相发生关联"。他还认为，中国乡土社会是礼治社会，现代西洋是法治社会；中国乡土社会是血缘社会，血缘是身份社会的基础，西洋现代社会是地缘社会，地缘是契约社会的基础；"从血缘结合转变到地缘结合是社会性质的转变，也是社会史上的一个大转变"①。费孝通在论述中国乡土社会与西方现代社会的差异时，有时似乎是作为两种不同的文化类型，但更多的时候又似乎是直接受西方现代化理论的影响（特别是滕尼斯关于社区与社会的结构差别的理论），把这种差异视为传统社会与现代社会的阶段性差异。

　　近十几年来，随着东亚经济的起飞成功，新儒家学说又重新提起东西方文化差异问题，但这次的命题似乎有所改变，中国人似乎不再有文化上的自贬和自嘲。1983 年，在香港召开的"中国文化与现代化"研讨会上，香港中文大学社会学教授金耀基宣读了《儒家伦理与经济发展：韦伯学说的重探》一文，质疑韦伯在《中国的宗教：儒家与道教》一书中关于儒家伦理是传统中国社会阻碍资本主义发展最主要原因的判断，要翻这个"长期以来几为学术界默然遵守的铁案"。金教授认为，东亚社会经济发展之谜，对韦伯的假设提出"经验现象的挑战"，而这种现象正可以按照韦伯《新教伦理与资本主义精神》一书的方法，以儒家伦理给予"文化的解释"②。1985 年，在第二次"中国文化与现代化"研讨会上，陈其南的《家族伦理与经济理性——试论韦伯与中国社会研究》一文，深化了这一探讨，分析了儒家的家族伦理对经济发展的贡献，凸显了儒家"光宗耀祖"的成就目标和精神动力③。1987 年，余英时发表了《中国近世宗教伦

---

① 引自费孝通《乡土中国》（北京：生活·读书·新知三联书店 1985 年版，第 29、48—49、77 页），该书是 40 年代后期费孝通应《世纪评论》之约，根据在西南联大和云南大学所讲"乡村社会学"课程的内容写成。

② 金耀基：《儒家伦理与经济发展》，载《中国社会与文化》，香港：牛津大学出版社 1993 年版，第 128—151 页。

③ 陈其南："家族伦理与经济理性——试论韦伯与中国社会研究"，载《当代》1987 年第 10 期，第 54—61 页；1987 年第 11 期，第 72—85 页。

理与商人精神》一书，试图通过对中国长时段历史的研究来解决这个韦伯式问题，他认为在传统中国的价值体系中，也存在如新教伦理的勤、俭那样的工具理性，这是中国明朝中叶后商业蓬勃发展的原因①。从此，这个话题似乎成为新儒家的主题，也几乎成为 1988 年在香港召开的第三次"中国文化与现代化"研讨会的主题②。

这种具有继承性的对中国社会结构或文化的"特殊性"的强调，是很有意义的但在学术上也是有陷阱的，它有可能使人们把最终将汇入普遍性的特殊性，当作一种持久的特殊性。世界现代化的过程，尽管也是价值观走向多元化的过程，但从特殊性走向普遍性这一规律并没有因此而改变。如果把关于中国文化"特殊性"的命题扩展到中国的研究和学术的"特殊性"上，那就更进入误区了。科学是超越国家、民族、地域和文化的。作为科学的社会学也只能有一个，它是属于全世界的，它可以有许多不同的学派、不同的视角、不同的观点和不同的思潮，可以有不同的理论发展阶段，可以有对不同的社会和不同的文化的研究，但属于这个学科的基本逻辑和规则是相同的。

参考文献

Aron，R.（1967），*Les Etapes de la Pensee Sociologique*，Paris：Gallimard. 中文版：雷蒙·阿隆（1988），《社会学主要思潮》，上海译文出版社。

布罗代尔（Braudel，F.）（1979/1992），《15 至 18 世纪的物质文明、经济和资本主义》第 1 卷，顾良、施康强译，北京：生活·读书·新知三联书店。

卡西勒（E. Cassirer）（1932/1988），《启蒙哲学》，顾伟铭等译，济南：山东人民出版社。

陈独秀（1915）：《东西民族根本思想之差异》，原发表在 1915 年《新青年》第 1 卷第 4 号，此处引自《世纪档案（1895—1995）》，北京：中国档案出版社 1995 年版，129—132 页。

---

① 余英时：《中国近代宗教伦理与商人精神》，台北：联经 1987 年。

② 参见这次研讨会后出版的论文集《中国宗教伦理与现代化》（黄绍伦编，《中国宗教伦理与现代化》，香港：商务印书馆（香港）有限公司 1991 年）。该文集中请重点参阅张德胜的《儒家伦理与成就动机：事实与迷思》（第 62—76 页）和 G. G . Hamilton 的《父权制、世袭主义与孝道——中国与西欧的比较研究》（第 203—240 页）两文。

陈鼓应、辛冠洁、葛荣晋主编(1989),《明清实学思潮史》(3卷本),济南:齐鲁书社1989年版。

陈其南(1987),"家族伦理与经济理性——试论韦伯与中国社会研究",载《当代》第10期,第54—61页;第11期,第72—85页。

Comte,A.(1907),*Cours de Philosophie Positive*,t. I,Paris:Schleicher Freres editeurs.

科瑟(Coser,L. A.),(1977/1990):《社会学思想名家》,石人译,北京:中国社会科学出版社。

邓小平(1994),《邓小平文选》(第2卷),北京:人民出版社。

费孝通(1985),《乡土中国》(该书是40年代后期费孝通应《世纪评论》之约,根据在西南联大和云南大学所讲"乡村社会学"课程的内容写成),北京:三联书店。

Foucault,M.(1966),*Les Mots et les Choese*,Paris:Gallimard.

葛懋春、蒋俊编选(1984),《梁启超哲学思想论文选》,北京:北京大学出版社。

Hamilton,G. G.(1991),"父权制、世袭主义与孝道——中国与西欧的比较研究",载黄绍伦编《中国宗教伦理与现代化》,第203—240页。

胡绳(1978),《枣下论丛》(增订本),北京:人民出版社。

黄绍伦编(1991),《中国宗教伦理与现代化》(研讨会论文集),香港:商务印书馆(香港)有限公司。

黄明同、吴熙钊主编(1988),《康有为早期遗稿述评》,广州:中山大学出版社。

蒋方震(1921/1985),《清代学术概论序》,载《梁启超论清学史二种》,上海:复旦大学出版社。

金耀基(1993),"儒家伦理与经济发展",载他的《中国社会与文化》,香港:牛津大学出版社。

康有为(1981),《康有为政论集》(上册),北京:中华书局。

——(1988),《长兴学记、桂林问答、万木草堂口说》,北京:中华书局。

——(1992),《康南海自编年谱(外二种)》,楼宇烈整理,北京:中华书局。

Keynes,J. M.(1953),*Theorie Generale de l' Emploi,de l' Interet et de la Monnaie*,Traduit par J. de Largentaye,Paris:Payot.

李华兴、吴嘉勋编(1984),《梁启超选集》,上海:上海人民出版社。

林克光(1990),《革新派巨人康有为》,北京:中国人民大学出版社。

梁启超(1929/1985),《中国近三百年学术史》,载《梁启超论清学史二种》,上海:复旦大学出版社1985年版。这个版本是经过朱维铮先生校注的,比通行的《饮冰室合集》版本少了许多差误。

——"五十年中国进化概论",载《饮冰室合集·文集》第14册第39卷。

——"《说群》序"，载《饮冰室合集·文集》第 2 册第 2 卷。

——"论君政民政相嬗之理"，载《饮冰室合集·文集》第 2 册第 2 卷。

——"变法通议·自序"，载《饮冰室合集·文集》第 1 册第 1 卷。

——"研究文化史的几个重要问题——对于旧著《中国历史研究法》之修补及修正"，载《饮冰室合集·文集》第 14 册第 40 卷。

——"儒家哲学是什么"，此文是 1927 年出版的《儒家哲学》一书的第 1 章，载《饮冰室合集·专集》第 103 卷。

——"十种德性相反相成义"，载《饮冰室合集·文集》第 2 册第 5 卷。

——"释革"，载《饮冰室合集·文集》第 4 册第 9 卷。

——"论学术之势力左右世界"，载《饮冰室合集·文集》第 3 册第 6 卷。

——"政治学大家伯伦知理之学说"，载《饮冰室合集·文集》第 5 册第 14 卷。

——《变法通议》的"论变法不知本原之害"篇，载《饮冰室合集·文集》第 1 册第 1 卷。

——"康有为传"，载《饮冰室合集·文集》第 9 卷。

梁漱溟（1989a），《究元决疑论》，载《梁漱溟全集》第 1 卷，济南：山东人民出版社。

（1989b），《我的自学小史》，载《梁漱溟全集》第 2 卷，济南：山东人民出版社。

（1989b），《乡村建设理论》，载《梁漱溟全集》第 2 卷。济南：山东人民出版社。

（1990），《中国文化要义》，载《梁漱溟全集》第 3 卷，济南：山东人民出版社。

马克思（1963），《马克思致恩格斯（1866 年 7 月 7 日）》，载《马克思恩格斯全集》第 31 卷第 236 页，北京：人民出版社。

——（1972），《法兰西内战》初稿，载《马克思恩格斯选集》第 2 卷，北京：人民出版社。

毛礼锐、沈灌群主编（1989），《中国教育通史》（第 6 卷），济南：山东教育出版社。

孟祥才（1980），《梁启超传》，北京：北京出版社。

史华兹（Schwartz, B.）（1964/1995），《寻求富强：严复与西方》，叶凤美译，南京：江苏人民出版社。

Spencer, H.（1904），*Autobiography*, t. II, New York：Appleton.

孙本文（1948），"晚近中国社会学发展的趋向"，载《社会学刊》第 6 卷，第 46—48 页。

谭嗣同（1994），《仁学——谭嗣同集》，加润国选注，沈阳：辽宁人民出版社。

王栻（1982），《严复与严译名著》，载商务印书馆编辑部编《论严复与严复名著》，北京：商务印书馆。

王栻主编（1986a），《严复集》第四册，北京：中华书局。

—— （1986b），《严复集》第五册，北京：中华书局。

汪子嵩（1984），《亚里士多德》，载《西方著名哲学家评传》，济南：山东人民出版社。

荀子（1979），《荀子·王制》，载《荀子新注》，北京：中华书局。

严复（1996），载《社会剧变与规范重建——严复文选》（简称《严复文选》），卢云昆编选，上海远东出版社。

—— "与梁启超书"，载《严复文选》，第 525 页。

—— "《群学肆言》译余赘语"，载《严复文选》，第 127 页。

—— "《天演论》序与按语"，载《严复文选》，第 321—322 页。

—— 《原强》（修订稿），载《严复文选》。

—— "《天演论》按语"，载《严复文选》，第 323 页。

—— "《原富》按语"，载《严复文选》，第 341—342、379 页。

—— "译《群学肆言》自序"，载《严复文选》，第 123 页。

杨雅彬（1987），《中国社会学史》，济南：山东人民出版社。

余英时（1987），《中国近代宗教伦理与商人精神》，台北：联经。

张德胜（1991），"儒家伦理与成就动机：事实与迷思"，载黄绍伦编《中国宗教伦理与现代化》，第 62—76 页。

张灏（1993）：《梁启超与中国思想的过渡（1890—1907）》，崔志海、葛夫平译，南京：江苏人民出版社。

张志建（1995），《严复学术思想研究》，北京：商务印书馆。

郑大华、任菁编选（1994），《强学——戊戌时论选》，沈阳：辽宁人民出版社。

（原载李培林、孙立平、王铭铭等著，《20 世纪的中国学术与社会》（社会学卷）第一章，济南：山东人民出版社 2001 年版，第 1—58 页）

20世纪上半叶社会学的"中国学派"

　　20世纪上半叶，中国经历了王朝崩溃、军阀混战、外敌入侵、民怨鼎沸，在文化学术领域，又是思潮激荡、呐喊起伏、学术大家辈出的时期。中国社会学在此一时期，也呈现了难得的快速发展局面，一些研究成果达到了那个时期所能达到的巅峰，并且迄今难以超越。

　　中国在20世纪初出现了一种类似春秋战国时期的学术思想繁荣，究竟是什么因素促成了这种乱世中的繁荣呢？可能大致有三方面的因素：一是西学东渐，中西文化的碰撞产生民族文化的自省和反思；二是各种新潮思想流行，变法维新革命批判意识强烈，反传统成为主流；三是走入实际、走进实践、走向实用的取向明显，改造社会成为学术主旨。

　　梁启超在他1923年演讲的《中国近三百年学术史》中，对中国学术开始走向务实的思潮追溯得更远，他认为近300年的学术思潮是对过去600年的道学传统的反动，"这个时代的学术主潮是：厌倦主观的冥想而倾向于客观的考察"。① 这也并非梁启超一人的看法，蒋方震在1921年为梁启超的《清代学术概论》写的序中说："由主观之演绎进而为客观之归纳，清学之精神，与欧洲文艺复兴，实有同调者焉。"②许多学者在概括16世纪至19世纪40年代中国的学术思潮时，都称之为"经世致用思潮"或"明清实学思潮"。③

　　中国社会学的产生，自然与整个社会的学术思想的发展是一致的，但

---

　　① 梁启超：《中国近三百年学术史》，载《梁启超论清学史二种》，复旦大学出版社1985年版。这个版本是经过朱维铮先生校注的，比通行的《饮冰室合集》版本少了许多差误。

　　② 梁启超：《清代学术概论》，载《梁启超论清学史二种》，复旦大学出版社1985年版。《清代学术概论》原是应蒋方震之邀为其《欧洲文艺复兴史》一书写的序言，但"下笔不能自休"，一写就是洋洋数万言，几乎与原书差不多了，结果只好单独成书，并反邀蒋方震为之作序。

　　③ 陈鼓应、辛冠洁、葛荣晋主编：《明清实学思潮史》（3卷本），齐鲁书社1989年版。

其走入实际、走进实践、走向实用的特点，较之其他学科更加明显，这主要表现在它对社会调查的重视，甚至成为一种对社会调查的崇拜，发展成社会调查运动。

纵观 20 世纪上半叶中国社会学的学术思想，大略可以划分为六个领域：一是唯物史观社会学；二是社会原理研究；三是乡村建设理论和实践；四是人类学调查和社区研究；五是社会史研究；六是政法、经济、文化和伦理研究。这六个领域的划分，只是为了能够包容所有的社会学学术分支，是为了一种叙述的方便，很难谈得上是完全恰当的，因为有的领域是一个统一的学派，有的领域包含了多个学派，还有的领域与学派几乎无关。

这六个领域大体可以分为两条思想线索：一条是理论和经验的线索，另一条是国学和西学的线索，这两条线索是相互交织在一起的。例如在理论社会学方面，有马克思主义传统的唯物史观学派（如李达）、西方社会学传统的学院派（如孙本文）和国学传统的中国文化派（如梁漱溟）；在经验社会学方面，也有马克思主义传统的（如陈翰笙等人）、西方社会学功能学派的（吴文藻、费孝通等人）和注重中国文化因素的西方社会学文化学派的（如林耀华、许烺光等人）。这只是一种大体的划分，实际上，唯物史观、西方社会学和国学，成为中国社会学早期思想形成的三个主要因素。本文限于篇幅，只考察人类学调查和社区研究的发展历史以及由此形成的社会学"中国学派"。

一 "中国学派"的形成

社会学的"中国学派"，是与吴文藻的名字联系在一起的，或者可以说，吴文藻是社会学"中国学派"的奠基人。吴文藻 1927 年以《见于英国舆论与行动中的中国鸦片问题》为题的博士论文获得美国哥伦比亚大学的博士学位，1929 年初回国后任燕京大学社会学系教授，1933 年开始任燕京大学社会学系主任。在中国人类学调查和社区研究方面，吴文藻是最重要的思想先驱之一。

20 世纪初期的中国社会学界，社会学在教学和研究上有两种趋势：一是很多社会学家热衷用中国已有的书本资料，特别是历史资料填入西方社会和人文科学的理论，二是用当时英美社会学通行的社会调查方法来描述中国社会。吴文藻回国后，正值社会学和人类学在中国广泛开拓之际，他大力提倡和推行社会学中国化的学术运动，并苦苦思索社会学中国化的路子，认为社会学要中国化，最主要的是要研究中国国情。

1929 年，人文区位学的创始人罗伯特·帕克来华讲学，传播了人文区位学的理论。1932—1933 年，帕克再次来华讲学，并带领燕京大学学生到北京的贫民窟、天桥、监狱、八大胡同参观，体验各种现实的社会生活。1935 年，拉德克利夫 – 布朗来华，阐述英国功能学派人类学的观点和"田野作业"的工作方法。吴文藻吸纳英国人类学家马林诺夫斯基的结构—功能主义理论和美国社会学家帕克的人文区位学理论，结合人类学和社会学，提出"社区研究"是社会学中国化的核心议题，主张改进中国社会结构要从社区研究入手。

吴文藻认为，在现代社区研究中，社会学调查与社会调查具有不同的性质，社会调查只是社会生活见闻的收集，而社会学调查是通过对社会事实的考察来验证社会学理论的基本假设；社会调查的目的是解决社会实际问题，是社会服务家为改良社会而作的调查，而社会学调查的目的却是要发现社会、认识社会和解释社会。

吴文藻提出的"社区研究"的核心议题，把人类学整合入社会学，奠立了中国早期社会学研究的基本格局，他所领导的学术团队，也被马林诺夫斯基等人类学家称为"社会学的中国学派"。吴文藻培养了大批具有国外博士教育背景又扎根于中国国情的学术人才，如林耀华、费孝通、李安宅、瞿同祖等。

吴文藻指出，"社区研究"是对中国的国情"大家用同一区位或文化的观点和方法，来分头进行各种地域不同的社区研究"，如民族学家应考察边疆的部落社区或殖民社区，农村社会学家应考察内地的农村社区或移民社区，都市社会学家应考察沿海或沿江的都市社区。这样，静态的社区研究分析社会结构，而动态的社区研究了解社会过程，双方兼顾，同时并进，以求解释社会组织与变迁的整体。吴文藻的努力以及在他的影响下形成的众多研究成果产生广泛的影响，这个"中国学派"成为中国社会学此后发展的主流，在相当长的时间里成为中国社会学研究的主导方向。①

在这个主流之下，有两个分支：一个是以费孝通为代表的社会人类学分支；另一个是以林耀华为代表的文化人类学分支。前者更加注重对于与经济相联系的社会组织的分析，后者则更加注重对于与文化相联系的社会非正式制度的分析，如宗族、宗教、习俗，等等。西方早期人类学的研究，由于当时列强推行殖民文化的需要，集中于对殖民地土著民族的无文字社会的调查。而费孝通和林耀华等人的贡献，是把人类学的方法运用于具有悠久文明历史的中国社会的调查。

二　文化人类学调查

中国早期文化人类学研究的代表人物，是林耀华、杨庆堃、许烺光、田汝康等人，他们把西方的人类学理论与中国的田野调查相结合，开辟了一块很有中国文化特色的研究领域。这些研究，比较集中在中国宗族、宗教问题上，与中国草根文化史的研究交相辉映。

林耀华在燕京大学读书时，在导师吴文藻的指导下，按照社区研究的要求，在他的家乡福建义序对黄姓宗族进行了田野调查，完成了他的硕士论文《义序的宗族研究》。该文从人的出生仪礼、婚嫁、死丧、葬祭等方面系统分析了宗族秩序维持的基本机制，分析了宗族这个中国特有的文化制度和功能组织。受当时新兴的功能主义影响，林耀华对宗族制度进行了新颖的功能分析，他把家族作为宗族的基本单位，从家庭个人地位到家族结构再到宗族功能结构，进而延伸到社会各方面的关系，形成了一条清晰的逻辑分析线索，从而开辟了认识中国宗族的新视野。在《从人类学的观点考察中国宗族乡村》② 一文中，林耀华阐述了他研究宗族的新方法："宗族乡村乃是乡村的一种。宗族是家族的伸展，同一祖宗繁衍而来的子孙称为宗族，村为自然结合的地缘团体，乡乃集村而成的政治团体；今宗

---

① 吴文藻：《〈派克社会学论文集〉导言》，载北京大学社会学人类学研究所编《社区与功能——帕克、布朗社会学文集及学记》，北京大学出版社 2002 年版。

② 林耀华：《从人类学的观点考察中国示族乡村》，《社会学界》1937 年第九卷。

族乡村四字连用，乃采取血缘与地缘兼有的团体的意义，即社区的观念。"

在林耀华之前，中国已有厚重的宗族研究积累，但这些研究多属于史学研究。如吕思勉对中国宗族制度进行了通贯研究，撰写了《中国宗族制度小史》，这是第一部中国宗族简史。该书从宗与族的概念入手，论述了大小宗、祭祀、姓氏、谱牒、合族而居、族长与族产等问题，具有开拓性的意义。① 此后，陶希圣在他的《婚姻与家族》一书中提出了家族制度的分期说：即西周到春秋是宗法时代，战国到五代是亲属组织的族居制度，宋以后渐变为家长制的家族制度，20世纪为夫妇制之家族制度。② 高达观在他的《中国家族社会之演变》一书中，从社会学视野研究了周、宋、清三个时期的家族，并将古今家族制度进行了比较。③

在宗族史的研究中，刘节的《中国古代宗族移植史论》一书，细致地考证辨析了宗族起源、宗族含义、世与代、图腾等问题，对后来严谨的宗族问题史学研究方法产生很大影响。④ 刘节毕业于清华大学国学研究院，深受王国维、梁启超、陈寅恪等人的影响。在国学研究院时，陈寅恪应刘书等人的请求，于1929年为王国维纪念碑撰写碑文，其中有一段著名的表达文人风骨的话，几乎成为后来的师道座右铭："先生之著述或有时而不章；先生之学说或有时可商；惟此独立之精神，自由之思想，历千万纪与天壤而同久，共三光而永光。"

史学中的宗族问题研究，对社会学产生重大影响的，是对宗族社会史的专题研究。如刘兴唐关于血族的研究文章：《宋代的血族公有财产》⑤、《福建的血族组织》⑥、《河南的血族组织》⑦；郎擎霄关于宗族械斗的研究文章：《中国南方械斗之原因及其组织》⑧、《近三百年来中国南部之民间

---

① 吕思勉：《中国宗族制度小史》，中山书局1929年版。
② 陶希圣：《婚姻与家族》，商务印书馆1934年版。
③ 高达观：《中国家族社会之演变》，正中书局1944年版。
④ 刘节：《中国古代宗族移植史论》，正中书局1948年版。
⑤ 刘兴唐：《宋代的血族公有财产》，《文化批判》1935年第3卷第1期。
⑥ 刘兴唐：《福建的血族组织》，《食货》1936年第4卷第8期。
⑦ 刘兴唐：《河南的血族组织》，《文化批判》1935年第3卷第3期。
⑧ 郎擎霄：《中国南方械斗久原因及其组织》，《东方杂志》1933年第30卷第19期。

械斗》①。

　　潘光旦是一个跨学科研究的奇才，他在社会学、心理学、优生学和社会史研究等领域有很多精巧的构思，他把优生学和人才学引入宗族研究，写作了《明清两代嘉兴望族》一书，该书通过对嘉兴望族血系分图、血缘网络图，世泽流衍图的制作，统计出每个血系的世泽流衍到 8.3 世，嘉兴的望族平均大约能维持 200 余年，他认为世家大族兴废盛衰的关键，在于遗传、教育这些祖宗的力量以及移徙、婚姻、夭寿的状况。②

　　林耀华以田野调查为基础的宗族研究，把宗族研究从历史延伸到现实。他的《义序的宗族研究》为他以后写作《金翼》打下了基础。《金翼》写于林耀华在哈佛留学的时代，当时所用的副题为"一部家族的编年史"，1947 年修订出版时副题改为"中国家族制度的社会学研究"。《金翼》的所有故事都取自真实的材料，描写了 20 世纪初至 30 年代发生在福建闽江下游黄村的故事，涉及中国南方传统农业、商业、地方政治、民间盟会、看风水、供灶神、祭祖先、婚葬仪式、节日娱乐等生动画面，记述了中国同姓村落与四世同堂大家族的亲属关系、礼节与纷争。《金翼》还开辟了一种新的写作方法，他用写小说的方式来撰写学术著作，把调查的一些片断、零碎、芜杂的原材料，转化成一个完整的人类学故事。国际著名经济人类学家雷蒙德·费斯（Raymond Firth）为《金翼》作序，并对其学术价值给予极高的评价，但《金翼》的写作方法此后数十年一直面临着一些学者的不断质问，这究竟是虚构的故事，还是科学的研究？尽管林耀华一再表明，这部书的故事是真实的，是东方乡村社会与家族体系的缩影，它是运用社会人类学调查研究方法的结果，但这种别出心裁的"文学概括法"一直被视为"另类"。与林耀华的写作方法可以相提并论的，是美国社会学芝加哥学派的怀特（W. F. Whyte），怀特也同样试图走出一条独特的文学化加工调查材料的道路，他的《街角社会》的文体也介于学术著作和小说之间。但《街角社会》被富有严格学术传统的芝加哥大学社会学系接受为博士论文，后来成为芝加哥学派的代表作之一，甚至成为一种

　　①　郎擎霄：《近三百年来中国南部六民间械斗》，《建国月刊》1936 年第 14 卷第 3—5 期。

　　②　潘光旦：《明清两代嘉兴望族》，商务印书馆 1937 年版。

"讲述外部世界的叙事方法"，被喜欢个案访谈调查方法的学者争相模仿。

《金翼》所有的故事都围绕着家族和宗族制度展开，但所有的故事却不单是家族和宗族制度的注解，它宛如一张纵横密织的网络，无论哪一条线索都会牵动整体。该项研究所关注的不仅仅是个人的生身处境和生命历程，更重要的是从家族、宗族的文化功能角度考察个人与生活共同体复杂的关系。

杨庆堃是汉文化人类学的另一个重要人物。他在燕京大学读书时就已写出《邹平市集研究》的论文，作者通过调查邹平县的 14 个市集，从货物、交易、卖者、组织等因素来描写市集的各种因素，这是一项为后来很多研究者所借鉴的成果，甚至还成为施坚雅（William Skinner）关于中国社会的市集网络分析框架的起点之一。

中国早期人类学研究，强调要有村落田野调查基地，进行长期的跟踪调查。杨庆堃的村落调查基地是广州近郊"鹭江村"，他于 1947—1950 年主持了"鹭江村"的调查，后来用这个村的调查材料，撰写了《共产主义过渡初期的中国村落》一书，该书被译成多国文字出版，鹭江村也由此成为在海内外颇具影响的学术名村。在早期汉人社会的人类学研究中，费孝通的《江村经济》、林耀华的《金翼》、杨懋春的《一个中国的村庄：山东台头》、许烺光的《祖荫下》、杨庆堃的《共产主义过渡初期的中国村落》等，成为中国人类学发展史上的一个个界碑。

然而，杨庆堃产生广泛影响的代表作是 1961 年出版的《中国社会中的宗教》，全书详细考察了中国社会中各种类型的信仰以及这些信仰与政治、经济和儒家学说的关系，被誉为研究中国宗教的"圣经"。在中国宗教研究领域，中国社会中有无宗教以及儒学是否可称之为儒教这类问题，始终是争论的焦点。胡适曾经说过，中国是个没有宗教的国家，中华民族是个不迷信宗教的民族。梁漱溟也曾指出，世界上宗教最微弱的地方就是中国，最淡于宗教的是中国人，中国偶有宗教多出于低等动机。马克斯·韦伯在《中国的宗教：儒教与道教》中也认为，中国的民间信仰是"功能性神灵的大杂烩"。的确，与欧洲相比，中国历史上多数时间里没有强大的、高度组织性的宗教，也没有教会与国家之间长期无休止的斗争。

杨庆堃的贡献，在于他一方面证实了中国宗教的存在，因为"在中国广袤的土地上，几乎每个角落都有寺院、祠堂、神坛和拜神的地方……表明宗教在中国社会强大的、无所不在的影响力，它们是一个社会现实的象征"①；另一方面也揭示了中国宗教不同于西方宗教的特征，说明不能用西方的宗教观念来看待和解释中国宗教，因为中国宗教缺乏"显著结构"，即缺乏独立的组织系统，无法游离于世俗制度之外，因此与国家的政治权威相比，宗教只能在吸纳世俗道德以图生存发展的同时，又为政治统治提供超自然的依据，这种与儒家道德之间的文化格局，决定了宗教在中国社会中的持续效力。

杨庆堃借鉴沃奇（Joachim Wach）在《宗教社会学》一书中把宗教组织区分为"自然团体"（natural groups）和"特殊的宗教"（specifically religious）两种类型的看法，从结构—功能的视角出发把中国宗教分为两种形态：一种是"制度性宗教"（institutional religion），另外一种是"分散性宗教"（diffused religion）。"制度性宗教"的一个最大特点是其自身可独立于世俗的社会体系之外，从而在某种程度上与之相分离。"分散性宗教"也有其神学、祭祀与人事的运作系统，但是无论其精神内核还是形式化的仪轨组织均与世俗制度和社会秩序有机地整合在一起，成为结构的一部分，它自身没有任何独立存在的价值和意义。为了阐释"制度性宗教"和"分散性宗教"这两个核心概念，杨庆堃借助西方社会学和人类学的分析框架与方法（因为杜克海姆就已分析过所谓西方"分散性宗教"的特征），并以本土化经验与实证研究为基础，认为中国宗教定位的模糊性，不仅取决于"多神崇拜"的形式，而且受经济模式与地理环境的影响，如宝山地区常受海浪冲袭，故崇拜海神；广东佛山地区则喜供火神，因为居民常受爆竹工厂的威胁，等等。这种宗教的功利性、世俗性特征现在依然如此，如做生意想发财的时候敬财神，想要孩子的时候敬观世音或者送子娘娘，不想挨饿的时候敬灶神，祈求下雨的时候敬龙王，等等。

在西方学者写的宗教发展史里，从泛神论到多神论再到一神论的发展是一种宗教信仰的"社会进化"，泛神论属于一种原始信仰，基督教是通

---

① 杨庆堃：《中国社会中的宗教》，范丽珠等译，上海人民出版社 2007 年版。

过推翻"异端的万灵论"而使人们追索自然的统一律，从而产生了现代科学。这种看法暗含的引申结论是，东方国家的多神论是科学不发达的文化原因。杨庆堃则认为，中国不是没有宗教，而是以另一种文化形态存在，宗教在中国是以一种高度去中心化的模式出现，在这种去中心的系统中，宗教通过分散性形式服务于世俗社会制度，来强化其组织，宗教普遍地渗透在世俗社会制度中，从传统社会的制度结构得到支持，而其特有的神学、神明、信仰、仪式无一不对民众的生活产生了系统性的影响。至于为什么中国宗教会呈现出这样的特征，杨庆堃认为，这一是因为中国宗教全面屈从于君权垄断，受政治支配的宗教在早期发展已趋于分散，它与社会制度融合在一起，形不成一个有独立功能和结构的组织；二是因为社会对多神论信念的包容削弱了单一宗教信仰与组织系统脱颖而出趋于完善的可能性。杨庆堃最后的关于中国宗教未趋于完善的判断，与他的中国宗教是另一种文化存在的假设相抵牾，实际上依然难以摆脱西方宗教学的既有结论。

田汝康在田野调查的基础上也对中国民间宗教进行了独特的研究。他是费孝通主持的云南魁阁社会学研究室的成员，1940 年前后，他到云南芒市那目寨（又称"那木寨"）进行了 10 个月的田野调查工作，研究傣族做摆仪式，并于 1946 年出版了《芒市边民的摆》（又称《摆夷的摆》）。"摆"是当地傣族（原称"摆夷"）的一种民间宗教活动，田汝康在研究边民村寨经济生活的过程中，发现了"摆"的重要性，因为这种宗教仪式虽小，但是"却关联着摆夷的整个生活"。田汝康受马林诺夫斯基的《巫术、宗教与科学》与涂尔干的《宗教生活的基本形式》的影响，在《芒市边民的摆》一书中，他细致阐述和分析了宗教与巫术、"摆"与"非摆"、宗教仪式与超自然崇拜仪式之间的差异。在田汝康看来，作为宗教仪式的"摆"，具有非实利主义的特征，在这种仪式中，人们集体消耗财物，目的仅在于"消耗"本身；而"非摆"则与巫术一样，企图运用超自然信仰的力量来解决生活中的实际问题，是一种具有实利主义特征的仪式。田汝康认为，对于傣族来说，"摆"是克服社会分化的宗教手段，积累财富不是为了造成人与人之间的阶级地位差异，而只是为了通过"消耗"在宗教仪式上来平衡不同社会等级中的人之间的差异①。田汝康的研究，在一定程度上扭转了关于中国民间宗教实利主义取向的简单判断，揭示了中国宗教的实利主义和非实利主义的两重性。

许烺光是另一位重要的汉文化人类学的代表人物，其代表作是 1948 年出版的《祖荫下：中国人的文化与人格》（1967 年再版时改为《祖荫下：中国乡村的亲属、人格与社会流动》，以下简称《祖荫下》)，该书的田野材料，来源于许烺光 1941—1943 年在云南"魁阁"社会学实地调查工作室工作期间完成的西镇田野调查，所谓"西镇"就是现在云南大理的喜洲镇。许烺光的《祖荫下》以父子关系为轴心塑造的祖先崇拜文化人格，揭示了完全不同于西方文化的中国人的文化特征和心理结构，成为中国心理人类学的开创人。在许烺光看来，在中国人的人格形成过程中，祖先崇拜和家族组织扮演着至关重要的角色，每一个个人都是生在祖荫下，长在祖荫下，并通过延续祖荫的努力而赋予短暂的肉体生命以永恒的意义。由于中国的伦理体系强调个人利益必须服从于从家到天下的大大小小的集体利益，那种独立、自立、自主的个人在传统中国社会也几乎不可能存在。②《祖荫下》一书以生动的民族志描述和系统的人类学分析，解释了为什么中国文化以集体主义价值观为取向。许烺光在《祖荫下》一书中的看法，其实当时对中国读者来说，并不是什么新奇之见，而是晚清以后知识界的主流看法，即中国人格和文化的革命，必须打破旧的传统，冲决祖荫网罗，彻底改组自我。许烺光的主要贡献，在于他把这种判断和解释建立在扎实的田野调查基础上，并成功运用了心理人类学的方法。

《祖荫下》一书的主旨，是要通过田野调查来回答为什么会有家族兴衰现象，也就是为何会有"富不过三代"的现象。但许烺光的学术抱负，似乎并不仅仅是解释个体家庭现象，在他看来，一个小社区普通家族的兴衰，与达官显贵的兴衰、帝国君王的兴衰都具有相同的原因，这样就把家

---

① 田汝康：《芒市边民的摆》，商务印书馆 1946 年版。

② 许烺光：《祖荫下——中国乡村的亲属、人格与社会流动》，王芃、徐隆德译，台北南天书局 2001 年版。

族的兴衰与国家和社会的兴衰联系在一起，尽管他也认为后者是比前者更为复杂的事情。许烺光认为，在西方已有研究中，对社会兴衰现象的解释有两派观点：一派是马尔萨斯人口过剩学说，即认为天下太平使人口增多，造成人口与土地和技术资源的矛盾，当人口达到过剩的极点，就产生了动乱，造成大量的人口丧生，从而使国家又一次进入一个新的朝代；另一派是威特福吉尔（K. A. Wittfogel）的阶层循环学说，即认为中国社会分为统治阶层、官僚阶层和平民阶层，官僚和新贵（高官显贵，土豪劣绅，大商人）的地产积累，造成土地危机并进而引发经济社会危机，虽然这种恶性循环能够因为朝代的兴衰得到周期性的平息，但它绝不可能得到彻底根除。而许烺光则认为，性格特征是家族兴衰的不可忽视的因素，懦弱的性格常常与家业衰败相关联，而力量常常是兴旺之家庭成员的象征。他在西镇的调查中发现，在祖先庇荫下，对人格有着重要影响的两个因素是权威和竞争，穷人仅仅为了生存而竞争，而富人则为了权利和名誉而竞争，尽管父子关系形式上相同，但经济条件的差别把贫富两个阶级的年轻人造就成为两种完全不同性格的人，富者完全依赖父辈，听命于传统的父权，穷者独立性较强，不甘愿受传统父权所摆布。由此，人们的经济社会条件决定人们的性格特征，而性格特征又反过来决定了发展前景。许烺光的这种心理人类学研究，一方面深受西方心理学行为学派的影响，另一方面也有其中国本土化的巨大努力。从某种意义上说，许烺光的研究，开了中国社会心理学以"人情"、"面子"等为主题的本土化研究的先河。

三　社会人类学的社区研究

社会学和人类学在中国一直有"剪不断、理还乱"的复杂关系，也有不少人类学家，希望人类学自成传统和体系，与社会学分开。所以在中国谈到人类学的早期田野研究，他们会谈杨懋春（Martin C. Yang）在他的家乡山东台头村的调查，葛学溥（Daniel Harrison Kulp）在广东凤凰村的调查，林耀华在福建义序和金翼黄村的调查，许烺光（Francis L. K. Hsu）在云南西镇的调查，杨庆堃（C. K. Yang）在广州南景村的调查，等等，但他们有时并不把费孝通视为这一支文化人类学家的成员。从中国早期的研究来看，社会学和人类学其实并没有明显的学科分野，费孝通的研究，主要是更加侧重于经济的角度，而在当时，侧重于经济，不仅意味着受功能主义的影响，有时也有些左倾的意思。

村落调查是中国早期社会学的经典调查方法。最早的村落研究是由时任上海沪江大学教授的美国学者葛学溥（Daniel Harrison Kulp）进行的。他带领学生分别于 1918 年、1919 年和 1923 年对广东凤凰村进行了调查，并于 1925 年出版了《华南的乡村生活：家族主义的社会学》（*Country Life in South China：The Sociology of Familism*，Kulp，1925）。

杨懋春的《一个中国的村庄：山东台头》（*A Chinese Village：Taitou, Shantung Province*，Martin C. Yang，New York：Columbia University Press，1945），被林顿在该书英文版的序言里誉为代表了社区研究的本土人类学时代的来临。山东台头村是杨懋春的出生地和家乡，像费孝通和林耀华一样，他是对他所熟悉的家乡生活进行调查。这类调查后来也受到一些方法论上的指责，即认为对"家乡"的调查往往难以摆脱"自己人"的视角，分析中有出自"情感"的判断成分。关于对家乡的调查是否会受到观察立场的影响的问题，以及这种家乡调查与外部人的调查的差异问题，人们一直都在争论，但对"家乡"的调查，也有能够避免外来人调查容易产生文化误读的优势。杨懋春对于台头村生活的描述，所用的都是实名，而且他是以自己家庭的实际为中心，凭着对那里人们生活的熟悉，作者细致地描写和分析了乡村的家庭生活、村内冲突、庄稼种植和孩子游戏等诸多方面。

杨懋春认为，研究中国的乡村，必须把乡村生活放在一系列社会关系里进行研究，特别是家庭关系和村落关系，这是中国乡村研究不容忽视的两个视角，又由于每个村庄不是孤立的，所以还要分析村际关系以及市镇对村庄的影响。

在如何看待乡村社会关系问题上，杨懋春的视角与施坚雅（G. William Skinner）的视角完全不同。施坚雅以农村"集市"为分析单位的视角，实际是更加看重都市商业文明对农村社会生活的影响，他把农民放在"市场圈"的边缘位置。杨懋春虽然也注重分析村落与外部世界的关系，包括和集市的关系，但他是把农民放在"村落圈"的中心位置，以村内和家庭生活为主，他是在切近地分析乡村农业文明。杨懋春在山东台头村做调查时发现，台头村有很多村民到青岛去做工，但老婆、孩子还在农村，他们的人口再生产是在村里完成的，城乡之间是一个有序的良性互动，杨懋春当时认为，这种办法比美国城市里的贫民窟要好得多。

杨懋春对台头村的研究，一个很突出的贡献，是对村落组织的研究。他认为在家庭和村落之间，有一些过渡性的组织，如家族、邻里、宗教组织以及家庭联合基础上的组织。他根据组织规模，把村落组织分为三类：全村性组织、街坊邻里组织和家庭联合基础上的组织。在杨懋春看来，村落的管理要以传统的乡土组织来调解纠纷，单纯的法律下乡会造成社区的瓦解。杨懋春还把多元的社会分层视角引入对乡村等级结构的分析，认为等级结构不仅表现在经济差异中，还体现在性别、年龄、宗族姓氏、社会地位、声誉、宗教等各个方面。[①]

后来在《近代中国农村社会之演变》（1970）一书中，杨懋春对他的中国乡村调查研究进行总结和学术梳理，特别是发展了他在《一个中国的村庄：山东台头》中关于乡村组织的认识。他认为，所谓社会方面的发展，主要是指由无组织的状况进至有组织的状况，无论是一个部落由渔猎或游牧而进入农业，而定居成为农村，或一个由移民开垦而成立的农村，其社会组织都是先由一些为适应其特殊问题或特殊需要而发生，如家族、氏族、宗族，而一旦以全村为范围的"守望相助，疾病相扶持"的关系为全体或大多数人所感觉，则村自卫、乔青会、换工制度、互相庆吊、迎神赛会、设学校、防灾救急等团体活动，都会因需要而产生，依功能而兴替。

杨懋春把中国农村的社会关系分为初级社会关系和次级社会关系。初级的社会关系除了家庭，"街坊"是最基本的单位，村内"街坊"的社会意义是指那个地域街坊中的家庭有了社会关系，以后此社会关系能超地域而自成一个无形的社会关系网，在这个网上，社会关系是绳索，"我们集团"的感情黏合力，一些共同行动与共同行动的目标是网上的结。街坊以次是村内的"族党"，在中国的中型与大型农村中，几乎都有族党或族党

---

① 杨懋春：《一个中国村庄：山东台头》，张雄等译，江苏人民出版社2001年版。

性的家庭集团，族党也是村中的一个社会关系单位，由此单位会衍生出族塾、族仓、族养老院、族济贫恤孤组织等很多别的带氏族性的社会组织。另外，初级社会关系还包括农村中常见的丧葬圈与喜庆圈等非正式社会团体。

杨懋春认为，农村中的次级社会关系以教育团体、宗教团体、不成组织的家庭群及租佃关系为代表。教育是中国社会阶梯上的一条通路，在农村中亦然，农村教育团体是指私塾或族塾和学校。农村中的宗教性的团体或组织，不仅是指正式的宗教组织，也包括通过庙会、祈雨、祭拜等民间信仰表现出的社会团体关系。"家庭群"也可说是社会阶级性的家庭群，他们因经济情况与社会地位相类，成为一种不固定的，较松弛的结合，如师徒家庭群、换工家庭群、人缘家庭群等。租佃关系则主要是指乡居地主与其佃农之间的关系，人们很容易推测或相信地主处在高地位上，其势力透过租佃关系往下向其佃农身上逼压，佃农则软弱无告，必须卑颜躬身，向地主作祈求状。① 事实上，在这一假定情形的左右各有程度不同的差别，这种差别受家族关系、合作关系、依赖关系、对抗关系等多种因素的影响。

以村落为单位进行社区研究，费孝通是无可争议的领军人物，他延续了吴文藻开拓的学术传统的路向。在中国社会学从 20 世纪 50 年代初到 80 年代初中断 30 年之后的恢复重建中，由于费孝通对恢复重建的特殊作用，他的乡村社区调查成为中国社会学接续这个学术传统的唯一通道。

费孝通的成名之作，可以说是他的《江村经济》。1936 年，费孝通到广西乡村调查，不幸痛失结婚仅 108 天的爱妻，养伤期间在家乡江苏吴江庙港乡的开弦弓村进行调查，后带着调查资料留学英国，靠这些资料在导师马林诺夫斯基等人指导下写出了《中国农民的生活——长江流域农村生活的实地调查》，即后来翻译成中文的《江村经济》一书。费孝通的独特之处，在于他第一次运用社会人类学参与观察的"社区"调查方法来研究中国江南发达地区的农村经济，他对江苏吴江县开弦弓村（学名"江村"）的调查，开创了一个新的起点，即从农村社会组织入手研究工业发

---

① 杨懋春：《近代中国农村社会之演变》，台北巨流图书公司 1970 年版。

展问题。20 世纪 30 年代，在研究上对农村工业化问题的忽视，是学界的一个较为普遍的现象，由于土地问题成为农村研究甚至中国革命的核心问题，绝大多数的农村研究者和革命理论家都不能不把主要的关注点集中在土地问题上，人们考虑的是农民的生存以及如何组织起来的问题，工业化似乎还是涉及未来发展的边缘问题。

在费孝通看来，如果说江村的家庭蚕丝业是一种迫于人多地少的压力内生的发展，那么工厂工业的下乡则是迫于外来的力量的挑战而产生的挽救乡村工业破产的应对。这种"外来势力"在费孝通那里有时是作为现代技术的导入，也有时是作为帝国主义的侵入和西方列强的工业扩张，或者说这二者在当时是一种伴随的现象。费孝通认为，土地问题是农村很根本的问题，最终解决中国土地问题的办法，不在于紧缩农民的开支，而应该增加农民的收入，因此恢复农村企业是根本的措施。他还认为，外敌的入侵，使土地问题事实上已经成为一个更加生死攸关的问题，只有通过合理有效的土地改革，解决农民的痛苦，一个崭新的中国才能出现在苦难的废墟之上。①

现在的许多学者往往认为费孝通、李景汉式的社区调查研究缺乏必要的前提假设，其实这类社区调查，并非是无假设的。费孝通就因为他关于外国势力导致乡村工业破产的假设，后来屡屡受到西方学者的"批判"和"证伪"。② 只不过费孝通在到英国学习之前，并不是有意识地提出假设和论证假设，而且是有意排斥理论假设的。他自己曾谈到，在编写花蓝瑶社会组织时，极力避免理论上的发挥，认为实地研究者只需事实不需理论，理论只是"叙述事实的次序要一个合理的安排罢了"，在江村实地调查时，也主张"调查者不要带理论下乡，最好让自己象一卷照相的底片，由外界事实自动的在上射影"，到英国学习以后，感觉到这种方法论上的见解

---

① 费孝通：《江村经济》，戴可景译，上海人民出版社 2006 年版。

② 费孝通 1979 年访问美国社会学界后回来写道："中美关系中断时期那些想研究中国社会的人只有到台湾和香港去进行调查。在过去 10 年里出版过不少这类的调查报告，在方法上大多以我那本书为样本，但立论上却有不少是以批评我的姿态出现的，有一部分是要驳倒我 '中国农村的经济衰落是出于帝国主义经济势力的侵入'的观点。比如不久来我国作为交流的研究人员的波特（Potter）就是如此，他强调西方工业的影响对中国农村带来了繁荣和发展。"见费孝通《赴美访学观感点滴》，载《费孝通社会学文集：民族与社会》，天津人民出版社 1985 年版，第 149 页。

"埋没了很多颇有意义的发现"，在写《江村经济》时感到"没有一贯的理论，不能把所有的事实全部组织在一个主题之下，这是件无可讳言的缺点"，所以《江村经济》是"从社会调查到社会学调查或社区研究的过渡作品"，而社会调查与社会学调查或社区研究的区别就在于只是对某一人群社会生活的见闻的搜集，还是依据某一部分事实的考察来验证一套社会学理论或"试用的假设"。[1]

费孝通的志向并不是把江村调查变成运用功能分析方法的社区研究标本，而是要通过江村透视更广阔更复杂的"中国社会"。费孝通认为，事实上没有可能用对全中国每一个农村都进行调查的方法去达到了解中国农村全貌的目的，在采取抽样方法来作定量分析之前，必须先走一步分别类型的定性分析。他所塑造的学术类型"江村"，与他后来组织和参与确立的"禄村"、"易村"、"玉村"等学术类型，是按照经济活动组织形式划分的一个有机联系的解读中国乡土社会的类型体系。

费孝通对于中国乡土社会的完整构想体现在《乡土中国》一书中。《乡土中国》与他的《生育制度》一样，本来都是通过整理家庭问题和农村问题讲课内容而形成的。但《乡土中国》的内容是应分篇在杂志上发表的需要，文笔更加生动。这两本著作很好地反映了费孝通的两个学术特点：即对类型学和中国学术话语的追求。如在《乡土中国》中，费孝通塑造了一系列的学术类型和中国学术概念，如无讼社会与法理社会、无文字社会与文字社会、差序格局社会与团体社会、血缘社会与地缘社会、身份社会与契约社会，等等，在《生育制度》中，他也塑造了"社会结构的基本三角"、"社会学断乳"、"社会继替"、"世代参差"、"长幼行序"等具有学术张力和中国特色的类型概念。

张之毅通过对"易村"手工业调查，发现了不同于"江村"家庭手工业的"易村"作坊工业，塑造了一种新的乡村工业类型。张之毅1939年调查的易村，是云南易门县一个手工业比较发达的村庄。在张之毅看来，纸坊所代表的作坊工业，与织篾器所代表的家庭手工业，虽然在易

---

[1]　费孝通：《禄村农田》，载费孝通、张之毅著《云南三村》，天津人民出版社1990年版，第11—12页。

村同时存在，性质却是有很大区别的，纸坊代表着不同于家庭手工业的另一种乡村工业的形式；织篾器是一种发生在农闲基础上用来解决生计困难的乡村工业活动，不需很大资本，而纸坊则是为了资本的增值，受生计压迫的人根本筹不出一笔资本来造作坊。张之毅通过对易村手工业中家庭手工业和作坊工业的区别，提出一个关于农村不同工业组织形式的意义这样一个很有研究价值的问题，正如他在《易村手工业》一书最后所说的："本书若是有一个启示的话，这是要我们把乡村工业不看成一个单纯的实体。在这个名词之中，包含着很多不同的种类，每个种类有他的特色。各种各类的乡村工业，对于乡村经济的意义和影响，可以有很大的差别。"①

在 20 世纪 30—40 年代，乡村副业、乡村手工业的乡村作坊工业在很多乡村地区都开始有所发展，与此同时，也出现农村劳动力进入小城镇和城市务工经商的现象。这个现象很快引起了社会学家的注意，史国衡的《昆厂劳工》，就对这一现象给予了特殊的关注。

史国衡把对昆厂的调查视为魁星阁农村社区研究的一个引申，但这个引申却从农村跨越到城市，从农业和农村中的手工业跨越到工厂里的机器工业，成为当时少有的社会学的企业个案调查。所谓"昆厂"，也是学名，是史国衡于 1940 年 8—11 月在昆明调查的一家约 500 人的国营军需工厂。《昆厂劳工》的主题是探索农民转变为工人的过程，史国衡提出了几个涉及中国工业化的有意义的问题：（1）农民向工人转变的模式问题。他在分析工人的来源时发现，即便是在国营军需厂，工人中有相当一部分是出身于农民，尽管在昆厂，农民出身的工人数比非农职业出身的工人数少31％；同时他还发现，农民出身的工人，有 68％都在进昆厂之前经历了过渡性职业，由农民直接入厂的只占农民出身的工人的 13.5％，而过渡性职业包括了当兵、商贩、手工业、短工等，还有无业游民，也就是说在入厂之前，他们已在一定程度上改变了农民的淳朴习性和乡土意识，成为城镇生活的附属者。这与西方工业化过程中破产农民——产业工人的经典变迁

---

① 张之毅：《易村手工业》，载费孝通、张之毅《云南三村》，社会科学文献出版社 2006 年版。

模式是不同的，这种从农民到工人的过渡模式的不同，成为影响中国工人自身特点的重要因素。（2）人的转变与社会变迁的关系。在史国衡看来，从农民到工人的转变是人的转变，这比从农业到工业的生产转变要复杂得多，这个过程不仅包括劳动方式和劳动关系的变化，还包括生活方式的转变，两种不同文化（乡土文化和都市文化）的调适，社会价值的重要规划，心理状态在动荡冲激下的平衡，管理方式对新工业需要的适应，等等，"实在是一个很重要的社会变迁的过程"。（3）国营工厂的性质。费孝通在《乡土重建》中谈到乡土工业的新形式时指出，中国传统工业大体上可以分成三种性质，即皇家的独占工业、民间的作坊工业和家庭工业，举凡盐铁、军备以及宫廷用品，都是由宫廷独占经营的。皇朝崩溃以后，皇家独占工业转变成"国营"，而史国衡的调查表明，国营工厂在许多工人的眼中，不过是许多政府机关中的一个，对于工厂出现的浪费和低效率现象，工人总觉得自己和工厂的休戚无关，只有主持工厂和管理工人的职员才是工厂的主体。[①]

　　史国衡的《昆厂劳工》，很强调对人的因素的分析，他通过分析工人的社会环境、家庭背景、社会状况、人际关系等来探索解决工业化过程中出现的各种问题的途径，这种浓厚的人际关系学派的特点，显然受到了早期美国工业社会学人际关系学派的影响。费孝通在为《昆厂劳工》写的"后记"中，就介绍了美国社会学教授梅岳（E. Meyo 1880—1949）的"霍桑实验"。1943 年费孝通去哈佛大学，也正是在梅岳教授的帮助下，把《昆厂劳工》翻译成了英文。史国衡的调查表明，在当时的中国，进城到工厂当工人的农民，不管其是否经过某种中介的职业，在当时已绝不是个别的现象，它已经可以被概括为不同于乡村家庭手工业和作坊工业的另一种离土离乡的农民—工人的类型。

　　史国衡对"昆厂劳工"的研究和田汝康对"内地女工"的研究，可能是中国最早的农民工研究。田汝康的《内地女工》是作为《昆厂劳工》的附录出版的，而女工研究在中国有其特有的重要性，因为当时中国的工业大部分靠着女性的支持，在 20 世纪 30 年代的中国上海，工人中 55％ 左

[①]　史国衡：《昆厂劳工》导言，商务印书馆 1946 年版。

右是女工，若把女童工的数目加进去，女工在总数中的百分比将高至 60%以上。中国的工业基础大都建筑在女工的劳力上并不是偶然的，这个现象说明，在工业落后的中国，工业还限于轻工业方面，而且它还得靠成本较轻的劳力来维持，用田汝康的话说，"没有成年的工业才需要女性的保育"。

认识国情和改造社会，这是社会学"中国学派"的主旨追求。今天，社会学自改革开放以来又经历了一个新的快速发展的 30 年，但认识国情和改造社会，依然是中国社会学的主要任务。

参考文献

费孝通，1939 英文版，《江村经济》，戴可景译，上海人民出版社 2006 年版。

——1943，《禄村农田》，载费孝通、张久毅著《云南三村》，天津人民出版社 1990 年版。

——1948，《乡土中国》，载《费孝通文集》第五卷，群言出版社 1999 年版。

——1947，《生育制度》，商务印书馆 1999 年版。

林耀华，1941 英文版，《金翼——中国家族制度的社会学研究》，庄孔韶、林宗成译，三联书店（香港）1990 年版。

潘光旦，1929，《中国之家庭问题》，新月书店。

——1941，《中国伶人血缘之研究》，商务印书馆。

史国衡，1946，《昆厂劳工》，商务印书馆。

田汝康，1946，《芒市边民的摆》，商务印书馆。

——1946，《内地女工》，该文被作为史国衡《昆厂劳工》附录，商务印书馆。

吴文藻，1934，《〈派克社会学论文集〉导言》，载北京大学社会学人类学研究所编《社区与功能——帕克、布朗社会学文集及学记》，北京大学出版社 2002 年版。

许烺光，1948 英文版，《祖荫下——中国乡村的亲属、人格与社会流动》，王芃、徐隆德译，台北南天书局 2001 年版。

杨懋春，1945 英文版，《一个中国村庄：山东台头》，张雄等译，江苏人民出版社 2001 年版。

——1970，《近代中国农村社会之演变》，台北巨流图书公司。

杨庆堃，1961 英文版，《中国社会中的宗教》，范丽珠等译，上海人民出版社 2007 年版。

赵承信，写作年代不详，《社会调查与社区研究》，载北京大学社会学人类学研究所编

《社区与功能——派克、布朗社会学文集及学记》，北京大学出版社 2002 年版。

张之毅，1940，《易村手工业》，载费孝通、张之毅著《云南三村》，社会科学文献出版社 2006 年版。

（原载《社会科学战线》2008 年第 12 期，发表时有删减）

20世纪上半叶唯物史观社会学

一　唯物史观社会学

　　纵观20世纪上半叶中国的学术发展，可以发现，唯物史观的导入，在很大程度上改变了中国传统的治学方法。中国传统的治学方法，是以对经史子集的注解诠释为主线，近代概念梳理和经验实证方法的导入，又使训诂考证方法盛行。但唯物史观的导入，使人们在现象资料背后，去寻找统一的解释逻辑，把历史和逻辑统一起来，开创了一套全新的治学话语系统。唯物史观对中国的史学、哲学、文学、经济学、法学、政治学都产生了重大的影响，对社会学亦然。唯物史观、西方社会学和国学，可以说是中国社会学学术思想形成的三个主要影响因素。

　　中国社会学在最初的形成过程中，就产生了唯物史观社会学派，其代表人物有李大钊、瞿秋白、李达、许德珩、陈翰笙等人。那时，这些青年人的人生经历和教育背景各不相同，但向往革命追求进步的取向是一致的。李大钊、李达都曾留学日本，他们是在日本留学时期开始接触马克思的著作和社会主义思想；许德珩曾留学欧美，是从欧美受到社会主义思想的洗礼；陈翰笙通过李大钊了解了唯物史观，并在共产国际工作过；瞿秋白没有上过大学，是因为俄文熟练当记者到苏联采访而接触马克思主义理论。

　　中国早期的唯物史观社会学，是以马克思主义的唯物史观和科学社会主义思想为主要内容，他们通常把自己的社会学思想称为"唯物史观社会学"或"现代社会学"。之所以称之为"现代社会学"，是因为他们认为，以前的社会学是"传统社会学"、"旧的社会学"和"资产阶级的社会学"。李大钊早期也曾受到英国斯宾塞社会进化论和俄国无政府主义者克鲁泡特金互助论的影响，但他后来接受了马克思主义的唯物史观，认为"社会学得到这样一个重要的法则（指唯物史观——笔者注），使研究斯学的人有所依据，俾得循此以考察复杂变动的时代现象，而易得比较真实的效果。这是唯物史观对于社会学的绝大贡献，会与对于史学上的贡献一样伟大。"①李达也是从对西方具有广泛影响的"社会契约说"、"社会心理说"和"社会生物说"这三大社会学说的批判开始，认为"社会学的唯一的科学的方法，是唯物辩证法"。② 只有按照历史唯物论的原理，才能认清社会发展的规律。③

中国早期马克思主义社会学者关于唯物史观社会学的知识以及把唯物史观视为现代社会学的做法，有两个思想来源：一是来自当时苏联的马克思主义传统，特别是来自普列汉诺夫和布哈林等人的观点，1928—1930 年许德珩曾翻译了布哈林的《唯物史观社会学》，出版后重印十余次；二是来自日本的马克思主义研究者，1919 年发表的翻译成中文的日本学者河上肇的《马克思的唯物史观》，第一次比较全面介绍了唯物史观的主要内容，对中国的左翼学者影响甚大。

瞿秋白在 20 世纪 20 年代曾担任过上海大学社会学系的主任，并发表了《现代社会学》、《社会哲学概论》等论著。他在《现代社会学》一书中，对社会发展的原因论与目的论，社会现象的有定论与无定论，社会历史的偶然性与必然性等问题，都进行了历史唯物主义的论述。他在书中写道，"没有一种科学足以代社会学研究总体的社会现象，亦没有一种科学足以直接运用自己的原理来解释社会现象，——因此，可以断定必须有一种科学来特别研究那解释社会现象的原理，并且综合一切分论法的社会科学所研究的对象间之关系，——就是社会学。"④ 在当时，马克思主义和现

---

① 李大钊：《唯物史观在现代社会学上的价值》，载《李大钊文集》（下），人民出版社 1984 年版，第 370 页。

② 李达：《社会学大纲》，武汉大学出版社 2007 年版。

③ 李达：《现代社会学》，载《李达文集》第 1 卷，人民出版社 1980 年版，第 344 页。

④ 瞿秋白：《现代社会学》，载《瞿秋白文集》政治理论编第 2 卷，人民出版社 1988 年版，第 409 页。

代社会学原理往往被视为同义语，社会学与社会主义也有着思想来源上的共同渊源，瞿秋白在狱中《多余的话》里说，"在 1923 年的中国，研究马克思主义以至一般社会学的人，还少得很。因此，仅仅因此，我担任了上海大学社会学系教授之后，就逐渐地偷到所谓'马克思主义理论家'的虚名。……还有一个更重要的'误会'，就是用马克思主义来研究中国的现代社会，部分的是研究中国历史的发端——也不得不由我来开始尝试。五四以后的五年中间，记得只有陈独秀、戴季陶、李汉俊几个人写过几篇关于这个问题的论文，可是都是无关重要的。我回国之后，因为已经在党内工作，虽然只有一知半解的马克思主义知识，却不由我不开始这个尝试：分析中国资本主义关系的发展程度，分析中国社会阶级分化的性质，阶级斗争的形势，阶级斗争和反帝国主义的民族解放运动的关系等等。"[1]

唯物史观社会学者，并不是仅仅把社会学作为一门学问来研究，而是把唯物史观社会学作为认识中国社会和改造中国社会的思想武器。李大钊针对胡适的"多研究些问题，少谈些主义"的社会改良论，指出研究社会问题一定要和社会上多数人联系起来形成为一个"社会运动"，即"一方面固然要研究实际的问题，一方面也要宣传理想的主义"。他认为主义不是一个抽象的名词，而是一种思想武器，可以用于改变生产资料私有制的革命。他指出，社会的根本问题是解决经济问题，一旦解决了经济问题，那么人口、妇女、劳动、青年、废娼、童工、土地等问题，乃至市民生活等实际问题也就迎刃而解。

唯物史观社会学作为当时的一个马克思主义学派，积极参加了 20 世纪 30 年代关于中国社会性质、中国社会史、中国农村社会性质三大论争，这些论争虽然都是以学术争辩形式出现，但实际上都与中国革命基本问题紧密相关。所以说，在唯物史观社会学者看来，马克思主义的唯物史观社会学，是一种"新社会学"和"现代社会学"，它与西方传统社会学的最根本区别，实际上是改造社会的道路和途径的区别，也就是"革命"和"改良"的区别。而这种区别的理论分野，最鲜明地表现在阶级理论上。例如李达认为，"旧来的社会科学家"，对阶级的概念有种种错误的解释：

---

① 瞿秋白：《多余的话》，载《赤都心史》附录，广西师范大学出版社 2004 年版。

第一种是根本否认现代社会的阶级差异，说现代社会民主制度以平等为原则，无所谓阶级不平等；第二种是认为阶级的差别和对立是一切社会所通有的，是万古长存的；第三种是认为阶级的差别是由职业的区别而发生的；第四种是认为阶级的差别是由各个人收入的多少而定，因而资本主义社会的阶级是千差万别的。在李达看来，科学的阶级观有三个最主要特征：第一，阶级及阶级社会的存在，与历史上特定的生产形态相结合；第二，社会分裂为阶级的根据，必须就其在历史的特定社会生产体系中所处位置的差异去说明；第三，阶级的剥削与阶级利害的对立必然引起阶级冲突，而阶级冲突是历史发展的原动力。[①]

在中国早期社会学的发展中，唯物史观社会学并非是社会学的主流，它主要是在北京和上海流行。北京是由于李大钊等人以北京大学为重心进行的传播，上海则是以瞿秋白为系主任的上海大学社会学系为重心进行传播。赵承信 1948 年曾发表《中国社会学的两大派》一文[②]，认为中国早期社会学存在两大主流，即"文化学派"和"辩证唯物论派"。"文化学派"是正宗、是主流，在社会学界占优势；而"辩证唯物论派"尽管对青年影响很大，但是并非正宗。赵承信所说的所谓"文化学派"，是指以孙本文等为代表的学院派社会学，而"辩证唯物论派"则是指当时中国社会学的马克思主义学派。这"两大派"当时在很多观点上是互相批评的。例如，孙本文在所著《当代中国社会学》一书中，开宗明义就指出，"本书认为唯物史观的著作不属于纯正的社会学，故凡从此种史观所编的书籍，概从割爱"。[③]"文化学派"拒绝把来自西方的马克思主义社会学学说纳入正统的社会学学科体系，而"辩证唯物论派"则对自孔德以来的社会学理论和方法采取了激烈批判的态度。这种分裂的局面，不能不对早期社会学的本土化产生了严重的制约。

杨堃在 1943 年写的《中国社会学发展史大纲》一文里，把中国社会学的发展分为萌芽、介绍和建设三个时期，并认为在系统的介绍时期，中

---

① 李达：《社会学大纲》，武汉大学出版社 2007 年版，第 383—386 页。
② 赵承信：《中国社会学的两大派》，1948 年 1 月 22 日天津《益世报》。
③ 孙本文：《当代中国社会学》，上海胜利出版公司 1946 年版。

国社会学可分为五派：即美国文化学派、马克思主义派、法国涂尔干社会学派、美国人文区位学派、英国功能人类学派。他说，"马克思主义派在1930年左右，颇具有相当的势力，几成为一种普遍的思潮，不仅是以社会学为限。"①

二   唯物史观社会学与中国农村性质研究

关于中国农村性质的争论，不仅发生在改良派和革命派之间，也发生在马克思主义理论框架内的"土地革命派"与"不断革命派"之间。"土地革命派"与"不断革命派"之间争论的焦点问题是：中国社会的性质是半封建半殖民地的还是资本主义的，中国的革命是民主资产阶级的还是无产阶级的。这种争论，集中反映在"中国农村社会性质论战"中。

当时这种在马克思主义阵营中的学术争论，双方很注重以社会调查的事实为依据。土地革命派的实际领袖人物是陈翰笙，陈翰笙也是留洋回国的学者，先后获得芝加哥大学历史学硕士和柏林大学历史学博士学位，回国后先在北京大学历史系任教授，当时他才27岁，是北大最年轻的教授，在李大钊的影响下接受了马克思主义唯物史观。

20世纪30年代中国马克思主义学者之间的"中国农村社会性质论战"，实际上也是受20年代末共产国际内部对中国社会性质问题发生争论的影响。当时主持共产国际农民运动研究所东方部工作的马季亚尔写了一本《中国农村经济》（1928年莫斯科出版，有中文译本），把争论引向高潮。马季亚尔认为，中国自原始社会解体后，既无奴隶社会，又无封建社会，而只是一种由亚细亚生产方式决定的"水利社会"。到20世纪初，西方资本主义传入中国后，中国也就成了资本主义。因此，他认定中国农村也就是资本主义的农村。陈翰笙认为，马季亚尔的理论推论离事实很远，他讲的只是农产品商品化的问题，而中国农产品的商品化，早在宋代就开始了，但这只是商业资本，而不是工业资本。中国农村基本上是个自给自

---

① 杨堃：《中国社会学发展史大纲》，载杨堃《社会学与民俗学》，四川民族出版社1997年版，第184—191页。

足的自然经济，是封建社会性质，不能说是资本主义社会。在这种争论中，陈翰笙深深感到，由于对中国农村经济缺乏广泛深入的调查研究，在讨论问题时没有确切有力的材料足以说服对方，这是他随后把主要精力用于中国农村经济实地调查的原因。

1929 年，陈翰笙应蔡元培邀请，任中央研究院社会科学研究所副所长并主持社会学组工作，他接任后，立即着手进行农村经济社会调查。陈翰笙的农村经济调查，也是希望通过发展类型的比较来了解中国的全貌。他选择了江苏无锡、广东岭南和河北保定三个调查点，这三个地方的发展水平不同，但相对来说，都是中国农村经济变化最快的地方。这些调查是非常细致的，如陈翰笙在《亩的差异》一文曾提到，调查中发现农村中计算土地面积的"亩"差异极大，如根据无锡 22 村 1204 户调查，无锡的所谓亩，大小不同，至少有 173 种，最小的合 2.683 公亩，最大的合 8.957 公亩，就是在同一村里，亩的尺度也有若干种，甚至在一村就有 20 种，这种亩的差异暴露了浮征税捐的种种弊端。

陈翰笙认为，当时的社会学已陷于危险的境地，出现两种偏向："它不是偏倾于社会现象之一种无意义的分类，便只自封于种种哲学观念的一个抽象体系。"而社会学是研究社会之现实的实质的科学，社会学研究的真正出发点，是了解由生产关系组成的社会基础结构，而在中国，大部分的生产关系是属于农村的，因此中国的农村调查，是中国社会学研究的第一步工作。而过去的大多数的调查，只侧重于生产力而忽视了生产关系，因而无法揭示中国农村社会的本质。陈翰笙通过对中国各地的农村调查，形成了他的土地革命的思路：中国社会纯粹的封建已成过去，纯粹的资本主义尚未形成，是正在转变时期的社会，在这种社会里，土地所有者、商业资本和高利贷资本三者，均以农民为共同的剥削目标，因此废除封建的土地制度，进行土地革命，使无地少地的农民得到土地，这是发展农业生产，解决农村问题唯一正确的道路。

1933 年陈翰笙与吴觉农、孙晓村、冯和法、王寅生、钱俊瑞、薛暮桥、孙冶方等人在上海发起成立"中国农村经济研究会"，他被推选为理事长。该会 1934 年在上海创办《中国农村》月刊，由薛暮桥主持，形成了主张"土地革命"的马克思主义的"中国农村派"，并参与了一系列学术论战。

在"中国社会史论战"中，在农村性质问题上，代表"不断革命派"观点的任曙的《中国经济研究》和严灵峰的《中国经济问题研究》两书，就遭到"土地革命派"学者的激烈批判。任曙认为，"全部中国农村生活是千真万确的资本主义关系占着极强度的优势"，"资本主义日益向上增涨，取得支配的地位"，中国贸易"突飞猛进"地发展，"中国资本主义还在继续发展中。它不因内战，灾荒，革命，以及所谓封建剥削的阻碍，而致停止其前进"。任曙引用了大量调查和统计资料来证明他的结论，如1922—1925年江苏、山西等省区2000余农户的调查所显示的平均每户由市场购买各种物品的较高的百分比，"宣告了中国农村经济完全不是自然的封建经济而是处于资本主义的商品经济支配之下"；1875—1926年中国海关轮船和帆船进出的吨位百分比变化，说明代表资本主义时代交通工具的轮船的吨位比重从1875年的85%上升到1926年的98%；1912—1920年钱庄和银行的兴替，也"可以相当地看出现代资本主义发展的程度"，例如在此期间中国金融业投资的比重，钱庄从68%下降到37%，银行从32%上升到63%；此外，土地的集中趋势，中农的丧失土地和贫农与富农地主的对立，都是由于封建生产关系的破坏和资本主义关系的形成，而且"土地愈集中的地方，资本主义愈发达"，反之亦然。严灵峰也力图证明，"占有中国广大土地的，已不是维持旧时代残余下来的贵族、宗室，而是资本主义化的地主，或地主化的资本家"。[①]

张闻天对他们的批判，亦引用了大量的有关进出口商品、制丝业、纺织业、土地分配、棉花销售、农产品价格等方面的统计和调查数据，说明数字是死的而解释是活的。如中国进出口贸易的增加只说明商品经济的增加而非资本主义的发展，中国输出的主要是原料而不是工业品说明了中国社会是农业社会而非工业社会，输入的工业品表明的是中国资本主义的不发展而不是资本主义的发展，等等。最后批判的落脚点是中国革命的性质

---

① 参见刘梦飞《中国农村经济的现阶段——任曙、严灵峰先生的理论批判》，载陈翰笙、薛暮桥、冯和法主编《解放前的中国农村》，中国展望出版社1985年版，第498—499页。张闻天：《中国经济之性质问题的研究——评任曙君的〈中国经济研究〉》，载陈翰笙、薛暮桥、冯和法主编《解放前的中国农村》，中国展望出版社1985年版，第247—260页。

问题：任曙强调中国的土地革命是反对资本主义的，而不是"促进"资本主义的，是非资本主义的前途，而不是资本主义的前途；张闻天则批判道，"中国的土地革命一直到平均分配一切没收的土地，一直到土地国有，是民主资产阶级性质的。他不但不阻止资本主义的发展而且给资本主义的发展肃清道路。这土地革命是反对大资产阶级的，但对小资产阶级的农民，却是有利的"；"然而这土地革命成功后，并不将在中国开辟一个资本主义急速发展的前途，而是将开辟一个非资本主义的前途。因为中国革命的领导者是无产阶级。它在革命中，终不停止于工农民主专政，而将进一步的实行无产阶级的专政。那时要实行的是社会主义，而不是什么'非资本主义'的前途"。①

到 1935 年，这种争论在"中国农村社会性质论战"中进一步展开。这次论战以《中国经济》杂志和《中国农村》月刊为对抗的两个学术阵营，前者称为"中国农村派"，主要有钱俊瑞、陶直夫、薛暮桥、孙冶方；后者称为"中国经济派"，主要有王宜昌、张志诚、王毓铨等。他们论战的代表作均收入了中国农村经济研究会编的《中国农村社会性质论战》一书，于 1936 年出版。在一些学者看来，在这次论战中，王宜昌、张志诚等复活了任曙、严灵峰的见解，而钱俊瑞、薛暮桥也把问题提到一个新的阶段。

这次论战的导火索，是王宜昌在 1935 年 1 月 26 日天津《益世报》的第 48 期"农村周刊"上发表的一篇短文《农村经济统计应有的方向》，这篇文章对 1934 年 10 月《中国农村》创刊号上薛暮桥《怎样研究中国农村经济》一文的观点进行了批评，提出中国农村经济研究要进行三个"方向转换"："第一方向转换，便是在人和人的关系底注意之外，更要充分注意人和自然的关系"；"第二方向转换，便是注意到农业生产内部的分析，从技术上来决定生产经营规模的大小，从农业生产劳动上来决定雇农底质与量，从而决定区别出农村的阶级及其社会属性"；"第三方向转换，是在注意农业经营收支的情形，资本运营的情形，和其利润分配的情形。这里

---

①　张闻天：《中国经济之性质问题的研究——评任曙君的〈中国经济研究〉》，载陈翰笙、薛暮桥、冯和法主编《解放前的中国农村》，中国展望出版社 1985 年版，第 266—267 页。

不仅要注意到农业的主要业务，而又要注意到副业的作用"。

薛暮桥在发表于《中国农村》创刊号的《怎样研究中国农村经济》一文中，批评了农村经济研究对象问题上几种有代表性的观点：一是批评把自然条件当做主要研究对象的观点，如把"人口过剩"和"耕地不足"作为中国农村破产的根本原因；二是批评把生产技术当做主要研究对象，如通过中美农业人工成本的比较，认为中国农业生产技术落后和缺乏竞争力是中国农村破产的主要原因；三是批评把封建剥削当做主要研究对象，如认为"高度地租"、"买卖不公"和"高利借贷"是中国农民贫困的三个主要动因；四是批评把农产品商品化程度当做主要研究对象，如认为资本主义生产方式已在中国农业中间占有支配地位。[①]

薛暮桥对农村经济社会研究中几种观点的批评，显然是要划清他们马克思主义学派的学者与其他学派的界限，在《中国农村》创刊号上为该刊树立鲜明的旗帜。他的批评没有受到力图避开政治争论的改良主义学院派的回应，却受到他们称之为"托派"的、实际上持第四种观点的"马克思主义学者"的反击，这就是王宜昌强调中国农村经济研究要进行"方向转换"的文章的由来。"中国农村派"和"中国经济派"的争论文章，实际上都大量引用了马克思和列宁的著作[②]，都是在马克思主义的理论框架中争论问题。

"中国经济派"的理论逻辑是：生产技术是生产力的主要代表，生产力使生产关系进步，土地分配问题在1927年大革命以后就过去了，中国现阶段的农村经济的核心问题是资本问题，现在中国农村"已是商品经济，而且资本主义已占优势"，所以核心问题"并不再是土地所有形态，地权，租佃关系等等，而是资本制的农业生产过程分析"，"要以资本的大小来划分社会阶级，从而说明其中残存的封建等级"。[③]

---

① 薛暮桥：《怎样研究中国农村经济》，载《薛暮桥经济论文选》，人民出版社1984年版，第1—10页。

② 争论的双方最经常引用的著作是马克思的《资本论》和列宁的《俄国资本主义之发展》，此外还有马克思的《政治经济学批判导言》，普列汉诺夫的《马克思主义的根本问题》，考茨基的《农业问题》等。

③ 王宜昌：《论现阶段的中国农村经济研究》，载中国农村经济研究会编《中国农村社会性质论战》，新知书店1936年版，第99—110页。

　　"中国农村派"的理论逻辑是，生产关系的演变"规定一种新的能使生产力更进一步发展的社会形态"，现阶段农村的核心问题是土地分配问题，以及它所隐蔽着的人与人之间的社会关系，所以应从土地所有形态和性质、地权在各阶级之间的分配、农业经营、租佃关系四个方面来研究土地分配问题，并从农村市场、农业成本和雇佣劳动方面研究农业经营。①

　　这种理论争论的背后，实质上是关于走依靠农民的新民主主义革命道路还是走依靠无产者的社会主义革命道路的争论，即仍然是"革命阶段论"和"不断革命论"的争论，不过更学术化了。但是，争论之中也仍然伴有尖锐的指责，"中国经济派"强调，他们的观点是针对1930年以来农村经济研究中单注意人与人的关系的倾向，并指责"中国农村派"是"中国的民粹派，中国的农民思想家，中国的马克思主义修正派"②。而"中国农村派"则指责"中国经济派"是落后因素在"蠢蠢欲动"，是"风烛残年"式的挣扎和"大开倒车"，后来则概括为"反托派的论战"。

　　这样，我们可以看到，关于中国农村的发展道路，在革命的视角下，有两条路径：一条路径是把中国视为世界资本主义的一个乡村，因此要从资本主义世界经济系统来观察中国农业与工业的分离、都市与乡村的联系，以及工人与农村无产者的天然结合，通过推翻外国资本的支配来争取民族经济的自由发展。另一条路径是从生产关系以及人与人的社会关系出发，强调必须从改造农村土地关系入手，走通过反帝反封建来发展农村生产力并与工业相结合的道路。

三　唯物史观社会学与中国社会史研究

　　社会史研究曾经是中国社会学的一个重要分支，但在中国社会学于50

---

　　① 钱俊瑞：《现阶段中国农村阶级研究的任务》，载中国农村经济研究会编《中国农村社会性质论战》，新知书店1936年版，第73—88页。

　　② 张志诚在《关于〈中国农村经济研究方法〉》一文中，引用列宁的《俄国资本主义的发展》的译者杜畏之、彭苇秋在译书序言后面"追加的几句话"来批评"中国农村派"的观点，那几句话是："中国农业资本主义之发展已成彰明较著的事实，而中国的民粹派，中国的农民思想家，中国的马克思主义修正派偏偏看不见，而且不愿看见这个事实，只闭着眼睛喊封建制度来替这个农村资产级哭穷。"参见中国农村经济研究会编《中国农村社会性质论战》，新知书店1936年版，第139页。

年代初至 80 年代初中断 30 年以后，社会史研究的传统几乎完全转移到史学领域，社会学界研究社会史的学者为数甚少了，但社会史的研究方法和研究路向，至今对社会学的治学方法有着极大的影响。

在 20 世纪初叶，唯物史观的传播，使新兴的社会学与中国强大的史学建立起密切的关系。李大钊认为"唯物史观是社会学上的一种法则"[①]，"唯物史观在社会学上曾经并且正在表现一种理想的运动，与前世纪初在生物学上发现过的运动有些相类"[②]。但唯物史观这个社会学的法则，在学术界影响最为深远而广泛的却是在史学界，唯物史观通过在史学界的影响，进而在社会学中得到呼应。因为史学是中国传统学术的主流，对社会学影响很大，特别是社会史的研究，是历史学与社会学的交叉学科。史学研究方法的变动，不仅影响史学自身，而且对所有人文社会科学都产生了重要影响。李大钊还指出："科学界过重分类的结果，几乎忘却他们只是一个全体的部分而轻视他们相互间的关系，这种弊象，呈露已久了。近来思想界才发生一种新倾向：研究各种科学，与其重在区分，毋宁重在关系；说明形成各种科学基础的社会制度，与其为解析的观察，不如为综合的观察。这种方法，可以应用于现在的事实，亦可以同样应用于过去的纪录。唯物史观，就是应这种新倾向而发生的。"[③]

传统史学的写史，以经史子集等古典文献为主要依据。到 20 世纪 20 年代，随着一些考古的新发现，人们对"史料"的概念发生了变化，要求写史要有"新史料"的印证。如王国维在 1925 年写的《最近二三十年中中国新发现之学问》一文中认为，殷墟甲骨文字、敦煌塞上及西域各地之简牍、敦煌千佛洞之六朝唐人所书卷轴、内阁大库之书籍档案、中国境内之古外族遗文的发现和整理，代表了最近二三十年的新学问。重视史料印证的考据学派，反对盲目信古，开了疑古的先河。这个史学传统，被胡适、顾颉刚等人继承，形成"新史学"派。但胡适等人不同的是，在注重史料的同时，他们也很注重逻辑线索，善于运用逻辑推论，从旧史料中找

---

① 李大钊：《唯物史观在现代史学上的价值》，载《李大钊文集》（下），人民出版社 1984 年版，第 359 页。

② 同上书，第 366 页。

③ 同上书，第 359 页。

出新发现。

新史学派与唯物史观学派有相同的地方，即他们都是对传统史学的反叛，也都注重历史和逻辑的统一，而且在叙述上往往都会有史料服从逻辑线索的特点，只不过这个逻辑线索，胡适与唯物史观是截然不同的。冯友兰、朱谦之等想走释古的第三条道路，他们认为史料考据学派不关心"眼前社会剧变"，而唯物史观学派则"理论多事实少"。

对于唯物史观一派的新派史学家如郭沫若等人来说，和他们同样受西学影响而注重逻辑线索的胡适，虽然其《中国哲学史大纲》在中国的新学界也支配了几年，但胡适对中国古代的实际情形还未摸着边际，倒是罗振玉、王国维等人，由于其蒐集、保藏、流传、考释的功力，使他们成为清算中国的古代社会不可逾越的人物，因为他们就像"一座崔巍的楼阁，在几千年来的旧学的城垒上，灿然放出了一段异样的光辉"。①

在郭沫若看来，唯物史观史学与同样代表当时中国"新学问"的考据学派在方法论上的根本差异，是"整理"和"批判"的差异，"整理"的究极目标是在"实事求是"，"批判"精神是要在"实事之中求其所以是"。所以，郭沫若希望他的振聋发聩的大作《中国古代社会研究》，成为恩格斯的《家庭、私有制和国家的起源》的续篇。

郭沫若1930年出版的《中国古代社会研究》，是民国时期中国史学界第一部运用唯物史观进行分析的中国古代史专著，它在当时开创了一套全新的史学话语系统。郭沫若早在20世纪20年代初便开始接受马克思主义，他曾系统研读过《资本论》、《家庭、私有制和国家的起源》等著作，并翻译了《政治经济学批判》、《德意志意识形态》。《中国古代社会研究》看起来是研究奴隶制和封建制的分期问题，但实际上为中国史学提出了一种全新的解释思路，而且郭沫若广泛引征甲骨文、金文等一系列考古新现，提出富有想象力的解释和众多新颖的观点。在唯物史观的影响下，形成郭沫若、翦伯赞、范文澜、侯外庐、吕振羽等一系列史学大家。

经济史和政治史的研究，是广义社会史研究的重要分支。而把经济史研究和政治史研究紧密结合起来，开出新天地的，是花了十余年时间翻译

① 郭沫若：《中国古代社会研究》自序，中国华侨出版社2008年版，第3—5页。

三卷《资本论》的王亚南。王亚南1948年出版的《中国官僚政治研究》，是在唯物史观指导下的一本很独特的社会史著作，它融合了经济学、历史学和社会学的分析视角，考察中国的专制官僚政治的独裁性、封建地主经济的支配地位、中国传统思想儒家学说的独占性以及它们之间内在的联系，并把中国官僚政治与中国社会的宗法组织、伦理传统、儒家思想等一起加以分析，指出以地主经济为物质基础的中国官僚政治，抑制了社会生产力的发展，导致中国社会长期停滞在封建阶段，未能及时向新的生产方式转化，这是中国社会经济特殊的发展规律。

可以说，王亚南是中国第一个试图破解"李约瑟难题"的学者。英国著名科学史家李约瑟在考察科学技术演化时曾提出，为什么中国在古代科学技术领先的情况下在近代却落伍了？为什么科学的大振兴或大革命，不在中国或印度发生，而是在西方发生？这就是所谓的"李约瑟难题"。王亚南认为，建立在封建地主经济基础上的中国官僚政治，一方面靠宗法组织和儒家伦理加强统治，另一方面把它的对立面——商工市民力量也同化在它的统治之中。而残酷剥削之下的农民起义，只是改朝换代，而无社会革命。中国辛亥革命前两千多年中只有王朝更迭而无社会革命，其基本原因就在于此。[①]

王亚南的结论，证实了马克思的一个著名猜测。马克思依据许多有关东方社会的文献，特别是关于印度、爪哇等地的文献，曾经提出，"这种自给自足的公社，不断以同一形式再生产出来，如果偶然遭到破坏，它也会在同一地点，以同一名称，再建立起来。这种简单的生产组织，为这个秘谜的解决提供了一把钥匙：亚洲各个国家不断瓦解，不断重建，王朝也不断变更，但与此显著相反，亚洲的社会却是看不出什么变化。社会基本经济要素的结构，在政治风云的浪潮中，总是原样不动。"[②]

唯物史观社会学的发展，为解读中国社会开辟了一条新路，深化了中国社会学方法论的探讨。当然，在后来的发展中，它有时也步入教条主义的风险，那是后话。

---

① 王亚南：《中国官僚政治研究》，中国社会科学出版社1981年版。
② 马克思：《资本论》第1卷下，人民出版社1963年版，第381—382页。

参考文献

陈翰笙，1931，《中国的农村研究》，《劳动季刊》第一卷第一期，陆国香译，上海国立劳动大学出版，现载《陈翰笙集》，中国社会科学出版社 2002 年版。

——1937，《现代中国的土地问题》，原载中国农村经济研究会编《中国土地问题和商业高利贷》，现载《陈翰笙集》，中国社会科学出版社 2002 年版。

冯和法编，1929，《农村社会学大纲——中国农村社会研究》，上海黎明书局。

郭沫若，1930，《中国古代社会研究》，中国华侨出版社 2008 年版。

李达，1935，《社会学大纲》，武汉大学出版社 2007 年版。

李大钊，1920，《唯物史观在现代社会学上的价值》，载《李大钊文集》（下），人民出版社 1984 年版。

——1920，《唯物史观在现代史学上的价值》，载《李大钊文集》（下），人民出版社 1984 年版。

吕振羽，1934，《史前期中国社会研究》，河北教育出版社 2000 年版。

瞿秋白，1924，《现代社会学》，载《瞿秋白文集》，人民出版社 1988 年版。

孙本文，1946，《当代中国社会学》，上海胜利出版公司。

王亚南，1948，《中国官僚政治研究》，中国社会科学出版社 1981 年版。

——1946，《中国经济原论》，广东经济出版社 1998 年版。

薛暮桥，1937，《旧中国的农村经济》（原名《中国农村经济常识》，新知出版社），农业出版社 1980 年版。

杨堃，1939，《社会学发展史鸟瞰》（上篇），燕京大学法学院编（单行本）。

——1943，《中国社会学发展史大纲》，载《正风》第三十卷第九期。

赵承信，写作年代不详，《社会调查与社区研究》，载北京大学社会学人类学研究所编《社区与功能——派克、布朗社会学文集及学记》，北京大学出版社 2002 年版。

（原载《东岳论丛》2009 年第 1 期）

中国经验研究

社会学和中国经验

一　什么是社会学？

（一）什么是社会和社会学？

在各种社会学的教科书和学术著作中，对"社会"和"社会学"的定义多达十几种乃至几十种，这种定义杂陈而不统一的情况，可能恰恰说明了社会学的学科特征，也与人们对"社会"这个概念的理解差异有关。很多绞尽脑汁为社会学规定的所谓经典定义，事实上绝大多数都被人们很快就忘记了。

要回答"什么是社会学"的问题，首先要弄清楚你是在什么意义上理解"社会"的概念。在现在的日常生活语言里，人们对"社会"有多种理解，"社会"可以是无所不包的"大社会"，涵盖了人类生活的一切领域，也可以是区别于经济、政治、法律、文化的"小社会"，甚至这个"小社会"还可以被一层层地继续剥离。从语义学和语源学上来看，"社会"是"社"和"会"的结合，而"社"和"会"都是一种具有制度和礼仪的群体生活形式，"社会"就其本意来说，就是一种相对于个人的群体形式，所以"社会学"在中国早期的时候曾被翻译为"群学"。群无定界，自然可以有大群和小群。

古典社会学家大多具有宏大的志向，为社会学赋予了揭示"大社会"统一运行规律的使命。例如孔德就曾认为，社会学在人文社会科学中的地位，就如同物理学在自然科学中的地位，是一门揭示社会现象背后统一支配规律的学科，所以他曾把社会学称为"社会物理学"。但是，由于社会科学的专门化趋势以及社会现象的复杂性，这种宏大志向下对社会学的认识，很容易使社会学成为一种社会哲学，从而失去现代社会学的经验学科特点。

更为令社会学家尴尬的是，当经济学、政治学、法学等相继划分出自己的学科领域，而人类学、社会心理学、社会工作学科、犯罪学、大众传播学、社会管理学等又纷纷脱离社会学的母体自立门户时，社会学的研究还剩下什么？面对一些杂志发表的以"舞蹈社会学"、"美食社会学"、"服装社会学"、"拉关系社会学"为题的文章，社会学家往往自嘲说，社会学快成了研究别的学科不屑于研究的剩余现象的"剩余学科"。并不是说社会学不研究这些问题，任何对具体细微的社会现象进行的社会学研究都可能成为开山之作，如涂尔干对自杀现象的研究。问题是很多打着社会学研究旗号的文章，都只是对某种社会现象的一般描述，与社会学分析根本不相干。

当然，社会学的研究在社会分层、社会流动、社会组织、社区、城市化、集体行为、家庭婚姻、社会运动等一系列关于社会结构和社会变迁的领域里，仍具有主流地位。但社会学作为一门学科，需要有一个学界共识的定位，作为社会学区别于其他学科的标杆。

从现代社会运行的基本规则来看，基本上可以划分为三种规则：即政府规则、市场规则和社会规则。中国过去长期生活在计划经济体制下，人们对政府的力量和规则并不陌生，现在我国实行社会主义市场经济体制，人们对市场在资源配置中的基础作用也有越来越深刻的认识。但什么是社会规则，并不是所有的人都清楚，也很难轻而易举地达成共识。

在一个大的社会中，人们的生活分成不同的领域，而不同的领域有不同的规则。例如市场领域的最高价值是竞争，宗教领域的最高价值是信仰，企业领域的最高价值是利润，家庭领域的最高价值是情感，道德领域的最高价值是社会责任，法律领域的最高价值是公正，等等。这些不同的最高价值之间是有价值冲突的，如果我们把一个领域的最高价值推行到所有的社会生活领域，那就会造成社会生活的混乱。所以要在这些不同价值之间，建立沟通的桥梁和保持均衡的法则。政府规则、市场规则和社会规则的三分法，是我们选择的一种在经验领域中容易达成共识的办法。

政府的运行载体是文官科层制，它要代表绝大多数人的民意，提供普惠的公共产品和公共服务，它的令行禁止的执行机制和强大的贯彻力量，可以大大减少外部交易成本，但它很容易产生的自我膨胀并难以精简的趋势，往往使组织内部的交易成本难以约束，即通常所说的官僚主义问题。市场的运行载体是企业，它以追求利润最大化为目标，企业通过市场竞争降低生产和经营成本，但往往又因为竞争过度而增加交易成本，所以企业为降低交易成本会产生走向垄断的问题，从而影响到竞争规则，这样就又需要反对垄断。社会的运行载体是非营利的社会组织，也包括社区等自组织领域，它们应当坚持公共服务的目标，而且运行的成本应当低于政府，政府可以用购买服务的办法支持它们公共服务的活动。在中国，由于社会组织不太发育，血缘亲缘地缘关系网络往往成为社会运行的非正式制度和潜规则的载体，也是一个特别需要研究的方面。

在这样一个关于政府规则、市场规则和社会规则的三分法框架下，形成了政治学、经济学、社会学这现代社会科学的三大经验学科。当然，也有一种国家—社会的二分法，把社会视为区别于国家政权的民间社会或公民社会，这种划分延续了古典的历史哲学传统，往往在政治学或政治社会学分析中采用，它的优点是理论脉络清晰，但却难以适用于对复杂具体问题的分析。

目前社会学专业的学生们对什么是社会学的提问，实际上还包含着另外一层意思，即学习社会学的知识对就业具有什么意义？社会学的教学培养是针对哪些社会职业岗位？当然我们可以理直气壮地说，大学是一种通识教育，是传授一些从事各种社会职业所必备的基础知识，是人类的精神家园，而不是职业培训所。但是，现代社会职业分工日益专门化，社会知识体系和信息编码系统快速变化更新，社会需求和市场需求的变化不断迫使教育作出课程设置和课程知识的调整，特别是人们越来越普遍把教育作为确定未来社会职业位置的人力资本投资，在这种大背景下，教育不能无视人力资本投资者和社会的需求，社会学的教学和研究必须能够提供比以往更加实用的知识和更加专业化的技能，不仅要培养学生的分析能力和创新能力，也要培养学生的就业能力和创业能力。在社会政策、社会组织、社会保障、社会救助、社会福利、社区、社会工作、城市发展、人力资源、人口生育、大众媒体、社会调查、教育培训、家庭婚姻咨询、社会安全等各个领域，社会学都肩负着培养职业人员和专门人才的重大责任。

（二）社会科学不再单纯以研究对象划分学科界限

以往的教科书，开宗明义首先要说明一门学科的研究对象，因为这种研究对象的界定，过去一直是一门学科区别于别的学科的界标。但是，在近几十年的学术发展中，随着人们对社会现象复杂性的认识不断深化，随着各个学科的研究领域不断拓展，随着跨学科研究的趋势越来越明显，根据研究对象来划分学科界限的做法越来越不适用了。例如，关于腐败现象的研究，你很难界定这是属于哪一个学科的研究领域。政治学在研究这个问题，认为腐败的根源是权力缺乏监督；经济学在研究这个问题，认为腐败的产生是体制不健全条件下"寻租"行为的结果；法学在研究这个问题，认为铲除腐败的根本途径是建立法治政府；社会学也在研究腐败问题，认为杜绝腐败必须建立具有约束力的广泛社会监督；等等。

经济学近几十年来研究领域大大拓展了，经济学对人力资本、犯罪、司法审判、家庭中的利他行为、生育行为、环境保护、意识形态等问题的研究，使经济学研究的问题远远超出了传统的经济学领域，特别是经济学新制度主义学派的兴起，使经济学方法几乎成为一种普遍的分析工具。这种经济学研究向经济学非传统研究领域的拓展，被一些其他学科的学者称为"经济学帝国主义"。其实这种拓展，代表了社会科学的一种发展趋向，即不再以研究对象作为学科划分的根本界标，这种趋向其实在很多学科里都存在，只不过在经济学里表现得更为突出罢了。

随着社会学自身的分工化和专门化，它与其他学科之间在研究领域方面的区分也日益模糊了，大量跨学科、多学科、边缘学科、综合学科的研究涌现出来。一方面，社会学的一些传统研究领域，如家庭、婚姻、组织、犯罪、社区、行为等，已经不再是社会学的绝对优势领域，经济学对生育行为和集体行动的研究，法学对社会法的研究，历史学对社会史的研究，心理学对人际交往和社会行为的研究，都对社会学在这些领域的传统优势提出了严峻挑战；另一方面，社会学也超越了传统的研究边界，在诸如权力结构、区域发展、话语实践、市场网络、消费行为、信息传播、生态环境等过去陌生的或属于其他学科的领域中取得了令人瞩目的成果。这意味着学科划分已不再仅仅是以研究对象为分界，研究方法和学科视角日益成为学科存在和发展的重要理由。

不同学科在研究对象界限上的模糊，也使现代社会学在理论重建过程中产生了一种返回古典思想的潮流，推动了"社会理论"的发展建设。本来，现代社会学的发展使它越来越远离形而上学的庞大体系，也基本上放弃了如孔德、斯宾塞、帕森斯那样试图构建解释一切的宏大理论的努力。与此同时，社会学为了克服宏大理论在社会现象解释上的简单化缺陷，加强了理论本身的反思和建构，在社会交往与沟通、结构化与反思性、公共领域与结构转型、权力—话语与组织—制度、民族—国家与暴力、阶级—阶层分化与职业流动、社会资本与文化资本、社会组织与社会网络、性别与性、全球化与地域化、意识形态与文化认同等方面，都有了突破性的进展，这些都使社会学的理论阐释力显著提高，学术规范性明显增强。但社会学理论的专门化趋势，在学科领域日益交叉的今天，却遇到了不同学科之间进行学术对话的困难。每一个学科，甚至每一个学科的每一个专业领域，都有一套自己的学术概念、学术语言、学术焦点问题、学术分析路径，学术对话的难度大大增加了。在这种情况下，社会学的理论重建工作，产生了一种返回古典、走向综合、走向对话的潮流。当代的社会学理论大师们，如英国的吉登斯（A. Giddens）、法国的布迪厄（P. Bourdieu）、德国的哈贝马斯（J. Habermas）和贝克（U. Beck），他们建构的结构化理论、实践理论、沟通理论、风险社会理论和社会建构理论，更多地被人们称为"社会理论"，而不是"社会学理论"。

总之，社会科学的各个学科之间，正在出现一种新的趋势，即学科的划分，更多的是根据学科的观察视角、理论体系和研究方法，而不是完全根据研究的对象。

（三）社会学的科学化和人文化双重特征

在研究人类社会的学问中，社会科学和人文科学的划分，提出了社会学究竟是走向科学化还是人文化的问题，而社会学与政治学、经济学被归为社会科学的三大经验学科以及这些学科对量化分析方法的广泛使用，使人们产生社会学越来越科学化、技术化的印象。

在整个国际社会学界，20 年前，10 个研究者中大概只有 3 个使用社会统计方法从事研究，但今天，这个比例也许正好要倒过来。以随机抽样和对抽样数据的统计分析为标志的社会统计方法，在过去20年中有了长足的发展并日益完善，其对社会变迁的描述、分析和追踪能力，使得社会学研究越来越成为专门化程度很高的、可用经验数据加以验证（或验误）的社会科学门类。社会统计方法在社会学中的普遍运用和强势扩展，虽然仍然受到具有人文理论取向的学者的怀疑、抵制和批评，但却得到了注重应用的社会学研究者的普遍的认同。社会统计分析方法之所以得到如此迅速发展，一方面是由于计算机和统计软件的惊人进步使社会统计成为一种非常便于入门的"基本技术"，另一方面则是由于量化分析的研究结果具有可积累、"可重复"的性质，符合了对社会科学的某种"科学化"要求。当然，比较适合于"大范围"、"远距离"和"追踪性"的研究，也是社会统计方法在社会学界日益盛行的原因。

但是，社会学的"科学化"努力，却遭遇到一个难以克服的困难，就是社会现象是极为复杂的，人们建立的任何分析模型，都不可能涵盖所有的影响因素，而任何一个重要变量的缺失，都可能改变所有变量之间的关系。这样，所有社会学的所谓"科学"研究结果，实际上都是相对而言的。

现在，社会学的这种"科学化"趋势，也影响到社会学传统的质性研究方法，造成"质"的研究的困惑。例如，一方面，很多学者希望，他们的访谈资料，也能具有统计意义上的"代表性"，但结果是，为此制定的类似问卷的统一访谈提纲往往限制了访谈的话题，使访谈的记录枯燥而且重复。更为尴尬的是，这种使访谈资料"科学化"的努力，不仅未使访谈资料获得科学化的形式，而且还丢失了真实鲜活的实质。另一方面，访谈资料作为生活语言，具有话语/本文、符号/意义、能指/所指的两重性，它本身是一种隐喻，意义的揭示需要解释的过程，而研究者的解释，根据研究者的不同而有差异，有时这种差异甚至会扩大为对立。换句话说，研究者和被研究者的关系，其实并非主体和客体的关系，而是主体间的关系，即访谈资料的意义根据"主体间性"而会发生变化。这样一来，研究者是否能自认为比被研究者高明、深刻，从而具有肢解、切割、筛选和重新解释生活语言的权力？研究者的解释，是否会并不是"揭示"而是

"遮蔽"了生活语言的真实含义呢？因为访谈资料的话语意义对访谈的"情景"有很大的依赖，而使用访谈资料的人，是无法再造和重复"情景"的。问卷调查数据的问题，是完全舍弃和遗忘了调查"情景"，并主观假定这些"情景"并不影响对数据的解释，所以数据的测算，是可重复的"科学工作"，而访谈资料的解释，则变成不可重复的"艺术工作"。因此，要走出个案研究的"非科学"窘境，也要努力超越"经验社会学"，努力把实例"一般化"，使自己的研究结果具有更普遍的解释力和更广泛的对话能力。

其实，社会学研究使用什么方法，是依据所研究问题的需要来选择的，并不存在哪一种方法更为"科学"的问题。社会学研究既需要有科学的分析方法，也需要基于经验的丰富想象力。没有想象力的社会学家，不可能是一流的社会学家。知识生产与商品生产不同，实际上是无法批量生产的，因为前者是创造，后者是复制。曾有人认为，信息复制和传播技术的发展，改变了知识价值的评判标准，由"唯一"走向"众多"，例如原来书籍珍贵的是珍本、善本，现在珍贵的是发行量，原来追求的是只此一件，现在追求的是流行。这是一个很大的误解，其实那制造的无数光盘和纸币，都是一长串的零，使它们有价值的，是背后具有专利权的母版。知识生产是一种很个体化的创造，尽管也需要协作，但无法靠人多势众和群众运动。爱因斯坦就是爱因斯坦，他就是母版。知识作坊和商品工厂，遵循着完全不同的运作规则。所以说，社会学的科学化和人文化双重特征是互为补充、相得益彰的。

二　社会学的基本假设和经验基础

（一）社会学是否需要基本假设？

大多数社会学的教科书都不太讨论社会学的基本假设问题，一些其他学科的学者有时也感到社会学是一门缺乏基本假设的学科，加之社会学研究的领域非常宽泛，这就使研究不同问题的社会学者在学术争论中往往缺乏共同的学术语境。

中国早期的社会学受人类学研究方法的影响，对学科基本假设问题不太重视，甚至认为假设的设立会影响研究结果的真实性。这种看法并不是完全没有道理，因为从生活到话语已经存在一层"遮蔽"，从话语到文本产生了又一层"遮蔽"，当把生活感受转化成数据和数据之间的关系，有时就像把一道道千滋百味的精美宴席，变成了滋味单一的维生素或蛋白质。所以人类学比较强调口述史和个案"深描"的永恒魅力，因为这种方法具有强大的"去蔽"能力，能够产生颠覆正式文本的思想冲击力。其实这种看似没有假设的研究方法，并不是真的没有假设，它的基本假设就是一切没有长期实地观察体验的研究结果，结论都是可疑的。

费孝通先生自己曾谈到，在到英国学习之前，他并不是有意识地提出假设和论证假设，而且是有意排斥理论假设的。例如，在编写花蓝瑶社会组织时，他极力避免理论上的发挥，认为实地研究者只需事实不需理论，理论只是"叙述事实的次序要一个合理的安排罢了"。《江村经济》是费孝通先生学术生涯的奠基之作，也是他的博士论文。但在江村（江苏省吴江县开弦弓村）进行实地调查时，他却主张"调查者不要带理论下乡，最好让自己象一卷照相的底片，由外界事实自动的在上射影"。到英国学习以后，费孝通先生感觉到这种方法论上的见解"埋没了很多颇有意义的发现"，在写《江村经济》时感到"没有一贯的理论，不能把所有的事实全部组织在一个主题之下，这是件无可讳言的缺点"。[1]

当然，仔细研读费孝通先生的《江村经济》，也并不是完全没有研究假设，如他在说明调查开弦弓村的"理由"时说："开弦弓是中国国内蚕丝业的重要中心之一。因此，可以把这个村子作为在中国工业变迁过程中有代表性的例子；主要变化是工厂代替了家庭手工业系统，并从而产生的社会问题。"[2]在费孝通看来，如果说江村的家庭蚕丝手工业是一种迫于人多地少的压力内生的发展，那么工厂工业的下乡则是迫于外来的力量的挑战而产生的挽救乡村工业破产的应对。换句话说，农村之所以改变几千年的平缓发展而进入加速变迁是由于一种"外来势力"的影响："现代制丝

---

[1]　费孝通：《江村经济：中国农民的生活》，戴可景译，江苏人民出版社1986年版，第11—12页。

[2]　同上书，第18页。

业的先进生产技术引进日本、中国以后，乡村丝业开始衰退。这一工业革命改变了国内乡村手工业的命运。"① 这种研究假设与当时的思想潮流也是不无关系的，所以费孝通说，"变革者趋向社会主义的思想代表了当前中国知识阶级部分思想状况。这是同西方的现代技术和资本主义工业系统一起引进的新看法。"②

　　总之，费孝通把研究假设看做是一种学术界碑，是区别社会调查和社会学调查的一个重要标志。他认为自己的《江村经济》是"从社会调查到社会学调查或社区研究的过渡作品"，而社会调查与社会学调查或社区研究的区别，就在于只是对某一人群社会生活的闻见的搜集，还是依据某一部分事实的考察来验证一套社会学理论或"试用的假设"③。

　　有些社会学研究者具有很好的调查经验和统计技术，但是却往往苦于写不出真正具有学术价值的文章，一个很重要的原因，就是提不出很好的假设。提出一个好的假设，不仅需要扎实的理论功底、需要对社会现实具有深刻的理解和洞察力，还需要具有很好的想象力。否则你掌握的资料和数据再丰富，也只是一堆材料而已。用著名社会学家米尔斯（C. W. Mills）的话说，社会学研究，就是发挥"社会学的想像力"。④

　　社会学家在运用问卷抽样调查方法的数据进行统计分析时，最为苦恼的是数据的测算结果不能支持自己费尽心机提出的假设，每当遇到这种情况时，他不知道究竟是应该推翻自己的假设还是怀疑自己数据的质量，而多数学者实际上所能做的是，根据数据的测算结果来修整假设。在一次学术研讨会上，一些青年学者把这个到底是应当丢弃假设还是怀疑数据和测算的苦恼问题，向美国华裔社会学家林南提出，林南教授似乎毫不犹豫地回答说，坚持你的假设，重新审查数据。他的理由是，一个成熟的假设具有深厚的理论和经验研究的基础，而数据质量和测算方法犯错误的概率更

---

　　① 费孝通：《江村经济：中国农民的生活》，戴可景译，江苏人民出版社 1986 年版，第 11 页。

　　② 同上书，第 150 页。

　　③ 实际上费孝通有意识地采用"社区研究"方法调查和写作的《禄村农田》，仍然没有解决理论逻辑线索与调查资料的叙述是两张皮的问题，这成为他学术研究深化的巨大障碍。不过，从《禄村农田》起，他开始具有了村庄发展的类型比较眼光。费孝通：《江村经济：中国农民的生活》，戴可景译，江苏人民出版社 1986 年版，第 11—12 页。

　　④ Mills, C. Wright, 1970, *The Sociological Imagination*, Harmondsworth：Penguin Books.

高，如果经过反复检验证明数据和测算都没有任何问题，那说明你可能具有了重大发现，但这种机会在一般研究中是很难遇到的。

基本假设对于一门学科、一项研究都非常重要，对于整个学科来说更是如此。

（二）社会学的基本假设

如果说在基本假设上，社会学与经济学有什么区别的话，那就是"经济人假设"和"社会人假设"的区别。

经济学的"经济人假设"，也被称为"理性人"的假设，它几乎是一切经济学派进行经济分析的共同逻辑前提，它主张人们的一切经济行动，都受物质利益的驱动，但这个前提从一开始就受到社会学关于"社会人"假设的对抗。多数社会学家更倾向于认为，现实中的社会行动（也包括经济行动），有着复杂的动因，仅仅从经济单向维度来解释，具有极大的局限性，很多非经济因素，是决定人们行动的重要变量。

例如，什么是"利益"，多数人都认为而且科学也证明吸烟有害，但现实中仍存在大量烟民，我们不能因此就认为烟民的吸烟是非理性的自杀行为。为了能够包容这种利益需求上的个体差异，经济学家引进了"效用"的概念，来表示对某种需求的满足。

对某种效用的追求，起初被理解为某种"稳定的偏好"，但现代心理学的实证研究表明，人们的需求是划分为不同层次的，在食品衣着等需求基本满足以后，人们会追求安全、成就感等更高层次的需求，所以"偏好"也不总是稳定的。为了对此作出解释，经济学引入了"边际效用递减"定律，来说明效用并不是人们所需要的对象的一种不变属性，随着人们对某种需要对象的占有量的增加，其效用的增速会降低，这种边际效用最终会跌到零甚至低于零。

古典经济学关于"理性人"的假设，是假设每个人的行为选择主要受其个人内化的偏好影响，而不是受其他人的决策和行动影响，如果每个人的偏好都取决于其他人的偏好，市场均衡理论就无法测定和成立。但经济学对"制度"的研究表明，"制度"类似一种公理化的自然习俗或生理学上的习惯性上瘾，它对个体的行为有重大的影响，在一种制度下个体的行为也会产生"路径依赖",从而产生趋众行为①。凡勃伦(T. Veblen)通过对"炫耀性消费"的研究探讨了个人消费选择之间严重的相互影响②。

所以,目前"理性人"的假设,已经是假设在一定制度下的、偏好受多方面影响的、在追求并非单一经济利益的"效用"的理性人。从这个意义上说,经济学与社会学的基本假设的差异在逐步缩小。

"农民是否具有理性"的问题,曾是学术界长期争论的一个话题,也是认识经济学和社会学基本假设差异的经典问题。人们似乎还从没有对其他社会群体表示过这种疑虑。这种疑虑实际上来自一个很根本性的提问,即农民在工业化的过程中,如何实现从传统到现代的过渡?这个过渡是否意味着价值取向上的裂变和革命?在社会学关于传统乡村的研究中,传统的小农在很长一段时期,一直被视为一个另类,通常被描述成传统、封闭、保守的群体象征符号。几乎在所有经典社会学家的论述中,农民的价值取向和群体特征都被作为与现代理性相对立的另一极。如梅因(H. Maine)关于"身份社会"与"契约社会"的对立,涂尔干(E. Durkheim)关于"机械团结"和"有机团结"的对立,滕尼斯(F. Tonnies)关于"礼俗社会"和"法理社会"的对立,莱德费尔德(R. Redfield)关于"民俗社会"与"都市社会"的对立,韦伯(M. Weber)关于"前现代社会"与"现代社会"的对立,帕森斯(T. Parsons)关于"特殊价值"与"普遍价值"的对立,等等。对他们来说,从前者到后者的过渡,是一种"结构的转型"或"模式的转换"。所有的这些阐述都在暗示,农民所具有的是一种"哲理",它不同于以经济理性为基础的现代理性,因为虽然农民也追求趋利避害,但不追求收益最大化。在人类学的研究中,由丁多数研究是采用参与观察的个案调查方法,更注重远离"宏大历史记述"的非文字经验事实、集体记忆和口述文化,因而努力挖掘的往往是个案的特殊性。即便探讨小农行为一般规则的研究,也往往强调这种规则不同于其他社会群体行为规则的特殊性,特别

---

① North, D. C. , 1990, *Institution*, *Institutional Change and Economic Performance*, Cambridge: Cambridge University Press.

② Veblen, T. , 1994, *The Theory of the Leisure Class*, New York: Dover Publications, Inc.

是强调这种特殊行为规则的文化意义。在这样的探讨中，小农的生存方式成了一种特殊的文化遗产，并不因为普遍的现代化而发生彻底的转变。在多数人类学家看来，把传统乡村的小农纳入社会现代化变迁的研究，是一种学术上的"武断"。

为了说明这一点，人类学家习惯引证的经典例子：一个是马林诺夫斯基（B. K. Malinowski）发现和概括并随后被许多人类学家解说的"库拉交换圈"。对于这种具有经济交换功能的"臂饰"和"项圈"的交换圈，几乎所有人类学家都指出了单一经济理性维度解释的"荒谬"和"幼稚"；另一个是吉尔兹（C. Geertz）发现和描述的作为"深层游戏"的"巴厘岛斗鸡"。边沁（J. Bentham）在《立法理论》一书中从功利主义立场出发，提出"深层游戏"（deep play）的概念，指那些参与赌注过高的赌博游戏的人陷入一种非理性的行为逻辑，而吉尔兹揭示，巴厘岛人类似赌博的斗鸡游戏，在深层阶段更为重要的已经不是物质性获取，而是名望、荣誉、尊敬、敬重等"地位象征"，这种被边沁主义者视为非理性的"深层游戏"，蕴涵了巴厘岛人社会生活的"核心"驱动力和全部意义。大部分注重"小传统"、"地方性知识"的实体主义学者，都不认为小农是非理性的，只不过是认为，小农的理性是一种不同于"功利主义"的"另类理性"。

在经济学中，关于农民理性的争论形成了两大学派。蔡雅诺夫（A. V. Chayanov）在《小农经济的理论》中，认为小农经济是一个不同于资本主义企业的独立体系，有自己独特的运行逻辑和规则，它对最优化目标的追求和对利弊的权衡，体现在消费满足程度和劳动辛苦程度之间的估量，而不是在利润和成本之间的计算。斯科特（J. C. Scott）在他研究东南亚小农生计的《小农的道义经济》一书中也指出，小农经济行为的动机与"谋利"的企业家的行为动机有很大差异，在小农特定的生存环境中，其"规避风险"的主导动机和与自然的"互惠关系"，体现的是小农对抗外来生计压力的一种"生存理性"。小农由于生活接近生存线的边缘，并受制于气候的变幻莫测，对于新古典经济学的收益最大化，几乎没有计算的机会，典型的情况是，小农耕作者力图避免的是灾难性的歉收和绝产，通过冒险发大财对他们来说是不切实际的想法，用决策论的语言说，小农的不冒风险是为了缩小最大损失的主观概率，在这方面，他们与熊彼特式的企业家完全不同。这类解释隐含的一种判断是，现实中并不存在独立的和抽象的经济行为，一切经济行为都是社会行为，所以单一的经济推论是武断的和外来的逻辑。

与这种小农"另类理性"的解释相反，另一派济学家论证了"经济理性"解释小农经济行为的"普适性"。舒尔茨（T. W. Schultz）在《传统农业的改造》一书中，认为小农并非没有经济理性的另类，他们作为"经济人"，其实很类似企业家，同样富有进取精神，尽管他们由于技术和资本的限制，经济规模较小、收益较低，但其生产趋近一种既定条件下较高效率的"均衡"水平，一旦有新的经济刺激，小农一样可以进行传统农业的改造，而不需要外来的集体组织。[①] 波普金（S. Popkin）在《理性的小农》一书中分析小农的政治行为时则更进一步，认为小农简直就可以比拟为一个"公司"的投资者，他们的行动选择，完全是在权衡各种利弊之后为追求利益最大化作出的。

也有一些学者，试图在研究中包容和调和以上这两种解释逻辑的矛盾。黄宗智（Ph. Huang）在研究中国长江三角洲小农经济时指出，人口的压力和耕田的减少，使小农采取了趋于"过密化"的生存策略，即在单位劳动日边际报酬递减的情况下，小农为了生存仍不断增加单位耕田面积劳动力的投入，以换取单位面积产出的增加，这种维持生计的策略，完全不同于追求利润最大化的资本积累策略，但这并不表明小农缺乏经济理性，一旦有了外部的刺激，如随着中国改革开放后乡镇企业的发展，其他替代的就业选择使小农耕作劳动投入的"机会成本"增加，小农就能走出支配他们的"过密化"生存逻辑。

从以上的例子分析也可以看到，社会学关于"社会人"的基本假设，相对于"经济人假设"，极大地扩展了解释社会行为的变量和维度，它的优点也许是更加靠近真实，提供了更多的观察视角，但它的弱点是，由于给人们赋予了增加各种新的解释变量的权利，而每一个新的解释变量的增加都可能全盘改变推论结果，所以在社会学的教科书上很少有"公理"、

---

① Schultz, T. W., 1964, *Transforming Traditional Agriculture*, New Haven: Yale University Press.

"定律"的结论。

（三）注重研究重大现实问题的学科特点

注重对现实社会问题的研究，是社会学的一个很重要的学科特征，以至于有些人把社会学误解为"社会问题学"，还有些人把社会学的这种关注解释为"实证"特征。其实这是一种误解，因为你可以在社会学的基础理论著作中找到很多不同的理论流派，如转型理论、冲突理论、功能理论、互动理论、交换理论、系统理论，等等。但这种"误解"也不是没有因由，因为社会学的产生，就是与发达国家在工业化初期产生的解决社会问题的需求相联系的。涂尔干的一本研究非日常现象的《自杀论》，竟然对于社会学的学科化具有那么重要的奠基意义，这在其他学科的思想发展史上是鲜见的。

而且，社会学一些重要学派的形成，往往是因为从经验研究出发，对既有理论和既有研究方法提出新的挑战。"芝加哥学派"的形成，就是一个很有代表性的例子。1918—1920 年，美国社会学"芝加哥学派"的两个领军人物托马斯（W. I. Thomas）和兹纳涅茨基（F. Znaniecki），发表了五卷本的《身处欧美的波兰农民》，震动了学界。托马斯等人甩开史学界传统上侧重的、围绕领袖人物和重大事件的政治、战争等主题，寻求从"普通人"的失业、贫困、社会动荡、拥挤、无根漂泊等问题入手，"自下而上"地书写历史。他们称自己的新方法是"生活研究法"（The Life Study Method），是让外来移民自己讲述生活故事，注重收集研究对象讲述生活经历的文献，特别是信件。五大卷的《身处欧美的波兰农民》，多数都是汇集了类似的活材料，作者有他自己的假设，即认为不管是青年男女离开美国的农场去都市寻找工作，还是一个美籍非洲人离开南方农业区迁向哈雷姆或芝加哥，也不论是一个波兰农民来到匹兹堡的一个钢铁厂工作，还是一个意大利家庭离开家园到布法罗的罐头食品厂谋生，在所有这些情况下，人们都是将一种结合紧密的、以家庭为基础的传统文化抛到身后，而去努力适应一个更为个人主义的、更具竞争性的社会，但作者希望，这种普遍性的东西，能够通过生活故事自己述说出来。他们反对"社会普查"堆积数据和偏于道德说教的"常识社会学"（common-sense sociology），如《匹兹堡调查》写道："在那儿你会看到瓦解社会的力量多么令人不可抗拒，而进步的力量又如何被萎靡不振和自私自利的社会风气拒之门外。"根据托马斯的"生活研究法"，《身处欧美的波兰农民》中占主导的是来自外来移民的"活材料"，而不是作者对这些材料的解释和分析。

受托马斯等人影响很深、也属于美国社会学"芝加哥学派"的老怀特（W. F. Whyte），似乎在试图走出一条独特的更加文学化的加工调查材料的道路。之所以称他为老怀特，是因为他的儿子小怀特（M. K. Whyte），现在是美国以研究中国问题著名的社会学家。老怀特 1943 年写的《街角社会》，研究的是波士顿的意大利人贫民区，他在研究上是个不愿循规蹈矩而且有点桀骜不驯的人，这本书的文体，有些像介于学术著作和小说之间的东西，在叙述故事的过程中，还不断地引证调查访谈的对话，就像一般的学术著作引证经典的名句。老怀特曾想成为一名小说家，并以《街角社会》的初稿，去参加非小说书稿大赛，但他又成功地使《街角社会》被富有严格学术传统的芝加哥大学社会学系接受为博士论文，并在答辩中胆大妄为地反击对他的论文"没有明确概念定义和系统文献回顾"的严厉批评。《街角社会》后来成为"芝加哥学派"的代表作之一，甚至成为一种"讲述外部世界的叙事方法"，成为后来喜欢个案访谈调查方法的学者争相模仿的楷模。

《街角社会》更加文学化的方法，使得它与早期的那些经典社区著作，都有很大的不同，如沃纳（W. L. Warner）的《扬基城》（*Yankee City*），林德夫妇（Robert and Helen Lynd）的《中镇》（*Middletown*）以及韦尔（C. Ware）的《格林威治村》（*Greenwich Village*，1920—1930）。韦尔的《格林威治村》，其实与本书的主题很相像，它是写 20 世纪 30 年代格林威治村如何在快速的城市扩张中被并入纽约市的过程，而韦尔的关注点是，在这个过程中，格林威治村独有的特征，如何仍能保持未被吞噬。但这几本社区研究的经典，在叙述方式上，仍然是以逻辑线索为主，而不是以故事线索为主，就像《中镇》的写作，是按照谋生、成家、育儿、闲暇时间的利用这样一些通用的题目来写的。

中国目前正处在快速的社会变迁过程中，建设和谐社会越来越成为人们的普遍共识，社会对社会结构和社会转型、城市化和社会流动、贫富差距和社会公正、就业和社会保障、社区和社会重建、家庭婚姻和生育行为、社会安全和社会心态等一系列重大现实问题的研究，为中国社会学提供了丰富的经验知识，也极大地推动了中国社会学的发展。

三　中国经验的形成及对中国社会学的意义

（一）东方现代化与中国经验

提出"东方现代化"这问题，是因为在过去若干个世纪中，现代化几乎与"东方社会"无缘。在很长一个历史时期，在很多人看来，"东方现代化"是否可能，是一个只能"悬置"的问题。起初"东方"还只是一个地理和文化的概念，而"西方"社会是从古希腊、罗马文明发展而来，在中世纪时代，地中海曾被看做世界的"西方"，中世纪以后，西方人眼中的世界中心转到西北欧，世界的范围也扩大到南美洲和北美洲，这种地理和文明范围的扩大，也导致东方概念的变化。16—17世纪，西方向东方扩张，东方世界被按照离世界中心——西欧的远近来划分为近东（地中海到波斯湾）、中东（波斯湾到东南亚）、远东（太平洋地区东亚和东南亚国家）。在从黑格尔到汤因比的历史哲学中，"东方"文化都是被"西方"文化超越的存在。马克思也曾猜想，东方社会可能不同于西方的进化型社会，他依据当时有限的东方社会（特别是印度）的文献，指出自给自足的小农经济，是理解亚细亚社会结构高度稳定的一把钥匙。他说，"这种简单的生产肌体，为揭示下面这个秘密提供了一把钥匙：亚洲各国不断瓦解，不断重建和经常改朝换代，与此截然相反，亚洲的社会却没有变化。这种社会的基本经济要素的结构，不为政治领域中的风暴所触动。"[①]

在过去的现代化理论逻辑中，现代化从来都是与西方社会相联系的。而这个西方社会，从古希腊、罗马文明开始，经历了文艺复兴、启蒙运动、工业革命和现代民主潮流洗礼。在西方的政治和经济术语中，"西方"是与经济发达、政治民主、社会自由相联系的，与此相对应的"东方"，

---

① 马克思：《不列颠在印度的统治》，载《马克思恩格斯选集》第2卷，人民出版社1973年版，第367页。

往往是与经济欠发达、政治集权和社会家族化相联系。

这种思想定式甚至使地理上属于亚洲、也是亚洲最早实现现代化的日本，并不认为自己是"东方国家"。日本明治维新时期的启蒙思想家福泽谕吉，早在 1885 年 3 月 16 日的《时事新报》上就发表文章《脱亚论》，主张日本"所奉行的主义，惟在脱亚二字。我日本之国土虽居于亚细亚之东部，然其国民精神却已脱离亚细亚之固陋，而转向西洋文明"。他还呼吁说："我国不可狐疑，与其坐等邻邦之进，退而与之共同复兴东亚，不如脱离其行伍，而与西洋各文明国家共进退。"福泽谕吉还在《文明论概略》中说："如果想使日本文明进步，就必须以欧洲文明为目标，确定它为一切议论的标准，以这个标准来衡量事物的利害得失"①。

第二次世界大战以后，社会主义国家的现代化运动和殖民地的解放运动，使"东方"和"西方"成为政治概念，"东方"被西方冷战理论赋予了非民主的集权含义。魏特夫（K. A. Wittfogel）认为，东方社会不同于西方，是一种"治水社会"，这种社会的农业由于干旱而需要依赖于协作的灌溉系统，而这种协作进而需要纪律、从属关系和强有力的领导，从而形成政治权力控制的庞大社会组织网，这是"东方专制主义"的历史根源②。

后殖民主义的解构话语中，"东方"则成了解构西方话语霸权的武器。萨义德（E. W. Said）用秉承福柯通过知识关系揭示权力关系的方法，在 1978 年发表了《东方学》一书，该书分析了几百年来西方的学者是如何认知、想象及建构"东方"的，并提出一套学说来挑战西方学界关于"东方"的霸权话语，反对以"种族主义、意识形态"的方式建构一套与东方学相对立的"西方学"，引发了一场影响全球的后殖民文化研究的浪潮③。

苏东剧变以后，"东方"的概念被进一步"意识形态化"，福山（F. Fukuyama）借用了黑格尔的关于历史以自由原则的凯旋而终结的论断，

---

① 福泽谕吉：《文明论概略》，商务印书馆 1982 年版。
② 魏特夫（K. A. Wittfogel）：《东方专制主义》，中国社会科学出版社 1989 年版。
③ 萨义德（Said, E. W.）：《东方学》，生活·读书·新知三联书店 1999 年版。

从苏联解体和"资本主义的胜利"中看到"历史的终结"（Fukuyama，1993）。而亨廷顿（Samuel Huntington）在《文明的冲突》一书中，看到1989 年以后世界分裂成七八个多极格局，两大阵营的对立被文明的冲突所替代，这种冲突主要是美国和欧洲代表的西方文明，与伊斯兰文明、中国文明或俄罗斯东正教文明的对立（Huntington，1996）。有趣的是，第二次伊拉克战争以后，又出现了关于西方的分裂和两个"西方"的话题，即所谓"真正的美国的西方"和"欧洲的后西方"、新美国和老欧洲①。

东亚一些国家和地区的经济成就，实际上已经提出了"东方现代化"可能性的命题。仅经过一代人的时间，东亚新加坡、韩国、中国台湾和香港等国家和地区成为"新兴工业化经济体（NIEs）"，做到了欧美花了差不多一个世纪才达到的经济腾飞，在世界经济体系中成功地实现从边缘向半边缘的跨越。新的有关"亚洲价值"的学说随之出现了，一些"新儒家"学者，根据东亚现代化的经验，对韦伯关于新教伦理与资本主义发展的文化归因命题提出挑战，试图建立儒家文化与东亚发展的内源发展理论。美国华裔历史学家余英时先生从长时段的历史考察入手，认为中国传统儒家文化的价值中也存在勤俭那样的工具理性，这是明朝中叶后商业蓬勃发展的原因②。曾任香港中文大学校长的社会学家金耀基先生则直率地指出，东亚社会经济发展之谜，对韦伯关于儒家伦理阻碍资本主义发展的命题提出"经验现象的挑战"，现在要翻这个"长期以来几为学术界默然遵守的铁案"③。世界银行的专家们，似乎也从东亚的发展看到新的前景，发表了《东亚奇迹：经济增长与公共政策》一书，用"惊心动魄"的美誉赞扬东亚的发展④。

与此同时，也有一些学者对所谓"东亚奇迹"提出质疑。美国社会学家戴约（F. C. Deyo）以泰国为例指出，东亚国家的经济存在"三明治陷

---

① 托德（Todd, E.）：《帝国之后：关于美国体制的解体》，巴黎 Gallimard 出版社 2002 年版。

② 余英时：《中国近代宗教伦理与商业精神》，台北联经出版社 1987 年版。

③ 金耀基：《儒家伦理与经济发展》，载金耀基《中国社会与文化》，香港牛津大学出版社 1993 年版。

④ World Bank，1993，*The East Asian Miracle：Economic Growth and Public Policy*，New York：Oxford University Press.

阱"，上面是发达国家抢先占领并用一切手段维持的高附加值产品市场，而下面是劳动力费用更低的国家日益强劲的竞争压力，所以保持持续高速增长很困难①。美国经济学家克鲁格曼（Paul Krugman）则在《亚洲奇迹的神话》一文中直接宣称，东亚经济的成长没有提供出比西方传统自由市场经济更为先进的发展模式，所谓东亚"四小虎"其实都是"纸老虎"②。1997 年席卷东亚的金融风暴，造成汇率和股市狂跌，物价大涨，甚至社会和政局动荡，使"东亚奇迹"的话语陷入"失语"状态，对"东亚现代化"是否可能的疑虑重新开始在学术界弥漫。

然而，东亚国家在金融风暴中的迅速恢复增长，使人们对"东亚模式"重新产生兴趣，不过各种解读也是毁誉参半。至于所谓"东亚模式"的成功，目前存在着几种不同的解说：一是"自由市场经济"解说，即认为东亚的成功在于模仿了西方体制，采取了彻底的自由经济政策，因此可以调动全世界的资源进行有效配置③；二是"政府干预"解说，认为东亚的政府有意识干预市场，利用产业政策来扶持某些关键性的战略产业④；三是"外向型经济"解说，认为国际贸易对于东亚经济发展的成功是至为关键的，东亚实行的外向型发展政策，成为提高国际竞争力的巨大动力。⑤而对于"东亚模式"的批评，则多数集中在"政府过度干预"、"民主化缺失"、"权贵经济"、"裙带关系"，等等。

东亚新兴工业国家和地区的发展经验，由于其地域和人口规模的有限，以及发展过程处于冷战的总体背景，所以"东亚经验"实际上还是被作为"西方现代化经验"的一部分和实验场，或者作为延伸、扩展和推进。

①　Deyo, Frederic C. , 1995, "*Capital, Labor, and State in Thai Industrial Restructuring: The Impact of Global Economic Transformations*", In Jozsef Borocz and David Smith, eds. , *A New World Order? Global Transformation in the Late Twentieth Century*. Westport, CT: Praeger,

②　Krugman, Paul, 1994, "The Myth of Asian Miracle", *Foreign Affairs* 73, 62 – 78.

③　World Bank, 1993, *The East Asian Miracle: Economic Growth and Public Policy*, New York: Oxford University Press.

④　Amsden, Alice H. , 1989, *Asia's next Giant: South Korea and Late Industrialization*, New York: Oxford University Press; Wade, Robert, 1990, *Governing the Market: Economic Theory and the Role of Government in East Asian Industrialization*, Princeton: Princeton University Press.

⑤　Krueger, A. O. , 1992, *Economic Policy Reform in Developing Countries*, Oxford: Basil Blackwell.

中国大陆改革开放以来近30年的经济持续高速增长，使世界的注意力再次关注"东方"。中国、俄罗斯、印度等大国的快速发展，再次提出了"东方现代化"的可能性问题。而且，中国等大国的情况很不同，中国现在的人口，已经比所有西方发达国家加在一起的总人口还要多。中国等大国的兴起，不仅会深刻地影响世界经济政治格局的变化，而且会形成一条与"西方现代化"不同的"东方现代化"道路。所以说，"东方现代化"不完全是一个具有地域规定性的概念，它应当包括所有为世界现代化提供不同于西方的新经验的发展道路。

"中国经验"可以说是这种新经验的一个重要组成部分，作为一个学术概念，它应当有这样几个规定性：第一，所谓"中国经验"不同于"中国模式"、"中国奇迹"等概念，它不是仅仅指"成就"，它也包括"教训"，包括走过的发展路程的一切特殊经历；第二，"中国经验"特别指一些因为中国的特定的人口规模、社会结构、文化积淀特点而产生的新的发展规则，一些对深化关于现代化道路的认识有探索意义的东西；第三，"中国经验"是开放的、包容的、实践中的、没有定型并在不断变化和发展中的经验，它尊重其他的经验选择，它不是作为"西方经验"的对立面而建构，它也不强调自己的普世性，它的存在只是说明统一律与多样性完美结合的可能性。

（二）中国经验面临的现实考验

所谓"中国经验"，实际是世界现代化新经验的一个重要组成部分。"中国经验"正在形成的过程中，中国经验中固然包括中国取得的举世瞩目的成就，但也包含诸多东方发展中的人口大国走向现代化的难题。

第一是农民问题的考验。中国在 GDP 总量中的农业增加值比重降到 10% 左右之后，农民数量以及农业从业人员的比重还如此众多，城乡居民的收入和生活差距越来越大，这是中国的特殊情况。尽管政府采取了包括取消农业税这种中国数千年来罕见的坚决措施，但在农民户均耕地规模不足半公顷的约束下，农业劳动比较收益依然过低。现代化国家最有标志性的指标，就是农民不再是穷人。但中国经验表明，在因为担心农民因失地而失业和失去生活保障，从而无法普遍实行土地规模经营的情况下，狭小的耕地劳作，包括技术提高支持下的单位面积的增产和增收，可以使农民过上温饱生活，但很难使农民富裕起来和普遍达到社会的中等生活水平。农民的众多，对中国完成向现代社会结构的转型带来特殊的困难，如何使农民富裕起来，也成为中国现代化的最大问题。但除了挖掘农业增收潜力、通过普遍兼业获得更多非农收入和转移农业劳动力，农民走向富裕似乎也别无他途。中国的城乡一体化可能要经历比一般现代化过程更长的时间，但这又是中国的现代化所必须经历的结构转换。中国能否解决这个问题以及如何解决这个问题，已经成为对"中国经验"的严峻考验。

第二是收入差距扩大趋势的挑战。在推进市场化改革的过程中，中国的收入差距也不断扩大。这究竟是一个阶段性的问题，还是一个新的长期趋势，现在还难以定论。但是，有两个方面的问题需要高度关注，一是中国传统的"均贫富"文化遗产以及计划经济时期平均主义分配的制度遗产，会影响社会对收入差距的心理承受力；二是体制转变时期出现的机会不平等和权钱交易现象，会使社会成员对造成差距的原因产生强烈不满，从而使贫富差距问题在人们心理上放大，成为一个产生社会问题的深层影响因素。另外，一些学者也还存在着另一种忧虑，即担心社会对贫富差距问题的高度关注会影响改革的深化和市场化改革的总方向。

第三是就业问题和劳动低成本时代逐步走向终结的挑战。从20世纪90年代后期开始，因国有企业改革和"减人增效"政策而产生的大量下岗职工，通过下岗和失业制度的并轨、经济补偿以及各种退休退职措施，已经度过了最艰难的阶段，其间伴随着家庭的痛苦和时代的悲怆。目前就业市场依然紧张，并开始出现因失业群体年轻化而产生的"新失业群体"。由于技术和资本对劳动的替代，中国经济增长的就业弹性在不断降低。与此同时，就业紧张和劳动力有限短缺并存的情况已经出现，劳动力供给充足和社会总抚养比下降的人口机遇时期，可能至多再持续十几年，中国劳动低成本的黄金时代，将随着未来劳动供求关系的变化而走向终结。"中国制造"必须开始考虑在低价制造之后如何继续保持比较优势和竞争力的问题。

第四是环境、资源与快速发展的矛盾。中国由于其十几亿的庞大人口，面临经济发展、生活水平提高、消费能力扩大与环境、资源条件的尖锐矛盾。西方发达国家在现代化原始积累的过程中，也伴随着在全世界范围内对资源的残酷争夺，政治成为经济的延续，而战争成为政治的延续。仅20世纪100年所消耗的能源总量就远远超过人类几千年消耗量的总和。技术进步创造的能源替代，似乎难以满足生产和消费的快速增长，能源短缺使经济危机的可能性始终存在。中国是一个大国，大国的兴起与小国的兴起国际影响完全不同，以往的发展经验说明，大国的兴起和更替往往会改变世界经济政治格局并可能引发势力范围争夺的国际冲突。中国的快速发展一方面也迫使中国在更广阔的范围内获得资源和能源的供给，另一方面为了保证经济的安全又不得不主要地依靠国内的资源和能源的供给。无论有怎样的资源和能源支撑，中国这样庞大人口的现代化，都不可能复制其他发达国家高消费的生活方式。随着环境保护意识的增强，人们对治理环境的巨大代价也有了新的认识，但环境的变化曲线与收入分配的变化曲线一样，都还很难预测什么时候出现总体状况改善的拐点。不过，在环境、资源条件的硬约束下，"循环经济"、"节约型社会"等概念，正在塑造一种新的发展理念和生活理念。

第五是老龄化和社会保障的压力。无论是按照65岁以上老人占总人口7%的标准还是按照60岁以上老人占总人口10%的标准，中国都已经跨入了老龄化社会的门槛。但与一些国家人口先富裕后老化的规则不同，中国由于人均寿命延长和严格的人口控制，在国家还没有真正普遍富裕起来的时候人口就过早地出现了老龄化的问题。中国目前的平均富裕程度与发达国家同样老龄化程度的时候相比，要低几倍甚至十几倍。而且这种差距随着时间的推移还会延续，因为中国在进入老龄化社会以后，并未像其他国家那样基本停止人口的净增长，中国达到人口增长的峰值还要几十年，所以人均收入的增长要比经济的增长慢得多。人口老龄化给中国的养老保险体制提出了新的挑战，因为至今中国的基本养老保险（养老、医疗、失业、工伤等）体制所能覆盖的人群，只占全部从业人员的20%—25%左右。面对家庭的小型化趋势和独生子女的新一代，中国千百年来的家庭养老模式和社会伦理规范，也面临着各种新的问题。

中国的现代化由于其巨大的人口规模和发展的不平衡性，还有一个漫长和艰难的过程。不能根据中国近30年的发展和城市的迅速崛起就作出过于乐观的估计，要防止在新的形势下产生违背客观规律和约束条件的赶超行为。不过。再经过 20 多年，如果中国能够保持这种持续快速发展的态势，那么改革开放后半个世纪的快速发展所形成的"中国经验"，定会使"东方现代化"成为具有丰富内涵的理论体系，并对世界现代化提供各种新的选择的可能性。

（三）中国经验与中国社会学的发展

"中国经验"的产生，在世界范围内使人们重新思考和审查历史发展前景的可能性。因为在"中国经验"基础上形成的"东方现代化"道路，是开放的、包容的、走向文明融合而不是文明冲突的道路。中国一系列的国际国内政策所显示的走大国和谐兴起道路的决心，将会改变和修订"西方现代化"的逻辑。

在传统的现代化过程中，现代化的后来者不过是学习、模仿、复制和翻新现代化先行者的经验，现代化国家与发展中国家存在着巨大的"历史时空"的差距，现代化的过程似乎就是一个西方现代化模式的复制和再生产过程。但是，全球化的趋势改变了这种状况，资源在世界范围内的重新配置，使不同发展程度的国家处于同一个"历史时空"，这个特点改变了许多现代化的规则。

中国社会学当前面临难得的发展机遇。这个机遇的到来，与和谐社会建设重大战略任务的提出、中国社会的巨大变迁、"中国经验"产生的广泛影响，以及中国社会学多年来基于深入调查积累的研究成果，都是密切相关的。

同时，中国社会学的发展目前也面临诸多理论和经验领域的挑战，主要集中在三个方面：一是如何从规律和法则的高度来认识、理解和阐释中国的巨大变迁；二是如何回答中国发展中目前和一些中长期的重大现实问题；三是如何构建基于中国经验的社会建设理论。

关于如何从规律和法则的高度来认识、理解和阐释中国的巨大变迁，这不是一件很容易的事情。因为中国正在经历的巨大社会变迁是前所未有的，尽管从 1840 年以降，很多有识之士就在讨论"千年未有之变局"，但近 30 年来中国的变化的人口规模之大、发展速度之快和变化程度之深，在世界现代化历史上是空前的。

人口规模之大，是说全世界目前发达国家的总人口也没有 13 亿人口这么多，这么大规模的人口进入现代化的过程，就像一辆庞大超重的列车，一旦发动起来快速前行，如何控制是一个很复杂的问题。对中国这样一个十几亿人口的大国来说，人口变量是任何研究都难以回避的，中国人口总量、人口结构和人口素质的变化，会改变很多发展的结果和规则。中国的发展不但与人口小国有很多不同的要求，而且与人口零增长甚至负增长的国家相比，也面临着完全不同的对经济增长的要求。

发展速度之快，是说在全球化的过程中，中国的发展并不是完全重复过去一般的现代化过程，而是把很多国家上百年、甚至几百年的变化过程压缩到几十年的时间里完成，因为现在技术、资本、产品、制度、思想等要素传播和流动的速度已经不是过去可以同日而语的，正像网络速度和牛车速度无法比较一样。这样的快速变化之下，中国前工业化的、工业化的和后工业化的发展问题集中显现，前现代的、现代的和后现代的现象同时并存，各种社会矛盾错综复杂。因此，我们必须在新的社会多样化的条件下，探索促进社会整合、社会团结、社会和谐的新途径。

变化程度之深，是说变迁是全方位的。一方面是经济体制转轨与社会结构转型的同步进行，这 20 多年来，经济发展的主题，往往使人们把社会结构的变化单纯视为经济改革的自然结果或伴随现象，而实际上，社会结构的转型本身，就是一种推动经济社会发展的独立力量。中国社会结构变化的优势，是弹性依然很大，具有很大的空间，当改革调动起人们的积极性和创造力的时候，整个社会很快充满了活力。农业中技术对劳动的替代，农村劳动力向非农产业的迅速转移，乡村人口向城市的大量集中，都给社会带来巨大的收益。另一方面就业结构、生活方式、行为选择、价值观念都发生了深刻变化，也产生了一些新的问题。例如，随着中国从农业社会向工业社会的转型，以血缘、地缘关系为纽带的传统社会关系转变为以业缘关系为纽带的现代社会关系。从某种意义上说，人们所生活的社会正在从一个原来的熟人社会转变为一个陌生人的社会。在这种情况下，如何重建社会信任关系就是一个新课题。再比如，随着经济基础的重大调整和多种经济成分的发展，社会利益格局产生了深刻变化，不同的社会阶层和利益群体也产生了不同的利益诉求。处理这种不同利益主体之间的摩擦、矛盾甚至冲突，对我们这样一个社会主义国家来说，也是一个市场经济条件下的新课题。还比如，伴随着经济社会的快速变化，不同的社会阶层、不同的年龄段人口、不同区域的人群，在一些基本价值的认识上产生了巨大差异，这就涉及如何在新形势下建设核心价值体系和形成社会共识的问题。

关于如何回答中国发展目前和一些中长期的重大现实问题，是社会学的发展必须面对的。有的学者认为学问可以超越现实问题，我觉得至少社会学作为一门经验学科，是无法回避重大现实问题的。不仅无法回避，而且必须直面现实问题。社会学在历史上几次大的发展和形成了一些有影响的学派，都与解决现代化过程中一些特定的重大现实问题有关。

有些问题我们很难从过去的历史经验中找到现成的答案。比如在推进市场化改革的过程中，中国的收入差距在不断扩大。直到 20 世纪 90 年代中期，多数学者还认为，这种差距的扩大是市场化改革的"自然结果"，随着发展的进程和富裕起来，分配问题会自然得到解决。但现在，中国贫富差距扩大的曲线什么时候出现走向缩小的拐点，是否会符合库兹涅茨（S. Kuznets）先扩大后缩小的倒"U"形收入分配曲线的规则，以及这种差距扩大的趋势最终会带来什么结果，都变得不太明朗。因为在全球化竞争背景下，中国不同产业的比较收益差距扩大，非实体经济的飞速发展使财富积累速度加快，产业集群化的现象使投资向特定区域更加集中，体力劳动的充分供给和竞争过度造成低位劳动工资水平停止不前，加之腐败和非法收益的存在，这些都成为导致收入差距进一步扩大的影响因素。在社会主义市场经济条件下，如何解决好公平与效率的均衡问题，在理论和操作层面都面临很多难题。

也有些问题我们面临着两难选择。如一方面要解决社会保障资金的短缺问题和扩大社会保障的覆盖面，另一方面又要注意经济增长的周期性波动规律与社会福利刚性增长规律的差异，防止福利主义的陷阱；一方面要通过技术创新来实现产业升级和增加市场规则的制定权，另一方面又要通过发展劳动密集型产业来扩大就业；一方面要继续维持低生育政策，另一方面又要防止社会过快老龄化。仅从就业问题来说，中国经过近 30 年的改革开放和持续发展，在解决温饱问题以后，就业成为最突出的民生问题。自 20 世纪 90 年代中期以来，失业的阴影一直在困扰着中国，而且中国的就业局面并未完全按照菲利普斯曲线变化。由于技术和资本对劳动的替代，中国经济增长的就业弹性在不断降低，每年新生劳动力的供给还在持续增长，国有企业人员精简的改革还未全部结束，3000 多万事业单位人员的改革还未真正启动，农业劳动力向非农产业转移的压力还非常巨大。一些相信"技术进步的力量"的学者认为，从农业时代到工业时代，从工业时代到信息时代，技术一直在增加就业机会而不是减少就业机会。但在中国现阶段，劳动密集型产业对解决就业问题的特殊意义，不能因强调技术进步而被轻视和低估。与此同时，现在又面临着就业紧张和劳动力结构性短缺并存的新问题。

还有些问题需要根据中国的国情加深研究。比如中国在改革和发展中产生的大量从农业向非农产业转移的"农民工"①，其总人数目前已达到近两亿人左右，通过推动劳动力市场的形成，农民工为中国的市场化转型和现代化发挥了重要而特有的作用。近十几年来，"农民工"在中国一直是学术界、政策制定部门和新闻界关注的热点。在 1984 年以前的改革初期，中国农村劳动力向非农产业转移的主要方式是通过乡镇企业，其主要特点是"离土不离乡、进厂不进城"，这曾经被称为"中国式的城市化道路"。1984 年，国家放宽了对农民进城的限制，拉开了农民大规模进城务工经商的序幕。西方国家有很多学者一直对中国大规模的民工流动可能造成的社会后果表示担忧，中国也有学者把进城的农民工视为对社会稳定的一种威胁，认为流民潮几乎就是社会的一个火药桶。但为什么大规模的农民工流动没有引发社会的动荡？处于城市低收入地位的农民工，为什么没有产生强烈的社会不满情绪？在城市聚集居住并经常受到不公正待遇的农民工为什么没有产生大规模的集群行为？研究发现，农民工的收入地位，

---

① "农民工"这个概念主要指户籍身份还是农民、有承包土地，但主要从事非农产业工作、以工资为主要收入来源的劳动者。2006 年 1 月 18 日，国务院通过了《国务院关于解决农民工问题的若干意见》，这是"农民工"的概念第一次写入中央政府具有行政法规作用的文件。农民工包括两大部分：一部分是在家乡附近乡镇企业工作的，"离土不离乡"的农民工；另一部分是离开家乡到外地去打工的农民工，也称"流动民工"。

更多地是由教育、工作技能等获得性因素决定，而不是身份歧视因素所决定；同时还发现收入和经济社会地位相对较低的农民工，却意外地具有比较积极的社会态度，这种状况更重要的是由于农民工向上走的利益曲线，以及他们更容易把农民作为比较的参照体系，影响农民工行为的可能不是经济决定逻辑，而是历史决定逻辑。

另有些问题我们要根据中国的发展阶段来思考。比如我们说"政府的宏观调控、市场的资源配置和社会的利益关系协调"，这是现代社会运行的三种基础机制。换句话说，在建设社会主义市场经济的过程中，我们的关注点是处理好政府和市场的关系。在和谐社会建设的新形势下，如何认识深刻变化了的社会，如何正确处理政府、市场、社会三者之间的关系，如何把发展社会主义民主政治、完善社会主义市场经济和构建社会主义和谐社会统一起来，是需要重点解决的新问题。但直到现在，社会是什么？社会在哪里？社会怎样运行？具体地说像教育、医疗机构这样的不同于政府机构和企业的"非营利组织"怎样改革？社区怎样建设？公民社会都有哪些要素？这些问题在理论和可操作的层面都还没有完全讲清楚。什么是社会主义，怎样建设社会主义的问题，还需要在实践的基础上继续进行探索和深化认识。

本书作为一本社会学的基础教材，希望能在中国经验的基础上阐述社会学的基础知识，它并不想给学生们提供现成的答案，而是希望在中国经验的基础上开拓学生们的思考空间。

参考文献

费孝通，1939/1986，《江村经济：中国农民的生活》，戴可景译，南京：江苏人民出版社。

——1943/1990，《禄村农田》，载费孝通、张之毅著《云南三村》，天津：天津人民出版社。

福泽谕吉，1982，《文明论概略》，北京：商务印书馆。

吉尔兹（Geertz，C.），1983/1999，《地方性知识》，王海龙、张家瑄译，北京：中央编译出版社。

黄宗智（Huang，Ph.），1986/2000，《华北的小农经济与社会变迁》，北京：中华书局。

——1990/2000，《长江三角洲小农家庭与乡村发展》，北京：中华书局。

——1992，《中国农村的过密化与现代化：规范认识的危机及出路》，上海：上海人民出版社。

怀特（Whyte，W.），1943/1994，《街角社会：一个意大利贫民区的社会结构》，北京：商务印书馆。

金耀基，1993，《儒家伦理与经济发展》，载金耀基《中国社会与文化》，香港：牛津大学出版社。

林耀华，1944/1989，《金翼——中国家族制度的社会学研究》，庄孔韶、林宗成译，北京：生活·读书·新知三联书店。

——1935/2000，《义序的宗族研究》，北京：三联书店。

马克思（Marx，K.），1853/1973，《不列颠在印度的统治》，载《马克思恩格斯选集》第2卷，北京：人民出版社。

萨义德（Said，E. W.），1999，《东方学》，北京：生活·读书·新知三联书店。

托马斯（Thomas，W. I.）、兹纳涅茨基（Znaniecki，F.），1984/2000，《身处欧美的波兰农民》，张友云译，北京：译林出版社。

托德（Todd，E.），2002，《帝国之后：关于美国体制的解体》，巴黎：Gallimard 出版社。

魏特夫（K. A. Wittfogel），1957/1989，《东方专制主义》，北京：中国社会科学出版社。

余英时，1987，《中国近代宗教伦理与商业精神》，台北：联经出版社。

Amsden, Alice H., 1989, *Asia's next Giant: South Korea and Late Industrialization*, New York: Oxford University Press.

Chayanov, A. V., 1925/1986, *The Theory of Peasant Economy*, Madison: University of Wisconsin Press.

Deyo, Frederic C., 1995, "*Capital, Labor, and State in Thai Industrial Restructuring: The Impact of Global Economic Transformations*", In Jozsef Borocz and David Smith, eds., *A New World Order? Global Transformation in the Late Twentieth Century*, Westport, CT: Praeger.

——2000, "Reform, Globalization, and Crisis: Reconstructing Thai Labour." *Journal of Industrial Relations* (Australia) 42, 2 (June).

Fukuyama, F., 1993, *End of History and the Last Man*, London: Hamish Hamilton.

Geertz, C., 1973, *The Interpretation of Cultures*, New York: Basic Books.

Huntington, Samuel, 1996, *The Clash of Civilization and the Remarking of World Order*, New York: Knopf.

Krugman, Paul, 1994, "The Myth of Asian Miracle", *Foreign Affairs* 73, 62 – 78.

Krueger, A. O. , 1992, *Economic Policy Reform in Developing Countries*, Oxford: Basil Blackwell.

Lynd, R. and Lynd, H. 1929, *Middletown*, New York: Harcourt Brace Jovanovich.

——1937, *Middletown in Transition*, New York: Harcourt Brace Jovanovich.

Malinowski , B. K. , 1922, *Argonauts of the Western Pacific: An Account of Native Enterprise and Adventure in the Archipelagoes of Melanesian New Guinea*, London: Routledge and Kegan Paul.

Mills, C. Wright, 1970, *The Sociological Imagination*, Harmondsworth: Penguin Books.

North, D. C. , 1990, *Institution, Institutional Change and Economic Performance*, Cambridge: Cambridge University Press.

Popkin, S, 1979, *The Rational Peasant: The Political Economy of Rural Society in Vietnam*, Berkeley: University of California Press.

Schultz, T. W. , 1964, *Transforming Traditional Agriculture*, New Haven: Yale University Press.

Scott, J. C. , 1976, *The Moral Economy of the Peasant: Rebellion and Subsistence in the South-east Asia*, New Haven, Conn. : Yale University Press.

——1985, *Weapons of the Weak: Everyday Forms of Peasant Resistance*, New Haven: Yale University Press.

Skinner, G. W. , 1964 – 1965, "Marketing and Social Structure inRural China", *Journal of Asian Studies*. 3 parts. 24. 1: 3 – 44, 24. 2: 195 – 228, 24. 3: 363 – 399.

Veblen, T. , 1899/1994, *The Theory of the Leisure Class*. New York: Dover Publications, Inc. .

Wade, Robert, 1990, *Governing the Market: Economic Theory and the Role of Government in East Asian Industrialization*, Princeton: Princeton University Press, 1990.

——2000, "Wheels within Wheels: Rethinking the Asian Crisis and the Asian Model", *Annual Review of Political Science* , 3 .

Ware, C. F. , 1935/1977, *Greenwich Village: 1920 – 1930*, New York: Octagon Books.

Warner, W. L. (Ed.), 1963, *Yankee City*, New Haven & London: Yale University Press.

World Bank, 1993, *The East Asian Miracle: Economic Growth and Public Policy*, New York: Oxford University Press.

（原载李培林、李强、马戎主编,《社会学与中国社会》导论,
社会科学文献出版社 2008 年版,第 3—22 页）

改革和发展的"中国经验"

世界经济增长的重心，正在逐步地从大西洋向太平洋和亚太地区转移，这种趋势在国际金融危机之后更加明显。处在亚太地区并拥有 13 亿人口的中国，经过 30 多年经济的高速增长，形成了不同于世界现代化历史上其他发展模式的"中国道路"和"中国经验"。"中国经验"可以说是世界现代化经验的一个重要组成部分，它有这样几个规定性：第一，所谓"中国经验"不同于"中国模式"、"中国奇迹"等概念，它不是仅仅指"成就"，它也包括"教训"，包括走过的发展道路的一切经历；第二，"中国经验"特别指一些因为中国特定的人口规模、社会结构、文化积淀特点而产生的新的发展规则，一些对深化关于现代化道路的认识有探索意义的东西；第三，"中国经验"是开放的、包容的、探索中的经验，它还没有完全定型并在实践中不断发展，它尊重其他的经验选择，它不是作为"西方经验"的对立面而建构的"东方经验"，它也不强调自己的世界普适性，中国经验的产生说明了历史发展的多样性并开启了新的历史发展前景。"中国经验"可以从很多不同的角度加以概括，以下是从社会发展的角度概括的中国经验的主要特征。

一 经济体制转轨与社会结构转型的同步进行

除了政治制度的差异，中国的发展不同于东亚新兴工业经济体以及苏东转轨国家的一个很重要的特点，就是经济体制转轨与社会结构转型的同步进行。30 多年来，经济体制变革的主题，往往使人们把社会结构的变化单纯视为经济改革的自然结果或伴随现象，而实际上，社会结构的转型本身，就是一种推动经济社会发展的独立力量。中国与苏东国家相比，除了改革的步骤和目标的巨大差异，还有一个容易被人们忽视的巨大差异，就是社会结构的差异。苏东国家在改革之前，基本已经实现了工业化，农业也基本完成技术对劳动的大规模替代，社会结构产生了变动的瓶颈和整体的刚性，而中国在改革和发展中，社会结构的弹性很大，社会结构变动具有很大的空间，在基层运作中也存在很大的灵活性。所以，当改革调动起人们的积极性和创造力的时候，整个社会充满了活力。农业中技术对劳动的替代，农村劳动力向非农产业的迅速转移，乡村人口向城市的大量集中，都给社会带来巨大的收益。

二　渐进式改革成为中国改革的普遍规则

渐进式改革的基本特点，是采取先易后难、循序渐进、通过试点、"双轨制"和微调进行体制改进、过渡的办法。这种改革方式的优点，是政府比较容易控制改革的进程，把改革自上而下的战略部署与基层自下而上的创造积极性结合起来，通过试错及时总结经验和教训，校正改革的步骤，使改革在不断深入的同时保证了社会的稳定。从农村的家庭联产承包责任制、乡镇企业发展、小城镇建设、国有企业改革，到破除城乡二元结构和建立覆盖城乡的社会保障体制，都凝聚了很多基层创造的改革经验。中国渐进式改革的另一个特点是从经济领域向政治、社会和文化领域的扩展和推进，就业体制、社会保障体制、收入分配体制、户籍体制、单位体制、立法体制、基层民主建设、党内民主建设、文化产业发展等方面，改革都在不断地进行。

渐进式改革也有它的缺点，就是改革的摩擦成本较高，新旧体制的交替要经过一个较长过程，其间往往容易造成制度的真空和无序局面。因为中国作为一个大国，各地的情况都有各自的特殊性，在要求"全国一盘棋"的前提下，一方面政府要求各地服从统一的发展战略安排，另一方面政府又很难掌握充分的信息来制定使各地都能够顺利操作的具体方案。所以经常出现的情况是，中央的政策在执行中与原有的利益格局产生冲突和矛盾，致使政策的落实出现扭曲和变形，形成"上有政策、下有对策"的局面。市场发育初期假冒伪劣产品的泛滥、改革中产生的腐败和权钱交易现象、垄断部门形成的既得利益、社会组织发展中的鱼龙混杂情况，等等，都是"摩擦成本"较高的表现。

从改革初期到今天，尽管一些国内外的机构和学者对中国的渐进式改革有很多批评，或者认为中国已经到了改变这种改革方式的时候。但中国从价格的双轨制，投资的双轨制，到通过"下岗"体制向失业体制的并轨，到汇率向浮动制的渐进过渡，"渐进式"至今仍是中国改革的重要特征。随着时间的推移，人们反而越来越认识到，渐进式改革大概是一个大国在"稳定优先"的前提约束下，规避改革风险的有效办法。但是，中国渐进式改革的经验表明，要使改革成功，建立新体制比打破旧体制要困难得多，也重要得多。

三　社会稳定优先原则和积极的民主化探索

中国在改革的过程中，高度重视社会稳定，积极而谨慎地进行民主化探索，这也是中国改革的一个特点。但这个特点是被西方主流社会批评最多的，这种批评一部分是基于理论上的推论，更多的部分是意识形态和国家利益的驱使。按照传统的现代化理论，民主化是工业化的先导或至少是伴随现象，但对民主化的界定，却是多种多样的。东亚一些国家（如新加坡和马来西亚）在快速发展中，也曾受到过来自西方的"非民主"甚至"独裁"的指斥，因为依照西方的标准，几十年中在李光耀治理下的新加坡和马哈蒂尔治理下的马来西亚，虽然经济上获得巨大成功，但并不是民主政治国家，而是东亚"威权"国家。不过香港回归之前英国港督治理下的香港，似乎并未被纳入"威权"，因为符合英国皇室体制的"英国民主"。与此同时，完全移植美国政治法律体制的菲律宾，在"民主体制"下却一直经济不振，社会动荡。

西方现代化理论中关于经济发展和社会进步与特定"民主政治制度"相联系的论断，因为东亚国家的经验以及苏东的变化结果而经历着重新审查，这种审查由于"中国经验"而变得更加具有现实意义。中国的实践取向是，对"政治制度"优越性的判断，不能根据理论的原则，而要基于事实和实践的结果，看其是否有利于经济发展、社会进步和人民生活福利的普遍提高。民主的优点是可以发挥人民群众的创造性，使任何权力都得到监督和制衡，使广大人民群众的权利和利益得到充分保护。但民主也存在利益协调成本过高、损害运行效率甚至出现"多数人暴政"的民主陷阱。

中国在发展中强调民主与法治的内在联系，一方面坚持政治体制改革中的"稳定优先"原则，另一方面积极推进基层民主选举和党内民主的探索，期望在实践的探索中形成符合中国发展需要的社会主义民主法治体系，建设一种不同于选举民主和代议民主的"协商民主"制度。中国在快速发展中，政府、企业界、知识界和民众在社会稳定问题上逐步达成的共识，成为中国快速转型中的政治财富。

四　快速增长中的非平衡发展

中国虽然实现了经济的快速发展，但在发展中出现了严重的不平衡状态。一是城乡之间发展很不平衡，一方面中国有非常现代化的城市，如北京、上海、深圳、杭州，等等，可以与西方发达国家的大城市媲美，另一方面中国还有广大的农村地区未进入现代化生活，还有数千万的绝对贫困人口，甚至在农村地区还有相当一部分人没有使用上清洁的饮用水。二是区域之间发展很不平衡，在全球化的背景下，国际上的中心—半边缘—边缘经济社会格局也影响到中国内陆的区域格局，中国区域发展出现三个不同阶段的并存，即工业化初期的资本积累阶段、工业化中期的产业升级阶段和工业化后期的结构转型阶段并存，这种特点也带来了需要同时面对不同性质发展问题的现实，出现诸多的两难选择，比如中国既要发展劳动密集型企业，以便通过扩大就业来消化庞大的新增劳动力和农村转移劳动力；也要加快技术创新和产品更新换代，以便通过增加产品附加值来消化不断增加的劳动力成本和减少贸易摩擦；还要不断加大保护环境和节约能源的力度，以便能够可持续的发展。三是贫富之间的发展不平衡，中国在30多年快速增长的过程中，从一个收入分配过于平均的国家变化成一个收入差距比较大的国家，一方面中国有不少人进入了世界富人排行榜，另一方面绝大多数人还处于较低的收入水平。

五　注重发挥劳动力的比较优势

中国作为发展中的国家，就资本、技术和劳动力这三大生产要素来说，具有比较优势的是劳动力。中国在制造业方面获得的一定的竞争优势，或者被人们称为"世界工厂"，这在很大程度上是因为中国凭借低成本劳动所建立的竞争优势。但是，中国劳动低成本的黄金时代，将随着未来劳动力供求关系的变化而走向终结，这个时代可能最多还能保持十年的时间。中国一些地区开始出现的"民工荒"征兆，可能是未来劳动成本将逐步增加的征兆。中国需要考虑在低价制造之后如何保持比较优势和竞争力的问题，中国未来的经济增长也必须实现从"中国制造"向"中国品牌"的转变，中国劳动力的比较优势也会更加体现在劳动力素质上。因此，要通过大规模的劳动力素质的提高，来促进全社会劳动生产率的极大提高，从而继续保持在国际竞争中的比较优势，以满足中国产业结构和世界经济格局进入新阶段的要求。

六　长期坚持低生育率政策

中国从 20 世纪 70 年代初期开始实施计划生育政策，对人口实行严格控制，在城市里甚至实行了"一对夫妇一个孩子"的措施。在这一政策的执行中，农村中也发生过一些粗暴的过火做法，并因此受到国际上一些舆论的批评。但 30 多年持续地实行低生育率政策，却使中国避免了可能的人口灾难，中国因这一政策少生了 3 亿多人，节省了近 30 万亿的抚养费用。中国每年"生一个加拿大、死一个葡萄牙、净增一个澳大利亚"的情况早已不复存在，中国已度过最困难的人口控制阶段。人口的控制使中国获得了发展的机会和生活水平提高的切实收益，比如中国和印度都是经济快速增长的国家，但在 20 世纪 50 年代，中国的人均 GDP 低于印度，到 90 年代初期，中国和印度的人均 GDP 还基本在一个水平线，但现在中国的人均 GDP 已经是印度的三倍左右。

人口总量、人口结构和人口素质的变化，对中国这样一个十几亿人口的大国来说，会改变很多发展的结果和规则。中国的人口增长对发展的要求是非常苛刻的，直到现在，中国总人口每年仍然净增长600多万人，而且绝大多数分布在农村，中国必须保证较高的经济增长和社会发展速度，才能够在人口增加的情况下实现生活水平的普遍提高和社会结构的转变。中国与人口零增长甚至负增长的国家相比，面临着完全不同的对经济增长速度的要求。

七　大规模减少贫困人口

中国在严格控制人口增长的同时，农村贫困人口得到大幅度减少。改革开放以后，随着经济的增长和反贫困政策的实施，中国数亿人摆脱了贫困，为全球反贫困事业作出了重要贡献。从1978年到2007年，中国农村尚未解决温饱的绝对贫困人口数量已从2.5亿下降到1487万，占农村总人口的比重由30.7%下降到1.6%。世界银行2007年公布的数据表明，过去20多年里，全球脱贫事业成就的67%来自中国，如果没有中国的贡献，全球贫困人口将呈增加趋势。中国也成为目前全球唯一提前实现联合国千年发展目标中贫困人口减半目标的国家。按照2009年3月新确定的1196元贫困标准（这个标准大体相当于世界银行按购买力平价计算一天消费1美元的贫困线标准，我国现有贫困人口达4007万人，主要集中于中西部600个县。

目前农村贫困缓解速度明显放慢，剩余贫困人口脱贫越来越难，已经脱贫的人中返贫现象严重，农民因病、因子女上学负债导致贫困的现象增多，城乡间、地区间的收入差距扩大趋势难以扭转，城镇人口中因疾病、失业等原因产生的新贫困问题有所增加，反贫困任务仍然十分艰巨。

八　注重教育等人力资本投入

注重教育曾被作为日本和东亚国家实现跨越性发展的一条经验，而对中国来说，这方面的潜力更大。因为中国人口出生率的快速下降，使社会总负担系数（老人和小孩占总人口的比例）呈下降趋势，中国目前正处于劳动力供给充足的时代，通过提高劳动力的素质提高竞争力的空间很大，这对中国来说，是一个快速发展的人口机遇。

中国人注重教育，有文化传统的因素，但独生子女的政策，进一步强化了家庭的教育投资倾向。2000年以后，在城镇居民消费结构中，教育等方面的支出已成为食品支出之后的第二大消费。在近几年的城市居民储蓄目的调查中，子女教育也被排在包括养老、住房、医疗、就业等选项的第一位。中国大学每年毕业的大学生20世纪90年代初还只有100多万，2009年已上升到600多万，人均受教育年限由1982年的5.2年提高到2008年的8.3年。当然，就人口总体素质来说，与发达国家还有较大距离，中国的大学毛入学率目前还只有约25%，远低于发达国家60%以上。

中国人口问题正在发生巨大转变，人口的关键问题正在逐步从总量问题转向人口素质问题和人口结构问题。人口素质提高的巨大弹性，以及从人口大国和人力资源大国向人才大国的转变，使中国具有大幅度提高生产效率和知识产出能力的潜力，从而弥补了中国在发展中资本和技术的相对不足，推动着中国经济强劲增长。

九　坚持对外开放和超越意识形态的国际合作

中国的改革与对外开放是紧密相连的，对外开放的进程与渐进改革的进程几乎是同步的。对外开放也呈现出从沿海到内陆、从经济领域到社会文化领域、从一般竞争性领域到垄断领域的渐进过程。在引进先进的技术、吸引外资投入的同时，还采取了"走向世界"步骤，通过海外的投资、兼并、合作、援助，参与世界范围的资源配置和国际秩序的建构。中国的对外开放带来了巨大的收益，不仅在一般技术领域迅速地缩短与发达国家的差距，而且使中国成为世界投资的热点地区。特别是中国采取的超越意识形态的国际合作战略，为中国赢得了广泛的外交空间。这种国际合作战略，一是把和平、发展、合作视为时代的主题，把经济全球化视为发展的大势，不是拒绝而是因势利导；二是坚持互利合作的务实做法，不使历史文化、社会制度、意识形态成为合作的障碍；三是坚持多边主义，参与构建互信、互利、平等、协作的世界经济社会新体系，对一些普遍价值的争论正面提出自己的主张；四是树立负责任的大国形象，冷静处理各种突发事件，为中国的经济社会发展创造了长期的和平环境。

十　努力克服环境、资源与快速发展的矛盾

中国由于其十几亿的庞大人口，面临经济发展、生活水平提高、消费能力扩大与环境、资源条件的尖锐矛盾。西方发达国家在现代化原始积累的过程中，也伴随着在全世界范围内对资源的残酷争夺，政治成为经济的延续，而战争成为政治的延续。仅20世纪100年所消耗的能源总量就远远超过人类几千年消耗量的总和。技术进步创造的能源替代，似乎难以满足生产和消费的快速增长，能源和资源短缺使经济危机的可能性始终存在。

中国的快速发展一方面也迫使中国在更广阔的范围内获得资源和能源的供给，另一方面为了保证经济的安全又不得不主要地依靠国内的资源和能源的供给。无论有怎样的资源和能源支撑，中国这样庞大人口的现代化，都不可能复制其他发达国家高消费的生活方式。随着环境保护意识的增强，人们对治理环境的巨大代价也有了新的认识，但环境的变化曲线与收入分配的变化曲线一样，都还很难预测什么时候出现总体状况改善的拐点。不过，在环境、资源条件的硬约束下，"低碳经济"、"循环经济"、"环境友好型社会"、"资源节约型社会"等概念，正在为中国塑造一种新的发展理念和生活理念。

参考文献

白雪梅，2004，"教育与收入不平等：中国的经验研究"，《管理世界》第6期。

边燕杰主编，2002，《市场转型与社会分层——美国社会学者分析中国》，三联书店。

陈那波，2006，"海外关于中国市场转型论争十五年文献述评"，《社会学研究》第5期。

陈晓宇、陈良、夏晨，2003，"20世纪90年代中国城镇教育收益率的变化与启示"，《北京大学教育评论》第2期。

陈宗胜，1991，《经济发展中的收入分配》，上海三联书店。

丁任重、陈志舟、顾文军，2003，"'倒U假说'与我国转型期收入差距"，《经济学

家》第 6 期。

都阳、高文书，2005，"中国离一元社会保障体系有多远"，《中国劳动经济学》第 2 卷。

傅玲、刘桂斌，2008，"解决收入两极分化的途径探讨"，《统计与决策》第 13 期。

管晓明，2006，"倒 U 假说的推演及其在中国的检验"，《山西财经大学学报》第 5 期。

国务院课题组，2006，《中国农民工调研报告》，中国言实出版社。

韩留富，2009，"长三角居民收入差距不断拉大"，《长三角观察》第 3 期。

洪兴建、李金昌，2007，"两极分化测度方法述评与中国居民收入两极分化"，《经济研究》第 11 期。

金喜在，1996，《当代中国居民收入分配研究》，东北师范大学出版社。

赖德胜，2001，《教育与收入分配》，北京师范大学出版社。

李春玲，2004，《断裂还是碎片——当代中国社会阶层分化趋势的实证分析》，社会科学文献出版社。

李实、罗楚亮，2007，"中国城乡居民收入差距的重新估计"，《北京大学学报》（哲学社会科学版）第 2 期。

李培林、陈光金、张翼、李炜，2008，《中国社会和谐稳定报告》，社会科学文献出版社。

李强，2003，"影响中国城乡流动人口的推力与拉力因素分析"，《中国社会科学》第 1 期。

林毅夫、蔡昉、李周，1998，"中国经济转型时期的地区差距分析"，《经济研究》第 6 期。

林幼平、张澍，2001，"20 世纪 90 年代以来中国收入分配问题研究综述"，《经济评论》第 4 期。

刘国光，2005，"进一步重视社会公平问题"，《经济参考报》4 月 16 日第五版。

刘精明，2006，"劳动力市场结构变迁与人力资本收益"，《社会学研究》第 6 期。

陆学艺主编，2010，《当代中国社会结构》，社会科学文献出版社。

马广奇，2000，"中国经济市场化进程的分析与度量"，《求实》第 10 期。

石美遐，2007，《非正规就业劳动关系研究》，中国劳动社会保障出版社。

孙立平，2008，"社会转型：发展社会学的新议题"，《开放时代》第 2 期。

万广华，2006，《经济发展与收入不平等：方法和证据》，上海三联书店、上海人民出版社。

——2008，"不平等的度量与分解"，《经济学》（季刊）第 8 卷第 1 期。

王奋宇等，2001，《中国城市劳动力流动：从业模式·职业生涯·新移民》，北京出版社。

王小鲁、樊纲，2005，"中国收入差距的走势和影响因素分析"，《经济研究》第10 期。

吴要武、蔡昉，2006，"中国城镇非正规就业：规模与特征"，《中国劳动经济学》第3 卷。

杨宜勇等，2000，《就业理论与失业治理》，中国经济出版社。

杨志明，2009，《国际金融危机下的中国农民工问题及对策》，《中国党政干部论坛》第5 期。

游钧主编，2008，《2006—2007 年：中国就业报告》，中国劳动社会保障出版社。

曾湘泉，2006，"我国就业与失业的科学测量和实证研究"，《经济理论与经济管理》第6 期。

周业安，2004，"市场化、经济结构变迁和政府经济结构政策转型——中国经验"，《管理世界》第5 期。

中共中央文献研究室，2004，《邓小平年谱》（下），中央文献出版社。

（原载《甘肃社会科学》2010 年第 4 期）

城市化与我国的新成长阶段

——我国城市化发展战略研究报告[*]

　　我国已经超越了起飞阶段，进入新成长阶段。在新成长阶段，我国发展的阶段性特征以及面临的问题和挑战都发生了极其深刻的变化。劳动成本上升、投资效益下降、出口受阻、劳动关系巨变、老龄化加速、资源和环境约束趋紧、国内消费拉动经济乏力，等等，这些问题和挑战都严重制约着经济社会的可持续发展。与此同时，国际环境、发展机遇和发展动力也发生很大的变化。面对这些新情况、新变化，人们在不断追问，中国会像一些起飞国家那样，步入"中等收入陷阱"①吗？如果答案是否定的，那么我们新的突破和跨越的途径在哪里？

　　在新的机遇和发展动力方面，恐怕最大的一个机遇和动力就是城市化。城市化继工业化之后，已经成为我国发展的新引擎，我国发展进入工业化和城市化双引擎驱动的新成长阶段。

　　我国巨大的城市化也引起国际研究界的高度关注，诺贝尔经济学奖得主斯蒂格利茨认为，新世纪的中国面临三大挑战，居于首位的就是城市化进程，因为城市化是可以长期拉动内需的重要增长点（赵一平、周星，

---

　　* 城市化、都市化和城镇化，在英文里都是一个词（Urbanization）。日本和中国台湾、中国香港更多使用"都市化"。我国目前国家公布的正式文件，都统一使用"城镇化"。而我国学界发表的学术文章，则更多地使用"城市化"。其实，城市化和城镇化基本上属于同义语。政府文件之所以统一使用"城镇化"，是为了强调大、中、小城市和小城镇的协调发展。

　　① 世界银行在 2006 年《东亚经济发展报告》中，首次提出"中等收入陷阱"（Middle Income Trap）的概念。其含义是，一个国家从低收入阶段跃升中等收入阶段后（约人均 GDP 3000—10000 美元），面临两难处境：一方面工资水平上升，失去劳动力价格比较优势，另一方面技术升级缓慢，与发达国家相比难以具有技术优势。这种情况形成"陷阱效应"使进一步的经济增长被原有的增长机制锁定，人均国民收入难以突破 10000 美元的上限，很容易进入经济增长阶段的停滞徘徊期。

2002）。世界银行2003年发表的《世界发展报告》指出，"充满活力的城市是增长的发动机"。

一 从工业化引领的经济起飞阶段到城市化引领的新成长阶段

改革开放以后，我国逐步进入经济起飞阶段。这个阶段的基本特征与世界上其他国家现代化过程中的经济起飞大体相同：一是大量劳动力从农业转向制造业，二是外国投资明显增加，三是出现区域性增长极，四是比较优势从农业转向劳动密集型产业。关于我国在什么时间完成起飞阶段以及起飞阶段之后我国进入一个什么样的阶段，学术界有很多不同的看法和争论。但从城市化进程来说，我国目前实际上进入一个城市化引领的新成长阶段。这个新成长阶段表现出以下一些新特征。

（一）城市化成为继工业化之后发展的巨大引擎

工业化、城市化和市场化，已成为拉动中国巨大社会变迁的三驾马车。在城市化急剧推进的过程中，土地的集约使用和快速升值成为经济增长和财政收入的重要源泉。一方面，人民群众快速增长的改善住房的新消费需求与转变经济发展方式、扩大国内消费的需要恰相吻合，另一方面，围绕地产收益产生的利益博弈也影响到实业发展、生活价格稳定和利益分配的公平合理。如何处理新形势下的这一两难问题，成为继续推动经济社会健康成长的关键一环。2011年是中国城市化发展史上具有里程碑意义的一年，城镇人口占总人口的比重首次超过50%，达到51.3%。中国从一个具有几千年农业文明历史的农民大国，进入以城市社会为主的新成长阶段。这种变化不是一个简单的城镇人口百分比的变化，它意味着人们的生产方式、职业结构、消费行为、生活方式、价值观念都将发生极其深刻的变化。①

---

① 文中未注明的数据来自历年《中国统计年鉴》，国家统计局编。

（二）城市化发展形成区域梯度推进格局

近几年来，我国出现中西部经济引领全国经济增长的新格局，经济增长的区域结构更加平衡。从地区工业增加值看，2011 年前三个季度，东部地区增加值同比增长 12.2%，中部地区同比增长 18.3%，西部地区同比增长 17.1%。从地区固定资产投资情况看，东部地区投资同比增长 22.3%，中部地区同比增长 29.9%，西部地区同比增长 29.5%。

中西部地区已经连续七年经济增长速度超过东部地区。区域发展格局的这种变化，既是产业转移的自然结果，也是我国区域发展政策的作用。但中西部近年来的快速发展，并非是重复东部的道路，城市化继工业化之后，成为中西部发展的巨大推力。

（三）城乡差距扩大速度明显减缓

随着我国财政对农村转移支付力度的加大以及采取一系列的惠农政策，特别是农产品价格的合理上升，农民的生活水平得到显著提高。继 2010 年之后，2011 年农民人均纯收入的增长速度将继续快于城镇居民可支配收入的增长。

这种变化并非偶然的现象，而是一个长期趋势的开始。随着农产品的价格提高和初级劳动力市场工资水平的提高，农民的经营收入和打工收入将成为推动农民现金收入快速增长的两大动力，农民现金收入在农民纯收入中所占的比例也将继续提高。

当然，由于城乡之间居民收入绝对差距较大，短期内城乡之间的收入差距还不会出现具有里程碑意义的拐点，助农惠农政策需要进一步加强。

（四）破除二元结构、实现城乡一体化成为新主题

在全国各地，城乡统筹和打破城乡二元结构成为发展的新主题。城市化的继续推进涉及户籍、就业、社会保障、收入分配、教育、医疗、社会管理等社会体制的全面改革。从全国来看，随着快速交通的迅猛发展，城市化进程已经进入第二阶段，由农民进城到打造都市"一小时"生活圈，

新型城乡关系正在形成。我国已结束了千百年来农民无社会保障的状况，约两亿农民参加了新型农村社会养老保险。

二　我国城市化的阶段、特点和作用

（一）我国进入以城市人口为主的新成长阶段

我国是具有几千年农业文明的大国，但在近现代历史上的工业化进程中却发展缓慢。到新中国成立初期的1949年，我国仍是一个典型的农民大国，城市化水平只有10.65%，近90%的人口都是农民。新中国成立后的20世纪50年代，曾有一个城市化快速发展时期，到60年代初城市化水平达到17%。但由于"大跃进"的冒进、60年代初的严重自然灾害和"文化大革命"期间大规模青年下乡，致使城市化进程长期停滞。从1962年到1978年，在长达16年的过程中，城市化水平几乎没有任何进展，一直停滞在17%。而世界城市化平均水平1980年已经达到42.2%，发达国家平均达到70.2%。

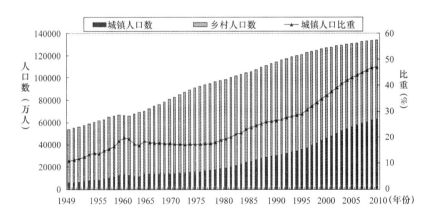

图1　1949—2010年中国城市化进程

1978年我国改革开放以后，城市化进入快速发展时期，从1978年到2000年，城市化水平从17%提高到36%，年均增长1.2个百分点。进入新世纪以后，我国城市化过程进一步加速，从2000年到2010年，城市化水平进一步从36%提高到49.7%，年均增长1.37个百分点，城镇人口从4.59亿人增加到6.65亿人，年均增长近2300万人。这是世界上规模最为宏大的城市化过程。2011年是中国城市化发展史上具有里程碑意义的一年，城镇人口占总人口的比重首次超过50%，达到51.3%。1870年美国开始工业革命时，城市人口所占的比例不过20%，而到了1920年，用了50年时间，其比例骤然上升到51.4%。我国从1978年一个具有几千年农业文明历史的农民大国，进入城市社会为主的新成长阶段，用了33年。

（二）城市化进程达到中期阶段

改革开放后我国的城市化进程大体可以划分为三个阶段：

第一阶段是1978—1985年。这一阶段以"非农化"为主要特征。随着家庭联产承包制的普遍实行，农村经济得到快速发展，小城镇开始复兴，乡镇企业的"异军突起"，出现农村人口向小城镇聚集、向非农领域转移的潮流。费孝通先生1985年发表著名的《小城镇　大问题》一文，得到中央的高度关注并在社会上引起巨大反响。小城镇发展战略曾一度被称为中国特色的城市化道路。

第二阶段是1986—2000年。这一阶段以农村人口向城市聚集的"城市化"为特征。20世纪80年代中期以后，"离土离乡"进城打工的农民工总量超过了"离土不离乡"在乡镇企业工作的农民工，成为农村劳动力转移的主渠道，从90年代后期开始的大规模国有企业改革，使城市经济更加活跃，各种发展机会更加向城市集中，数以亿计的农民工进城。

第三阶段是2000年至今。这一阶段以城市规模迅速扩大和城市群的出现为主要特征。进入新世纪以后，城市住房制度改革的效益逐步显现，买车和购房进入普通家庭消费，房地产业迅速兴起，土地升值速度加快，城市不断向郊区扩展，高速公路和高速铁路的发展使1小时城市圈的区域规模大幅度增加，由1小时城市圈相互连接的城市群不断涌现。

世界各国的城市化进程通常都经历从人口向城市聚集、郊区城市化、逆城市化①到再城市化②的过程。我国目前实际上处于"郊区城市化"的阶段，这个阶段一方面大量从农村向城市集中的人口由于生活成本的原因聚集到郊区村落，另一方面由于城市中心生活环境恶化（交通拥挤、空气污染、高房价和租金、喧闹和噪声等），一部分城市中、上阶层人口向市郊或外围地带移居。

城市化率并不是越高越好。世界上发达国家的城市化率一般在75%—80%，但他们的农业人口比重只有1%—4%，通常低于5%。也就是说，发达国家在完成"逆城市化"过程之后，通常会有约20%的非农产业人口居住和生活在乡村。因为城乡一体化使乡村、小城镇的交通、水、电、信息等设施非常完善，加之乡村的清新空气和自然风光，吸引了久在城市中面对浑浊空气、噪声的大城市居民到乡村、小城镇定居。美国城市化率在80%左右，但它的农业劳动者只占全部劳动力的2%，但生活在乡村或统计上的农村人口则达20%左右。德国工业化程度很高，但居住在乡村的人口约占40%。相反，一些拉美国家，如巴西、阿根廷、墨西哥，城市化率都超过80%，但城乡差异巨大、贫富悬殊，城市市区有大规模的贫民窟。所以，缩小城乡差异和城乡一体化，应该是比城市化率更重要的标志城市化发展阶段和发展水平的指标。

（三）不断突破预期的城市聚集经济效益

城市化的基本特征，首先就是城市人口的集聚。但城市人口规模并非

---

①　"逆城市化"是指20世纪70年代以来，随着城际交通的更加快速和便捷，发达国家以及一些大城市中心和市郊人口向离城市更远的农村和小城镇迁移，出现了与城市化相反的人口流动的现象。逆城市化往往也被称为"城市中心空洞化"，与城市化初期的"乡村空洞化"相对应。"郊区城市化"和"逆城市化"可以统称为"城市化中期"和"城市化后期"，这两个阶段城市化率可以从50%到80%。"逆城市化"实际上就是城乡一体化，多数居住在乡村的人不再是从事农业生产的人，乡村生活中的商场、酒吧、邮局、学校、诊所、储蓄所等生活设施丰富起来，农村重新获得繁荣。

②　所谓"再城市化"，实际上是"后城市化"的一个新阶段。在这个阶段，老城市通过调整产业结构、发展高新技术产业和新型第三产业，创造出更多的就业机会，城市市区的环境和交通问题得到较好的治理，城市文化生活更加丰富，特别是城市的信息积聚能力和创新机会吸引大量年轻的专业人员回城居住，这个过程被称为"再城市化"，实际上是城市产业、城市功能和城市生活的一个更新再造过程。

越大越好，受土地、饮用水、住宅、交通、垃圾处理、环境等诸多因素的限制，城市有一个人口适度承载量的问题。国际上众多学者和机构，创造出各种分析和评估模型来测量城市适度人口规模。1973 年著名经济学家舒马赫（E. F. Schumacher）曾发表《小的是美好的》一书，认为城市适度人口规模是 50 万人。[①] 然而，随着国际大都市雨后春笋般的涌现，"适度人口规模"概念的内涵被不断更改。在实践中，城市聚集经济效益（agglomeration economies）越来越明显，不断突破预期，刺激人们想象城市还是越大越好。

1990 年至 2010 年，我国市辖区人口在 300 万人以上的特大城市从 6 个增加到 20 个（见表 1），不同规模的聚集经济效益都得到显著提高，其中特大城市的聚集经济效益的增长最为明显（见表 2）。到 2010 年，我国 20 个市辖区人口在 300 万人以上特大城市，平均人口聚集经济效益（人均 GDP）达到 62775.6 元，远高于大、中、小城市；平均土地聚集经济效益（万元/平方公里）达到每平方公里产出 13341.1 万元，也同样远高于大、中、小城市。无论是人口聚集经济效益还是土地聚集经济效益，都呈现为从特大城市到小城市逐级递减（见表 3）。

表 1　　　　　　1990—2010 年我国不同规模城市的个数变化　　　　　单位：个

城市规模	1990 年	2000 年	2010 年
特大城市	6	9	20
大城市	65	80	110
中等城市	79	103	114
小城市	90	69	46

注：本表中的城市指地级及以上城市，其中特大城市指市辖区常住人口在 300 万人以上；大城市指市辖区常住人口在 100 万—300 万人；中等城市指市辖区常住人口在 50 万—100 万人以上；小城市指市辖区常住人口在 50 万人以下。

数据来源：根据国家统计局《中国城市统计年鉴 2011》相关数据测算。

---

① 舒马赫：《小的是美好的》，商务印书馆 1984 年版。

表 2　　　　1990—2010 年我国城市人口聚集经济效益（人均 GDP）变化　单位：元/人

	1990 年	2000 年	2010 年
特大城市	5295.7	23045.3	62775.6
大城市	2715.0	16572.5	45242.4
中等城市	2977.2	12390.5	40032.7
小城市	2898.7	13253.3	39985.9

注：表中城市人口指地级市及以上城市市辖区人口。

数据来源：根据国家统计局《中国城市统计年鉴2011》相关数据测算。

表 3　　　　我国不同规模城市的人口和土地聚集经济效益（2010）

	城市个数	平均人口规模（万人）	平均区域规模（平方公里）	平均人口聚集经济效益（人均 GDP）（元/人）	平均土地聚集经济效益（万元/平方公里）
特大城市	20	608.3	5153.0	62775.6	13341.1
大城市	110	159.4	2233.5	45242.4	6113.1
中等城市	114	71.0	1702.6	40032.7	3675.1
小城市	46	36.0	2017.3	39985.9	1676.4

注：本表中的城市指地级及以上城市，其中特大城市指市辖区常住人口在 300 万人以上；大城市指市辖区常住人口在 100 万—300 万人；中等城市指市辖区常住人口在 50 万—100 万人以上；小城市指市辖区常住人口在 50 万人以下。

数据来源：根据国家统计局《中国城市统计年鉴2011》相关数据测算。

（四）城市成为主要消费市场

城市化的一个重要结果，就是改变人们的生活方式和消费方式。从传统的乡村生活向城市生活的转变，也是从实物消费到货币消费、从基于收入和储蓄的消费到信贷消费的转变。城市化也改变了人们的消费结构和消费心理，涉及教育、医疗、通信、保健健身、美容、旅游、体育、文化娱乐、闲暇等领域的各种新型消费不断增长，汽车和住房等大额消费也进入千家万户，城市的消费时尚成为引领大众消费行为的风向标。

改革开放以后，长期以来的"先生产、后生活"观念有所转变，但拉动经济增长"重投入、轻消费"的观念却根深蒂固。城乡居民的消费增长

长期滞后于经济增长。收入是消费的基础,1991—2009 年,我国城镇居民
人均可支配收入年均增长 8.3%,农村居民人均纯收入增长 5.5%,既分别
低于同期 GDP 年均增长速度（10.4%）2.1 个和 4.9 个百分点,也分别低于
同期国家财政收入年均增速（18%）9.7 个和 13.1 个百分点。近几年来,
在转变发展方式的大背景下,我国城乡居民消费实现了快速增长,出现了城
乡居民消费增长快于 GDP 增长的局面。2010 年我国城乡居民人均收入比上
年分别实际增长 7.8% 和 10.9%,这是自 1998 年以来,我国农村居民人均
纯收入实际增长速度首次超过城市居民。2011 年我国农村居民人均纯收入
实际增速达到 11.4%,为 1985 年以来最高,连续两年快于城镇居民。

　　城市化对我国居民消费增长具有重要拉动作用。2010 年我国城镇居民
家庭人均消费支出 13471 元,农村居民家庭人均消费支出 4381 元,1 个城
镇居民的消费水平大体相当于 3 个农民的消费。而且,从我国居民收入情
况看,工资性收入是城乡居民家庭消费的主要经济来源,而城乡居民的家
庭收入结构有很大差异,2010 年在重新统计居民的家庭收入中,城镇居民
家庭工资性收入占 65.2%,农村居民家庭的工资性收入则只占 41.1%。
占农村居民家庭收入近 50% 的"经营性收入",其中相当一部分并非货币
收入,而是实物折算了。农民消费生活中相当一部分是实物消费而非市场
消费,收入水平越低的农民实物消费的比重在其总消费中占的比重越大。
各国城市化的经验都表明,农村人口向城市的迁移,能够产生巨大的消费
"累计效应",从而使消费成为经济增长的巨大拉动力量。

　　一个国家的消费市场规模并非是以人口来计算的,而是以消费能力和
消费总额来计算。从这个意义上说,我国已经是世界制造业大国,但还不
是消费市场大国。居民消费对经济的拉动作用依然薄弱。2000—2010 年,
我国最终消费率从 62.3% 下降到 47.4%,其中居民消费率从 46.4% 下降
到 36.8%。美国的最终消费率是 70%,日本是 65%。美国 3 亿多人一年
消费 10 万多亿美元,中国 13 亿多人消费 2 万多亿美元。

　　我国消费的增长,将依赖于改变居民收入在国民收入中比例持续减低
的局面,改变数以亿计的进入城市的农民工的生活条件,改变城乡和区域
之间消费能力的巨大差异。

　　当然,我们也要塑造可持续发展的消费方式,警惕"消费主义"的抬

头和流行，如果中国人以美国人的消费方式为追求目标，那全世界的资源也供不起中国人都过上现代化生活。我国在人均 GDP 国际比较中还处于较低水平阶段，已经成为奢侈品消费世界第二大国，而且炫耀性消费、商品过度包装和餐桌浪费被世人诟病，这并非是一种荣耀。

（五）结构变动的弹性和土地升值对于资本积累的意义

我国与发达国家的一个重大区别，是我国工业化和城市化的结构转型还在进行当中，还具有巨大的转型弹性和转型红利。我国的经济体制转轨之所以能够取得巨大的成功，与结构转型的收益能够弥补体制转轨的成本也是分不开的。因此，我们应当利用结构转型红利，加速结构转型的过程。

与工业化相比，城市化的一种最大红利，就是土地的增值。土地增值是继工业化带来的初始资本积累之后，最重要的资本积累过程。由于房价飞涨在民众中造成强烈不满，人们也把土地增值视为万恶之源。但实际上，土地增值是城市化的必然结果和农民走向富裕的通途。没有解决好这个问题是土地收益分配的问题，而不是土地增值本身的过错。一些农村研究专家早就看到，加快城市化过程，破除城乡二元结构，改革城乡分治的户籍制度和一切与之相连的社会福利和公共服务体制，促进土地的增值，这是农村和农民的根本出路[1]。

我国近十几年来经济的高速增长和财政收入以 20%—30% 的速度增加，其实都是与土地的增值分不开的。相关统计资料显示，2001—2003年，全国"土地出让金"达 9100 多亿元，约相当于同期全国地方财政收入的 35%；2009 年则达到 1.5 万亿元，相当于同期全国地方财政总收入的 46% 左右。[2] 根据中国指数研究院数据信息中心公布的数据，2009 年全国土地出让金最高的城市已经达到上千亿元。土地增值的收益已经成为扩大社会保障覆盖面、完善公共服务体系的重要财力来源。土地的价值也是农村财富的源泉，土地增值是农村发展的原动力之一。关键是要处理好土地增值收益的分配问题。

---

① 郭书田等：《失衡的中国——城市化的过去、现在和未来》，河北出版社 1990 年版。
② 《土地财政不可持续》，《人民日报》2010 年 12 月 27 日。

当然，土地增值高收益的诱惑和驱动也带来诸多弊端：一些地方政府迷恋土地收入的短期行为，一届政府"透支"完几届政府可用的土地，甚至将50—70年的土地收益一次性收取；征地和卖地之间的巨大利益使土地"寻租行为"盛行，在经营城市的口号下形成土地经济的泡沫；最严重的是土地收益的分配不合理，农民失地而造成的群体性事件频发。

（六）城市成为服务业空间和创新的源泉

现代经济社会发展的一个重要特征，就是现代服务业成长。一个国家的发达程度，通常与服务业增加值占经济总量的比重密切相关，服务业比重越高，发达程度也越高。大量的金融、保险、咨询、教育、医疗等现代服务业和总部经济都集中在城市，城市不再是制造业空间，而成为服务业空间。服务业是依托制造业而发展的，我国是世界制造工厂，但产品大量出口，促进了世界各国的城市发展，但国内城市并未得到与制造业相应的发展。

城市不仅具有聚集经济效益，也有聚集创新效益。一个国家的创新竞争力与城市化发展也是密切联系在一起的，因为城市是人才、信息、资本和各种资源网络汇集的中心。比如北京，汇集了全国89所高等院校和300余家国家骨干科研院所，86所国家重点实验室和32所国家工程实验室，中国500强企业中96家总部坐落北京，世界500强企业中41家在北京设立总部、187家设立分支机构。北京中关村的科技智力资源密集程度之高更是世所罕见。但是，这些资源要能充分发挥聚集创新效益，有赖于城市化为创新提供良好的基础设施和公共服务系统。随着城市发展理念的更新，城市竞争力内涵已从财富集聚向经济繁荣、文化昌盛、社会和谐、环境友好、开放包容、舒适宜居拓展。

我国已经是世界制造大国，但未来的发展将取决于我们能否从"made in China"发展跃升到"created in China"。城市作为创新的源泉，将成为我国建设创新型国家的中心。

三　我国城市化过程中存在的若干突出问题

（一）巨大的城乡差距

我国的城市发展水平与发达国家在迅速接近，但我国农村与发达国家的农村却依然存在着巨大差距。我国城乡差距首先就是城乡居民的收入差距，这个差距在 1980 年是 2.5∶1，1990 年是 2.2∶1，到 2000 年是 2.8∶1，而到 2010 年，城镇居民家庭年人均可支配收入达到 19109 元，农村居民家庭年人均纯收入达到 5919 元，差距进一步扩大到 3.2∶1。而且，在城乡居民收入差距背后，是更加悬殊的福利差距，据测算，城乡之间在子女教育、医疗、社会保障、住房等方面的福利差距，高达十几倍。

除了收入和福利差距，还有对于人的发展更加重要的机会差距。正是由于各种发展机会集中在城市，所以从乡村进入城市如同跳过龙门。如果在城市化过程中城乡差距不是缩小而是进一步扩大，那将是一种畸形的城市化。

（二）城市化滞后于非农化和工业化

城市化的一个重要标志是居住人口从乡村向城市的集中。我国目前的城市化水平是按常住人口的口径来统计的，也就是把在城镇居住半年以上的农村户籍人口统计为城镇人口。

2011 年我国城镇人口占总人口的比重达到 51.3%，在 13.45 亿总人口中，约 6.9 亿人是城镇常住人口。但到 2011 年底，我国还有农业户籍人口 9.35 亿人，也就是说，在目前 6.9 亿城镇人口中，持城镇户籍的城镇人口只有 4.1 亿人，约有 2.8 亿城镇人口是持农业户籍的，这部分人绝大多数是长期在城镇居住的农民工及其部分家属，他们实际上只是"半城市化"，在就业、子女教育、医疗、社会保障、住房等制度方面，还没有享受城市户籍人员的待遇，还没有完全融入城市。根据 2010 年第六次全国人口普查数据，全国流动人口总计 2.6 亿人。

流动人口超过千万人的省市区有广东（3681 万人）、浙江（1990 万人）、江苏（1823 万人）、山东（1370 万人）、上海（1269 万人）、四川（1174 万人）、福建（1107 万人）和北京（1050 万人）。这些流动人口中的绝大多数[①]是"半城市化"的农民工及其家属。

---

① 根据国家人口计生委关于流动人口的调查数据推算，农民工及其家属约占流动人口总数的 70%。

表4   2010 年全国流动人口分布

全国流动人口总计（2.6 亿人）	省市区数	省市区流动人口
高流动人口（1000 万人以上）	8	广东（3681 万人）、浙江（1990 万人）、江苏（1823 万人）、山东（1370 万人）、上海（1269 万人）、四川（1174 万人）、福建（1107 万人）、北京（1050 万人）
中流动人口（500 万—1000 万人）	14	河南（976 万人）、辽宁（931 万人）、湖北（925 万人）、河北（830 万人）、湖南（790 万人）、内蒙古（717 万人）、安徽（710 万人）、山西（676 万人）、广西（629 万人）、云南（605 万人）、黑龙江（556 万人）、重庆（544 万人）、陕西（589 万人）、江西（530 万人）
低流动人口（500 万人以下）	9	天津（495 万人）、吉林（446 万人）、新疆（428 万人）、甘肃（311 万人）、贵州（463 万人）、西藏（262 万人）、海南（184 万人）、宁夏（153 万人）、青海（114 万人）

注：本表根据第六次人口普查数据计算，"流动人口"是指普查时居住在普查登记地满半年的非户籍人口。

　　我国城市化率（城镇人口占总人口的比重）严重滞后于工业化率（工业增加值占 GDP 的比重），城市化率与工业化率的比值过低。2010 年，中国城市化率（51.3%）/工业化率的比值为 1.09，美国的城市化率/工业化率的比值为 4.1，即城市化率高达工业化率的 4.1 倍，同年法国为4.11，英国为 4.09，德国为 2.64，日本为 2.48。"金砖五国"中，巴西、俄罗斯、南非和印度，城市化率/工业化率的比值分别达到 3.22、1.97、1.38 和 1.15，都比中国的高。[①]

　　所以说，我国结构转型有一个突出特点，就是工业化、非农化、城市化、户籍人口变动逐级滞后。一方面是非农化滞后于工业化，就业结构转变滞后于经济结构转变，到 2011 年，在 GDP 中农业增加值的比重已经下降到 10% 左右，但农业从业者在全国从业人员中还占 38% 左右，而多数

---

① 周其仁：《集聚、密度和城市化》，2012 年 11 月 5 日在中山大学媒体变革论坛上的演讲，见 finance. qq. com/a/20121106/003433. htm。

国家在这样的工业化水平上农业劳动者比例都下降到 25% 以下。另一方面是城市化又滞后于非农化，51% 的城市化水平滞后于 38% 的非农化水平。最后，户籍人口变动又滞后于城市化进程，约 30% 的城镇户籍人口率远低于 50% 的城市化水平。

（三）人口城市化滞后于土地城市化

进入 21 世纪以来，中国城镇化进程加快。但在这个过程中，人口城市化滞后于土地城市化是城市化面临的一个严重问题。土地升值的巨大收益，驱动各地出现大规模圈占农地和不断发生的强行拆迁、暴力拆迁问题。据统计，2006—2008 年，在国家要求耕地占补平衡的情况下，全国耕地净减少 12480 万亩，年均减少近 4200 万亩，分别比"十五"期间五年减少总量（11300 万亩）和年均减少量（2260 万亩）多出 1200 多万亩和 1900 多万亩。[①] 2009—2010 年又形成新一波通过农村居民宅基地的"置换"来扩展城市建设用地的热潮。由此引发的恶性冲突事件、群体性事件频繁发生，对社会和谐稳定形势产生不利影响。

（四）城市土地集约效益薄弱

实际上，我国城市化发展主要制约因素还不是土地，很多城镇建设还是"摊大饼"式的，集约性很低，土地单位面积的产出和发达国家相比有很大差距。据研究，目前中国城市工业用地的容积率仅为 0.23，远低于国际平均水平。比如，我国城镇化、工业化水平相当高的深圳，包括居住面积在内的建设用地每平方公里单位产出是 4 亿元人民币，而一河之隔的香港是 14 亿元人民币，新加坡则是 18 亿元人民币。这从另一个角度也说明，即使不再扩大现有城市的面积，仅通过更加合理地利用存量空间，我们的经济增长也还有非常巨大的潜力[②]。

"土地城市化"出现热潮，更多是反映了土地财政的强大刺激，而不

[①] 汝信、陆学艺、李培林主编：《2011 年：中国社会形势分析与预测》，社会科学文献出版社 2010 年版。

[②] 陈锡文：《认真总结经验教训，促进中国城镇化，更好的实现可持续》（在 2012 中国城镇化高层国际论坛上的演讲），http://www.town.gov.cn/csph/201204/10/t20120410_ 537379. shtml。

是统筹城乡发展、城乡一体化和新农村建设的真实需求。要警惕把"城乡一体化"变成"城乡一样化"，警惕在"土地城市化"中严重损害农民利益。

（五）"城市病"和"乡村病"的显现：大气污染、交通拥堵、乡村凋敝

我国城市化的一个重要问题，就是一定要处理好城乡关系。我国人口众多，如果未来全都集中到现有的城市，是目前的城市不可能承载的。我国目前的 660 个城市中，已经有 400 多个缺水，一些城市为了解燃眉之急，甚至开采国际上一般严令禁止开采的不可恢复的岩层深水，水资源已经成为影响我国城市发展的主要约束条件之一。我们现在到国外的大城市去，已感觉到最大的差距还不是城市基础设施和发达程度，而是空气的质量，蓝天白云在我国大城市已成为稀缺品。

大气污染、交通拥堵、水资源匮乏等"城市病"，已越来越突出地呈现。所以，在要加快城市化建设步伐的同时，也要建设好乡村，让乡村能够分散一部分非农职业的居民。

目前在一些地区，也出现城市化过程中的"乡村病"，这主要是指"乡村空心化"。首先是产业空了，随着全国产业的结构升级和劳动力成本的上涨，乡村工业越来越失去了原来的竞争力，新兴产业逐步向大中城市和工业园区、新技术开发区聚集，过去的一村一品凋零了；其次是年轻人空了，年轻人都出外打工闯世界，巨大的城乡差距使他们不愿意再生活在乡村，农村成为老年人社会，农业成为老年人的工作；再次是住房空了，在一些发达地区，过去住房改建翻新得很快，现在很少有人改建翻新住房了，乡村富裕的人多数已经在城市买房搬进城市居住，一些村落三分之一的住房都闲置了，长期无人居住和修缮的住房败落了，村庄变得萧条和缺乏人气。产业空、青年人空、住房空造成一些乡村的凋敝和衰落。

四　促进城市化发展的战略选择

（一）充分发挥城市化对经济社会发展的引领作用

我们应当充分认识到，工业化和城市化已成为推动我国经济建设社会

发展的双引擎，城市化是继工业化之后拉动我国经济社会发展最强大的力量。要抓住机遇，破除二元结构，统筹城乡发展，缩小城乡差异，充分发挥城市化在改变增长方式和生活方式等方面的引领作用。

我国目前各省市区的城市化水平差异较大，与区域发展水平差距是一致的。目前，除了上海、北京、天津、广东已经达到发达国家的高城市化水平，多数省区处于41%—60%的中城市水平，有8个省区城市化水平还在40%以下，贵州和西藏的城市化水平还不到30%。这种城市化水平的差异，也是城市化结构变动弹性，为我国通过城市化推动经济社会发展提供了巨大机遇。

表5　　　　　　　　**我国各省市区城市化水平差异**（2010）

城市化水平	省市区数	省市区
高城市化水平（61%以上）	4	上海（88.6%）、北京（85.0%）、天津（78.0%）、广东（63.4%）
中城市化水平（41%—60%）	19	辽宁（60.4%）、浙江（57.9%）、江苏（55.6%）、黑龙江（55.5%）、内蒙古（53.4%）、吉林（53.3%）、重庆（51.6%）、福建（51.4%）、海南（49.1%）、山东（48.3%）、宁夏（46.1%）、湖北（46.0%）、山西（46.0%）、陕西（43.5%）、湖南（43.2%）、江西（43.2%）、河北（43.0%）、安徽（42.1%）、青海（41.9%）
低城市化水平（40%以下）	8	新疆（39.9%）、广西（39.2%）、四川（38.7%）、河南（37.7%）、云南（34.0%）、甘肃（32.7%）、贵州（29.9%）、西藏（23.8%）

资料来源：根据国家统计局《中国城市统计年鉴2011》相关数据测算，中国统计出版社2012年版。

（二）提高大城市的集约能力

我国大城市的人口规模和地域规模增加得很快，但其聚集经济能力和规模都明显低于世界平均水平，与发达国家相比差距更大。多数发达国家的特大城市，其GDP产出都能达到全国GDP的10%以上，如纽约GDP和东京GDP都占其全国GDP的18%左右，伦敦的GDP占英国全国的17%左右，首尔的 GDP 占韩国全国的 26% 左右，而我国上海、北京这样全国最大的城市，GDP 产出占全国的比重都低于 5%。我国经济集约化程度较高的整个长三角经济圈，其 GDP 总量占全国经济的比重也不过 1/6 左右。

我国城市发展的理念还多限于"摊大饼"，虽然地域规模开展迅速，但聚集经济效益却没有明显提高。很多建筑精美的高楼大厦都存在大量"租金蒸发"的现象。在今后的城市发展中，必须建立城市每平方米平均产出能力的管理理念，不断提高大城市的集约能力。

（三）发展城市群网络

我国近年来高速公路和高速铁路迅猛发展，带动形成一批 1 小时城市群网络，这将极大地改变城市生活的时间、空间概念和生活方式，加快生活节奏和提高社会运行效率。尽管在高铁建设中出现了这样或那样的问题，但不能因此否定高铁发展的方向和它带来的巨大收益。在高铁和高速公路的带动下，长三角、珠三角、环渤海三大都市圈已经形成。

我国未来 1 小时城市群网络将迅速扩展，进一步加快人流和物流的速度，促进产生一大批卫星城市的城市居住小区，形成城市圈、城市群和城市带。

（四）建设好小城镇

20 世纪 80—90 年代，随着小城镇的快速发展，我国学术界曾就我国"城市化道路"展开激烈争论，产生小城市论、大城市论、中等城市论、多元发展论、城市体系论等多种观点。经过 20 多年的实践，学术界基本形成了共识，即我国作为一个人口众多的大国，既不可能像韩国靠少数大城市吸纳绝大多数人口的道路，也不可能走小城镇星罗棋布的道路，而要走大中小城市协调发展的道路。

在我国城市道路的选择上，应当特别注重小城镇的发展，因为我国城乡差距较大，而小城镇是连接城乡的结点，城市化的主旨不仅是城市本身的发展，更重要的是消除城乡之间发展水平的差异。在这方面，小城镇将会发挥重要作用。1990 年到 2010 年，这 20 年间，我国建制市从 467 个增加到 660 多个，而同期建制镇从 12000 个增加到近两万个。建设好我国的小城镇，使小城镇成为吸纳乡村人口的一个重要渠道，分散大城市的人口压力，这是我国城市化道路的必然选择。

（五）加快农民工市民化步伐

从20世纪80年代中期以后，城市经济成为吸纳农村劳动力转移的主渠道，近30年来，数以亿计的农民工进城务工经商，形成全世界最庞大的流动人口。能否顺利地使这些农民工市民化，应当成为衡量我国城市化道路成败的一个重要标准。实际上，我国在工业化过程中减少农业人口方面还是有差距的，日本经济起飞过程中，农业人口下降了65%；美国经济起飞过程中，农业人口下降了72%；我国1980—2010年，尽管乡村人口的比例数从80%下降到约50%，但乡村人口的绝对数仅下降了15%。我国应制定明确的可操作的农民工及其家庭的市民化规划，争取从2010年到2030年，用20年的时间，解决3亿农民工及其家庭在户籍、就业、子女教育、医疗、住房等方面的市民化问题，每年市民化1500万人。

（六）走城乡统筹发展的新型城市化道路

到2030年，我国人口将达15亿人左右，那时候城镇化率可能会达到70%，但农村人口仍占30%，也就是说，仍有4.5亿左右的人口在农村生产和生活。中国的城市化最大的问题还是在农村，要通过城乡统筹发展，极大地提高农民的收入，改善农民的生活条件和生活水平，保护好农村的生态环境，走可持续发展的城市化道路。未来的城市化不是城市有很多半城市化的农民工，而是居住在乡村的人有很多是非农的从业者和居民。要坚持走新型城市化道路，促进大中小城市和小城镇协调发展，着力提高城市综合承载能力聚集效益，发挥城市对农村的辐射带动作用，逐步实现城乡一体化发展。

参考资料

阿部和彦，2001：《城市化：中国现代化的主旋律》，长沙：湖南人民出版社。

［美］贝利，2008：《比较城市化：20世纪的不同道路》，顾朝林等译，北京：商务印书馆。

蔡昉、都阳，2003：《转型中的中国城市发展——城市级层结构、融资能力与迁移政策》，《经济研究》第 6 期。

陈锡文，2012，《认真总结经验教训，促进中国城镇化，更好的实现可持续》（在 2012 中国城镇化高层国际论坛上的演讲），http：//www. town. gov. cn/csph/201204/10/t20120410_537379. shtml.

高佩义，2004：《中外城市化比较研究》，南开大学出版社。

顾朝林，2008：《中国城市化历程、现状与展望》，载中国城市科学研究会编《城市科学学科发展报告》，中国科学技术出版社。

辜胜阻，1991：《二元城镇化战略与对策》，《人口研究》第 5 期。

郭书田等，1990：《失衡的中国——城市化的过去、现在和未来》，河北出版社。

李培林，2001：《村落的终结》，商务印书馆。

李强等，2009：《城市进程中的重大社会问题及其对策研究》，经济科学出版社。

联合国人居中心，1999：《1998 城市化世界》，沈建国等译，中国建筑工业出版社。

陆大道等，2006：《中国区域发展报告》，商务印书馆。

马春辉，2008：《中国城市化问题论纲》，社会科学文献出版社。

孟德拉斯（H. Mendras）：《农民的终结》，李培林译，社会科学文献出版社。

潘家华、牛凤瑞、魏后凯主编，2009：《中国城市发展报告》，社会科学文献出版社。

人民日报，2010，《土地财政不可持续》，12 月 27 日《人民日报》。

汝信、陆学艺、李培林主编，2010：《2011 年：中国社会形势分析与预测》，社会科学文献出版社。

杉山武彦，2008：《战后日本交通基础设施发展与城市间收入差距问题研究》，《日本研究》第 3 期。

舒马赫，1984：《小的是美好的》，商务印书馆。

田雪原，2000：《人口城市化驱动消费需求效益研究》，《中国人口科学》第 2 期。

王晓婷、陆迁、吴海霞，2009：《城市化水平对城乡收入差距影响的协整分析》，《生态经济》第 2 期。

王梦奎、冯并、谢伏瞻主编，2004：《中国特色城镇化道路》，中国发展出版社。

杨伟民，2008：《中国特色城镇化道路的四个关键问题》，《城市与区域规划研究》第 2 期。

曾国安、王晶晶，2008：《城乡居民收入差距的国际比较》，《山东社会科学》第 10 期。

张敏、顾朝林，2002：《农村城市化："苏南模式"与"珠江模式"比较研究》，《经济地理》第 4 期。

赵一平、周星，2002：《改革以来中国城市化道路及城市化理论研究述评》，《中国社会科学》第 2 期。

中国发展研究基金会编，2010：《促进人的发展的中国新型城市化战略——中国发展报告 2010》，人民出版社。

中国指数研究院，2010，《2009 年全国土地出让金达 1.5 万亿元》http：//www.nx.cei.gov.cn/jjsj/gtsj/201001/55627.html。

周其仁，2012，《集聚、密度和城市化》，2012 年 11 月 5 日在中山大学媒体变革论坛上的演讲，见 finance.qq.com/a/20121106/003433.htm。

（原载《江苏社会科学》2012 年第 5 期）

社会分层研究

关于中国社会分层的若干问题

一　什么是等级、阶级和阶层

在中国和西方，古代社会中的"阶级"，就是指社会上存在的身份等级。在中国的古典文献中，"阶级"既指官位俸禄的等级，也指社会伦理制度"礼"规定的等级秩序。《新书·阶级》曰："故古者圣王制为列等，内有公卿大夫士，外有公侯伯子男……等级分明。"《三国志·吴志·顾谭传》曰："臣闻有国有家者，必明嫡庶之端，异尊卑之礼，使高下有差，阶级逾邈。"

没有官位的"老百姓"，在古代通称为"庶民"。"士"介于"大夫"和"庶民"之间，有的是拿俸禄的"食邑"的官，也有的是自食其力的"食田"的民，所谓"学而优则仕"。所以古时有"士大夫"和"士民"的称谓，但后来"士"通指"读书人"。

在中国古代传统的农业社会，"民"的划分是"士民、农民、工民、商民"四民。《汉书·食货志》曰："士、农、工、商，四民有业；学以居位曰士。"

在西方过去有文字的各个历史时代，社会等级制度也是普遍存在的，可以看到由各种社会地位构成的多级的阶梯。在古罗马，有贵族、骑士、平民、奴隶；在中世纪，有封建领主、陪臣、行会师傅、帮工、农奴；而且在每一个阶级内部又有各种独特的等级。

对阶级斗争的研究和关注，是法国和英国近代史学的新传统。此前，史学界解释历史变迁的主流观念是：在一切历史变动中，最重要的、具有决定意义的是政治变动，而这种变动的最终原因，应当到支配人们个体理性选择或集体行动的思想动机中去寻找。法国和英国近代的部分史学家，对这种观念提出了挑战，他们的研究证明，欧洲历史的动力，至少从中世纪起，是新兴资产阶级为争取社会和政治的统治同封建贵族所作的斗争，并由此形成了"市民社会"理论和史学的新学派。

马克思在此基础上进行了新的理论变革。他证明，在充分认识社会经济状况的条件下，一切历史现象都可以用最简单的方法来说明，而每一历史时期的观念和思想也同样可以极其简单地由这一时期生活的经济条件以及由这些条件决定的社会关系和政治关系来说明。也就是说，一切历史的真正基础是经济，人们首先必须吃、喝、住、穿，然后才能争取统治，从事政治、宗教、哲学等。在此基础上的阶级斗争，是历史的真正动力；而从19世纪开始，随着大工业的产生和推进，阶级对立简单化了，整个社会日益分裂成两大敌对的阶级，即资产阶级和无产阶级。

马克思主义不同于一般的理论，因为它是革命的实践学说。在阶级矛盾激化的19世纪以及随后的时期，马克思的学说得到快速而广泛的传播。在中国，马克思主义成为中国共产党产生的指导学说，马克思关于阶级斗争的理论，成为中国共产党通过革命运动夺取政权的指导思想。

但是，在社会主义和平建设时期，特别是在"反右派"和"文化大革命"时期，"阶级斗争"被一再地简单化和扩大化，制造了很多人为的"阶级矛盾"。以至于现在人们一听说进行"社会阶层结构分析"，就联想到"划阶级、定成分"，似乎这是个令人谈虎色变的话题。

其实，在现代的社会理论中，"阶级"或"阶层"都是指按一定标准区分的社会群体（social group），根据不同的理论和不同的研究目的，也有不同的划分标准和方法。在过去的中国语言里，阶层一般是指阶级内部不同等级的群体或处于不同阶级之间的群体。而现在中国学者更多地使用"阶层"的概念，很大程度上是由于历史的原因，是为了有别于在政治上"划阶级、定成分"的做法。

二　区分社会阶层干什么

在中国，"均贫富"的传统思想是深入人心的，所以如果把人分成

"三六九等"，在心理上是很难让人接受的。虽然改革开放以后，随着打破平均主义和对效率目标的追求，收入差距迅速扩大，但直到现在，在国有单位内部，工资的等级差异还是很小的。前两年北大、清华设立岗位津贴制，分了很多等级，结果掀起轩然大波。有的教授甚至说，我可以接受低收入，但不能接受"分级划等"这种对我人格的侮辱。但现在，很少再听到对"分级划等"的岗位津贴制的抱怨了，而且各省市的重点大学，也都为留住人才而纷纷仿效。现在回头来看，加入 WTO 以后高等教育的办学向外资开放，公立大学的岗位津贴制，起到了人才流失防护堤的作用。

前些日子，我去参加一个关于"社会分层"的理论研讨会，站在门外抽烟，听到一个年轻的和一个中年的出租车司机在聊天，很有意思。

中年人说，"听说这是一个划阶级的讨论会，这帮搞学问的就是吃饱了没事，这才消停了几天，他们又要划成分，据说还成立了什么划成分研究中心，这不是挑动人斗人吗"？

年轻人说，"就是应把那些歌星、影星、大款、贪官划成资产阶级、剥削阶级、反动阶级，让他们再牛。可听说他们是按什么'职业'划分，如果这样还用他们研究，我看这帮读书人也都是拍马溜须的料，没有敢说真话的"。

中年人说，"听说有人把咱们出租车司机也划成中产阶级，还有的划成新富阶级，说咱们收入高，还是有车族"。

年轻人说，"简直是胡说八道，咱们这车叫劳动工具，他们懂个屁。咱们挣这点辛苦钱容易吗？一天干十几个小时，连个节假日都没有，还中产、新富呢，他们也会编词。咱们是正宗的工人阶级，咱们的剩余价值都让公司给剥削了，他们这些玩笔杆子的人才是资产阶级，起码是小资产阶级，写俩字玩玩嘴皮就挣钱"。

可见，在目前，一提到社会分层，人们就联想到"划阶级、定成分"，就联想到要动员人们去打击、批判一部分人，这是一种具有历史继承性的思维模式。

其实，就像我们研究生物界要进行动物和植物的分类一样，社会分层是我们认识复杂的人类社会结构的一种简便的方法，它有很实用的价值。但严格说，社会分层的方法并不是从中国传统的思想土壤里产生的，而是近代，特别是 19 世纪末以后从西方导入的。中国传统的分类方法，是习惯于根据现象特征进行归纳性的区分，而不是根据本质特征进行分析性的区分，所以中国可以在 1578 年就出现李时珍的《本草纲目》，很早就有细致完整的动植物分类学，可以在 1637 年就出现宋应星的《天工开物》，很早就有各种生产技术和制造方法的分类，但由于缺乏对具体学科领域中自身的统一因果律的寻求，所以从《本草纲目》中没有发展出分子生物学，从《天工开物》中也没有发展出现代的物理学和化学。

社会分层的根本目的，就是为了使社会能够和谐地发展。在现实社会中，每个社会的阶级阶层都有其相对独立的群体利益，在社会发展的过程中，特别是在快速而剧烈的社会变化过程中，各阶级阶层之间必然会产生各种利益的摩擦、矛盾和冲突。不管人们承认不承认，这些摩擦、矛盾和冲突是客观存在的，应当对此进行科学的分析。一个社会要想能够持续、稳定、协调的发展，就要建立阶级阶层利益的整合机制、矛盾和冲突的化解机制以及社会分层秩序的稳定机制，而这些都要以对社会分层结构的了解和把握为基础。

此外，社会职业阶层结构越来越成为发展程度的重要标志。在农业社会，粮食的产量是发展程度的主要标志，比如我国历史上用"鱼米之乡"或"天府粮仓"来形容比较富裕的地方。目前我们衡量发展程度，主要是根据产业结构。在工业化初期，制造业在 GDP 中的比重，曾是一个国家发展程度的主要标志，制造业的比重越高，经济就越发达。在工业化后期，服务业在 GDP 中的比重，成为一个国家发展程度的主要标志，服务业的比重越高，经济就越发达。现在，情况又发生了变化，世界上最发达的国家，其服务业在 GDP 中的比重达到 65%—70% 以后（高收入国家1999 年服务业比重平均为 64%），变化的弹性就很小了。一个国家（特别是大国）的经济，不可能完全靠服务业支撑，对于发达国家来说，服务业的比重越来越失去其显示发展程度的意义，美国 1990—1999 年的近 10 年间，经济发生很大变化，但服务业在 GDP 中的比重，也只从 70% 增加到 72%。

人们发现，信息业在 GDP 中的比重，越来越成为目前一个国家发展程度的重要标志，有的学者已把信息业称为继农业、工业和服务业之后的第四产业。但信息业有个不同的特点，就是它无法完全按行业来划分，而是渗透在各个行业中的，如在发达国家的农业中，人们使用卫星定位系统掌握土壤的成分和湿度的信息、作物生长和成熟的信息等，你说它是农业还是信息业？再比如金融行业可能比电视机制造业的信息化程度更高，它是服务业还是信息业？

现在各发达国家都有一些学者在研究如何测量经济中的信息业比重，但难度很大。多数人认为，比较可操作的办法，是从职业人员结构来分析。也就是说，在一个社会的职业结构中，从事知识技术工作的人员所占的比重越高，特别是掌握高新知识技术的人员比重越高，社会的发展程度也就越高。这说明，社会职业阶层的分析，具有非常广阔的应用领域和前景。

三　区分社会阶层的标准是什么

实际上，根据不同的分层目的，可以有不同的分层标准。虽然社会分层结构是一种客观存在，但观察和分析社会分层结构的人并不是完全被动的，他可以有不同的观察和分析的角度，可以从不同的侧面来揭示社会分层结构。也就是说，社会分层结构是立体的，而不是平面的，并不是只存在一种观察角度。只从一种角度观察，很可能得到的是"瞎子摸象"的结果。有时候，一种新的视角的出现，甚至会改变人们既有的社会分层结构的观念。

比如，人们较早有了东方人和西方人的区分，有了白种人、黑种人、黄种人和棕色种人的区分，又有了信天主教的人、信新教（基督教）的人、信伊斯兰教的人、信佛教的人、信道教的人、有民间信仰的人、无神论者等的区分。中国很早就有士、农、工、商的区分。

每一种区分方法的后面，实际上都有一整套的理论。英国古典经济学家亚当·斯密认为，进入工业社会以后，"工资、利润和地租"是一切收入的三个最初来源，劳动者获得工资，资本家得到利润，地主得到地租，因此，社会上形成工人、资本家和地主三个主要阶级。英国古典社会学家韦伯认为，一个社会具有经济、政治、社会三种基本秩序，所以就产生了根据财富收入、权力和社会声望区分人群的三种基本的分层系统。

社会分层结构并不是一种固定的物，而是一种变化和流动的活体，它处于不断的建构过程中，人们从两个方面参与这种建构。

一个方面是人们的行动。一个人在社会中的位置并不是固定的，他处于流动之中，社会的发展变化越快，他流动的频率就越快。他对各种机会的选择，都参与了社会分层结构的建构。当然，每个人或群体的建构目标，与实际的社会建构结果常常是逆反的，比如在正常的股票市场上，人人都想发财，但分层的机制决定了最终发财的总是少数。英国当代著名社会学家、伦敦经济学院的院长吉登斯（A. Giddens）认为，社会根据三种"市场能力"划分为三种阶级，即掌握生产资料的市场能力的上层阶级、具有教育和技能的市场能力的中产阶级、具有体力劳动的市场能力的下层阶级。但他同时认为，从确定的市场能力到阶级形成之间，还有一个过程，而这个结构化过程，是由流动机会的分布来控制的。一般来说，流动机会的封闭程度越强，越容易形成阶级的冲突，反之，流动机会的开放，可以缓解阶级关系的紧张。

另一个方面是人们的观念。一个社会或一代人的观念，具有很强的继承性，观念的改变常常比现实的改变更困难、更迟缓。而这种观念，又成为影响人们行动和看法的重要因素。比如一个老年的工薪阶层，习惯了一辈子省吃俭用，闲暇时间顶多打打麻将，尽管他可能有不少银行存款，但他的生活方式，使他自己和别人都认为他属于中下层；而一个年轻的工薪阶层，接受了新的时尚，虽然没有多少积蓄，但常去听听音乐会、泡泡酒吧、参加个郊游或打个网球什么的，他自己和别人都觉得他属于中上层。法国当代著名社会学家、法兰西学术院的院士布迪厄（P. Bourdieu）有一句名言："分类者是由分类的方式来分类的。"他透过不同的人群对吃、穿、住房、商店、诊所、家具、汽车，以至音乐、书籍、戏剧、宠物、花、儿童玩具等的消费品位偏好，来分析和揭示这些消费品位偏好形成的社会分层结构。他认为消费品位偏好具有很强的继承性和很大的影响力，造成社会分层结构的复制和再生产。

现在，根据不同的理论体系和不同的分层目的而使用的分层标准有很多，如生产资料的占有、财富和收入、组织权力、社会声望、知识技能、受教育程度、消费偏好、象征性权力、信息资源占有、职业等。而比较共同的看法是，要全面地把握社会分层的状况，要使用比较综合的标准，而不是单一的标准，这样人们就设计了各种各样的社会经济地位综合指数体系，产生了很多测量和分析的模型。

不过，为了简化社会分层的方法，现在学术界主流的看法，是倾向于把"职业"看作包含了各种经济社会资源占有和使用信息的标准。

把"职业"作为社会分层的标准，把资源占有作为基本维度，并附之社会经济地位综合指数的测量，也比较容易与"常识"衔接，为一般人所接受。我在地摊上曾买到一本《当代民谣》，辑者是一个叫"鲁文"的人，他说明代有杨慎辑的《古今谣》，清代有杜文澜辑的《古谣谚》一百卷，所以他现在要编辑这本"褒贬时风、议论时政、抨击时弊"的《当代民谣》。他在书中辑录了民间流传的各种把人群分成三六九等的顺口溜，多数都是饭桌上的谈资和话语作料，但这些社会分层顺口溜的共同特征，也都是把职业和消费特征作为分层的标准。

四　中国改革以来社会分层结构的变化

中国在改革开放以来的 30 多年中，经济社会发生了极其深刻的变化，这种变化的一个突出特点，就是经济体制转轨（economical institutional transition）和社会结构转型（social structural transformation）的同步进行。中国从一个再分配经济国家转变为一个社会主义市场经济国家，同时也在快速地从一个传统的农业国家转变为一个现代的新兴工业国家。正是由于这一特点，使中国发展和变化的轨迹，在很大程度上既不同于苏联、东欧国家，也不同于东亚新兴工业国家和地区。中国在这两个转变中获得的经验和教训，将为世界增长和发展理论提供新的财富。

中国在改革开放以前 20 多年中，曾试图通过经济上的"大跃进"和政治上的"阶级斗争"来建立一个理想的新社会，即一个消灭生产资料和财富的私人占有状况的"无阶级"社会。但发展的结果却事与愿违，不是共同的富裕，而是普遍的贫穷。中国走上改革开放的道路，应当说是一种绝路求生的选择。这一选择的根本点，是从"以阶级斗争为纲"转变为

"以经济建设为中心"。

改革最初曾试图从影响力较大的工业重镇开始，扩大国有企业的生产经营自主权，但城市中的改革阻力很大。意想不到的是，改革在农村经济最薄弱的地区最早获得突破，经历长时间精心建立起来的农村"人民公社"体制，随着土地承包到户的产权变革，在2—3年内就彻底解体。经济体制的转轨很快就带来社会结构的变化，获得经营自主权的农民，在理性选择的指导下，大量的生产活动开始转向非农领域，起初由于户籍制度的限制，农民就地建立起无数的乡村企业，包括乡集体办的、村集体办的、合伙的和私人个体的，到现在为止，大约已有1.3亿传统农民转变为"乡村工人"。农村的这个伴随着社会结构变动的经济体制转轨过程，几乎是一路凯歌的，参与改革者在这个过程中普遍获益。获益的来源不是原有福利的重新分配，而是新增福利向直接生产者的倾斜。到20世纪90年代初，由于农村工业中资本和技术对劳动的替代，农村工业吸纳农村剩余劳动力的能力有所降低，而城市经济生活的活跃产生巨大的低成本劳动力需求，随着户籍制度的逐步松动，农民进城务工经商成为农村剩余劳动力的主渠道。这些进城打工的农民，由于家在农村，家里还有承包的土地，所以在农忙季节和传统节日，都会钟摆式地返回农村，加之他们的工作往往并不稳定，所以被人们称为"流动民工"。据调查估算，这个新生的"流动民工"阶层，至少有8000多万人。平时他们无声无息地分散在城市中，但在返乡团聚的节假日，他们成千上万地在火车站聚集，蔚为壮观，成为新闻报道的热点。进城的民工虽然处于城市生活的边缘和下层，但他们向城市的流动，对他们自身来说，却是一个获益的过程。农村中还有相当一部分完全靠耕作极少的农田生活的农民，耕作规模的狭小和农产品价格的下降使他们的生活仍然非常贫困。

在城市经济的改革中，有两条线索：一是国有企业的改革，国有企业先后进行了扩大企业自主权、承包责任制、利改税、拨改贷、股份制等一系列改革，但改革的道路比人们预想的要艰难得多；二是商品和服务价格的市场化，这项改革很快就取得了活跃经济的效果。城市经济改革的特点，是在原有的公有制经济（国有和集体）的夹缝和边缘，出现了一块非常活跃的非公有制经济。最早是出现了一个"个体户"阶层，这是指自雇或雇工在 7 人以下的工商业者，他们早期主要由街道无业青年、"文革"中下乡回城后找不到工作的"知识青年"、少数进城的农民等组成。凭着对市场机会的灵敏反应，"个体户"的群体很快就壮大起来，资本的集中趋势使城市的私营业主群体也成长起来。在国有经济体制外呈现的市场获益机会，吸引了大批国有部门的干部、技术人员和一般职工"下海"经商。大量的外资引进，也创造出众多的就业机会。特别是高技术人员的创业、高技术外资企业的引进和中国出国留学人员的回国创业，在城市中造就了一个高收入的"白领阶层"。加入这个高收入"白领阶层"的还有从事自由职业的律师、医生、会计师、商业中间人等。国有企业在产权变革的过程中，也逐步地塑造出一个企业家和经理阶层。在中国各大城市周边的高档花园别墅中，居住着被称为"大款"的新富阶层（New Richer），除了私营业主和外资企业的高级雇员，其中也有不少是著名的歌星、影星、舞星和体育明星。然而，在城市改革中，也有一些人的相对收益地位下降。城市中国有组织"单位"体制的改革，改变了以前收入和福利分配的"大锅饭"体制，就业不再是稳定的终身雇佣制，养老金和医疗也不再由国家包下来，原来分配的住房全部出售给个人。特别是那些处于调整中的国有煤炭、钢铁、纺织、机械制造等传统产业，有近千万的职工失业和下岗，这些失业和下岗的工人，成为城镇低收入群体的重要组成部分。

在改革的过程中，社会流动大大地加快了，社会的利益群体多元化了，不断出现一些新的社会阶层，社会分层（social stratification）的结构处于调整和重组中，尚未形成一种稳定的结构。在不同的社会阶层之间，也出现一些新的利益上的差别、摩擦和冲突，尚未形成一种有序的社会分层结构。

首先，在改革以前，由于基本消除了占有生产资料和财富的阶级，社会结构中按行政权力分层的等级体系，成为唯一的分层体系，几乎所有的社会成员都是参照这一体系来确定其社会地位。改革以后，社会分层体系多样化了，基本上形成了按财富、权力和社会声望（social prestige）排列的三大社会分层体系，社会地位获得的途径更加宽广了。但是，在快速的社会流动过程中，这三大体系之间失去了应有的相关性，一些社会声望和权力地位较高的社会阶层，如知识分子和干部，收入和财富地位却较低，而一些收入和财富较高的社会阶层，如个体户和私营业主，社会声望却较低。这就造成很多人心理上的不平衡，一些人在私利的诱惑下，利用自己掌握的社会资源，进行各种各样的权——钱和名——利之间的交易。

其次，改革以前，中国的计划经济实行分配上的平均主义，形成缺乏经济激励的"大锅饭"体制，改革后引入市场竞争的激励机制，鼓励一部分人通过辛勤劳动和诚实经营先富裕起来，但伴随的结果是收入和财富占有的差距逐步扩大，在城乡之间、地区之间、国家分配和市场分配之间、资源支配权力不同的单位之间以及个人之间，收入差距和财富占有的差距都呈现扩大的趋势。起初，这种贫富差距是建立在普遍获益基础上的，只不过有的社会阶层收益增长较快，另一些社会阶层收益增长较慢，还有的社会阶层虽然收益有所增长，但相对收益地位下降。但是，近几年来，却出现了高收入阶层收入水平继续增长而低收入阶层绝对收入水平下降的情况，这种改革以来罕见的情况，引起学者的高度关注，人们呼吁通过新的税收和福利政策来调整收入分配秩序。

再次，在经济体制转轨时期，新旧体制的替代过程中出现的某些"失范"（anomie）状况，破坏了社会分层的秩序。实际上，市场经济公平竞争下所伴随的贫富差距，与权力经济、非法经济和犯罪经济所造成的贫富差距，性质和效果是完全不同的。市场经济是建立在公平竞争的基础上的，它所带来的资源的充分利用、效率收益和剩余的增量，使国家有足够的能力在再分配的过程中进行贫富差距的调节，并承担由此产生的成本。权力经济、非法经济和犯罪经济则是损害资源的有效配置的，其"竞争优势"依靠的不是降低成本而是外移成本，结果是"劣币驱逐良币"，财富和收入非法向少数人集中。在一些地方和领域，权力经济、非法经济和犯罪经济，利用计划经济被打破和市场经济不健全的过渡期，一方面腐化了计划经济的最后遗产，另一方面破坏了市场经济的新生摇篮，它们还塑造和激活了一个要"抓住机会、非法完成原始积累、迅速暴富、自我调整社会等级地位"的巨大欲望和梦想。

最后，经过30多年的改革开放，一方面，人们通过改革的成果认识到，市场导向的改革和对外开放是中国发展的必由之路，尽管中国加入WTO面临着更大的改革压力和更加激烈的市场竞争，但中国不可能走回

头路；另一方面，人们对发展有了新的认识，特别是认识到在经济增长的
过程中解决贫富差距、环境污染、腐败和贫困等社会问题的重要性，对市
场机制的作用和缺陷也有了新的认识，特别是认识到在市场经济条件下确
立共同的社会公正（social justice）观念的重要性。在具有不同利益要求的
社会阶层之间，通过对话、沟通和理解来实行相互的社会认同，建立有序
的社会分层结构，塑造与市场平等竞争相容的社会公正价值观，日益成为
不同思想派别共同的新的改革要求。

五　知识技能在社会分层中的作用

在社会分层的各种要素中，虽然经济资源的占有和使用仍然是基础的
要素，但知识技能的作用具有快速增长的趋势。这种趋势是由以下几个方
面所决定的：

首先，知识技能的更新大大加快。比如，中国人非常注意书法，书法
不仅是一种技术，还是一种艺术。过去的文秘人员，首先要字写得好。小
学生从小就要练习写大仿、写硬笔。字写得工整、漂亮，是一种有学问、
有正规教育基础的重要象征符号。但是，电脑的快速发展，办公自动化的
实现，使一手好字的价值贬值了，一个称职的文秘人员，首先要熟练电脑
的操作。我到美国的一个工会调查时，他们给我看他们的一幅宣传漫画，
画上一边是工人，另一边是机器，中间是一条狗。我看不懂，问中间这条
狗是什么意思。他们说这条狗就是电脑，它阻挡了很多传统产业工人操作
机器的道路。所以说，知识技能的更新，可以产生很多新的职业，但也会
淘汰很多职业。我小的时候，家门口儿经常响起"磨剪子戗菜刀"的喊
声，那似乎是生活的一抹色彩，但现在再也听不到了，似乎它伴随着一个
时代过去了。知识技能的快速更新换代，使过去的一些稳定的职业阶层发
生了分化，一些人跟上了竞争和变化的步伐，职业地位升迁了，但也有一
些人从过去的中心被甩到边缘。

其次，知识技能的收益期大大缩短。过去人们社会升迁的路，大体都
是一样的，首先是小学、中学、大学的读下来，然后慢慢地在工作中积累
经验。日本的企业过去盛行年功序列制度，共有20多个台阶，让你一辈

子都爬不完。现在情况不同了，很多人似乎可以超越传统的社会升迁轨道，大学生满脑子都是比尔·盖茨，"创业"成了比"求职"更有气魄和抱负的象征词。很多上了年纪的人想不通，过去他们大学毕业后要在筒子楼里熬十几年，可如今年轻人，大学一毕业，找个公司干干，日子过得就那么滋润，又是蹦迪又是卡拉 OK，还老是想着"跳槽"，论工作态度似乎一代不如一代，怎么挣钱就一代胜过一代。其实他们想不通的地方，恰恰是变化了的地方。新型知识技能的收益期比传统知识技能的收益期大大缩短。

最后，知识技能的获益能力大大增强。我的青少年时期，是在一个没有资本家的时代度过的，我脑子里的"资本家"形象，就是没有多少文化、做梦都是发财、善于算计钻营，还吝啬抠门、临死都舍不得点两根灯芯草的那种人。现在上大街，满眼都是"私有企业主"了，不过他们的形象，还在建构的过程中。改革开放后，第一批私营企业主主要来源于进城农民、城市待业人员和个体户，第二批主要来源于国有单位"下海"的人员，第三批主要来源于转制的国有中小企业和集体企业领导人以及工人，第四批主要来源于投资创业的专业技术人员。据调查统计，目前的私营企业主中，有43.4%来源于国家企事业单位干部，17.4%来源于个体户，14.2%来源于工业和服务业工人，10.5%来源于专业技术人员，9.3%来源于农民，还有5.2%来源于其他职业人员。现在的博士、硕士下海创业经商，成了一种时尚，还美其名曰当个现代的"知本家"，影响得那些从底层成长起的"资本家"，也千方百计地去弄个野鸡大学的文凭或正牌大学的野鸡文凭。但不管怎么说，知识技能日益成为一种地位和品位的象征符号。

六　中国贫富差距的心态影响

改革开放以来中国收入差距的扩大，已是一个得到经验研究证明的不争事实。但是，对收入差距是否已超过社会可以承受的合理区间？是否严重影响了收入分配的合理秩序甚至激励机制？贫富分化是否对社会公正和社会稳定产生巨大的威胁等？实际工作部门和学术界都存在一些不同的看法。我在 1996 年以前，一直认为中国改革以后收入差距的扩大是引入市场经济激励机制的正常现象，尽管分配秩序存在着种种不合理的方面，但仍属于渐进式改革的过渡性问题，而且体制内分配缺乏激励的"大锅饭"问题仍然是主要矛盾。但近几年来一些实际情况的变化使我的看法有很大的改变，这不仅仅是因为低收入阶层的相当一部分人出现了实际收入下降的情况，更重要的是人们关于贫富差距的社会心态发生了很大变化，甚至已经影响到人们对社会公正的信念，这是比较危险的。

这种危险一方面表现在事实方面：即问卷调查资料表明，20 世纪 90 年代中期以后，贫富差距仍然呈现继续扩大的趋势，中国城镇家庭最高 20% 收入户与最低 20% 收入户年人均收入差距，从 1990 年的 4.2 倍、1993 年的 6.9 倍增加到 1998 年的 9.6 倍（参见表1），而且由于中国在过渡期中存在着大量的隐性收入，实际的贫富差距情况可能比调查数据所反映的还要严重得多。

表1　　　　　　　　**中国城镇居民的贫富差距扩大趋势**

年份	最高 20% 收入户与最低 20% 收入户年人均收入之比	最低 20% 收入户所占总收入的比重（%）	最高 20% 收入户所占总收入的比重（%）	最高 10% 收入户所占总收入的比重（%）	被调查个案数
1990	4.2 倍	9.0	38.1	23.6	1082
1993	6.9 倍	6.3	43.5	29.3	966
1998	9.6 倍	5.5	52.3	38.4	2148

注：表中 1990 年的原始数据来自"人的现代化"课题组在全国 26 个省、市、区的抽样调查；1993 年的原始数据来自"社会变迁与社会意识"课题组在全国 26 个省、市、区的抽样调查；1998 年的原始数据来自"社会形势预测"课题组在全国 22 个省、市、区的 50 个城市的抽样调查。

资料来源：许欣欣、李培林：《1998—1999 年：中国就业、收入和信息产业的分析和预测》，载汝信等主编《1999 年中国社会形势分析与预测》，社会科学文献出版社 1999 年版。

这种危险另一方面也表现在社会心态方面：即人们心理上所感受到贫富差距将事实上的贫富差距又进一步的放大。原因主要有这样三个方面：

其一，一部分人的腐败和非法致富，造成人民群众的强烈不满，并在人们心理上将现实中的贫富差距进一步放大。例如，一些高级干部贪污腐败、徇私枉法，造成国家巨大损失，犯罪金额触目惊心；一些握有经济权力的官员及其亲属通过权钱交易，在批租土地、承包工程、企业改制、债转股等过程中大肆侵吞、转移和挥霍国家资产；一些基层权力部门为了个人或小集团的利益向农民乱摊派、乱罚款、乱收费，造成农民负担过重和干群关系极度紧张；一些不法商人放肆地偷税、漏税、逃税、骗税，在短时间内非法暴富，引起群众强烈不满；一些地方执法人员甚至与"黑社会"势力联手，敲诈敛财、欺压百姓、横行一方。凡此种种，都使现实存在的贫富差距在大众心理上更加放大，并产生"示恶效应"和法不责众的心理。

其二，耕农的比较利益过低、收入提高受阻甚至绝对收入额下降以及上千万国有企业职工的失业下岗，使传统的基础性阶层产生相对剥夺感，在某些突发事件的刺激下，会发生失去理性控制的集体行为。改革是一个利益格局调整的过程，对社会基本群体和阶层的利益分析，关系到改革的成败。为什么有的社会阶层会支持某项制度的实施，而另外一些社会阶层会怀疑某项政策的实施呢？归根结底，就是看改革所造成的制度配置究竟是对谁有利。有时候，即使当前的收益无法估量，也要看改革是否会给他们带来预期收益。但是，令人十分忧虑的是，在近几年对中国市民的调查中，国有企业工人和农民这两个中国社会的最基本群体，均自认为和被认为是收益最少的。根据中国社会科学院"社会形势分析与预测"课题组近几年对全国60多个城市2000多位居民的抽样调查，1997年到1999年连续3年，市民们都认为在发展过程中收益最少的群体，第一是国有企业工人，第二是务农农民。这种情况，必须引起高度的重视，如果一个社会的最基础阶层产生了相对剥夺感，那将是危险的潜伏因素。

其三，贫富分化的出现（即在富裕阶层的收入水平仍在快速上升时，贫困阶层的收入水平却出现下降）是一个危险的信号，因为从社会心理上看，在普遍的获益过程中，自己的相对收益地位下降还是可以承受的，但绝对收益地位的下降，在经济上和心理上都是难以承受的。根据中国社会科学院经济研究所"收入分配研究"课题组的研究，"贫富两极分化"的标准可以分为绝对标准和相对标准：绝对标准是指最高收入组的绝对（实际）收入提高的同时，最低收入组的绝对（实际）收入下降；相对标准是指最高收入组与中值收入的比例上升的同时，最低收入组与中值收入的比例降低。按此标准对1986—1995年收入十等份统计数据进行检验，发现只有1988年出现了绝对标准意义上的"贫富两极分化"①。而这种情况在最近几年又有发生，既在总体的和平均的收入水平提高的同时，最低收入层的实际收入出现下降，这是一个比较危险的信号，是改革以来所罕见的。

对于贫富差距研究，我过去一般都习惯于从实际差距的测定入手分析和推论人们对这种差距的心理承受能力，而把社会心态的变化简单地作为经济原因的结果。实际上，人们的意愿、需求、取向、偏好和预期等社会心态因素，在特定的情况下，也会成为影响经济社会发展和社会稳定的关键性因素。指导西方世界走出 1929—1933 年重大经济危机阴影的凯恩斯经济学，其三大定律由于都涉及人的心理因素，甚至有人称其为三大心理规律。如凯恩斯经济学第一定律所说明的事实是，"随着人们收入的增加，消费在人们收入中的比例呈现递减的趋势"，但对造成这一现象的原因的解释是，"消费倾向递减造成消费需求不足"。

很多实际工作的领导人误认为经济问题比社会心态问题重要得多，其实整个经济学所研究的，无非就是人们的各种需求、偏好、效用感和预期。例如所谓"预期"，股市上称为"人气"，经济监测中称为"景气"，社会监测上称为"社会心态"或"信心指数"，它的复杂性在于我们往往难以单纯从理性原则出发来推论和把握，它对社会稳定的影响是显而易见的，古人用"水能载舟，亦能覆舟"来表示"人心所向"的重要性。特别是某些突发因素的出现，往往会改变人们的预期，而预期一旦形成，往往又具有惯性，扭转起来就比较困难。

现在从一些调查结果来看，人们对贫富差距的社会心态和对其发展趋势的心理预期已经影响到人们对社会公正的信念，所以必须设法努力从根本上扭转这种局面。

七　收入差距过大也会影响消费行为和经济发展

中国目前的贫富差距，究竟是比较合理，还是已经过大或者到了比较

---

① 赵人伟、李实：《中国居民收入差距的扩大及其原因》，载赵人伟等主编《中国居民收入分配再研究》，中国财政经济出版社 1999 年版，第 146—149 页。

危险的临界点，学术界有不同的看法。但在我看来，这些不同的看法实际上都是基于某种认识或感觉的估计。那种拘于衡量收入分配的基尼系数是0.3还是0.4的讨论，或者基尼系数0.4是比较合理还是比较危险的争论，实际上并不是一个"真问题"。

例如在那些认为目前贫富差距比较合理的学者看来，中国城乡差别大，农民基数大，所以收入差距的基尼系数应当把城乡分开计算，而分开计算后，基尼系数就会下降。但仅仅从测算技术上说，另一方也有自己的根据，如中国的隐形收入比重大，这是统计数据反映不出来的，不过可以肯定的是，隐形收入比调查统计的收入，分配更不平均。

其实争论的"真问题"，是我们现在应当采取什么政策来对待目前的贫富差距。我们猜测那些认为目前贫富差距比较合理的学者的实际善意，当然还是维护改革开放的旗帜，维护效率优先的原则，特别是担心有人利用贫富差距的"危言耸听"，说改革开放走到违背社会主义本质的路上去，造成"平均主义回潮"，从而影响改革的深化和经济的快速发展。

但问题是，目前的贫富差距，究竟是促进了改革和发展，还是影响了改革的深入和发展的持续？比如说，现在保证经济持续快速发展的一个很重要方面，就是"扩大内需"，或者说是要"克服消费低迷"。因为近几年经济在7%—8%高位速度上增长，而居民消费价格指数却一再处于回落状态，是一种很不正常的现象。说明改革开放以后我们转变"先生产后生活"的战略，从而建立的生产和消费的良性循环的链条，出现了某种断裂的情况，经济的高速增长过分依赖财政扩张和国家举债投资。

2000年，我和张翼博士曾经写过一篇文章，题目是《消费分层：启动经济的一个视角》，发表在当年《中国社会科学》第1期上。应当说目前的"消费市场低迷"，在一定程度上与贫富差距有关。因为消费行为上存在"消费随收入增加而边际递减"的规则，"富裕阶层"并不因为收入和财富的快速增加而伴随有同样的消费增加，消费弹性较大的"中等收入阶层"，又因为人数比重太少而不足以主导消费市场，广大的"低收入阶层"，虽然"消费倾向系数"（消费占收入的比重）最高，但消费却受到收入缓慢增长的刚性抑制。加上制度安排的不确定性，一般工薪阶层对于子女教育、养老、医疗、防止失业等的远期消费预期增加，从而影响了即期消费。

表2　　　　　　　　中国20世纪90年代末城市居民分层消费倾向

等级	最低收入	低收入	中等偏下	中等收入	中等偏上	高收入	最高收入	平均
人口比例（％）	10	10	20	20	20	10	10	
平均消费倾向	0.97	0.90	0.85	0.82	0.78	0.76	0.69	0.80

根据中国社会科学院经济研究所张平的研究，20世纪80年代，"消费对中国GNP增长起决定性的带动作用，对GNP的贡献平均高达68％，90年代后，投资和外需增加很快，消费需求的作用下降，但消费需求依然是举足轻重的，依然平均占到55％。从消费者选择的角度看，消费者的边际消费倾向与经济增长似乎存在着某种同步性，当边际消费倾向下降时，经济增长一定放慢，1996年后中国消费边际倾向与GNP增长同步下降，到1998年边际消费倾向已经下降到了非常严重的地步，提高消费倾向是提高宏观经济政策乘数效应的关键。特别是农村居民1998年边际消费倾向呈现负的情况，这是非常严重的挑战"。[①]

表3　　　　　　　　中国近十几年居民消费倾向变化

年份	1987	1988	1989	1990	1991	1992	1993
平均消费倾向	0.870	0.900	0.886	0.850	0.866	0.833	0.827
边际消费倾向	0.942	1.050	0.788	0.592	1.048	0.646	—
年份	1994	1995	1996	1997	1998	1999	2000
平均消费倾向	0.824	0.828	0.813	0.793	0.768	0.754	0.775
边际消费倾向	0.815	0.845	0.733	0.576	0.349	0.542	0.947

注：以上两表格引自张平的《分配与消费：实证和政策》，但做了简化。

---

① 张平：《分配与消费：实证和政策》，http://www.cass.net.cn/chinese/s01_jjs/grxszlzblls/zhangping/06.htm

从消费倾向的变化还可以看到，2000年消费倾向系数有了明显的变化和好转，这与中央加大转移支付力度，确保养老金、下岗职工基本生活保障金的发放，扩大最低生活保障金的发放，是有直接关系的。所以说，要具体地分析收入差距与经济增长的关系，并不是说调整收入差距就一定影响经济发展。

近十几年来，中国的收入差距在不断扩大，这当然包括对过去绝对平均主义分配状况的矫正，但问题在于，根据经济学家库兹涅茨提出的著名的倒"U"形假说以及钱纳里的有关经验研究证明，在经济起飞的时候，收入差距先是上升，但到结构转换点的时候，收入差距就会下降。而根据我们对目前我国收入差距变化趋势的研究，近期还看不到收入差距下降的可能性。至于我国目前衡量收入差距的基尼系数，究竟是比较合理、是过大还是到了需要警惕的临界点，尽管研究界有不同的看法，但共同的看法是，对收入差距扩大的趋势要加以控制。因为，在我国目前社会保障制度还很不健全、收入分配秩序还未完全理顺的情况下，较高的贫富差距不仅会造成大量贫困人口，而且会引起人民群众的强烈不满。况且从经济持续发展的要求来看，由于消费分层结构中存在随收入增长的消费边际递减规律，收入差距过大和低收入人群过多，会造成内需不足，主流消费市场低迷并难以启动。

八　调整社会阶层和收入分配秩序要强调制度建设

调整收入分配的秩序，改变人们关于贫富差距的社会心态，必须从调整收入分配的政策和制度入手，但同时又要防止"大锅饭"分配体制的回潮。中国的计划经济实行的几十年，"大锅饭"的分配观念根深蒂固，不彻底改变这种体制是没有出路的，哪里依然存在这种体制，哪里就是最缺乏竞争和活力的。

所以，调整的主要方向和新体制的基本框架，应当是初始分配继续坚持主要由市场调节，注重效率，再分配要强化政府调节，注重公平，而初始分配和再分配都要依靠法律和制度建立秩序。

中国30多年来改革的方向，就是建立社会主义市场经济，打破原有计划经济对社会资源的不合理配置，调动一切积极因素，鼓励人们勤劳合法致富。因而，在生产过程、在初次分配领域，必须坚持效率优先的原则。在这方面，改革并没有完成和结束，很多领域的市场竞争机制和激励机制还仍然没有真正建立起来，缺乏活力和创新能力仍然是很多部门的要害问题，这种情况是无法适应国际竞争的要求的，而国际竞争是不相信眼泪、没有怜悯和残酷无情的。

在中国由计划经济转向市场经济的过程中，随着市场机制配置资源作用的增强和调节收入分配范围的扩大，收入的贫富差距也出现了扩大的趋势，这种相关性是明显的，也是必然的，因为在现实当中，资本和技术等生产要素收益的增长速度要远远高于劳动收益的增长速度。所有以市场经济为导向配置社会资源和进行剩余分配的国家的发展过程都说明，市场经济在解决效率问题的同时，也会伴随产生初始收入的贫富分化问题，市场经济本身无法解决初始收入的贫富分化问题。

在社会主义市场经济体制下，初始分配主要应由公平竞争的市场机制来决定，国家主要是通过法律、法规和政策来影响和调控再分配。如果国家过多地干预市场领域的初始分配，则必然会影响效率，而如果对再分配领域放任不管，则必然会导致贫富悬殊。

实际上，任何实行市场经济体制的国家，初始收入分配的差距都是很大的，但是国家通过各种财政税收和福利保障政策，可以大大地缩小初始收入分配的差距。所以说，初始的收入差距大并不可怕，可怕的是对收入差距丧失了调节的能力。一般来说，导致最终贫富差距的因素，或者换句话说，人们调节贫富差距的主要手段，就是国家的社会保障和福利政策以及基于税收的转移支付能力，这是决定一个社会对某一特定的初始贫富差距承受能力的主要方面。

即便是在比较典型的市场经济国家，再分配的调节力量也是很大的。例如，英国的税收和福利政策就对家庭收入的再分配起到了重要的调节作用。1994—1995 年，英国全部家庭的年收入按五等分划分，最上层 20%家庭的平均初始年收入与最下层 20% 家庭相比，二者的收入差距是 19.8倍（以下层为 1），但在加上家庭的货币福利收入以后，二者的税前毛收入的收入差距缩小到 6.2 倍，在减去收入税、国家保险税和地方税以后，二者的可支配收入的收入差距进一步缩小到 5.4 倍，而在减去间接税以后，虽然仍是富有的上层家庭纳税多，但二者的税后收入的收入差距又扩大到 6.4 倍，最后再加上教育、医疗、住房、交通等各种实物津贴和补助以后，二者的最终收入差距为 3.7 倍。由于税收和福利政策对收入再分配的影响，最上层 20% 家庭与最下层 20% 家庭的收入差距从初始收入的19.8 倍下降到 3.7 倍（参见表 4）。

表 4　　　　1994—1995 **英国的税收和福利政策对收入再分配的影响**　单位：英镑/年

家庭收入	全部平均	上层 20%	中上层 20%	中间层 20%	中下层 20%	下层 20%
初始收入	16720	40330	22250	13380	5600	2024
＋货币福利	3080	1180	1950	3160	4480	4676
税前毛收入	19800	41510	24200	16540	10080	6700
－收入税、地方税	4050	10140	5050	2930	1320	840
可支配收入	15750	31370	19150	13610	8760	5860
－间接税	3130	4800	3960	3090	2060	1740
税后收入	12620	26570	15190	10520	6700	4120
＋各种实物福利	2950	2070	2780	3170	3140	3600
最终收入	15570	28640	17970	13690	9840	7720

注：实物福利中包括教育、医疗、住房、交通等方面的福利待遇和津贴以及中小学校学生用餐和福利牛奶，其中教育和医疗平均占实物福利的 95%。最终收入＝初始收入＋货币福利－收入税、地方税－间接税＋各种实物福利。

资料来源：*Social Trends* 27，1997，Office for National Statistics，UK.

再比如，在美国，仅累进所得税一项，就使最低收入者群体和最高收入者群体的收入差距，税后比税前缩小了好几倍。作为单身纳税人，最高收入者收入是最低收入者税前收入的 11 倍，在经过累进所得税的调节之后，下降为 7.8 倍（参见表 5）。这并不是说发达的市场经济国家在这方面已经做得很好，他们也存在很多难以克服的激烈矛盾，但他们在长期的试错过程中积累的成功经验，是值得借鉴的，这可以大大降低我们的试错成本。

表5　　　　　　　1999 年美国累进所得税对个人收入的调节结果　　　（单位：美元）

纳税身份	最低收入者税前收入	按15%纳税额纳税	税后收入	最高收入者税前收入	按39.6%纳税额纳税	税后收入	最高与最低税前比	最高与最低税后比
单身者	25750	3862.5	21887.5	283150	112127.4	171022.6	11.0 倍	7.8 倍
户主	34550	5182.5	29367.5	283150	112127.4	171022.6	8.2 倍	5.8 倍
已婚联合申报	43050	6457.5	36592.5	283150	112127.4	171022.6	6.6 倍	4.7 倍
已婚分别申报	21525	3228.75	18296.25	141575	56063.7	85511.3	6.6 倍	4.7 倍

注：低收入者以 15% 税率的上限额计，高收入者以 39.6% 税率的下限额计。

资料来源：2000 年 5 月 23 日《经济日报》。

　　但是，市场经济所伴随的贫富差距，与权力经济、非法经济和犯罪经济所造成的贫富差距，性质和效果是完全不同的。市场经济是建立在公平竞争的基础上的，它所带来的资源的充分利用、效率收益和剩余的增量，使国家有足够的能力在再分配的过程中进行贫富差距的调节，并承担由此产生的成本。权力经济、非法经济和犯罪经济则没有任何公平的前提可言，它们是损害资源的有效配置的，其参与竞争依靠的不是降低成本而是外移成本，其结果不是经济社会运行总成本的减少而是增加，完全是靠损社会利己使财富和收入向少数人集中，而且它们通过外移成本形成"恶性竞争优势"，造成"劣币驱逐良币"的结果，直接损害了市场公平竞争的机制。所以说，权力经济、非法经济和犯罪经济并不是伴随市场经济产生的，而是与市场经济背道而驰、水火不容的。现在的严重问题是，在一些地方和领域，权力经济、非法经济和犯罪经济，利用计划经济被打破和市场经济不健全的过渡期，一方面腐化了计划经济的最后遗产，另一方面破坏了市场经济的新生摇篮，它们还塑造和激活了一个要"抓住机会、非法完成原始积累、迅速暴富、自我调整社会等级地位"的巨大欲望和梦想，促使很多人前赴后继、铤而走险，从而使得对权力经济、非法经济和犯罪经济的打击，就像割春天的韭菜，割了一茬又冒出一茬。

　　所以，无论是初始分配领域还是再分配领域，都要建立起与市场经济配套的调节收入分配的国家法律体系，通过各种法律的、经济的和行政的杠杆，缩减贫富分化的差距。没有法制经济，也不会有道德经济。而建立法制经济，关键是要抓好立制、依制和改制这三个环节。

先说说立制的问题。日益复杂的现代市场经济，对中国来说还是一种新生事物，尽管改革以来我们已经建立了一系列与市场经济配套的法律制度，颁布新的法律法规的速度可能是前所未有的，但是立制的空白还是很多，立制的需要还是很迫切，由于这种立制的空白所造成的损害还是很严重。例如，各国对收入分配的研究都表明，财富的贫富差距要远远地高于收入的贫富差距。对财富监督应当比对收入的监督更加严格。财富的透明对提高一个国家对贫富差距的控制能力至关重要。中国目前还没有建立起普遍的财产登记制度和财产转移的监督制度，这样对财产增值和转移的征税也就很难健全。财产转移是一个具有多重含义的概念，不仅包括财产在地域上的转移（如从中国到国外），也包括财产在不同所有者间的转移（子承父业亦属此类），还包括财产使用领域的转移（如从生产领域转到消费领域）。一个公司的老板，即便公司的财产是完全属于他的，他也不能随意地把公司财产转移为家庭财产，因为公司是有限责任制，如果要转移就必须符合有关法律规定，并对转移的财产征税。由于财产登记制度和财产转移监督制度的缺乏，一个国有企业垮了而企业管理者个人富了的现象很多（所谓穷庙富和尚），在国内欠下巨额债务或犯下侵吞大案而把巨额财产转移到国外的现象也存在。

再说说依制的问题。现在的一个大问题，还不仅仅是"无法可依"，而是"有法不依"。在西方社会，有一句话很流行："人一生有两件事难以逃避，就是死和税"。而在中国很多地方，私下里也流传着一个发财的秘密，就是"多行贿少纳税"。实际上，无论是增值税、所得税还是关税，可谓有法有制，但在依法依制方面，都存在很大的漏洞。特别是对现实中大量存在的现金交易，实际上还没有有效的征税手段。很多地方实行的所谓"包税制"，实际征不到应征税款的1/10。更有甚者，有的税务机构和税务人员，执法犯法，把国家税款通过各种途径转变为私人财富或单位福利，其手段并不见得多么高明，但屡试屡爽。税收是调节贫富差距的最有力杠杆，如果这个方面出现问题，后果是非常严重的。"无法可依"，那还只是管理经验和管理能力问题，"有法不依"则涉及政府信用问题和监督的权威性问题。

　　最后说一下改制问题。最近几年，经常强调提高农民收入和减轻农民负担问题，光颁布的部门减费项目已经有好几百项，但就是减不下来，农村因农民负担而产生的矛盾和冲突还在激化。这究竟是为什么呢？一个基本的事实就是，农业从业人员还占全部从业人员的约50%，而农业生产的增加值已降到不足GDP的17%，这17%的GDP在50%的从业人员中进行分配，无论实行什么样的分配制度，都无法改变农业比较利益过低、农民收入难以普遍提高的局面。所以必须改制，不仅是要改费制（减费），而且要改税制（减农业税）、户籍制和基层行政支出的汲取制。要通过改制促使农村剩余劳力和农民的剩余劳动时间与土地、资本、技术和市场的结合，通过向农民和农村让利恢复农民的元气，活跃农村的消费市场。

　　我在这里只是举例说明立制、依制和改制几个关键环节在初始收入分配领域和再分配领域都是非常重要的，实际上在收入分配的所有领域，这是个带有普遍性的问题。我不相信一个国家主席的工资收入等同于一个银行普通职员的工资收入就可以产生同甘共苦的民族信念，我也不相信当上千亿元的公共资产非法流入私人腰包时还能让下岗工人和不堪重负的农民普遍保持平静的勤劳致富的心态。

九　什么是中等收入者阶层

　　自从十六大报告提出"扩大中等收入者比重"以后，各种传媒上有很多讨论中等收入阶层的文章，这些文章多数是在刻画中等收入阶层是怎样一种生活，就像人们在刻画边缘群体或布依族是怎样一种生活状态一样。这种被塑造的典型中等阶层生活图像是："三间房一部车，月薪收入五千多，消费手持信用卡，周末郊外找快乐。"这让人想起过去北方小农对小康生活的憧憬："几亩地一头牛，老婆孩子热炕头"；以及过去小农朴素的生活理想："楼上楼下，电灯电话。"

　　一般民众单纯地从收入和生活水平上理解中等收入阶层，反映了他们对未来生活的期冀，这本无可厚非。但是，如果学者们也简单地把中等收入阶层仅仅视为一个收入概念，那就存在很大的误区。比如，上海之前出版了一本关于上海社会发展的研究报告，里面有一篇经济学家研究上海中等收入阶层的专题报告，称上海的中等收入阶层的人数规模，已从过去占人口的 59% 多上升到目前的 60% 多。但仔细一看，该结论依据的资料，是统计局按五等份方法划分的居民收入抽样调查数据，数据本身是没有问题的，所谓五等份方法就是把收入人口按 5 个 20% 划分。这位经济学家的错误是，他竟然把 20% 的中间收入阶层加上 20% 的中下收入阶层和 20% 的中上收入阶层，以此为依据贸然断言上海的中等收入阶层达到 60% 以上，这真是犯了一个非常初级的错误，令看到这篇报告的社会学家们哭笑不得。因为不论是怎样一种收入水平的状况和怎样一种收入分布结构，只要按照五等份方法划分，除去最高收入的 20% 和最低收入的 20%，中间的收入群体永远是 60%。所谓 59% 多和 60% 多，那不过是统计必然存在的和允许的丁点误差而已。即使撇开这种初级的分析错误，单纯从收入上定义中等收入阶层也是有很大问题的。

第一，一般民众对中等收入阶层的朴素理解并没有错，中等收入阶层当然首先是一个生活质量的概念。但一个家庭的生活质量，并不仅仅取决于他的收入，还有很多其他的影响因素，如收入的购买力水平、其享受的社会保障和福利水平、家庭的各种负担、生活的社会环境和自然环境等。联合国在发展中国家工作的人员和中国内地援藏的人员，都有工作补贴，那是对其生活质量的补偿。如果北京的春天总是刮沙尘暴，同样的收入下，生活质量和投资环境就会大打折扣。过去上海人说"浦东一间房，不如浦西一张床"，但浦东生活环境一改善，租房价格就上升了，租房价格的级差地租，一定程度上也是生活环境的级差反映。另外，为什么收入越高的国家，人们越不愿意多生孩子，发达国家甚至为人口下降所困扰，要靠外来移民补充劳动力，就是因为养孩子不仅有生活的直接成本，还有因此而损失工作、学习和娱乐时间的机会成本。根据社会学家对发达国家普通城市家庭生活的一项测算，生一个孩子生活质量下降 40%，生两个孩子下降 60%。当然生养孩子有亲子之情的补偿，在生活依赖体力劳动的农村有劳动力补充的需要，传统社会有子多父贵的观念，生育控制在中国还不能靠理性计算的宣传。另外像北京的出租车司机，现在他们平均每月的净收入大概在 2000—3000 元，可以说是北京目前的中等收入水平，可他们一天要工作 13—14 个小时，还没有周末和节假日，特别是还不能生病，因为即使一天不干也还要上交 170—180 元左右的"份钱"（租费和管理费），你说他们的生活质量能属于中等收入阶层吗？即便是在香港，出租车司机平均月毛收入在 4 万港元左右，扣除每月的两万元车租和 3000 元油费，每月净收入 1.5 万港元左右，但他们同样一天要工作 12 小时，没有学者认为他们达到中等收入阶层的生活质量。

第二，中等收入阶层还是一个收入分配的概念。统计上的平均收入水平或中位收入线，其实会掩盖很多社会事实。从这方面来看，中等收入阶层的规模大小，不仅与经济增长状况和社会平均收入状况有关，更重要的是与收入分配的状况有关。扩大中等收入阶层的规模，当然首先要想办法把社会财富和福利的蛋糕做大，但蛋糕再大，吃的时候总有个分配的切法，如果富人把绝大部分切去，怎么扩大中等收入阶层？中国目前最大的结构性的收入和生活水平差距，恐怕就是城乡之间和地区之间的差距。北京、上海、广州、深圳这些城市，与发达国家的一般大都市，可能只有 20—30 年的差距，现在很多外国人到上海，可能感到城市景观和生活方式与香港、纽约的曼哈顿没有太大的差别，现在中国人到外国访问和旅游，也不像 20 年前那样，一看就是"乡巴佬"进城。但中国目前的广大贫穷乡村地区，与发达国家的农村，的确还有天壤之别，恐怕有上百年的差距。2001 年，全国最穷的贵州农村地区，农民年人均纯收入是 1412 元，最富的上海，市民年人均可支配收入 12883 元，你说相差多少倍？简直就是发达国家和低收入国家的差距倍数。中等收入阶层是反映一个国家的社会结构和分配结构的概念，因此一般地谈论北京、上海已经达到中等收入阶层为主的结构，在我看来并没有什么太大的意义，这就像我们谈论大都市周边的那些花园别墅群里，住的都是高收入阶层一样，用不着你去花那么多工夫分析。而且这种分析又有什么意义呢？

所以，第三，在这种意义上说，中等收入阶层为主的社会，是一个国家城乡结构的必然反映。如果一个国家的城市化水平达不到 50% 以上，那么中等收入阶层就肯定还是少数群体。改革开放 30 多年来，约有 1.3 亿农民转变成乡镇企业工人，另外还有约 1 亿的农民工及其家属进入城市。如果让我们做一个假定的话，恐怕还要再使两亿农民转变成市民，我们才有理由分析一下，我们的社会分层结构，是否已经达到中等收入阶层为主的状况。这还只是个前提条件，而不是充分条件。因为根据不同的职业结构和收入分配结构，进城的农民工有可能逐步上升为中等收入阶层，但也可能沦为城市新贫民。现在的进城农民工，其总体的经济社会地位，是高于家乡的农民而低于城市的市民。根据我们对农民工的一项抽样问卷调查，有49.5%的农民工认为，与家乡农民相比，他们属于中上层或上层，但与他们打工城市的居民相比，有61.1%的农民工认为他们属于中下层或下层。起码要使进城的农民工多数达到城市的中等生活水平，整个社会的中等收入阶层才有可能真正扩大。发达国家的农民，是一个很有社会结构指标意义的群体，在学者的研究著作和社会分层研究的统计分析中，农业劳动者是很少被作为中产阶级来看待的，但家庭收入和生活水平的统计分析却表明，他们属于中等收入和生活水平。如果说发达国家的中下社会阶层，是传统政治左翼政党的选民基础的话，那么农业劳动者却通常是传统右翼政党的选民基础，他们的社会态度也通常倾向于保守，在各种文学作品中，他们也常常被作为家庭、婚姻、宗教信仰等传统价值的化身，与中产阶级的追求现代生活价值的趋向形成鲜明对照。从这个意义上说，中等收入水平的群体与中产阶级的概念，是有一定区别的。但减少农民数量，使农民达到中等收入水平，又是整个社会能否实现中产阶级成为多数的有参照价值的关键性的象征指标。

　　第四，中等收入阶层还是一个反映社会职业结构的概念。以中等收入阶层为主的社会结构，是与一定的社会发展阶段相联系的，这个发展阶段从就业结构上看，既不可能是农业劳动者占多数的社会，也不可能是体力劳动者占多数的社会。从产业结构上说，中等收入阶层为主的社会，必然是第三产业的比重超过50%的社会。从这个意义上讲，中等收入阶层与"中产阶级"（middle class）又是有密切联系的，按照国外一些著名学者的说法，中产阶级的扩大必然与"服务阶级"（service class）的兴起相联系。在很多情况下，他们是同一社会事实的不同表达而已，中等收入阶层的扩大要依托于社会职业结构的转型和一些特定社会职业阶层的成长。金融、房地产、旅游、保险、商贸、传媒、法律、咨询、策划、社会服务、公用事业等领域的职员，科教文卫体等领域的专业人士，政府和社会管理部门的公务人员，企业里的管理者和专业技术人员，农村的专业户等，一般是中等收入阶层的社会职业主体。收入水平只能说是界定"中等收入阶层"的基础指标之一，而不是唯一的决定性因素。比如，香港目前出现一个人们谈论很多的"负资产阶层"。过去香港的房价奇高，港岛上的一个单间套房，售价也要 100 多万元，传统中产阶级的最大期求，就是拥有一套自己的满意住宅，所以多数中产阶级家庭的主要投资，通常是按揭供楼，即通过贷款和分期付款方式购买住宅。在亚洲金融风暴以后，由于香港房地产价格大大跌落，房屋的市值大幅度缩水，过去按 500 万元价格分期付款的住宅，现在市值可能不到 300 万元，但你又不得不继续供楼，每月仍然要按过去购买的价格分期付款，从而导致资不抵债，沦为"负资产阶层"。但是，这个"负资产阶层"与企业破产，职工失业又有很大不同，尽管生活质量特别是心理上也受到很大影响，但他们的职业、消费偏好、生活方式等，并没有太大的变化，他们总体上仍然属于他们过去属于的那个中产阶级，当然他们对于政府政策的社会态度，可能会发生一些变化。再比如，在中国的珠江三角洲，由于城市化的快速发展，出现了很多"城中村"，村里的原住民在地价和房地产价格快速上涨的过程中，通过自己出租屋的丰厚收益，达到了大大高于城市工薪阶层的收入水平，但几乎没有人认为、他们自己也不自认为属于"中产阶级"。因为他们没有真正实现进入中产阶级的职业转变，他们的意愿、社会态度、生活方式和消费偏好等，与中等收入职业阶层也相去甚远。

第五，从某种意义上说，在中国，中等收入阶层也只能是一个具有国别的概念。这就像不同的国家有不同的贫困阶层标准一样，大多数国家都根据自己的国情制定自己的贫困标准。比如，中国目前农村贫困人口的标准是，年人均纯收入在 600 元以下，城市享受最低生活保障金的标准是，家庭人均月收入在 150—200 元（根据城市的不同）以下。按照这个标准，中国农村有 3000 多万贫困人口，城市有 2000 多万享受最低生活保障金的人口。但是，如果按照世界银行公布的国际贫困标准，每天家庭人均消费低于 1 美元的就算贫困阶层，那中国的贫困阶层就会达到几亿人。如果单纯以收入定义中等收入阶层，那么这个阶层的规模和比重，在很大程度上就依赖于主观确定的中等收入线，在中国目前的收入分配格局中，中等收入线上移，则人数规模会较小，而中等收入线下移，则人数规模会迅速扩大。比如假定中国现在城镇的一个中等收入者的月薪为 2000—3000 元人民币,而且假定他没有特殊的额外家庭负担(例如家里没有需要支付高额药费的卧床病人),这在中国目前的城市中可能是一种中等偏上的生活水平。但同样的收入在发达国家中,那就只能是一种低收入生活。德国或法国的一个中等收入家庭的生活状况,在希腊和葡萄牙就是中上收入生活水平,在发展中国家就是高收入阶层生活水平。诺贝尔经济学奖得主阿玛蒂亚·森的研究成果表明,贫困的标准并不仅仅在于收入和消费水平,更重要的是对生活方式、婚姻、职业等的选择自由度。

总之,所谓"中等收入阶层",由于有了"阶层"二字,它就不再是"收入"的单一指标可以准确定义、说明和描述的概念,而是一个包括收入水平、生活质量、职业、收入分配制度和社会结构特征的综合指标的概念。对中国来说,要在未来几十年逐步实现中等收入阶层成为社会的多数,就必然要在经济快速、稳定、持续发展的同时,也注重社会的发展和人民生活质量的提高,实现社会城乡结构、职业结构的转换;在实行市场公平的初次分配制度的同时,实行社会公正的再分配制度。

十 社会整合与社会公正

中国的社会分层结构,目前正处于一种复杂的结构化过程中。一方面,中国正处于快速的经济增长和工业化转变时期,伴随着劳动分工的细致化和现代化,出现了很多新的社会阶层,大量的农民转化为工人和其他社会阶层;另一方面,中国也正处于社会主义条件下的经济体制转变时期,各种经济成分比重变动很大,新的社会分层秩序尚未完全建立,很多社会阶层都出现过渡性特征,阶层意识的变化也很大;此外,中国发展的地域之间差异和城乡之间差异非常突出,后工业化社会的分层特征、工业化社会的分层特征和农业社会的分层特征并存。大学里的计算机专业比的是谁设计的软件好,车间流水线上比的是谁的技术好,乡村刚起步的个体户比的是谁的豆腐点得好。

这些特点,决定了中国目前社会分层结构的特殊性。它既不同于发达国家在工业化时期的分层结构化过程,也不同于苏东国家转变时期的分层结构化过程，还不同于东亚新兴工业化国家和地区在快速增长时期的分层结构化过程。

在中国社会分层结构的变动中，一个显著的趋势，就是人们的经济社会地位、生活方式、价值观念等，都多样化了，社会整合的难度也明显增加了。

比如，过去主要依靠单位制整合社会，包括机关单位制、企业单位制、村社单位制等，几乎什么事情都要通过单位来管理。一个脱离了单位的人，似乎就是脱离了正常生活的人。现在随着改革的深入，单位的福利保障功能逐步社会化了，后勤服务功能逐步市场化了，住房也基本自有化了，越来越多的人在非单位制的组织和社区里工作和生活，社区在新的社会整合机制中发挥着越来越重要的作用。社区逐步替代单位，成为人们日常生活服务的主要供给者。但是，有些政府部门，到现在也没弄明白什么是真正的社区，他们只习惯于单位的领导和被领导的体制，而不知道如何建立有效的低成本的社区自治体制，又在试图把社区变成新的单位。

再比如，过去人们习惯于不管什么事，都是一种社会政策，俗称"一刀切"。为了有足够的粮食储备，希望粮食增产，就要求全国的农民都保证粮食种植，结果是砍树、烧荒以增加耕地面积，种粮再不挣钱也必须种，一些发达地区的农民，为了应付，都是象征性地种植，根本不问收获。减轻农民负担的问题也一样，重点减轻哪一部分农民的负担，社会政策要有针对性，要有国家财政的配套措施，否则要么是负担减不下来，要么是减下来后乡镇干部和乡村小学教师发不出工资。

现在财富和收入差距的扩大成为一个热门的话题，其实关键的问题不是初始差距大不大，而是对初始差距有没有调节能力和这种差距是否符合社会公正的原则。

在社会阶层出现分化的情况下，要把社会公正作为社会整合的一项重要原则，高高地举起社会公正的旗帜。"社会公正"（social justice）原则的建立，是基于各社会阶层利益协调的共同价值认同，它不同于衡量收入分配均等程度的"平等"（equality），也不同于市场条件下承认禀赋差别的机会公平（equity），它是市场竞争之上维护共同生活的更高的原则，通过再分配和转移支付来救助和扶持弱势群体，是它的题中应有之义。

社会的发展是可以从不同的角度考察和测量的。从纯粹经济的角度，我们可以把 GDP 的增长作为增长的指标。从环境保护和生活质量角度，也可以把绿色 GDP 的增长作为衡量的指标。社会公正也是衡量社会发展的一个非常重要的角度，从社会公正原则的角度看，"社会底层"群体的生活状况是否得到改善，是衡量社会发展和社会进步的重要指标。从这个意义上说，"关注底层"是坚持社会公正、促进社会进步的一个很重要的方面。

十一　生活的圈子

现实社会中人们的生活圈子，是对社会分层和社会流动理论的一个挑战。因为各种社会分层理论，其实有一个共同的假设，就是同一社会阶层的人，有一些共同的基本的东西，如共同的经济社会地位，共同的利益需求、共同的生活方式、共同的价值观念、共同的行为取向或共同的消费品位等。但在现实中，传统的力量是很大的，一个人的行为和思想，有时可能更多地受其生活圈子的影响，而不是受人们为其划定的社会阶层的影响。

我们生活的社会，实际上也是由各种社会圈子构成。如衡量个人现代性的一项重要指标，就是生活半径的大小。一个传统的农民，可能一生的生活半径也就是方圆几十公里，一生交往的人数也就是几百人。现代交通和通信技术的每一项进步，都在扩展着生活半径。互联网的产生，把世界变成一个"村落"，饭后到街坊邻居家聊天，被 E-mail 通信和网上的聊天室取代。

然而，在现实生活中，传统可以被更新，但无法被消除。一些表面看起来的裂变，仍然具有深层的延续性。人们可以在几个月之内平地起高楼，却很难在废墟上构建历史。现实社会的生活网络，除了阶级阶层和地位群体之外，还有各种社会圈子，如血缘圈、亲缘圈、姻缘圈、宗缘圈、地缘圈、族缘圈、义缘圈、语缘圈、单位业缘圈、教缘圈等。这些社会圈子，互相交叉，影响和制约着人们的行为选择和观念取向。有时圈内人和圈外人之间的行为和观念的差异，远比阶层之间的差异要大。

　　社会学近些年来对城市下岗职工和农村进城民工的研究表明，尽管过去下岗职工比进城民工生活在一个更加"现代"的社会网络中，但在求职找工作的过程中，他们同样也是主要依赖亲友网络的帮助。东南沿海地区的进城民工，具有明显的地域分布特征。四川、湖南、江西等省的一些偏僻乡村，往往是几个年轻人出来闯世界，最后通过亲友网络带出了一村人。传统的社会圈子，在工业化、城市化过程中，仍然在发挥着重要的作用。

　　尽管现代社会的发展，在不断打破着各种传统的社会圈子，但在现实中各种社会圈子的影响还是很大的。如珠江三角洲的"城中村"，这种都市里的村庄的住宅都是由7—8层的楼房组成，原村民几百人，但现在居住了几万人，在这样的社区中，"有村籍者"和"无村籍者"之间的区分，似乎远比按其他标准进行的区分更加根本。

　　现代社会的结构越来越复杂了，同一阶级阶层内部，也存在着各种复杂的差异，所以社会分层理论也要完善和发展，不能排斥按其他方法对社会结构的认识。

十二　社会流动与中国梦

　　社会流动可以区分为复制式社会流动和替代式社会流动，只有从替代式社会流动中，才可能产生新的社会分层结构。

　　中国的民间，有一种关于复制式社会流动的说法：即"龙生龙，凤生凤，老鼠生儿打地洞"。电视里前不久播放过一个记者采访一个传统牧区的牧童："你为什么放羊？""挣钱呗！""挣钱干什么？""以后娶媳妇。""为什么娶媳妇？""生娃。""生娃干什么？""放羊。"这种子承父业的"生命周期"，反映的是一种复制型的社会流动和社会分层结构，它的背后，其实有一个身份体制的问题。

　　当然在中国的历史上，也有另一种关于替代式社会流动的说法：即"富不过三代"。这也可以被称为"家族盛衰循环定律"。对此"定律"的道德解释是，富家子弟多半是纨绔子弟，是败家子，其实这并非是普遍真实的，因为人力资本的家庭再生产假设更容易得到证实。从继承制度上对此"定律"进行解释似乎更加可信：中国传统的家庭财产继承制度与欧洲国家有很大不同，也与中国的皇位继承制完全不同，它不是聚集财产和权力的"长子继承制"，而是分散财富和权力的"兄弟分家制"。这种"兄弟分家制"的功能类似于现代国家的"遗产税"，似乎是一种国家的设计，它不允许一个家族的力量无限扩大，可以与皇权和国家抗衡。对于家族的盛衰来说，创业人去世后的"分家"，往往成为产生内隙、内讧和由盛变衰的转折点。在现代一些家族企业悲壮的盛衰史上，我们仍可以看到这一"定律"在起作用。其实在中国历史上，"富不过三代"是特指没有官位身份的商人阶层，它所反映的恰恰是身份社会为维护复制式社会流动而对精英替代的限制。

在过去传统的社会中，无论在中国还是在西方，人们改变社会地位的梦想，都通过"白马王子和灰姑娘"式的故事，隐喻地表达出来。总希望上天降下一个机会，使自己不再受家庭、身份、财产、地位的限制，走出复制式的生命轮回。当梦想一再破碎，谋求变化的道路受阻，愤怒就开始积聚，因而出现假身"孙悟空"或"梁山泊好汉"，把天庭和现存社会秩序打个稀巴烂，发泄心中的不平和愤懑。

中国自改革开放以后，替代式社会流动明显加快了，改变了过去那种一个人在同一个单位里，甚至在同一个工作岗位上工作一辈子的状况。过去看报纸，不管是什么领域，都是一些老面孔，你三年不看报，还能接着看，唯一有点精英替代性的，也就是体育领域。现在不同了，不仅报纸上不断报道一些新的领域，而且不断有新的面孔出现，特别是像竞争非常激烈、技术更新很快的信息网络产业之类的领域，如果三年不看报，精英人物全换了。

在社会阶层结构的变动中，社会流动的增强，特别是普遍的向上流动趋势的形成，具有化解社会紧张和社会冲突的重要作用。社会阶层心态的研究告诉我们，人们比较的参照体系，除了临近的阶层，更直接的是他们的过去。进城民工的生活境况，总体上可能并不如城市下岗职工，但他们向上流动的趋势，塑造了他们对未来的憧憬。而老工业基地的城市下岗职工，如果失去向上流动的机会，则更容易产生对过去的怀旧和对"献了青春献终身、献了终身献子孙"的不满。所以说，给人们更多的向上流动机会，建立一种使人们通过辛勤劳动、艰苦奋斗和诚信经营可以向上流动的机制，代表了一个社会的希望。

俗话说，"流水不腐"。社会流动频率的加快，增加了社会的活力，使每个人的才能都能得到充分的发挥，使各种社会资源的配置更加具有效率。这种社会运行机制将使人们建立起一种信念，即每个人通过自己的知识学习、技能培养、工作努力和机会选择，都有可能改变自己的生命轨迹，实现自己的理想和抱负。

这就是我们要塑造的"中国梦"。有梦想的一代，才是有希望和有未来的一代。

（原载李培林等著《中国社会分层》代导言《话说社会分层》，社会科学文献出版社 2004 年版。标题有改动、内容有增补）

中国改革以来阶级阶层结构的变化

中国社会结构发生的巨大变化，表现在人口结构、城乡结构、就业结构、家庭结构、组织结构、收入分配结构、生活方式等各个层面，但阶级阶层结构的变化无疑是社会结构变化的核心内容。改革开放以后中国社会结构变化与阶级阶层政策的调整有密切的联系。

一　改革开放后阶级阶层政策的调整

人们一般是把中国的改革定义为市场化改革，把改革的起点设定为开始实行农村土地承包制。通常的说法是，1978 年冬，安徽凤阳县小岗村，18 位农民冒着风险，在土地承包责任书上按下了红手印。这一事件成为农村改革发端的标志性事件。实际上，作为改革的序幕或者说真正的起点，是放弃和否定"以阶级斗争为纲"的路线，所以改革首先进行的，是围绕着"拨乱反正"对阶级阶层政策进行了一系列的重大调整。

对阶级阶层的利益分析，历来是中国共产党制定各项路线、方针、政策的依据。早在我们党的建党初期，毛泽东就在深入农村调查研究的基础上，写了《中国社会各阶级的分析》一文，着力解决"依靠谁、团结谁、打击谁"这一革命的首要问题，成为中国共产党在民主主义革命时期的纲领性文件。解决"依靠谁、团结谁、打击谁"的问题也成为这一时期中国共产党分析阶级阶层结构的基本出发点。1949 年新中国成立以后，随着社会主义改造的基本完成，中国共产党在 1956 年召开了第八次全国代表大会，会议认为，国内形势的重大变化表明："我国的无产阶级同资产阶级之间的矛盾已经基本解决，几千年来阶级剥削制度的历史已经基本结束"，"我们国内的主要矛盾，已经是人民对于建立先进的工业国的要求同落后的农业国的现实之间的矛盾，已经是人民对于经济文化迅速发展的需要同当前经济文化不能满足人民需要的状况之间的矛盾"。因此，我国应当进入全面建设社会主义的新阶段。但是，1957 年反右斗争扩大化以后，中国又重新提出无产阶级同资产阶级的矛盾仍然是我国社会的主要矛盾的观点，并进而把这一思想绝对化，进一步断言在整个社会主义历史阶段，资产阶级都将存在和企图复辟，而且会成为党内产生修正主义的根源，因此阶级斗争要"年年讲、月月讲"。这些思想成为"十年动乱"中概括出来的"无产阶级专政下继续革命的理论"和"路线"的主要依据，并在实践中带来了严重的恶果。

1978 年进入改革开放新时期以后，邓小平在一系列的重要讲话中，提出了一些对此后阶级阶层结构变化产生重大影响的思想：一是强调从"以阶级斗争为纲"转到"以经济建设为中心"上来[①]；二是要打破平均主义和"大锅饭"，鼓励一部分人和一部分地区通过勤劳致富先富裕起来[②]；三是"判断的标准，应当主要看是否有利于发展社会主义社会的生产力，是否有利于增强社会主义国家的综合国力，是否有利于提高人民的生活水平"[③]；四是最终要走共同富裕的道路[④]。邓小平的这些思想虽然是在十几年的改革实践中逐步完善的，但在改革初期就已基本上都提出来了。在这些思想的指导下，改革初期就对阶级阶层关系进行了一系列的重大调整，

其中包括[⑤]：第一，平反一大批历史上的冤假错案，为几百万人摘掉了"反革命"、"走资派"、"修正主义分子"、"黑帮分子"的帽子，恢复了他们的名誉。第二，摘掉了知识分子在"文化大革命"中的"臭老九"帽子，重申知识分子是工人阶级的一部分，改正了 1957 年绝大多数被错划为"右派分子"的案件。第三，从 1979 年 1 月起，摘掉地主、富农分子的帽子，给予他们人民公社社员的待遇，其子女的个人成分一律定为"社员"。第四，从 1979 年 1 月起，落实对国民党起义、投诚人员以及在

---

① 邓小平：《邓小平论建设有中国特色的社会主义》，中共中央党校出版社 1993 年版，第 33 页。
② 同上书，第 11、155 页。
③ 同上书，第 110 页。
④ 同上书，第 372—374 页。
⑤ 胡绳：《中国共产党七十年》，中共党史出版社 1991 年版，第 481—483 页。

大陆的台湾同胞亲属政策，此外还宽大处理并释放了原国民党县团以下党政军特人员。第五，在 1980 年代初，为原 86 万工商业者中的 70 万人恢复了劳动者身份，并随后明确规定，原工商业者已经成为社会主义社会中的劳动者，其成分一律改为干部或工人。

这些为了"团结一致向前看"而进行的阶级阶层关系的重大调整，调动起各个社会阶层投身于改革开放和社会主义建设的积极性，扩大了改革的群众基础，同时这些政策调整也意味着，从此放弃在"文革"中那种简单地把"政治思想"和"历史背景"作为划分阶级阶层的依据。

随后的经济体制改革，带来阶级阶层结构和利益格局的深刻变化。这种巨大变化的特点主要表现在三个方面：一是所有制结构的深刻变化使非公有制经济快速成长，由此产生了私营企业主、个体工商户、外资和私营企业高级管理人员和技术人员等新的社会阶层；二是工业化和城市化的推动使 2 亿多农民转变了职业身份，成为"新工人"；三是与现代经济社会相联系的社会中间阶层的人员规模快速扩大了，而且社会流动大大加快。

工业化、城市化的快速推进，推动着中国从传统的城乡二元结构向现代社会结构转变。这种社会结构转变的人口规模之大、速度之快和程度之深，在世界现代化历史上是空前的。数以亿计的农民离开土地向非农产业的迅速转移，乡村人口向城市的大量集中，为中国的社会结构转型带来强大动力，极大地改变了人们的生活方式、就业方式和整个社会的面貌。

二　社会结构的变动

相对于中国经济体制改革来说，社会结构的变动是更加长期、更加深层、更加广泛的变化。

（一）工业化和城市化的进程

改革开放以来，伴随着经济的高速增长，产业结构也发生快速变化，第一、第二、第三产业在 GDP 总量中所占比重，由 1978 年的 31：45：24 变为 2008 年的 11.3：48.6：40.1。在这段时间内，中国的服务业增长迅速，工业平稳发展，而农业在国民经济中所占比重急剧下降。从中国目前的产业结构来看，中国已经进入工业化的中期。

　　与此同时，中国的城市化也在快速推进。新中国成立初期的 1949 年，城镇人口只有 5700 万，城镇化水平为 10.6%，比 1900 年世界平均水平还低 3 个百分点，是一个典型的农业大国。1949—1978 年，城镇化水平逐步提高，1978 年达到 19.7%，但一直长期低于 20%。改革开放以后，中国工业化发展迅速，大大加快城市化进程。从 1949 年到 1978 年的 29 年中，中国城市化水平仅提高 7 个多百分点；而从 1978 年到 2008 年的 30 年中，中国的城市化水平从 19.7% 升至 45.7%，比 1978 年提高了 26 个百分点。目前，中国城市数量达到 655 个，比 1978 年增加 462 个，其中百万人口以上特大城市 118 座，超大城市 39 座。

　　但相对于工业化进程来说，中国的城市化是滞后于工业化的，例如目前农业产出占 GDP 的比重已只有 10% 左右，但在就业人口中，从事农业劳动的还有 45%，在乡村生活的常住人口还占总人口的 55% 左右。城市化发展的滞后，与中国城乡分隔的户籍管理制度有密切的关系，这种状况造成城乡发展的巨大差距，目前城镇家庭人均收入约为农村家庭人均收入的 3 倍，非农劳动者的人均收入约为农耕劳动者人均收入的 5—6 倍，这也是中国产生 2.5 亿农民工的一个重要原因。

（二）人口和家庭结构的变化

　　中国人口结构类型已经发生了历史性转变，由高出生率、高死亡率、低增长率，经过高出生率、低死亡率、高增长率的阶段，现在转变到低出生率、低死亡率和低增长率。1952—2008 年，中国总人口从 5.7 亿人增加到 13.28 亿人，出生率从 37.00‰ 下降到 12.14‰，死亡率从 17.00‰ 下降到 7.06‰，自然增长率从 20.00‰ 下降到 5.08‰。促使这种人口转型的主要因素是经济发展、社会转型和计划生育政策。中国从 20 世纪 70 年代初期开始实行计划生育政策，到 80 年代初期开始在城市户籍人口中严格实施 "一对夫妇一个孩子" 的生育政策。随着出生率的快速下降，中国的人口结构发生了重大转变，总和生育率由 70 年代初期的 6‰ 左右降到了目前的 1.8‰ 左右，这一变化使得中国少生了 3 亿人，社会负担系数持续下降，对中国的经济社会发展作出了巨大贡献。但与此同时，在不到 30 年的时间里，中国人口已经从年轻型跨过中年型而进入老年型人口阶段。2005年全国1%人口抽样调查显示，中国60岁及以上年龄人口占总人口的12.9%，65岁及以上人口占总人口的9.07%。未来几十年，中国将先后迎来劳动年龄人口、总人口、老年人口三个高峰，据测算，2016年15—64岁的劳动年龄人口将达到10.1亿人左右的峰值；本世纪30年代总人口达到15亿人左右峰值；40年代65岁以上老年人口将达到3.2亿人的峰值。

随着人口结构的变化，中国家庭结构和代际结构也发生了重大变化。家庭结构日益核心化，扩大家庭和主干家庭日益减少，核心家庭成为占主导地位的家庭结构模式。家庭人口规模从1982年的4.41人下降到2006年的3.17人。代际结构的变化则突出表现为每代人口规模的变化，在城镇逐步开始形成"四二一"型代际结构，亦即祖辈4人，父辈2人，子辈1人；在农村逐步开始形成"四二二"型代际结构。人口老龄化以及家庭小型化，对中国传统以家庭养老为主的养老模式提出了严峻挑战。

（三）区域发展结构的变化

中国的发展还存在巨大的区域不平衡，这种不平衡历史上就有，但改革开放以后进一步加剧。中国地理上有一条从北方黑龙江省瑷珲（今黑河）到南方云南省腾冲的分界线，这是一条人口分界线，约有94%的人口居住在约占全国土地面积42.9%的东南部地区，约6%的人口居住在约占全国土地面积57.1%的西北部地区。人口的这种分布与自然条件有关，因为这也是一条气候分界线，基本上与中国400毫米等降水量线重合，该线的西北一方多属于干旱少雨的地区。同时，这还是一条历史分界线，该线东南是历史上中原王朝长期控制的疆域。

改革开放以后，东南沿海地区率先对外开放，发展比较快，区域发展差距进一步扩大。从1978年到2006年，东部、中部、西部的GDP份额之比（以西部地区为1），从2.36:1.82:1变动为3.17:1.68:1；人均GDP之比（以西部人均GDP为1）从1.94:1.20:1变动为2.63:1.23:1；总的趋势是中西部差距缩小，而东部与中西部的差距扩大。

（四）所有制结构的变化

中国在改革开放之前，实行高度集中的计划经济体制，在所有制方面追求单一的公有制，基本上只存在全民所有制和集体所有制两种公有制形式。改革开放以后，经济体制改革打破单一公有制经济格局，个体经济发展相当快，并随之出现了雇工在 8 人以上的私营经济。设立经济特区和开放沿海部分地区以后，涉外三资企业作为新的经济成分出现。公有制经济本身也产生多种形式，出现跨城乡、跨所有制界线、跨地区、跨行业的经济实体。现在，新的经济体系已包括国有经济、集体经济、个体经济、私营经济和其他经济等多种经济成分，形成以公有制为主体，多种所有制成分共同发展的新的所有制结构。

所有制结构的变化和社会分工的精细化带来了职业群体结构和社会阶层结构的变化，这不仅仅表现在从业类别上，而且表现在社会地位、社会声望、生活方式、收入状况、文化水准、消费结构、人际交往等各个方面，改革前职业群体结构和社会阶层结构高度均质化的状况已经改变，并越来越朝着多样化方向发展。目前中国社会已经形成工人、干部、农业劳动者、专业技术人员、职员、企业经理、个体劳动者、私营企业主等主要职业群体。社会阶层结构的分化和企业群体的多样化造成了利益需求的多层次化，利益差距、利益摩擦和利益冲突等问题日益突出。在改革开放后的 30 多年中，中国已经从一个收入分配非常平均的国家变成收入差距较大的国家。据有关部门和学者的统计分析，衡量收入分配集中程度的基尼系数，在经历了改革开放最初几年的下降之后，从 1985 年起便不断攀升，从 1984 年的 0.25 左右提高到 2006 年的 0.49 左右。

（五）组织结构的变化

改革开放以前，政府管理社会和个人的基础组织，是一种普遍的"单位制组织"，包括国家机关、非营利事业部门、企业和农村人民公社，都属于这种"单位制组织"。"单位制组织"不仅仅是工作场所，而且也是生活共同体和社会管理部门。"单位"几乎负责所属人员的生老病死等一切事务，而单位成员对"单位"具有很强的依赖性。在这种情况下，保障社会生活、管理社会行为、调节社会关系和解决社会生活中发生的一切矛盾，主要都是通过"单位"来进行。人员和资源都被"单位化"了，很难进行社会流动，社会也缺乏活力。改革初期的 1978 年，当时中国有 4 亿多"社会劳动者"，其中只有不足 0.04% 的劳动者在"单位制组织"以外工作（即 15 万"城镇个体劳动者"），绝大多数劳动者都隶属于"单位制组织"，包括 7400 多万"全民所有制单位"职工和 2000 多万"城镇集体所有制单位"职工，至于农村的 3 亿多"社会劳动者"，则全部都是"人民公社"的"社员"。

改革开放以后，随着所有制结构的变化，各种"非单位组织"大量产生，这些新产生的工作部门一般都采用市场聘任制。目前，城镇中约 60% 以上的从业人员在"非单位制组织"中工作，农业劳动者在人民公社解体和实行家庭联产承包责任制以后，也几乎全部脱离了"单位制组织"的管理。

此外，随着政府转变职能的改革以及社会体制的改革，特别是由于住房的自有化、社会保障的社会化、就业和后勤服务的市场化，原来的"单位制组织"管理的范围大大缩小，社会管理的基础组织，也发生从"单位制组织"向"社区组织"的变化，对社区服务的需求大大增加，以居住地管理为主要形式的社区建设快速发展。

社会管理方式的变化，使各种连接政府与个人的民间社团组织快速发展。根据民政部统计，改革开放初期，中国登记注册的社团组织仅有 2000 多个，而到 2008 年年底，依法登记的社会组织已经超过 41.37 万个，专职工作人员超过 475 万人，兼职工作人员超过 500 万人左右，注册的志愿者超过 2500 万人。在各级民政部门备案的城乡社区社会组织有 20 万个，未备案的社会组织超过 100 万个。目前，社会组织仍以每年 10%—15% 的速度在发展，在现实中发挥越来越大的作用。

三　阶级阶层结构和利益格局的变化

市场化的推进，所有制结构的重组，以及利益关系格局的变动，促进了社会经济地位的分化，并带来社会阶级阶层结构的深刻变化。

（一）阶级阶层结构的变化

改革开放前，我国社会阶级阶层结构的构成主要是工人阶级、农民阶级和知识分子这样两个阶级和一个阶层。改革开放以后，他们都在改革开放大潮中发生了分化：农民工、个体工商户、私营企业主、各种非公有制企业和民办非企业单位经营管理人员，都从原来所属社会阶级阶层中分化出来；原来的知识分子作为专业技术人员，国家机关、社会团体和各种企业事业单位中的办事人员，则在新的劳动关系下获得相对独立的新社会角色和地位①。

如果结合以资源占有为基础的阶级分析和以职业地位为基础的阶层分析这两个社会学分析维度来考察中国当前的社会阶级阶层结构，大致可以发现十个轮廓较为清晰的社会阶层：国家与社会管理者，经理，私营业主，专业技术人员，办事人员，个体工商户，商业服务业员工，产业工人，农业劳动者，以及无业失业半失业人员。根据 2005 年全国 1% 人口抽样调查，并结合国家工商管理总局等部门的统计数据，2005 年我国社会阶层的城乡结构大致如图 1 所示。

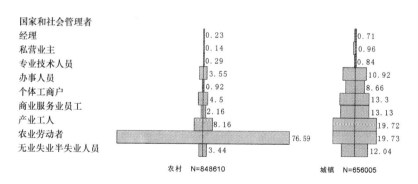

图 1　2005 年中国社会阶层结构

资料来源：国家统计局 2005 年全国 1% 抽样调查数据。

---

① 陆学艺主编：《当代中国社会阶层结构研究报告》，社会科学文献出版社 2001 年版。

从图 1 的阶层结构可以获得关于我国社会阶级阶层结构变迁的几个基本判断，一是城乡的阶级阶层结构差异很大；二是农村的阶级阶层结构的形状还是一种金字塔形，结构底层比重过大，中间层规模过小；三是阶级阶层结构变化的过程，就是从农村的"金字塔形"转变为城镇的"橄榄形"。

改革以后，工业化和城市化的快速发展，加快了产业结构的变动。1978—2008 年，中国第一、第二、第三产业在 GDP 总量中所占比重，由31：45：24 变为 2008 年的 11.3：48.6：40.1。这种变化产生的结果是，一大批农民进入城镇并转变了职业身份，同时以工业为主体的物质生产部门的产业职工队伍增长速度放缓，而金融、保险、房地产、旅游、咨询、广播、电视以及各种服务业和公用事业等非物质生产部门的职工增加得很快。1978—1993 年，在全国从业人员的构成中，第一产业从业人数比重从70.5% 下降到 39.6%，第二产业从业人数从 17.4% 上升到 27.2%，第三产业从业人数从 12.1% 上升到 33.2%。

工业化的发展大大推动了城市化进程。从 1949 年到 1978 年的 29 年中，中国城市化水平仅提高 7 个多百分点；而从 1978 年到 2008 年的 30 年中，中国的城市化水平从 19.7% 升至 45.7%，比 1978 年提高了 26 个百分点，城市化速度加快是相当明显的。目前，中国城市数量达到 655 个，比1978 年增加 462 个，其中百万人口以上特大城市 118 座，超大城市 39 座。城市经济实力不断增强，目前地级及以上城市创造了全国 GDP 的 63%。

改革以来变化最大的是传统意义上的"农民"。至 2008 年年底，按所持户籍划分，中国"农业人口"占总人口的 60% 左右，按居住地划分，"乡村人口"占总人口的 45.7%，而按职业性质划分，农业劳动者只占总从业人数的 39.6% 左右。过去中国使用的"农民"概念包括所有不吃国家商品粮、持农业户口的"农业人口"，大家都是清一色的"社员"。改革以后，传统意义上的"农民"发生了深刻的职业分化，"农业人口"在很大程度上已仅仅成为一个户籍的或居住地域的群体概念，在现实中已分成农业劳动者、乡镇企业工人、外出的农民工、农村雇工、农村文教科技医疗工作者、农村个体工商业者、农村私营企业主、乡镇企业管理者、农村管理干部等。每个群体中还可以按收入、财富、生产资料的占有状况或职业声望等分成若干个次级群体，如农业劳动者可分为经营大户、兼业户、合作户、小农等。随着社会流动的加强以及农业劳动比较收益的下降，农民的老龄化趋势明显，农村青年普遍外出打工，留在农村从事农业劳动的越来越少，根据 2008 年中国的社会状况综合调查（2008CGSS，CASS）生活状况（见表1）。

表 1　　　　　　　不同出生同期群的现职或终职社会阶层分布（％）

出生同期群	公务员及国有企业管理阶层	民营企业主及管理阶层	专业技术（知识分子）阶层	工人阶层	自雇阶层	农民阶层	总计
1938—1956（52—70 岁）	8.04	0.51	4.19	25.07	4.98	57.22	100
1957—1965（43—51 岁）	7.13	0.86	2.66	33.67	10.26	45.42	100
1966—1976（32—42 岁）	6.41	1.45	4.46	35.71	12.53	39.44	100
1977—1991（17—31 岁）	6.39	1.17	3.26	55.15	8.21	25.81	100

注：表中的出生同期群的年龄是指出生到 2008 年的年龄。

数据来源：2008CGSS，CASS。

新时期阶级阶层结构变化的特点，一是产业结构的变动使那些与现代经济相联系的职业群体无论在人数比重还是社会影响力方面都大为增强，而且有 2 亿多原来的农民转化成工人；二是深刻的职业分化使原有的同一阶级内部出现了具有不同经济地位和利益特点的社会阶层，原来相对重合的收入、地位、声望三个社会序列发生了分离；三是所有制结构的变动使改革后新出现了一个占有一定生产资料的私营业主及管理者阶层。

（二）利益格局的变化

阶级阶层结构的变动使原有的利益格局发生深刻的变化，改革实际上也成为一个利益格局的调整过程。

改革以后，通过农村的家庭经营承包和城市的企业承包，首先产生了以家庭为单位和以企业为单位的独立利益主体；向地方"放权"和实行"分灶吃饭"的财政制度，造就了以社区和地区为单位的独立利益主体；打破单一公有制体制后，在多种所有制成分并存的情况下，个体私营企业、三资企业、乡镇企业等都成为不同的利益主体；国有企业的"承包制"、"利改税"、"拨改贷"、股份制改造以及指令性计划和配额的取消也使它们更接近于相对独立的利益主体；一大批事业单位的企业管理和走向市场也使他们产生强烈的利益主体意识。此外，"让一部分人通过劳动先富起来"的政策从观念上破除了长期以来的"绝对平均主义"，劳动效益成为比劳动时间更为重要的影响劳动收益的因素。最后，对股息、利息、红利等资本收益合法性的法律确认和法律保护，使整个收入分配中按资分配的比重有所上升。在影响收入水平的因素中，原有的职位、技术等级、工龄、行业、地区等因素虽然仍发挥着作用，但单位分配体制、企业经济效益、资本占有状况等成为新的影响收入水平的重要变量。

利益格局的一个深刻变化就是各阶层、各群体之间以收入水平为标志的利益差距在不断扩大。

在城乡之间，城乡居民人均收入比（城镇居民家庭人均可支配收入/农民人均纯收入）由 1985 年的 1.72∶1 扩大到 2008 年的 3.33∶1。

在地区之间，改革以前职工平均工资相对较高的西部边远地区，现在的平均工资已经大大低于东部地区，到 2008 年，中国各省（市、区）职工年平均工资水平最高的是上海，最低的是江西，上海职工年平均工资水平是江西的 2.7 倍。

在行业之间，重工业和物质生产部门的工资水平已没有明显的优势，平均工资水平较高的是金融业、房地产业、IT 产业，而较低的是制造业和采掘业。

特别值得注意的是"工资均等，收入悬殊"的现象，各种"隐性收入"、"工资外收入"、"第二职业收入"、"实物收入"、"业务待遇"成为城镇社会拉开生活水平差距的重要影响因素之一。

不同社会阶层和群体之间的收入分配差距不断扩大，使衡量收入分配集中程度的基尼系数，在经历了改革开放最初几年的下降之后，从 1985

年起便不断攀升，从1984年的0.25左右提高到2005年的0.47左右（见图2），2008年则达到0.5左右。

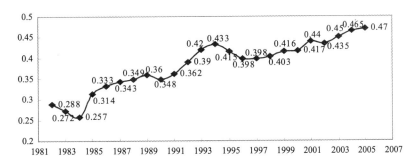

图2　1982—2006年中国收入分配基尼系数变动趋势

资料来源：1982—1999年的基尼系数采自毕先萍、简新华（2002），2000—2005年的基尼系数采自国家统计局公布的年度数据，2006年基尼系数来自本课题组2006年全国抽样调查。

四　中国阶级阶层研究关注的几个问题

（一）收入差距扩大是阶段性特征还是长远趋势

关于收入分配与经济增长的关系，美国经济学家 S. 库兹涅茨在20世纪50年代中期曾依据1854—1950年有限国家的材料提出了著名的"倒 U 形假设"（inverse "U" shaped hypothesis），这在发展经济学中几乎被视为一条已经得到证实的"规律"。这个假设认为，收入分配状况的长期变化趋势呈现为一条倒 U 形曲线：在经济发展初期，社会的财富总量有限，收入分配相对平均；进入向工业文明过渡的起飞阶段后，由于对增长具有重要意义的储蓄和积累集中在少数富有阶层以及城市中更高的收入不平等向农村的扩展，社会的收入差距会迅速扩大，而后是短暂的稳定，在进入增长后期和达到较高发展水平后，随着财税（特别是累进所得税的遗产税）、福利制度的改进和完善以及社会流动的增强和中间收入阶层的扩大，收入差距会逐渐缩小[1]。这个假设一方面部分地得到对多国横断面共时性比较

---

① Kuznets, S. , 1955, "Economic Growth and Income Inequality", *American Economic Review*, March 45 (1) .

研究的支持，数据分析表明收入差距开始缩小的转折点发生在从中下收入国家向中上收入国家过渡的时期；另一方面也在一定程度上得到一些对部分国家纵切面历时性比较研究的验证，资料分析表明欧洲一些发达国家的收入差距是在第二次世界大战后才得到改进的，而一些拉美国家的收入分配状况在1960—1970年的经济高增长时期是急剧恶化的①。

对于收入分配变动趋势何以会出现这种倒U形曲线，还存在着其他的不同解释。注重阶级力量对比的学者认为，收入分配状况的恶化导致激烈的社会冲突，随之兴起的工人运动产生强大的政治压力，从而促进了劳动收入的快速增长并在一定程度上遏止了资本收入的无限扩张。强调要素供求关系对收入分配的影响的学者则认为，收入分配状况发生改善的转折点意味着，在此之前，要素供给中资本稀缺而劳动力过剩，因而出现资本收益高而劳动力价格低，劳动和资本的收益差别不断扩大，而在此之后，资本出现相对充裕，资本收益降低，同时劳动力素质大大提高并开始变为稀缺，劳动收益上升，平均收入差距也开始缩小。还有许多学者认为，经济增长与收入平等，正像效率与公平一样，二者之间具有替代关系，收入差距扩大是期望经济获得迅速起飞的国家不可避免要付出的巨大成本和沉重代价，从历史上看经济的极大发展一直是同极大的意外收益的前景和结果相联系的。与此相关的福利分配理论认为，解决不平等问题的关键是通过经济快速增长把福利的蛋糕做大，以便有更多的剩余进行分配，这样国家对二次分配的干预政策才能真正起到改善收入分配状况的效用。

从经验事实的层面真正对S.库兹涅茨的"倒U形假设"提出挑战的是东亚新兴工业国家和地区的增长过程，新加坡、韩国、中国的香港和台湾地区在1960—1982年经济起飞的高速增长阶段，人均国民生产总值的年平均增长率都在7%左右，而同期收入差距并没有出现急剧恶化现象，多数情况下是有所改善的。这一时期衡量收入不均等程度的基尼系数，新加坡从1966年的0.49下降到1980年的0.45，香港从1966年的0.48下

① 陈宗胜：《经济发展中的收入分配》，上海三联书店、上海人民出版社1994年版，第47—64页。

降到 1981 年的 0.47，台湾从 1961 年的 0.46 下降到 1980 年的 0.30，只有韩国从 1964 年的 0.34 微升到 1976 年的 0.38[①]。台湾的情况更为特殊，收入差距出现"正 U 形"变动趋势：以家庭所得五等分法计算，台湾在人均国民收入 186 美元的 1952 年，20% 最高收入层与 20% 最低收入层的收入差距是 20.47 倍，1961 年降到 11.56 倍，1964 年降到 5.33 倍，1981 年进而降到 4.21 倍；但在人均国民收入达到 2500 美元的 1981 年以后，收入差距开始逐渐扩大，至 1992 年扩大到 5.24 倍[②]，如果考虑到并未计算在内的家庭不动产以及台湾房地产价格近若干年来迅速上涨的因素，实际的财富分配差距扩大趋势会更为明显。

中国近十几年来的发展过程说明：第一，从增长的长周期来看，中国正处在从低收入国家向中等收入国家过渡的时期，所以收入差距的扩大作为阶段性特征也是符合一般经济规则的，不过由于城乡收入差距和地区收入差距是影响整体收入差距的主要因素，而它们继续扩大的趋势目前来看还不是短时期可以改变的，所以收入差距扩大作为阶段性特征在中国经济的高速增长中还会持续一个较长时段；第二，中国不同于其他国家的特殊情况是，农村中存在的收入差距大于城市，所以城市化在中国，无论是表现为乡村非农化和小城镇的发展，还是表现为农民的进城就业，都是有利于整体收入差距缩小的，而不是相反；第三，中国的收入差距过大的情况已经比较严重，损害了社会公平正义，引起群众的强烈不满，并成为引发各种社会问题的深层次原因，必须采取财政、税收、社会保障等各种办法，扭转收入差距扩大的趋势。

（二）市场机制的导入是否造成了收入不平等的加剧

古典经济学家们普遍认为，市场机制所造成的收入不平等是一种必然的代价，这种基本力量强大到国家干预所不能影响的地步，经济学实际上是"关于不容改变的收入分配的沉闷的科学"，因为劳动的工资、土地的

---

① Fields G. S., 1984, "Employment. Income Distribution and Economic Growth in Seven Small Open E-conomics", *Economic Journal*, Vol. 94, No. 373..

② "台湾行政院"主计处：《台湾统计年鉴》（*Taiwan Statistical Data Book*），1993 年。

地租和资本的利润都是由市场经济规律所决定的，而不是由政治力量所决定的。如果试图利用国家的强制力量改变这一规律，其结果很可能是使整个社会生产的"馅饼"较小一些，而较小的"馅饼"很可能仍然用同样的方式加以分配。新古典经济学家们则更倾向于认为，在自由放任的市场经济制度下，西方工业化国家在19世纪的不平等和贫困状况的确可能达到过比狄更斯等社会批判小说家的描写更加可怕的程度，但随后所采取的一系列改革措施，如反垄断（反托拉斯）立法、累进所得税、失业保险、社会保险、稳定经济的货币和财政政策以及各种福利制度的建立等，这些使西方国家从自由放任市场经济制度过渡到混合型市场经济制度，从而对前者所特有的收入不平等做了某些修正，有助于缓和贫富极端悬殊的状况，这时尽管经济福利的差别可能仍然是相当大的，但是经济增长的"大众消费时代"终于到来①。这两种观点在看待国家干预的作用方面是有明显分歧的，但在市场机制的自发作用会加剧收入不平等这一点上却是基本一致的。

近些年来，西方一些关注东欧和中国的改革的学者根据若干比较研究的结果对此提出了不同的看法，较有代表性的是部分社会学家在"新制度主义"理论框架中提出的看法。他们认为，社会主义国家在从"再分配"的计划经济体制向市场经济体制过渡的过程中，国家的放权让利对直接的生产者提供了有效的刺激，从而围绕着市场领域创造出新的机会格局，使分配的份额从高层的"再分配"领域向基层的市场领域转移，所以在市场过渡的经济转型时期，市场机制的导入是有利于弱化收入不平等的②。但是，这种看法目前还缺乏经济发展长周期的统计验证。

中国改革开放30多年来，伴随着市场机制的导入和扩大作用，城市的收入差距、农村的收入差距以及城乡之间的收入差距总体上都经历了一个先缩小后扩大的过程，然而我们并不能因此而得出结论，认为在经济转型中，市场机制对收入差距的影响在初期是正面的，随后就会转向负面，

---

①　吉利斯（Gillis）、帕金斯（Perkins）:《发展经济学》，经济科学出版社1989年版，第93—96页。

②　Stark and Nee, 1989, "Toward an Institutional Analysis of State Socialism", in *Remaking the Economic Institutions of Socialism：China and Eastern Europe*, Edited by V. Stark and D. Nee, California：Stanford University Press. 1991. pp. 12－13.

因为相互伴随的现象并不一定就是因果关系。例如，目前中国城市的市场化程度远高于农村，但农村居民的收入差距却大于城镇居民，从全国来看，经济发展程度和市场化程度都较高的浙江省，收入差距反而低于全国平均水平。

（三）究竟什么是"社会公正"

"社会公正"在不同的历史时期，不同的社会阶级基于不同的价值观可以有不同的理解。一般来说，社会公平的内涵是由一定社会中大多数人的共同价值观来决定的，但是，在社会转型时期，人们的价值观念会发生深刻变化，原来在社会基本层面的一些共识也会发生动摇，从而使对"社会公正"的理解产生各种不同的认识。比如，目前中国的学者对"社会公正"有以下几种理解。

——社会公正的核心就是经济上的平等，包括收入水平和财富占有水平的平等，任何收入差距或财富占有差距的扩大都可以看做"两极分化"的开始。

——社会公正从本质上说不是经济上的绝对平等，而是针对人们生活需要的平等，也就是说要"给同样的人以同等的待遇，给不同的人以不同的待遇"。

——社会公正在现阶段的衡量标准虽然是"按劳分配"，但不可能是根据劳动时间计算的劳动量来分配，而是按劳动的质量、劳动效率和劳动的实际产出收益来分配，因此等量劳动时间获得不等量的报酬是十分自然的。

——社会公正是以现有法律为基础的公平，是法律面前的人人平等，所以，合法的分配也就是合理的分配，合法的收入也就是合理的收入，合法的收入差别也就是合理的收入差别。

——社会公正与市场公平不同，市场公平的目的是促进基于竞争的生产效率和提高资源的配置效率，社会公正的目的是维护社会的团结和谐，促进社会的和谐稳定发展。

为了更清楚地理解社会公正，我们必须把"经济平等"、"机会平等"和"社会公正"这三个概念区别开来。

"经济平等"指的是收入分配状况、财富占有状况和全部福利的分配状况，它是客观的可以测量的分配状况。

"机会平等"是指在现存经济社会价值所有权的分配中，决定一个人获得相对份额的主要是个人的努力和机会选择等"自致"（achieved）因素，而不是出身、地位、身份等"先赋"（ascribed）因素。而由于个人在禀赋和能力上存在的差异，即使给予每个人参与竞争的平等机会，竞争的结果也是有很大差异的。

"社会公正"是以共同的价值观为基础的，它包含着一定社会对人的生存、发展等基本权利的共识，是在社会资源相对于社会需要具有稀缺性的情况下保证正常的群体生活持续下去、免受社会冲突的破坏和瓦解的生活原则，是社会秩序和社会制度赖以存在的道德基础。

"社会公正"的问题涉及财富的占有、收入的分配、权力和权利的获得、声望和社会地位的状况、享受教育的机会、职业的选择等，一句话，它涉及全部社会资源和社会福利的配置；同时，社会公正不仅仅是指社会福利的配置结果，更重要的是指发展机会的平等，也就是说，人们获得发展机会（如教育、就业）的权利不应受到家庭背景、性别、种族、身份和资本占有状况的影响，发展机会的平等是社会公平的重要保证。此外，社会公正是对市场缺陷的一种补偿和对竞争过度的一种制约，但社会公正不是竞争和效率的对立物，社会公正和经济效率也不是基于完全不同的价值观，因为我们难以想象同一社会可以依据两种水火不容的价值观和价值机制协调地运行，社会公正的机制应当有利于提高和维护资源的配置效率和劳动效率，如果认为维护社会公正就要牺牲效率，那无异于"养懒"，又回到改革前"大锅饭"状态。从这种意义上说，"大锅饭"也是一种"社会不公"。

（四）怎样认识"中产阶级"和"小康大众"（xiaokang mass）

在社会学研究中，"中产阶级"始终是一个具有持久魅力但又存在诸多争议的概念。虽然人们已经从职业、收入、教育、声望、消费、性别、种族、品位、认同、社会政治态度等各个层面对中产阶级进行了反复研究，但这些研究结果似乎只是不断提出新的挑战，却难以形成统一认识①。尽管在中产阶级的定义和操作性测量方面，不同的甚至相互对立理论取向的学者，已经更加趋向一致，即把职业分类作为界定中产阶级的最重要测量指标②，但关于中产阶级的角色和作用，经验研究却显示出不同的结果，有的表明中产阶级是当代社会变迁的重要动力、有的表明中产阶级是传统秩序的堡垒③、有的表明中产阶级是稳定渐进的工业化力量④，也有的表明中产阶级是民主化的激进动力。

中产阶级在东亚新型工业国家和地区社会变迁中的重要作用也引起了社会学家的广泛关注，但对韩国、新加坡、中国台湾、中国香港社会的相关经验研究，也同样显示出中产阶级既具有激进的特点，也具有保守的性质⑤。

中国目前正在经历着世界现代化历史上最大规模的社会转型，在全球化背景下这种转型呈现出了极其复杂的特征：工业化、城镇化、市场化、国际化全面推进，经济体制转轨和社会结构转型同时进行，工业化初期的资本积累要求、工业化中期的产业升级要求和工业化后期环境治理要求同时并存。这些复杂的特征也为中产阶级的研究带来一些特殊的难点。

第一，中产阶级比重很小，群体边界不清晰。一方面，中国的城市化水平严重滞后于工业化水平，2009 年工业化水平目前已经达到约 90%（GDP 中工业和服务业的产值比重），但城市化水平还只有 45% 左右。这使得某种意义上作为"市民群体"的中产阶级发育很不成熟；另一方面，中国经济主要靠工业推动的特征非常突出，近若干年服务业在 GDP 和就业总人数中的比重，一直在 30% 左右徘徊，这使得某种意义上作为"服

①　Butler and Savage, 1995, *Social Change and the Middle Class*, London：VCL Press.

②　Goldthorpe, 1990, "A Response", in *Consensus and Controversy*, J. Clark, C. Modgil, and S. Modgil (eds.), 399–440, London：Falmer Press.；Erikson and Goldthorpe, 1993, *The Constant Flux：A Study of Class Mobility in Industrial Societies*, Oxford：Clarendon Press.；Wright, 1997, *Class Counts：Comparative Studies and Class Analysis*, Cambridge Vniversity Press.

③　Goldthorpe, 1982, "On the Service Class, Its formation and Future", in *Classes and the Division of Labour：Essays in Honor of Ilya Neustadt*, A. Giddens and G. MacKenzie (eds.), 162–185, Cambridge：Cambridge University Press.

④　Kerr, Dunlop, Harbins and Myers, 1973, *Industrialism and Industrial Man*, Harmondsworth：Penguin Books.

⑤　吕大乐、王志铮：《香港中产阶级的处境观察》，香港三联书店 2003 年版。

务群体"的中产阶级规模与经济发展水平不相适应。根据测算，目前中国中产阶级的规模在全国占 12% 左右，在城镇社会占 25% 左右。

第二，由于转型时期经济政治社会地位的不一致性较强，以职业为主要指标定义的中产阶级，在经济地位上呈现出偏低的特征，且与民众的主观定性判断产生较大差异，与商业机构从收入消费水平或消费取向界定的中产阶级也存在较大差异。

第二，由于转型时期经济政治社会地位的不一致性较强，以职业为主要指标定义的中产阶级，在经济地位上呈现出偏低的特征，且与民众的主观定性判断产生较大差异，与商业机构从收入消费水平或消费取向界定的中产阶级也存在较大差异。

第三，中国的城乡和地区差异较大，以职业为主要指标定义的中产阶级与主观上认同社会"中层"人群很不吻合，甚至存在背离的现象，如在农民工群体中，也有近 42% 的人认为自己属于"社会中层"。

中国的社会结构状况与西方社会有很大的差异，未来主导社会走向和大众消费的可能不是所谓的"中产阶级"，而是"小康大众"，"中产阶级"在中国在相当长的时期内都难以成为社会的主体。"小康"是中国对一种相对宽裕生活的描述的概念，实现全面小康社会也是中国到 2020 年的发展目标，"小康大众"应该包括占人口 80% 的中间层。经济的持续增长，福利总量的积累和增加，城市社会的扩展和辐射，农村剩余劳动力的转移和劳动生产率的提高，合理的收入分配制度等，这些无疑都是促成"小康大众"产生的重要条件，但是从目前来看，更应当注意使依靠劳动收入的工薪阶层获得一定的家庭固定资产和金融资产，使农业劳动者获得一定的生产资料和自有发展资金，总之，要使他们在资本收益增值更快的情况下也能得到一定的劳动收益以外的补偿。从中国历史上大跨度的治乱周期看，"藏富于民"历来是促进社会稳定的有效措施。

（五）如何看待"农民工"在未来发展中的作用

中国把从农业向非农产业转移的劳动力称为"农民工"。"农民工"这个概念主要指户籍身份还是农民、有承包土地，但主要从事非农产业工作、以工资为主要收入来源的劳动者。2006 年 1 月 18 日，中国国务院通过了《国务院关于解决农民工问题的若干意见》的文件，这是"农民工"的概念第一次写入中央政府具有行政法规作用的文件。农民工包括两大部分：一部分是在家乡附近乡镇企业工作的，"离土不离乡"的农民工；另一部分是离开家乡到外地去打工的农民工，也称"流动民工"。

近十几年来，"农民工"在中国一直是学术界、政策制定部门和新闻界关注的热点。在1984年以前的改革初期，中国农村劳动力向非农产业转移的主要方式是通过乡镇企业，其主要特点是"离土不离乡、进厂不进城"，这曾经被称为"中国式的城市化道路"。1984年，国家放宽了对农民进城的限制，拉开了农民大规模进城务工经商的序幕。1985—1990年，从农村迁出的总人数还只有约335万，而同期乡镇企业新吸纳的农村劳动力为2286万人，乡镇企业仍是农民在职业上"农转非"的主渠道。但1990—1995年情况就大不一样了，根据多项大规模的全国抽样调查结果，外出打工的流动民工占农村劳动力总数的比例平均在15%左右，据此推算1995年达到6600多万人，同期乡镇企业新吸纳农村劳动力2754万人，乡镇企业吸纳农村劳动力的能力开始下降，而进城流动民工的人数仍在快速增加。根据2004年中国国家统计局在全国31个省（区、市）对6.8万农户和7100个行政村的调查，当年外出就业农民工约1.2亿人，占农村劳动力24%左右。加上在乡镇企业就业的农村劳动力，2004年全国农民工总数大约为2亿人，他们平均年龄28岁左右，绝大多数初中教育水平，主要从事制造业、建筑业和服务业工作（国务院研究室课题组，2006：3—4）。农民工是一个难以精确统计的流动群体，现在通常的估计是全国农民工2.5亿人，其中进入城市务工经商的农民工1.5亿人。

农民工在未来的发展中面临着诸多新的挑战：

第一，随着中国进入工业化中期，产业结构将不断升级，技术进步对经济增长的贡献将更为显著，对劳动力技术素质的要求也会快速提高，农民工在未来必须适应这一新的要求。

第二，随着中国城市化的发展、人口老龄化的影响和劳动力供给上的变化，中国劳动力低成本时代会逐渐结束，中国未来的经济增长也必须实现从"中国制造"向"中国品牌"的转变，中国劳动力的比较优势也会更加体现在劳动力素质上。从调查分析中可以看到，农民工的受教育水平和技术素质相对于城镇职工来说，仍然普遍偏低，而且这也对农民工的收入水平产生了决定性的影响。

第三，随着农民工大规模地从农业转移到工业和服务业、从农村进入城市，农民工经历了工业化和城市化的洗礼，生活世界和社会态度都发生了深刻变化，也使整个社会结构发生了巨变，整个社会管理体制需要为这种巨变做出调整，农民工自身也要为适应这种巨变做出调适。

在过去的 30 年，农民工的工作、生活状况和社会态度，是影响中国经济社会发展全局的重要因素，在中国未来 30 年的发展中，他们的工作、生活状况和社会态度依然是影响改革发展稳定全局的重要因素。

改革开放以来中国社会结构的变化是极其深刻的，这种变化所形成的发展趋势，将决定着中国的走向和未来。

参考文献

毕先萍、简新华，2002："论经济结构变动与收入分配差距的关系"，《经济评论》第 8 期。

边燕杰、张展新，2002："市场化与收入分配——对 1988 年和 1995 年城市住户收入调查的分析"，《中国社会科学》第 5 期。

蔡昉、王美艳，2002："中国经济增长究竟有多快？"，《新视野》第 4 期。

陈冠任、易扬，2004：《中国中产者调查》，团结出版社。

陈佳贵、黄群慧等，2007：《中国工业化进程报告》，社会科学文献出版社。

陈宗胜，1994：《经济发展中的收入分配》，上海三联书店、上海人民出版社。

——2002：《再论改革与发展中的收入分配》，经济科学出版社。

邓小平，1993：《邓小平论建设有中国特色的社会主义》，中共中央党校出版社。

渡边雅男，1998：《现代日本的阶层差别及其固定化》，陆泽军等译，中央编译出版社。

吉利斯（Gillis）、帕金斯（Perkins），1989：《发展经济学》，经济科学出版社。

赫大海、李路路，2006："区域差异改革中的国家垄断与收入不平等——基于 2003 年全国综合社会调查资料"，《中国社会科学》第 2 期。

胡绳，1991：《中国共产党七十年》，中共党史出版社。

胡兵、赖景升、胡宝娣，2007："经济增长、收入分配与贫困缓解——基于中国农村贫困变动的实证分析"，《数量经济技术经济研究》第 5 期。

胡联合、胡鞍钢，2007："中产阶层：'稳定器'还是相反或其他——西方关于中产阶层社会政治功能的研究综述"，《中国社会科学内刊》第6期。

李春玲，2005：《断裂与碎片：当代中国社会阶层分化实证分析》，社会科学文献出版社。

李路路，2002："制度转型与分层结构的变迁——阶层相对关系模式的'双层再生产'"，《中国社会科学》第6期。

李培林主编，1995：《中国新时期阶级阶层报告》，辽宁人民出版社。

李培林、张翼、赵延东、梁栋，2005：《社会冲突与阶级意识》，社会科学文献出版社。

李培林、李强、孙立平等，2004：《中国社会分层》，社会科学文献出版社。

李强，2008：《社会分层十讲》，社会科学文献出版社。

——2005："'丁字形'的社会结构与'结构紧张'"，《社会学研究》第2期。

李实，2003："中国个人收入分配研究回顾与展望"，《经济学（季刊）》第2卷第2期。

李实、张平、魏众、仲济根等，2000：《中国居民收入分配实证分析》，社会科学文献出版社。

李实、赵人伟，1999："中国居民收入分配再研究"，《经济研究》第4期。

林毅夫、蔡昉、李周，1998："中国经济转型时期的地区差距分析"，《经济研究》第6期。

——1999：《中国的奇迹：发展战略与经济改革》（增订版），上海三联书店。

刘毅，2006："中产阶层的界定方法及实证测度——以珠江三角洲为例"，《开放时代》第4期。

陆学艺主编，2001：《当代中国社会阶层结构研究报告》，社会科学文献出版社。

——2004：《当代中国社会流动》，社会科学文献出版社。

吕大乐、王志铮，2003：《香港中产阶级的处境观察》，香港三联书店。

毛泽东，1973：《毛泽东选集》（合订本），人民出版社。

世界银行，2004：《中国，推动公平的经济增长》，清华大学出版社。

孙立平等，1994："改革以来中国社会结构的变迁"，《中国社会科学》第2期。

"台湾行政院"主计处，1993：《台湾统计年鉴》（*Taiwan Statistical Data Book*）。

王天夫、王丰，2005："中国城市收入分配中的集团因素：1986—1995"，《社会学研究》第3期。

王小鲁，2007："中国的灰色收入与居民收入分配差距"，《中国改革》第7期。

亚洲开发银行，2007：《关键指标2007，亚洲的分配不均等》，人民出版社。

张翼，2004："中国人的社会流动：阶级继承与代内流动"，《社会学研究》第4期。

——2005："中国城市社会的阶级冲突意识研究",《中国社会科学》第4期。

赵人伟、李实,1999:《中国居民收入差距的扩大及其原因》,载赵人伟等主编《中国居民收入分配再研究》,中国财政经济出版社。

Atkinson, A. and Bourguignon, F., 1982, "The Comparison of Multidimensioned Distributions of Economic Status", *Rev. Econom.* Stud. 49, 183 – 201.

Bian, Yanjie and John R. Logan, 1996, "Market Transition and the Persistence of Power: The Changing Stratification System in Urban China", *American Sociological Review*, Vol. 61 (Oct.), pp. 739 – 758.

Bulter, Tim and Mike Savage (eds.), 1995, *Social Change and the Middle Class*, London: UCL Press.

Cai, Fang and Dewen Wang, 2003, "Migration as Marketization, What Can We Learn from China's 2000 Census Data?", *The China Review* 3 (2).

Campbell, K. E., et al., 1986, "Social resources and socioeconomic status", *Social Networks*, Vol. 8.

Erikson, Robert, and John H. Goldthorpe, 1993, *The Constant Flux: A Study of Class Mobility in Industrial Societies*, Oxford: Clarendon Press.

Eyal, Gil, Ivan Szelenyi and Eleanor Townsky, 1998, *Making Capitalism without Capitalist: Class Formation and Elite Struggles in Post-Communist Central Europe*, London: Verso.

Fields. G. S. 1984, "Employment. Income Distribution and Economic Growth in Seven Small Open Economics", *Economic Journal*, Vol. 94, No. 373.

Goldthorpe, John H., 1982, "On the Service Class, Its formation and Future", in *Classes and the Division of Labour: Essays in Honor of Ilya Neustadt*, A. Giddens and G. MacKenzie (eds.), 162 – 185, Cambridge: Cambridge University Press.

——, 1990, "A Response", in *Consensus and Controversy*, J. Clark, C. Modgil, and S. Modgil (eds.), 399 – 440, London: Falmer Press.

Jones, D. C., Li, C., Owen, A. L., 2003, "Growth and regional inequality in China during the reform era", *China Economic Reviews*, Vol. 14, pp. 186 – 200.

Kacapyr, Elia, Peter Francese, and Diane Crispell, 1996, "Are You Middle Class? —Definitions and Trends of US Middle-Class Households", *American Demographics*, Oct.

Kerr, Clark, J. T. Dunlop, F. Harbison, and C. A. Myer, 1973, *Industrialism and Industrial Man*, Harmondsworth: Penguin Books.

Khan, Azizur Rahman, Keith Griffin, and Carl Riskin, 1999, "Income Distribution in Urban China During the Period of Economic Reform and Globalization", *American Economic Review*,

Vol. 89, No. 2.

Kolm, S. C. , 1977, "Multidimensional Egalitarianisms", Quart. J. Econom. 91, 1 – 13.

Koo, Hagen, 2001, *The Culture and Politics of Class Formation*, New York: Cornell University Press.

Krueger, A. O. , 1992, *Economic Policy Reform in Developing Countries*, Oxford: Basil Blackwell.

Krugman, Paul, 1994, "The Myth of Asian Miracle", *Foreign Affairs* 73, 62 – 78.

Kuznets, S. , 1955, "Economic Growth and Income Inequality", *American Economic Review*, March 45 (1) .

Lenski, G. E. , 1966, *Power and Privilege: A Theory of Social Stratification*, New York: McGraw-Hill.

Lin, Justin, Gewei Wang and Yaohui Zhao, 2004, "Regional Inequality and Labor Transfers in China", *Economic Development and Cultural Change* 52 (3) .

Lipton, M. and Ravallion, M, 1995, "Poverty and policy ", in J. Behrman and T. N. Srinivasan (eds.), *Handbook of Development Economics*, Vol. 3, Amsterdam: North-Holland.

Maasoumi, E. 1986, "The Measurement and Decomposition of Multidimensional Inequality", *Econometrica* 54, 771 – 779.

Nee, Victor, 1989, "A Theory of Market Transition: From Redistribution to Market in State Socialism1", *American Sociological Review*, Vol. 154 (Oct. 1989), pp. 663 – 681.

——, 1991, "Social Inequalities in Reforming State Socialism: Between Redistribution and Market in China", *American Sociological Review*, 56: 267 – 282.

So, A. Y. , 2003, "The Changing Pattern of Classes and Conflicts in China", *Journal of Contemporary China*, Vol. 33 (3) 363 – 376.

Poulantzas, N. , 1973, "On Social Classes", *New left Review*, 78, 27 – 54.

Przeworski, A, 1977, "Proletariat into A Class: The Process of Class Formation from Karl Kautsky's The Class Struggle to Recent Controversies", *Politics and Society*, 7 (4), 343 – 401.

Ram, R. , 1995, "Economic Development and Income Inequality: An Overlooked Regression Constraint", *Economic Development and Cultural Change*, 43 (2) .

Stark and Nee, 1989, "Toward an Institutional Analysis of State Socialism", in *Remaking the Economic Institutions of Socialism: China and Eastern Europe*, Edited by V. Stark and D. Nee, California: Stanford University Press, 1989, pp. 12 – 13.

Todaro, M. P. , 1969, "A Model of Labor Migration and Urban Unemployment in Less Developed Countries", *American Economic Review*, 59（1）：105－133.

Wade, Robert, 1990, *Governing the Market：Economic Theory and the Role of Government in East Asian Industrialization*, Princeton：Princeton University Press.

Walder, Andrew G. , 1996, "Markets and Inequality in Transitional Economies：Toward Testable Theories", *American Journal of Sociology*, Vol. 101, No. 4（Jan. ）, pp. 1060－1073.

World Bank, 1993, *The East Asian Miracle：Economic Growth and Public Policy*, New York：Oxford University Press.

Wright, E. O. , 1997, *Class Counts：Comparative Studies and Class Analysis*, Cambridge University Press.

（原载《黑龙江社会科学》2011 年第 1 期）

社会冲突与阶级意识

——当代中国社会矛盾研究

如何认识和分析社会主义建设时期的社会矛盾，实际上存在着三种路径：

第一种是"阶级斗争"的分析方法，它的基本假设和断定是，社会主义时期的一切社会矛盾，归根结底是无产阶级和资产阶级的阶级斗争的反映，共同的阶级就意味着共同的社会地位和共同的利益，后者又进一步意味着共同的社会意愿、共同的社会态度和共同的社会行动。在这种逻辑推论下，中国在改革开放前的很长一个时期，以"以阶级斗争为纲"定阶级、划成分，来判定人们的政治态度和社会行为，一旦被打入另册，就终生不得翻身。只要出现社会矛盾激化的事件，就上纲上线，抓幕后黑手和坏人，用镇压的办法解决。

第二种是"物质利益"的分析方法，它的基本假设和判定是，社会主义时期的基本社会矛盾，都是人民内部的矛盾，形成的原因是复杂的，既有制度建设中的不完善问题，也有国家干部的工作作风问题，更多的是由各种物质利益分配中的不恰当、不协调、不公平引起的。所以，最根本的是要从各个社会阶层和各种利益主体的物质利益的协调入手来解决矛盾。

第三种是"社会意识"的分析方法，它的基本假设和判定是，随着社会结构的深刻变化和社会利益主体的多样化，一些促成社会矛盾和新型社会运动的"社会意识"，并不属于"客观阶级"的意识，而是属于"认同阶级"的意识，这种"社会意识"产生的社会矛盾和冲突，往往具有"突发"、"快速扩散"和"难以预测和控制"的特点。

历史和当前的社会实践证明，对于社会主义建设时期的人民内部矛盾和社会问题，"阶级斗争"的分析方法，是一种极端错误的和带来极大社会灾难的方法；"物质利益"的分析方法，是适合目前大多数社会矛盾和社会冲突的方法；而"社会意识"的分析方法，是我们还不熟悉，但适合于一些具有现代风险特征的社会冲突和社会问题的方法。

在研究现实中的社会矛盾和社会冲突时，也有两种观察视角，一种是从冲突事件的结果去进行追因研究——事后的研究，这是目前多数研究的理路，另一种是从主观意识和行为倾向去进行追果研究——事前的研究，这种研究的重要性目前往往被人们忽视。

我们在本文中的研究，注重的是事前的研究，其基本假定是：客观的社会结构分层和经济社会地位，要通过主观阶级认同和阶级意识，才能与人们的社会态度、社会行动选择建立起逻辑关系，这个链条的连接规则，就是我们在本项研究中需要探讨的主要问题。这也涉及究竟是什么因素会影响中国未来的社会选择和走向？中国的各种社会力量将围绕哪些焦点问题重组？这种力量重组将依照什么样的规则进行？

本文对"中国经验"的分析，是依据我主持的中国社会科学院重大课题"当代中国人民内部矛盾研究"课题组进行的一次问卷调查。该调查于2002年11—12月间对中国大陆31个直辖市和省会城市的城市居民进行的"中国城市居民社会观念"抽样调查①。被调查对象为年龄在18—69岁之间的城市居民，该调查共发放15000份问卷，剔除无效问卷后，共获得了11094份有效问卷，有效回收率为73.96%。经过近两年的数据整理和分析，现将我们的初步分析结果和发现报告给大家。为了节省篇幅，我省略了具体的数字分析过程②。

---

① 这次调查的资助来自我主持的中国社会科学院重大课题"当代中国人民内部矛盾研究"和上海市教育委员会E研究院建设计划项目"中国社会转型过程中的社会冲突及冲突意识"。

② 对详细的数据分析感兴趣的学者，可参见我们的著作《社会冲突与阶级意识：当代中国人民内部矛盾研究》，社会科学文献出版社2005年版。

一　关于两种社会冲突的行动逻辑

无论在西方还是东方，在风险社会之前，阶级分析的框架，是理解社会矛盾和社会冲突的最基本的框架。很多西方学者否认这一点，但各种调查结果表明，阶级是各种已有的社会划分中最基本的划分，是人们判定社会位置、分辨利益差别和选择认同群体的最方便的途径。不同的是，在不同的国家和社会中，民众对阶级内涵的理解存在着很大的不同。

在对马克思的阶级学说的研究中，关于"阶级意识"的研究，一直是一个比较薄弱的环节。人们比较关注阶级的归属与占有生产资料、财富和特权的联系，而容易忽略马克思在人们的阶级本属与人们可能的社会态度和社会行动之间建立的逻辑链条。

在马克思《哲学的贫困》一书中，阶级分析的基本路径是把阶级分为"自在阶级"（class-in-itself）和"自为阶级"（class-for-itself）。一个以社会群体（social group）的形式存在的"自在阶级"，只有通过一个历史的、认知的和实践的觉悟化过程，才能产生阶级意识，才有可能通过一致的集体行动争取共同的阶级利益。正是在这种意义上，马克思在《路易·波拿巴的雾月十八日》一文中认为，农民不是一个阶级，而是同质的但相互分离的"一麻袋土豆"，因为他们没有共同的阶级意识，也不会采取一致的政治行动。

所以，阶级归属与人们的社会态度和社会行动之间的逻辑连接，需要一个觉悟化的过程，要经过一个获得阶级意识的中间环节。而且，尽管人们的阶级本属是获得阶级意识的基本要素，但并不是唯一的因素，很多情况下甚至不是决定性的因素。在一些特定的情况下，民族、种族、社会地位、被压迫程度等都会上升为主要的和决定性的因素。如中国推翻半封建半殖民地统治的革命，其基本力量是农民，因为中国当时是一个农民国家，而大量民族资产阶级和知识分子投身革命，是由于西方先进思想的导入，形成改革和革命的风潮，特别是在日本侵略中国使民族矛盾上升为主要矛盾以后，抗日救亡成为主流先进意识。而在德国纳粹党的成员中，工人的比例实际上非常高，这是由于当时弥漫德国的种族主义社会思潮把压迫的根源引向种族问题。

在阶级问题本身的看法上，韦伯与马克思的看法其实很类似，他也认为财产所有权的有无是社会不平等的轴心，人们的市场位置（market position）是基础的社会分层维度。但韦伯从现实生活里看到，在客观的阶级归属与主观的阶层认同之间，很多情况下是不一致的，如西方社会中传统的贵族，在资产阶级革命以后丧失了掌握财产所有权的市场，多数成为没落的贵族，但他们在阶层认同上，仍然自视为和被视为社会的上层。所以，韦伯提出社会分层和不平等的形成，除了存在根据财富和收入的多寡来区分的阶级维度，还有根据社会地位（社会声望和荣誉）的高低来划分的"地位群体"（status group）以及根据权力的差异来划分的政治群体。韦伯的阶级冲突理论与马克思的冲突理论也极为相似。他认为导致阶级冲突的主要因素有两个：一是低层社会群体成员拒绝接受既存关系模式；二是低层社会群体成员在政治上组织起来的程度。关于促使群体成员拒绝接受既存关系模式的因素，韦伯认为有四点：首先是权力、财富和社会声望三种资源分配之间的相关程度；其次是组织社会成员的社会科层结构的状况；再次是导致权力、财富或社会声望水平提高的个人流动的频率；最后是权力、财富和社会声望三种资源分配之间的差距，因为差距越大，个人向上流动的频率越低，其后果是越容易导致低层群体成员的不满。

在社会分层研究领域里，韦伯的理论是后来发展起来的各种经济社会地位测量方法的渊源，这些方法及其各种精心设计的社会经济地位量表，无非是把各种收入、教育、职业等各种影响因素，通过相关系数的分析和加权的方法，测算出一个统一的分值，来描述社会分层的结构。

但是，这些社会分层的方法，都没有深入地揭示描述客观分层与主观阶层认同之间存在的真实逻辑关系，也没有真正概括出具有规则、定理意义的阶级阶层意识和集体行为形成过程。造成这种缺失的原因，是社会的复杂性。因为在现实中，决定人们阶级阶层意识、价值取向、社会态度、偏好、预期和行为选择的因素是非常复杂的，在一些具体的社会境况、所针对的关键问题、大的社会背景以及根本的社会矛盾发生变化和更替的情

况下，决定群体社会态度和社会行动的轴心变量也会发生变化，传统的
"阶级决定论"（即认为阶级归属决定价值取向、社会态度和行为选择的
分析方法）就会出现失灵的情况，丧失对现实生活的解释力。例如，中国
近30多年来，在拥护改革开放和对改革开放的方向发生根本质疑这个基
本问题的分野上，人们被划分成不同的群体意识、不同的社会态度、不同
的思潮派别和不同的行动取向，这种分野所涉及的社会阶层认同，常常因
改革开放进程中不断出现的新的焦点问题而发生重组。台湾在"统独"这
一焦点问题上的政党分野，恐怕根本无法用"阶级决定论"解释。在西方
社会，随着一般民众所关注的生活问题和生活环境的变化，绿党、女权主
义和同性恋群体等过去的边缘人群，现在都成为影响政治格局的重要力
量，其影响力已经超过了传统的极左翼和极右翼政党，很多情况下甚至成
为政治格局的决定性变数。西方的政治领袖最激烈的角逐就是大选，而在
大选背景下，他们最关心的消息是选民意向的变化，竞选的高参们都必须
是大众心理分析的高手，比社会学家更清醒地懂得民意形成和变化的规
则，懂得"水可载舟亦可覆舟"的道理。

　　阶级意识在不同国家对政治格局的影响是不同的，瑞典是阶级意识最
高的国家，拥有全世界最高的工会会员率，直到1980年代，有90%以上
的雇员自愿参加工会，其劳工阶级也持久地支持左翼社会民主党，从而瑞
典成为一种特殊的资本主义类型[1]。而美国则被称为阶级政治的"美国例
外"（American exceptionalism），劳工政党从未成为政治主流力量，美国历
史上工会会员率最高的1945年，也不过35.5%，1978年则下降
到23.6%[2]。

　　一些西方新马克思主义学者（如葛兰西、卢卡奇、法兰克福学派等），
把西方现代社会劳工阶级政治影响力的降低，简单地解释为统治阶级的文
化意识和话语"霸权"的形成，或解释成劳工阶级的"阶级意识"和
"社会批判意识"的弱化，或解释成无产阶级"主体意识"的死亡。倒是

---

　　① Espin-Andersen, G., 1985, *Politics against markets：The social democratic road to power*, Princeton, N. J. : Princeton University Press.

　　② Goldfield, M. 1987, *The Decline of Organized Labor in the United States*, Chicago：The University of Chicago Press, p. 10.

一些社会冲突论的理论家（如达伦多夫、科塞等），看到"共同意识"合法性的减弱、"相对剥夺感"的上升、"不满程度"的加强、"社会流动的阻塞"等，是引发当代社会冲突的新动因。

实际上，客观"阶级归属"与主观"阶级认同"的不一致，在很多情况下是现代社会的一种常态。1960年代以后，西方社会"阶级归属"与"阶级认同"之间逻辑关系的最大变化，就是在阶级认同上，中产阶级这个含义不清而且争议甚多的阶级成为主流性选择。

莱特（E. O. Wright）是新马克思主义学者中比较重视中产阶级研究的著名学者，他所设计的并被广泛应用的阶级结构调查框架，在不断修订后，与新韦伯主义学者高德索普（J. H. Goldthorpe）设计的同样被广泛应用的阶级结构调查修订框架几乎很接近了①。1992年许嘉猷等台湾学者运用莱特的调查框架在台湾进行了"阶级结构与阶级意识"调查问卷，并把数据与美国和瑞典的同类调查数据进行比较研究，结果发现②，"资产阶级"（被定义为雇工在11人以上的雇主，雇工10人以下的被定义为小雇主）中，认为自己属于"中产阶级"的，在美国是66.7%，在瑞典是75.0%，在台湾是57.7%，认为自己属于"劳工阶级"的，在美国是7.4%，在瑞典是25.0%，在台湾是15.2%；而"劳工阶级"（被定义为没有自主性的受雇者）中，认为自己属于"中产阶级"的，在美国是54.5%，在瑞典是34.5%，在台湾是41.0%，认为自己属于"劳工阶级"的，在美国是36.9%，在瑞典是63.9.0%，在台湾是52.2%③。

这组数据表明，即便是客观阶级地位有很大差异的人群，他们在对"中产阶级"的阶级认同上，也大大地缩小了客观的差距。因为从大众心理学上来看，人们比较的参照体系是不同的，最习惯的比较参照体系，就是自己的过去和社会地位临近的阶级。在有些情况下，如在收入

① Wright, E. Olin, 1979, *Class Structure and Income Determination*, New York: Academic Press; Goldthorpe, J. H. and Erikson, R. 1992, *The Constant Flux: A Study of Class Mobility in Industrial Society*, Oxford, Clarendon.

② 该项调查问题的提问方式是："有许多人认为他们是属于劳工阶级、中产阶级或中上阶级，如果要您选择的话，您认为是下列哪一个阶级？"

③ 吴乃德：《阶级认知和阶级认同：比较瑞典、美国、台湾和两个阶级架构》，载许嘉猷主编《阶级结构与阶级意识比较研究论文集》，台北：中研院欧美研究所1994年版。

地位普遍改善的情况下，主观阶级认同的变化轨迹与贫富差距的客观数据的变化曲线，会出现背离的现象。而且，在一些特定的社会境况中，其他的社会因素，会超越阶级归属，成为影响阶级认同的更重要因素。例如，国家、民族和地区之间的贫富差异，在全球化的趋势下会超越国家内部的阶级冲突上升为社会冲突非常重要的影响因素，1999 年 4 月 1 日，微软公司总裁比尔·盖茨的个人财富身价在股价狂潮中达到 1000 亿美元，这比世界上除 18 个最富裕国家外的所有国家的国民生产总值还要多，相当于全部流通美元币值的两倍。[①] 1820 年，世界上最富裕国家与最贫穷国家生活水准的比率大约 3:1，这项比率到 1913 年增为 11:1，到 1950 年为 35:1，现在则上升为 70:1。[②] 另外，根据世界银行 1997 年的一项报告，1960—1989 年，全球 20% 最富裕的人占有全球总收入的比例，从 70.2% 增加到 82.7%，而与此同时，全球 20% 最贫穷的人所占的收入比例从微不足道的 2.3% 更进一步下降到 1.4%。[③] 另外，根据台湾瞿海源教授 1990 年主持的第二期第一次"台湾地区社会变迁基本调查"资料，在影响主观阶级认同的各种客观分层因素中，籍贯、教育和职业等因素的影响要比阶级归属大得多。这项调查把阶级认同等级分为下层阶级、工人阶级、中层阶级、中上阶级和上层阶级，雇主和受雇者自认为是"中层阶级"的分别为 57.6% 和 49.7%，差别并不太大，但外省人和原住民自认为是"中层阶级"的分别为 60.6% 和 25.0%，差别非常明显，而大学以上教育和小学以下教育的人自认为是"中层阶级"的为 60.4% 和 35.4%，专业技术人员和生产体力工自认为是"中层阶级"的为 60.4% 和 35.4%。[④] 在台湾特殊的景况下，外省人和原住民之间在阶级认同和社会态度上的明显差异，成为目前台湾政局的一个非常重要的变数。

---

① 《每日电讯报》1999 年 4 月 8 日。

② 希布鲁克（J. Seabrook），《阶级：揭穿社会标签迷思》，谭天译，台北书林出版有限公司 2002 年版，第 97 页。

③ 同上书，第 99—100 页。

④ 黄毅志：《社会阶层、社会网络与主观意识：台湾地区不公平的社会阶层体系之延续》，台北巨流图书公司 2002 年版，第 31 页。

英国近年来关于政治态度的研究表明，民意形成和变化的原因是非常复杂的，很难单纯从阶级的归属来解释，有意思的是，现在这个观点最坚定的辩护者，恰恰是原先阶级分析方法的守卫者。英国一项关于社会态度的调查结果还显示，"阶级意识"在民众的一般理解中，实际上是指"社会冲突意识"，在认同人数最多的"中产阶级"和"劳工阶级"之间，"社会冲突意识"反而是最弱的，人们对社会冲突感受最强的，是近距离身处其中的"管理者与劳工的冲突"（见表1），而且人们的"社会冲突意识"聚焦的问题，也会随着社会焦点问题的变化而变化。[①]

表1　　　　你对下列社会群体之间的冲突强度有什么看法？（英国）　　（单位：%）

他们之间的冲突程度	很强/强	不太强/不强	不知道
劳工阶级与中产阶级	49.8	44.2	5.0
失业者与有工作者	19.1	75.5	5.5
管理者与工人	37.6	55.4	6.9
农民与市民	25.5	66.3	8.1
青年与老人	35.9	57.7	6.3

资料来源：Brook，L.（ed.），1992，*British Social Attitudes*，*Cumulative Suorce Book*：*The First Six Surveys*，Aldershot：Gower，p. 6.

二　为何客观阶级归属与主观阶级认同不一致

西方现代社会中客观阶级归属与主观阶级认同的不一致，是由于现实生活的一些实际变化造成的。这些变化主要包括以下三点：

（一）人们在生活方式、价值取向、行为选择上的"个体主义化"趋向

吉登斯1990年写的《现代性的后果》和1992年写的《现代性与自我认同》两本书，是他的分析方法发生重大转折的标志。在此之前，他1971年对马克思和韦伯的理论研究、1974年对社会精英的经验研究，

---

① Savage，M.，2000，*Class Analusis and Social Transformation*，Buckinghan：Open University Prees，pp. 39 – 40.

1973 年对发达国家阶级结构的研究，以及 1984 年他从阶级分析出发提出的他最有影响的"结构化理论"，都表明他对阶级分析的重视。吉登斯在《现代性的后果》一书中认为，现代性社会正在发生一个很大的"认同政治"的变化，就是从以"解放的政治"（emancipatory politics）为中心的社会转变为以"生活的政治"（life politics）为中心的社会，前者是获得"生活机会"的政治，而后者是选择"生活格调"的政治。"生活格调"（lifestyle）与"生活方式"（mode of life）不同，它不是群体性的选择，而是个体主义化的选择。在过去人们动员起来为改善生活机会而斗争时，阶级政治具有中心地位，而当恶劣的生活条件得到改善，当代社会出现自反现代性（有预期的现代性带来未预期的后果）大环境时，人们关注的核心问题转变为对旧的政治参与模式的局限性的反思，这就需要一种新的政治，即更具有反思性的政治，而阶级政治则逐步淡出了①。这个思想是吉登斯 1994 年在《超越左翼和右翼分野》一书中系统提出"第三条道路"政治主张的社会理论基础。

　　贝克在《风险社会》一书中也有相同的看法，且表述得更加清晰。他认为，风险社会到来的一个重要标志，就是当代个体主义化的文化开始偏离既有的阶级文化，就像以前在历史上社会阶级曾取代地位群体和家庭而成为稳定的参照框架一样，现在个体主义文化取代了阶级文化的地位，风险社会中自主性的个体成为生活世界里社会性再生产的单位。不过，贝克解释说，个体主义文化中心化并不意味着社会结构力量的权力弱化，而是意味着当代大规模社会变迁迫使个体具有反思性。贝克甚至把个体主义化的趋势称为人类新的"启蒙运动"，认为这是个体从社会网络束缚中解放出来的过程，是民主化过程的继续，并把个体主义化界定为三重的进展过程：一是"嵌出"（disembedding），即走出历史既有的社会规范和约定；二是"失去"（lossing），即由于失去了对已有的知识、信念和规范的尊重，也就失去了传统的安全；三是"再嵌入"（re-embedding），即建立一

---

① Giddens, A., 1990, *The Consequences of Modernity*, Cambridge：Polity, 1991, p. 241.

种新型社会约定①。

(二) 社会阶层流动的加快带来社会身份认同的 "断裂"

随着社会的结构性变化，知识和技术在个人收入增长中作用不断增强；知识—技术转化为财富的过程也大大缩短；大企业组织为降低成本而采取的配件 "外包" 和 "定购" 策略使中小企业获得新的发展，现代西方社会 2/3 以上的新就业机会是 20 人以下的小企业提供的；网络、生物、文化等新型产业的快速发展提供了大量新的社会阶层流动机会；弹性工作方式和社会服务的多样化使个体化工作大量产生，等等；所有这些因素都使社会阶层之间的流动速度加快，并弱化了传统的组织权威、科层等级和阶级关系。另外，市场风险和生活不确定性的增加，也使社会阶层变动的可能性增加。而生活格调和社会态度的个体化，也在消解公共领域和私人领域的传统分野。在这种大的背景下，人们的社会身份认同也更呈现出 "断裂" (breaking) 的特征，即他们的 "自我认同" 和行为选择与那些传统的阶级归属、家庭背景等决定因素发生断裂。

(三) 社会转型带来的社会焦点问题的改变使观念和意识形态 "碎片化"

很多学者都看到，西方社会近几十年发生了非常深刻的社会变迁，这种变化使社会和个人关注的焦点问题不同了，社会冲突不再是围绕传统的阶级展开，而是在许多过去被忽略的层面爆发。英国曼彻斯特大学社会学主任萨瓦吉 (M. Savage) 教授，在他的新著《阶级分析和社会转型》一书中，深刻地分析了当代社会—文化变迁的基本特征，认为面对新的社会风险，人们的观念、意识形态和社会生活态度正在发生新的变化，社会关系也在重组，所以社会分析的基本框架也要改变②。许多学者用 "碎片化" (fragmentation) 这个概念来分析当代西方社会在社会分层和观念、意识层面的新变化。"碎片化" 的基本含义，就是人们在经济、政治、文化、

---

① Beck, U., [1986] 1992, *Risk Society: Towards a New Modernity*, London: Sage Publications, pp. 98, 128, 130.

② Savage, M., 2000, *Class Analusis and Social Transformation*, Buckinghan: Open University Prees.

生活等各领域的行为策略和社会态度，不再是按照传统的阶级模式分野，而是根据具体的焦点问题产生不同的分野①。例如，最能说明问题的是人们政治态度的变化。美国研究社会分层的著名社会学家利普塞特（S. Lipset），当他1960年首次发表《政治人》一书时，根据当时的调查资料，非常强调阶级政治的重要性，但到1981年这本书再版时，他根据新的变化完全转变了看法，并深入地分析了政治选举中阶级影响逐步弱化的原因。根据"阿尔福德阶级选举指数"（Alford Index of Class Voting），在1940年代的政治大选中，如果说有75%的劳工阶级投左翼政党的票的话，那么大概只有25%的中产阶级投右翼政党的票，但到1980年代，数据显示中产阶级中有50%投票给左翼政党，政党选民的阶级分野非常不清晰了②。人们仍然还在谈论左翼和右翼，但含义完全变了，出现了所谓新左翼，他们更加强调的，是人们关切的实际生活问题和新型社会问题，如失业、社会保障、生态环境、妇女权利、文化多样化、生活格调、新的社会风险等，而不再是财权所有权等传统政治问题③。特别是1980年以后成长起来的新一代，他们的价值观念和社会态度"碎片化"的趋向更加明显，但他们已经成为选民的基本力量之一。

在西方社会学界、特别是欧洲社会学界，近年来正在展开一场关于"阶级是否死亡"的争论，高德索普等一些有声望的社会学家也都介入了这场争论，尽管意见分歧很大，但比较一致的看法是，尽管传统意义上的阶级影响在弱化，但阶级分析作为一种研究和分析方法仍然是有效的，不过现实确实发生了深刻的变化，必须承认这些变化使传统阶级分析在重要问题的推断上出现失灵的情况，因此必须根据新的现实变化重新界定和调整阶级分析的含义，特别是加强对影响人们社会态度、自我认同、个体行为选择的新因素的研究。

中国是一个发展中的国家，所面对的问题与西方现代社会所面对的问

---

① Clark, T. N. and Lipset, S. M. 1996, "Are Social Class Dying?", in Lee, D., J. and Turner, B. S. (eds.).

② Lipset, Seymour, 1960, *Political Man*, London: Heinemann.

③ Clark, T. N. and Lipset, S. M. 1996, "Are Social Class Dying?", in Lee, D., J. and Turner, B. S. (eds.), p. 45.

题可能很不一样，以上所说的那些在西方当代社会发生的转变，可能并不适合中国的情况。中国虽然也在发生社会转型和深刻的社会变化，但变化的路径、焦点问题和方向都是不一样的。但是，在全球化的趋势下，一个国家的发展不可能不受到一些世界趋势的影响，而且对于中国这样一个发展很不平衡的国家，在政治、经济、社会、文化、观念等不同领域，在城市和乡村不同的生活地域，在东部、中部和西部不同的发展水平地区，受到的全球化影响的程度也是非常大的。

中国城市中认同中产阶级的人数，可能远比客观社会分层数据显示的要庞大得多，这个以青年人、专业技术人员、一般管理层为主体的力量，其价值取向、社会态度、意识形态正在成为影响中国未来社会选择的重要因素。

在学术界，学者的研究结果似乎也反映了相同的矛盾，即客观的社会分层结构与主观阶级认同的不一致：一方面，人们看到，在中国社会结构的不同层面，如城市和乡村，新富阶层和新的社会底层，发达地区和欠发达地区，体制内和体制外等，出现各种"断裂"[1]，社会阶层流动的规则似乎仍然在维持着社会复制（再生产）的机制[2]；另一方面，人们也看到，社会阶层结构出现"碎片化"趋势，特别是在阶层意识和阶层认同方面[3]。作为这种矛盾的反映，是知识界出现各种社会思潮，如新左派、新自由主义、新保守主义、新权威主义、新民族主义、新民主主义等，局外人很难弄清楚他们真正的政治分野，因为根据对不同焦点问题的认识，争论各方的阵营也常常发生变化，表面上思想理论基础完全不同的思潮，在某些问题的看法上却完全一致，不过各派为社会开的药方不同而已。这种复杂的情况，完全改变了过去一目了然的政治分野。

---

①　孙立平：《转型与断裂：改革以来中国社会结构的变迁》，清华大学出版社 2004 年版。

②　李路路："制度转型与分层结构的变迁——阶层相对关系模式的'双层再生产'"，《中国社会科学》2002 年第 6 期。

③　孙立平、李强、沈原："中国社会结构转型的中近期趋势与隐患"，《战略与管理》1998 年第5 期。

三　研究中国当前社会冲突意识的七个发现

根据中国大陆 31 个大城市（直辖市和省会城市）1 万多城市居民抽样调查的结果，我们从各种统计分析和模型推论中概括出以下主要结果。

（一）关于阶层认同决定人们社会冲突意识和行为取向的发现

人们一般倾向于认为，每个人的经济收入和社会地位，决定了其阶层认同和阶级意识，而后者则进一步决定其社会行动，这是根据"穷人闹革命"的社会行动逻辑进行的推论。但是，我们的调查和研究结果，并不完全支持这样一种推论。

共同的阶层认同容易形成共同的阶级意识和行为取向，这一点在我们的研究中得到证实。在对社会冲突意识的所有解释变量中，认同阶层是最为显著的影响因素。人们自己的认同阶层，更易于形成相对一致的对社会阶级阶层之间冲突严重程度的认识。

调查表明，越是将自己认同为上层阶层的人，就越认为现在和将来阶级阶层之间的冲突较小；而越是将自己认同为最下层阶层的人，就越是认为现在和将来阶级阶层之间的冲突会严重。尤其是那些主观上把自己归结为社会最底层的人员，更容易出现极端行为。例如，当我们调查社会公众"在同事或邻居因特殊事情邀请其参加集体上访时"所持个人态度时，调查结果显示，处于认同阶层的最底层的被调查者有 37.4% 的持参加态度，明显有别于其他阶层，说明这部分人群更容易引发各种突发事件，其行为潜藏着较大的社会风险。

这一发现意味着：在现代社会，不是客观阶层中那些贫困的人更容易参与和支持社会冲突。人们日常生活中常常会形成一种成见，即认为客观指标所标定的贫困阶层最容易产生对现存社会的不满和激烈的社会对抗行动。但本研究发现，客观阶层中的底层在解释现在和未来"阶级阶层冲突的严重程度"这个变量时，并不具统计推断意义，更具有统计推断意义的解释变量是"认同阶层"，在目前的快速的工业化和市场化过程中，认同阶层是更为重要的一个考察社会阶级阶层冲突意识的指标。

　　阶层认同决定人们社会冲突意识和行为取向的发现说明，在中国目前新的发展阶段，发生社会冲突的诱因以及对社会稳定的威胁，可能并不来源于客观阶级所划定的社会底层，而是来源于与参照群体比较中认同阶层比较低的人群。在我们的分析中，人们对贫富之间冲突程度的感知、对干群之间冲突程度的感知、对国有企业内部管理人员与普通职工之间冲突程度的感知、对劳资之间冲突程度的感知等，都与人们的认同阶级密切相关。

　　关于这个研究发现的可能解释是，在不同的社会发展阶段，决定人们社会冲突意识的因素是不同的，在整个社会处于温饱线以下的时候，贫困人群是非常庞大的社会群体，贫困是非常普遍的社会感知，因而客观的贫困群体会对人们的社会冲突意识产生重要影响，但当基本温饱问题得到解决之后，人们普遍处于小康生活状态时，认同阶层就成为一个更加重要的解释人们态度和行为的指标。人们在现实生活当中，受社会价值观的影响，认同于哪个社会阶层，其就会从哪个社会阶层的立场出发来思考整个社会阶级阶层之间的关系。

（二）关于阶层认同形成中的社会再生产逻辑的发现

　　究竟是什么影响人们的主观阶层认同呢？调查和分析结果表明，收入、教育、职业和消费等各项主要的客观分层指标，与主观阶层认同之间存在着一定的联系，但关联强度不大。通过多元统计分析发现，在各种影响因素中，决定人们主观阶层认同的最主要因素是"父辈的社会地位"。

　　这一研究结果表明，尽管改革开放以来社会阶层之间的流动显著加快，但父辈社会地位决定人们阶层认同的社会再生产机制依然存在。造成这一结果的原因，可能是父辈的生活圈子对他们后代形成的主观评价，是比后代本身的收入、教育状况更为重要的影响因素。这反映了在当前中国社会中，家庭社会地位的代际影响仍是相当普遍的现象，而且对人们的主观阶层认同形成有着极重要的影响。

　　分析结果还表明，"所处地区"和"生活中最大支出项目"等也对人们的主观阶层认同有着明显的影响。这说明"相对剥夺感"或"相对获益感"也是影响人们主观阶层认同的重要因素。人们选择什么样的参照系统进行比较，以及人们在这个参照系统里处于什么样的相对位置，都极大地影响着人们的主观阶层认同。处于"西部地区"和"经济社会发展较差"地区的人们，更可能有较低的主观阶层认同，这个事实似乎说明，在一个日益开放的社会里，人们比较的范围正在扩展，在选择参照群体时已不再限于周边的社会群体，生活在乡村和落后地区的人们，在一个更加开放的社会里，更容易产生一种"相对剥夺"的感觉，从而影响其主观阶层认同。

另外，人们在大额消费生活中体现出的差异，也在很大程度上影响着人们的主观阶层认同，这是值得注意的一种现象。当从一个鼓励节俭的时代，过渡到鼓励消费的时代，消费就会演变成一种价值观念符号和象征权力符号，这样消费行为有时会发生"时代性"的变化，即影响消费行为的，不仅仅是收入，更重要的是价值认同。

客观阶级地位与主观阶层意识的不一致，这并不是中国独有的现象，而是一个在目前国际社会中相当普遍的事实。造成这种结果的原因比较复杂，但重要的因素有：一是人们"生活方式"上的阶层趋同现象越来越弱化，而"生活品位"上的"个体主义化"倾向越来越强烈；二是伴随着阶层流动加快，出现了社会身份认同的"断裂"，即主观的阶层认同并不完全受客观的收入、教育、职业等状况的决定；三是在当前的中国社会中，社会客观阶层结构的相对固定化和主观阶层意识的碎片化趋势同时发生。

（三）关于主观阶层认同"向下偏移"的发现

通过主观阶层认同的国际比较，我们看到，即便是用中国大城市市民的主观阶层认同与其他国家进行比较，中国城市公众的自我阶层认同也表现出一种明显地"向下偏移"倾向。而且，这种向下的"偏移"并不是一种整体结构的偏移，而主要表现为自认为处于社会中层的人偏少，而自认为处于社会底层的人数相对较多。例如，在美、法、德、意、澳、加、日等发达大国中，自认为处于社会"中层"的比例均在55%以上，高的接近69%，连巴西、印度等发展中大国，也都在55%以上，较高的澳大利亚和新加坡均达到了70%以上，即便是较低的韩国亦达51%，而这一比例在中国的大城市却仅为 46.9%。与此同时，国际比较中的另一个明显差异，是中国城市公众中认为自己处于社会"下层"的比例明显高于其他国家：发达国家这一比例一般都低于 5%，较低的澳大利亚和加拿大都低于 3%，较高的韩国为 9%，意大利为 8%，印度为 7.5%，但在中国的大城市，认为自己处于社会"下层"的人群比例达到了 14.6%，比例之高是很罕见的。

中国城市公众的自我阶层认同明显"向下偏移"的倾向，表明中国即便在城市社会中，也还远未形成一个中间阶层占主体的社会。这个结果的产生，可能主要是因为中国收入差距的变化趋势形成不同于一般国际发展经验的曲线，即在人均国内生产总值达到 1000 美元以后，收入差距没有朝着缩小的方向发展，而是在一些新的因素和中国的特殊因素的影响下，继续朝着差距扩大的方向发展。中国的特殊因素包括非技术劳动力的无限供给、财富积累速度的加快等，而新的因素则包括全球化趋势对快速提升中国高级管理和专业技术人才收入的影响，以及信息成本的快速降低导致的组织结构网络化的变化和中等管理阶层重新分化。

社会中间层通常被称为社会的"稳定器"，即认为庞大的中间阶层可以在社会高层与社会底层之间起到"缓冲层"的作用，使激烈的社会矛盾和冲突得到缓解。在社会结构以中间阶层为主的社会中，社会主流意识形态更趋稳定，更不容易受较极端思潮的冲击。因此，中国城市公众"中间"阶层认同的相对缺乏，以及自认为处于社会底层的人数相对偏高的现象，有可能潜藏着一种社会冲突和社会矛盾的可能性，对社会的稳定和安全构成了某种潜在的威胁，这应该引起我们足够的重视并对此进行更深入研究。

（四）关于新型的价值性矛盾引发的社会冲突意识的发现

在现实生活当中，尤其是在社会生活水平较低的发展阶段，社会的主要矛盾是利益性矛盾，物质利益的差别是造成各种社会冲突的根本原因，人们以往对社会冲突的分析，也主要是集中在对物质利益矛盾的分析。

但我们的研究发现，在中国目前的发展阶段，城市社会中正在产生着一种新的社会矛盾和社会冲突类型，即由社会价值观念的差异导致的社会冲突。

通过路径分析，我们发现，人们在利益格局变动中所处位置，并没有直接影响到他们的冲突倾向。从利益的损失到实际的冲突行动之间，还需要一些中间环节。根据统计分析的推论，利益格局变动本身尚不足以导致冲突行为的发生，由利益变动导致的不公正感和生活满意度下降才是导致冲突行为产生的直接根源。由"不公正感"导致的收入差距原因的价值认识，使得人们对收入差距的感受在心理上被"放大"了。那些认为自己目前生活水平较低的人、那些认为自己未来生活水平得不到有效提高的人、那些认为当前收入分配不公的人、那些认为当前人们的财产占有不公的人，都普遍认为现在和将来阶级阶层之间的社会冲突会趋于严重。

从这个意义上说，加大对各种非法收入的打击力度，规范收入分配秩序，维护社会公平，是保持社会稳定更为重要的政策举措。另外，采取积极的政策措施，对改革中利益受损群体给予适当的补偿，保证其基本生活水平不致下降，尽力提高其生活满意度，也是减少社会冲突、维持社会稳定的不可或缺的重要内容。

（五）关于社会分化的两极具有更强的社会冲突意识的发现

通过对调查数据的分析，我们还发现，"迅速致富"和"迅速致贫"的人，都认为现在和未来阶级阶层之间的冲突会趋于严重。过去人们较多地注意"迅速致贫"的那些人的社会冲突心理，认为那些具有"相对剥夺"感的人更易于形成阶级阶层之间的冲突意识。但本研究的重要发现在于："迅速致富"——"在过去 5 年生活水平提高很多"的那些人，也认为现在和将来"阶级阶层之间的冲突会趋于严重"。

与中等、中下和中上的认同阶层相对比，一方面，最低的认同阶层更认为现在和未来社会冲突会加剧，另一方面，最高的认同阶层也对现在和未来社会关系能否保持和谐不抱乐观态度。

造成生活快速富裕的人群也有较强社会冲突意识的原因，首先是由于在快速的社会结构变动中，尽管有近一半的被调查者同意或非常同意少数人先富起来对社会有好处这一观点，但多数人都对现有的收入分配格局不满，希望进一步理顺收入分配秩序，使收入差距更加适度合理，在这种普遍的社会舆论中，富裕阶层也对自身财富的安全产生担忧；其次是因为人们对解决收入分配问题存在着较大的意见分歧，我们的调查结果显示，最高层人员中有35.4%的人不同意多征有钱人的税帮助穷人，还有13.6%持无所谓的态度，两者相加约有一半的社会最高层人员不支持多交税以帮助穷人。

（六）城市公众对干部的看法应当引起深思

在1990年代的一些全国范围的调查中，当被问到"谁是改革开放以来受益最多的群体"时，大多数人认为是私有企业主或演艺人员。但我们在2002年年底的这次调查结果显示，被调查者在判断"谁是改革开放以来受益最多群体"时，大多数人认为是党政干部。统计结果表明，在十个群体类别中，只有两个群体被半数以上的被调查者认为是改革开放以来受益最多群体，一是党政干部，二是私营企业主。其中，有59.2%的被调查者认为党政干部是改革开放以来受益最多群体，排名第一；有55.4%的被调查者认为私营企业主是改革开放以来受益最多群体。

并且，不同社会阶层的人群，在这个问题上基本达成共识。从调查结果看，按照客观社会阶层和主观认同阶层这两种不同分层标准得出的调查结论基本一致，处于最高层和高层的人员，约有一半认为党政干部是改革开放以来受益最多群体；而处于最低层和低层的人员中，约有70%认为党政干部是改革开放以来受益最多群体。

为了对这一意外的调查结果寻求旁证，我们又分析了2001年的另外一项关于当代中国社会结构变迁调查的数据，结果发现了类似的结论，在被问到"您认为在当前的中国社会中，哪三种人最容易获得高收入"，结果显示，认为"当官的人"最容易获得高收入的有效百分比为50.7%；认为"有文化有学历的人"最易于获得高收入的有效百分比为28.8%；认为"有资产的人"易于获得高收入的有效百分比为7.1%。

城市公众产生改革开放中干部获益最多这种看法，与不同职业群体实际收入状况的比较结果并不一致，之所以公众在近年会产生这种看法，大概主要有两个方面的原因：一是近年来市场竞争日趋激烈，很多企业经营困难，而且市场风险越来越大，"下海"已不再是"发财"的代名词，相比之下，公务员成为收入比较稳定、收入可以不断提高、生活的社会保障（养老、医疗、就业）比较完备的职业；二是某些官员中严重的腐败问题以及一些腐败大案要案犯罪金额的曝光，在民众中造成极为恶劣的影响，影响了干部在公众中的形象。调查结果还显示，大多数被调查者认为当前城市面临着两个最棘手的社会问题，其一是失业下岗问题，有70.4%的被调查者认为这是当前城市面临的主要社会问题；其二是腐败问题，有54.7%的被调查者认为腐败问题是当前城市面临的主要社会问题。

应当说，这项调查结果，与党要代表最广大人民群众的根本利益的宗旨是有偏差的，所以必须引起我们的深思和警惕。

（七）城市公众对私营企业中的劳资冲突感受最为强烈

对调查数据的分析结果表明，多数城市公众都认为当前我国劳资冲突的问题是比较严重的。其中有两个比较醒目的结果：一是人们对私营企业中的劳资冲突问题感受最强烈，被调查者在对国有企业、私营企业、外资企业、合资企业四种类型的劳动关系进行比较时，认为劳资冲突最为严重的人数最多，这大概与我国私营企业用工和管理制度不规范、劳动者权益得不到保证等现实原因有关；二是人们对国有企业劳动关系的判断对其社会冲突意识的影响最为显著，多元回归分析表明，对"国企管理者与劳动者"冲突的判断，是影响人们对整体社会冲突感受的最重要因素，这可能是因为国企在社会经济生活中占有比较重要的地位，而且人们对国企劳动关系冲突的心理承受程度比其他类型企业要低。

我们在研究中还发现，影响人们对劳资冲突看法的因素是多方面的，既有一些符合常识判断的因素，如职业地位较低、收入水平较低、自我认同阶层较低的人群以及近年来生活水平有所下降的人群，都更倾向于认为当前劳资冲突问题比较严重，也有一些值得注意和容易忽略的新因素，如教育水平较高者、年龄较轻者和居住在发展水平相对落后地区的人群，对劳资冲突问题更为敏感。

研究结果还显示，人们对劳资冲突强度的判断越高，工作满意度和生活满意度就越低，他们越可能认为社会是不公平的，并对整体社会冲突程度作出较高的判断，在实际的行为倾向上，他们也越可能采取比较激烈的冲突行为来处理矛盾和纠纷。

可以预见，随着人们教育素质和维权意识的不断提高，公众对于劳资冲突问题会更加关注，而且在现实中由于市场竞争的激烈，一些私营企业的老板也会为了降低劳动成本而不顾劳工的利益，从而导致劳资冲突的进一步加剧。因此，如何有效地调整劳资关系，解决劳资冲突，将是保持未来中国社会稳定发展的一个重要议题。

参考文献

阿盖尔（M. Argyle），1994/1997，《社会阶级心理学》，陆洛译，台北巨流图书公司。

边燕杰主编，2002，《市场转型与社会分层——美国社会学者分析中国》，生活·读书·新知三联书店。

边燕杰、卢汉龙，2002，"改革与社会经济不平等：上海市民地位观"，载边燕杰主编《市场转型与社会分层——美国社会学者分析中国》，生活·读书·新知三联书店。

渡边雅男，1998，《现代日本的阶层差别及其固定化》，陆泽军等译，中央编译出版社。

古尔德纳（Alvin Gouldner），2001，《新阶级与知识分子的未来》，杜维真等译，人民文学出版社。

黄毅志，2002，《社会阶层、社会网络与主观意识：台湾地区不公平的社会阶层体系之延续》，台北巨流图书公司。

曼海姆（Karl Mannheim），2002，《重建时代的人与社会：现代社会结构研究》，张旅平译，生活·读书·新知三联书店。

达伦多夫（Ralf Dahrendorf），2000，《现代社会冲突》，中国社会科学出版社。

李路路，2002，"制度转型与分层结构的变迁——阶层相对关系模式的'双层再生产'"，《中国社会科学》第6期。

李培林，2001，"中国贫富差距的心态影响和治理对策"，《中国人民大学学报》第2期。

李培林、张翼，2003，"走出生活逆境的阴影——事业下岗职工再就业中的'人力资本失灵'研究"，《中国社会科学》第5期。

李培林、李强、孙立平等，2004，《中国社会分层》，社会科学文献出版社。

李普塞特（S. M. Lipset），1997，《政治人：政治的社会基础》，张绍宗译，上海人民出版社。

——1995，《一致与冲突》，张华青等译，上海人民出版社。

刘欣，2001，"转型期中国大陆城市居民的阶层意识"，《社会学研究》第 3 期。

——2002，"相对剥夺地位与阶层认知"，《社会学研究》第 1 期。

马克思（Karl Marx），1972，"路易·波拿巴的雾月十八日"，《马克思恩格斯全集》第 1 卷，人民出版社。

——1972，"哲学的贫困"，《马克思恩格斯全集》第 4 卷，人民出版社。

——1972，"雇佣劳动与资本"，《马克思恩格斯选集》第 1 卷，人民出版社。

马特拉斯（J. Matras），1990，《社会不平等：社会阶层化与社会流动》，丁庭宇译，台北桂冠图书公司。

帕里罗、史汀森、史汀森（Parrillo, Stimson and Stimson），2002，《当代社会问题》，周兵等译，华夏出版社。

孙立平，2004，《转型与断裂：改革以来中国社会结构的变迁》，清华大学出版社。

孙立平、李强、沈原，1998，"中国社会结构转型的中近期趋势与隐患"，《战略与管理》第 5 期。

汤普森（E. P. Thompson），1963/2001，《英国工人阶级的形成》，钱乘旦等译，译林出版社。

吴乃德，1992，《阶级认知和阶级认同：比较瑞典、美国、台湾和两个阶级架构》，载许嘉猷主编，1994，《阶级结构与阶级意识比较研究论文集》，台北：中研院欧美研究所。

希布鲁克（J. Seabrook），2002，《阶级：揭穿社会标签迷思》，谭天译，台北书林出版有限公司。

许嘉猷主编，1994，《阶级结构与阶级意识比较研究论文集》，台北：中研院欧美研究所。

章英华，1997，《都市化、阶层化与生活形态》，载张笠云等主编《90 年代的台湾社会》，中研院社会学研究所。

郑晨，2001，"阶层归属意识及其成因分析——中国广州市居民的一项调查"，《浙江学刊》第 3 期。

［日本］社会阶层和社会移动全国调查委员会，1985，"阶层意识的动态"，《1985 年社会阶层和社会移动全国调查报告书》第二卷。

Adam, B., Beck, U. and Van Loon, J. (eds.), 2000, *The Risk Society and Beyond: Critical Issues for Social Theory*, London: Sage.

Beck, U. [1986] 1992, *Risk Society: Towards a New Modernity*, London: Sage Publications.)

——1999, *World Risk Society*, Cambridge: Polity Press.

Bian, Yanjie and John Logan, 1996, "Market Transition and the Persistence of Power: The

Changing Stratification System in Urban China", *American Sociological Review.* Vol. 61: 739 – 759.

Cantril, Hadley, 1943, "Identification with Social and Economic Class", *Journal of Abnormal and Social Psychology*, Vol. 38: 74 – 80.

Caplan, Pat (ed.), 2000, *Risk Revisited*, London: Pluto Press.

Centers, R. 1949, *Psychology of Social Class: A Study of Class Consciousness*, Princeton, NJ: Princeton University Press.

Clark, T. N. and Lipset, S. M. 1996, "Are Social Class Dying?", in Lee, D., J. and Turner, B. S. (eds.).

Conflicts about Class: Debating Inequality in Late Industrialism. London: Longman. pp. 42 – 48.

Coser, Lewis A. 1956, *The Functions of Social conflict*, London: Free Press.

Coxon, A. P. M. et al. 1986, *Image of Social Stratification*, London: Sage.

Dahrendorf, R. 1959, *Class and Class Conflict in Industrial Society*, Stanford University Press.

Giddens, A. 1990, *The Consequences of Modernity*, Cambridge: Polity.

——1991, *Modernity and Self-identity: Self and Society in the Late Modern Age*, Cambridge: Policy Press.

——1998, "Risk Society: the Context of British Politics", in Franklin, J. (ed.), *The Politics of Risk Society*, Cambridge: Polity Press. pp. 23 – 34.

Giddens, A. and Held, D. (eds.), 1982, *Class, Power, and Conflict: Classical and Contemporary Debates*, London: The Macmillan Press.

Goldfield, M. 1987, *The Decline of Organized Labor in the United States*, Chicago: The University of Chicago Press.

Goldthorpe, John H. 1980, *Social Mobility and Class Structure in Modern Britain*, Oxford: Clarendon Press, pp. 40 – 42.

Goldthorpe, J. H. and Erikson, R. 1992, *The Constant Flux: A Study of Class Mobility in Industrial Society*, Oxford. Clarendon.

Gurr, Ted R. 1970, *Why Men Rebel*, Princeton, NJ: Princeton University Press.

Jackman, Mary R. & Robert Jackman, 1973, "An Interpretation of the Relation between Objective and Subjective Social Status", *American Sociological Review*, Vol. 38: 569 – 582.

Jaeger, C. C. and et al. 2001, *Risk, Uncertainty and Rational Action*, London: Earthscan Publications.

Kluegel, James, Royce Singleton, Jr. & Charles E. Starnes, 1977, "Subjective Class Identification: A Multiple Indicator Approach", *American Sociological Review*, Vol. 42: 599 – 611.

Lee, D. , J. . and Turner, B. S. (eds.), 1996, *Conflicts about Class*：*Debating Inequality in Late Industrialism*, London：Longman.

Lipset, Seymour, 1960, *Political Man*, London：Heinemann.

Rosenberg, Morris. 1953,"Perceptual Obstacles to Class Consciousness", Social Force, Vol. 32 (October)：22 – 27.

Savage, M. 2000, *Class Analusis and Social Transformation*, Buckinghan：Open University Prees.

Schultz, T. Paul, 1998, "*Inequality in the Distribution of Personal Income in the World*：*How it is Changing and Why*", Center Discussion Papers 784, Yale University, Economic Growth Center.

Venneman, Reeve & Fred C. Pample, 1977, "The American Perception of Class and Status", *American Sociological Review.* Vol42.

Wright, E. Olin, 1979, *Class Structure and Income Determination*, New York：Academic Press.

——1999, *Class Counts*, Oxford：Oxford University Press.

Worchel, S. et al. (eds.), 1998, *Social Identity*：*International Perspective.* London：Sage.

Zunz, O. et al. (eds.), 2002, *Social Contracts under Stress*：*The Middle Class of America, Europe, and Japan at the Turn of the Century*, New York：Russell Sage Foundation.

Espin-Andersen, G. , 1985, *Politics against markets*：*The social democratic road to power*, Princeton, N. J. ：Princeton University Press.

（原载《社会》2005 年第 1 期）

社会管理和社会政策研究

我国加强和创新社会管理的若干问题[*]

社会管理通常是指以政府为主导的包括其他社会力量在内的行为主体，在法律、法规、政策的框架内，通过各种方式对社会领域的各个环节进行组织、协调、服务、监督和控制的过程。

新中国成立后，在中国共产党的领导下，我国曾采取一系列的措施，迅速清除各种丑恶现象和社会顽疾，荡涤旧社会的污泥浊水，并通过平抑物价、实行充分就业、保障基本生活物品供给、加强社会治安等管理举措，建立起全国统一的社会生活秩序。改革开放以后，随着社会主义市场经济的深入发展，整个社会也发生了深刻变化。为了适应社会主义民主政治和市场经济的需要，我国在就业、收入分配、社会保障、教育、医疗、住房、城乡关系等领域，先后进行了一系列涉及社会管理体制的改革，初步形成了既充满活力又相对有序的社会管理局面。

但是，随着经济社会的快速发展，我国在社会管理方面面临一些新情况、新问题和新挑战，原有的政府统管一切的社会管理方式，在许多方面已经不能完全适应新的发展需要。这就要求我们深入研究社会管理规律，更新社会管理观念，整合社会管理资源，创新社会管理的体制机制，形成社会管理的新格局。在当前的新形势下，加强和创新社会管理，已经成为我国经济社会建设的一项突出任务和经济社会改革的一个新重点。

2011 年 2 月 19 日，胡锦涛总书记在中央党校省部级主要领导干部社会管理及其创新专题研讨班上发表了重要讲话，号召全党正确把握国内外形势新变化新特点，针对当前社会管理中的突出问题，着重研究加强和创新社会管理、做好新形势下群众工作的思路和举措，为促进社会和谐、实

---

* 本文为作者于 2011 年 6 月 30 日为第十一届全国人大常委会所做专题讲座的讲稿。

现"十二五"时期经济社会发展目标任务凝聚强大力量。5月30日，胡锦涛总书记主持召开中央政治局会议，专门研究加强和创新社会管理问题。会议指出，随着实际情况的变化，我国社会管理理念思路、体制机制、法律政策、方法手段等方面还存在很多不适应的地方，解决社会管理领域存在的问题既十分紧迫又需要长期努力。加强和创新社会管理，事关巩固党的执政地位，事关国家长治久安，事关人民安居乐业。

下面我分四个部分谈一下对加强和创新社会管理的认识。

一　我国社会管理体制的基本特征及取得的成就

1. 我国原有社会管理体制的主要特征

在近代历史上，我国人口众多，却一再遭受列强蹂躏和历经战乱，国家积贫积弱的根源之一，就是社会的一盘散沙。所以，新中国成立后的首要任务，就是"组织起来"。毛泽东同志1949年9月30日在中国人民政治协商会议闭幕会上号召，"全国同胞们，我们应当进一步组织起来。我们应当将全中国绝大多数人组织在政治、军事、经济、文化及其他各种组织里，克服旧中国散漫无组织的状态"。按照这样一种思路，新中国成立后，我国在计划经济体制下，把所有的人都组织在一定的单位中，建立起高度集中的、政府包管一切的社会管理体制。这种管理体制具有以下几个主要特征。

一是政府全能的社会管理体制。政府不仅通过统一计划、统负盈亏、统购统销、统收统支，建立起高度集中的计划经济体制；也通过干部统一调配、职业身份统一确定、人员统一安置、社会事务统一部署、一切社会活动统一组织等，建立起以政府为中心的全能社会管理体制。社会本身基本上没有相对独立的发展空间。

二是以"单位"为基础的从业人员管理体制。"单位"的特点是，它不是一般的工作部门，而是按照一种全能的要求建立起来的工作组织。"单位"既是工作组织，也是我国解决各种社会事务和落实社会管理控制任务的基层组织体系。无论是行政单位、事业单位、企业单位，还是农村人民公社，都隶属于一定的政府部门，社会的各类组织，都是政府的一个个下属"单位"。在计划经济体制下,"单位"既是中国社会的基本组织单元,也是我国社会管理的基础。在这种体制下,国家机关、企事业单位、人民公社,都成为一个个"大而全"或"小而全"的单位组织,也成为一种把各种社会问题化解在基层的机制。

三是以"街居"为基础的城市社会人员管理体制。政府通过街道—居委会体系,管理社会无工作人员、闲散人员、民政救济和社会优抚对象等。当然,由于绝大多数人都隶属于某一单位,相比较单位体制,街居体制实际上是起一种社会管理的辅助作用。

四是以单位制度、户籍制度、职业身份制度和档案制度为基础的社会流动管理体制。为了使社会高度组织化和有序化,在计划经济体制下社会管理的目标,就是使一般社会成员的就业和居住尽量固定。以单位制度、户籍制度、职业身份制度和档案制度为基础,严格限制社会成员在城乡之间、单位之间和不同职业身份之间的一切自由流动。一切国家所需要的人员流动和人口迁移,都是按照统一的计划有组织地进行。

这种在计划经济体制下形成的政府全能的社会管理体制,改变了旧中国社会一盘散沙的状态,建立起高度统一的社会秩序,极大地增强了国家对社会的组织动员能力和控制能力,为我国在非常薄弱的经济基础上调动一切资源完成工业化体系的建设,发挥了积极的作用。然而,这种社会管理体制也存在固有的弊病,一方面,政府直接管理经济和社会,成为包办一切社会事务的全能型政府,不但行政管理成本很高,而且在把一切权力集中到政府的同时,也把一切责任都集中到政府,社会自身缺乏自我组织、自我管理、自我调节的机制;另一方面,所有社会成员都被管理在一个个相对封闭的单位中,阻碍了正常的社会流动,使社会缺乏活力和创造力。

2. 改革开放以来我国社会管理取得的成就

改革开放以后,为了适应经济体制从计划经济到社会主义市场经济的转变,我国对社会管理体制进行了一系列改革,取得了显著的成就。这些成就主要表现在以下几个方面:

一是通过对社会管理体制的一系列改革,改变了把社会成员的工作和居住固定在相对封闭的空间中的状况,极大地促进了城乡之间、单位之间和不同职业岗位之间的社会流动，调动起广大人民群众的潜能、创造力和工作积极性，人力资源的配置效率有了显著提高，整个社会充满活力。

二是通过对社会矛盾管理机制的改革，改变了过去把社会矛盾政治化、人民内部矛盾敌我化的做法，在改革发展中注重协调各社会阶层和利益群体的利益关系，统筹考虑和准确把握最广大人民的根本利益、现阶段群众的共同利益与不同群体的特殊利益的关系，正确处理各种人民内部矛盾，维护了社会的基本和谐稳定。

三是通过户籍、就业、社会保障等制度的改革，完善了对流动人口、生活困难群体和失业者的保障体系和管理体系，提高了人民群众的生活保障水平。

四是通过对教育、医疗、文化等事业单位的改革，增强了对公共产品和公共服务的供给，基本满足人民群众在教育、医疗、文化生活等方面不断增长的生活需求。

五是通过加强食品药品安全监管、生产安全监管和社会治安综合治理，保证了我国在快速发展中的生产秩序和社会生活秩序。

六是建立起全国应急管理体系，大大提高了应急管理能力。在"非典"、汶川巨大地震、南方冰冻雪灾、奥运会、世博会等一系列重大事件中，显示了我国较强的应急能力和社会管理水平。

二　改革开放以来的巨大社会变迁对社会管理体制提出的挑战

改革开放以后，随着社会主义市场经济的深入发展，我国社会也发生了巨大变迁。这种巨大社会变迁的规模之大、速度之快、波及之广、影响之深、势头之猛，在世界现代化历史上是罕见的。在新的形势下，我国的社会管理体制，在许多方面面临着一系列重大社会变化的挑战。

一是阶级阶层结构变化的挑战。原有的工人阶级、农民阶级、干部和知识分子的简单阶级阶层结构，现在已经转化成由许多不同利益诉求群体组成的复杂多样的阶级阶层结构，产生了个体户、私营企业主、外资企业的高管、民营企业的科技人员、各种中介组织从业人员和自由职业者等新的社会阶层，他们中许多人是从工人、农民、干部和知识分子队伍中分离出来的。即便是同一社会阶层中，经济社会地位和利益诉求也有了很大差异，如在工人队伍中，有垄断行业职工、外资企业职工、一般竞争业的城市工人，还有农民工等。如何在新的形势下整合和协调好各阶层的利益，形成既充满竞争活力又和谐相处的秩序，成为社会管理的重要任务。

二是城乡结构变化的挑战。改革开放以来，2亿多农民离开了世世代代耕作的土地，甚至离开了生活的村庄，转变为从事二、三产业的工人，这是世界上最大规模的工业化和城市化过程。巨大而快速的社会流动，给社会管理提出一系列新的问题。如何使转变了职业的农民，能够在社会体制上融入新的城市生活，形成城乡一体化统筹发展的新体制，成为当前社会管理的重大挑战。

三是收入分配结构变化的挑战。近30多年来，我国从一个收入分配均等化程度很高的国家，转变成一个在国际比较中收入差距很大的国家。收入差距的扩大、分配不公以及与此相联系的腐败问题，成为导致干部、群众不满和引发很多社会问题的深层原因。如何调整收入分配结构、建立公平合理的收入分配秩序，成为维护社会和谐稳定需要解决的深层问题。

四是人口结构和家庭结构变化的挑战。我国人口结构的深刻变化，加速了家庭小型化和老龄化过程。很多过去可以由家庭和代际帮助解决的问题，如养老、单亲抚养、心理障碍、残疾、代际冲突等，都逐步显化为社会问题。千百年来民间普遍实行的传统代际养老模式，也因家庭结构、代际关系和社会流动状况的变化而变得难以为继。这些都是我国社会管理面临的新任务。

五是社会组织方式变化的挑战。随着经济体制的深刻变革，我国社会生活的组织方式也发生了从"单位人"到"社会人"的变化。一方面，随着在一些工作单位中普遍实行"住房自有化、就业市场化、社会保障社会化、后勤服务市场化"等改革，作为传统管理体制基础的"单位组织"，其把社会问题解决在基层的能力弱化，有些单位组织则彻底解体；另一方面，就业方式的多样化使社会流动加快，改革开放后大量新产生的就业组织都采取了"非单位"的管理体制，它们仅仅是工作场所，不再是什么都管的"单位"，越来越多的社会成员由"单位人"变成"社会人"。

在城市就业总人口中，过去"单位人"占95%以上，而现在这个比例下降到25%左右。

六是社会规范和价值观念变化的挑战。市场转型促进了经济的发展，显著地改善了民生，但也带来社会行为规范和价值观念的变化。对个人利益的追求获得了正当性和合理性，但约束、监督追求个人利益的行为规范却没有建立完善；社会生活和生产行为的复杂性大大提高，适应这种复杂性的社会管理和监督监控技术却没有得到符合需求的提高；市场经济条件下人们的价值理念发生深刻变化，与这种变化相适应的社会道德和诚信体系建设却滞后于变化。

这些巨大变化对我国社会管理体制提出的挑战，迫切要求我们加强和创新社会管理，走出一条与社会主义民主政治和市场经济相适应的社会管理的新路。

三　当前我国社会管理面临的新情况、新问题

当前我国社会管理面临的新情况、新问题，既有国际的也有国内的，在社会生活全球化和信息传播网络化的情况下，国际国内面临的问题也相互影响和交织在一起。

从国际形势看，国际金融危机之后，2010年年底由突尼斯一个失业大学生与警察发生的冲突造成的偶发自焚事件，成为引爆的导火索，导致中东北非一系列国家的社会骚乱、政治动荡、军事内战和政权更迭，震动了全世界。这些发生政治动荡的中东北非国家，本来近十几年来经济发展速度也是比较快的，人均GDP多数也都跃居世界中上国家的水平，有的国家还比较富裕，但长期积累的贫富悬殊和青年人的高失业率等社会问题，成为引发动荡的社会深层原因。

从国内形势看，我国经过30多年的改革开放，经济社会发展进入一个新阶段。这个新阶段经济社会形势的一个突出特征，就是经济持续快速发展、政治保持总体稳定、社会问题多发凸显。当前社会问题的多发凸显，有诸多因素的影响，从管理体制来看，其中一个重要原因，就是现有的社会管理体制在一些方面不能完全适应快速的工业化、城镇化、市场化

和国际化进程，迫切要求加强和创新社会管理。我国当前社会管理面临的新情况、新问题，主要表现在以下几个方面。

1. 社会流动加快，管理好规模巨大的流动人口任务繁重

改革开放后我国快速的工业化进程，形成了规模巨大的流动人口。但我国并未出现巴西、印度等一些国家工业化、城镇化过程中的严重贫民窟现象，这是我国社会管理方面的一个成就。但多数城市的农村进城的流动人口难以真正融入城市生活体系，在户籍、就业、住房、子女教育、社会保障等诸多方面面临很多困难。进城流动人口多数聚居在城乡结合部和地下建筑，多数城市过去按照城市人口配备的社会管理和公共服务体系，也没有根据新的人口布局进行调整，往往造成流动人口聚居的城乡结合部的管理力量非常薄弱，由此而引发的偷盗、抢劫、黑社会、贩毒吸毒、卖淫嫖娼等社会问题，在一些流动人口大规模聚居的地区比较突出。管理好规模巨大的流动人口，涉及社会管理体制的方方面面，任务十分繁重。

2. 城镇化成为经济发展新动力，土地征用、房屋拆迁引发的矛盾冲突持续增多

新世纪以来，中国城镇化进程加快，这是经济社会发展的必然趋势。继工业化之后，城镇化目前已经成为推动我国经济社会发展新的强大动力。破除城乡二元结构、实现城乡一体化发展成为各地的重要发展目标。但是，在城镇化的过程中，城镇化落后于工业化、人口城镇化又落后于土地城镇化的问题比较突出。到2010年，在GDP当中，农业的增加值所占的比重只有约10%，而农业从业人员在全国从业人员中的比例还有38%，居住在乡村的农民还有52%，这已经是把在城市居住半年以上的农村户籍人口统计为城镇常住人口。在土地增值成为地方经济重要推动力和政府可支配财政收入重要来源的刺激下，新一轮"土地置换"形成热潮，大规模圈占农地和强行拆迁问题引发的社会问题增多，由此引发的恶性事件、群体性事件频繁发生，对社会和谐稳定产生不利影响。据统计，2006—2008年，在国家要求耕地占补平衡的情况下，全国耕地实际净减少12480万亩，年均减少近4200万亩，远高于"十五"期间年均减少2260万亩的水平。如何在人口城镇化和土地非农化的过程中处理好发展和稳定的关系，防止和杜绝严重损害群众利益的事件发生，需要给予高度的重视。

3. 劳动力供求关系发生变化，非公有制劳动密集型企业劳动关系紧张问题突出

我国初级劳动力市场供求关系正在发生深刻变化，新增劳动力数量在逐年下降，预计到"十三五"期间将会转变为负增长。与此同时，虽然理论上农村还有 2 亿多劳动力需要转移出来，但由于农业劳动老龄化现象严重，农村老年劳动力与初级非农劳动力市场上的青年劳动力需求难以匹配，致使 2004 年以来间断出现的"招工难"问题常态化并不断加剧。在此背景下，农民工的工资水平进入快速上升阶段，新生代农民工的劳动保护意识和维权意识也明显增强，不愿再返回农村生活和难以在城市留下成为新生代农民工面临的困境。而劳动力成本的增加、原材料价格的提升和人民币的升值，都在压缩劳动密集型出口企业的利润空间和影响企业主的利益。在此背景下，当前非公有制劳动密集型企业劳动关系紧张问题非常突出，劳动关系冲突显化。2010 年，以南海本田工厂为代表的一些以加薪为目标的集体停工事件，产生了"蝴蝶效应"，波及沿海其他地区，全国先后发生数十起规模较大的集体停工事件。而富士康企业新生代农民工的连续跳楼自杀事件，令全社会震惊。这些事件折射出新生代农民工维权意识的增强和对和谐体面劳动关系的渴望。因此，如何在新的形势下协调好劳动关系，把劳动关系冲突纳入法制轨道加以规范、调解和处理，是当前亟待解决的问题。

4. 农村基层财政力量薄弱，一些地方的基层干群关系需要理顺

我国自 1994 年实行分税制以来，财政总体情况转好，但全国多数地方县以下基层财政仍相对薄弱，相当一部分乡镇财政在高额负债运行。取消农业税以后，一些农业生产地区的基层财政主要靠转移支付，财政状况更加困难。在一些地方，基层事权和财权不匹配的情况比较突出，各种需要地方财政配套拨款的社会事务较多，虽然中央三令五申严禁"乱收费"，但一些地方政府在缺乏财源的情况下变换名目向群众收费的问题仍屡禁不止。加之改革开放以来一些地方历届政府积累了许多社会问题，而基层往往容易注重当前政绩并遵行"今朝不理前朝政"规则，致使当前涉及基层干群关系的问题较多，甚至形成民怨。近年来关于群众对政府满意度的调查结果显示，群众对政府的满意度出现从中央到基层逐级下降的现象。在

一些农村地区，出现了乡村空心化和凋敝现象，乡村产业空了，青年人走了，富人到城市买房居住了，干部也不在乡镇居住了。如何在新形势下处理好基层干群关系，建设好社会主义新农村，这是涉及国家长治久安的社会管理的大问题。

5. 基层管理体制发生变化，解决社会问题的机制弱化

我国社会管理的基础，过去比较依赖于工作"单位"，"单位组织"也是过去把问题解决在基层的机制。现在，绝大多数城镇从业人员从"单位人"变成"社会人"。在这种情况下，造成政府往往要直接面对分散的个人，治理的摩擦成本大量增加，自上而下社会事务的贯彻和落实，自下而上社会问题的调解和解决，都受到阻碍。比如税收、治安、民政、社保、就业、卫生防疫，以及征兵、献血这样的社会事务，现在仅靠"单位"已很难贯彻落实；另外基层发生的一些社会纠纷和社会矛盾，现在无法"解决在基层"，对老百姓来说，"打官司"成本太高，而且相当一部分群众"信访不信法"，而找基层政府反映诉求，现在又强调政企分开、政社分开，所以越级上访、到北京上访的现象越来越突出，群众上访和地方政府拦截上访形成尖锐冲突。在一些地方，有些社会问题由于多年积累形成普遍民怨，很容易因意外事情造成群体性事件。所以，如何降低社会管理的成本，形成有效的把问题化解在基层的社会机制，是社会管理体制需要探索的新问题。

6. 收入差距扩大、分配不公问题成为引发社会问题的深层原因

现阶段收入差距的持续扩大，已经成为影响中国发展稳定的重大问题和引发各种社会问题的深层原因。我国目前收入差距格局，有许多不同于一般国家的特点：一是我国是在平均计划分配制度基础上演变成收入差距较大的国家，在这过程当中，分配状况和政策取向变化很大，民众对收入分配的看法分歧也很大；二是除了市场分配的差距，在国家财政的再分配方面也有很大差距，如不同地区之间同级公务员的工资水平也有很大差距，不仅民众对分配差距过大的状况有意见，干部群体对目前的分配体制也有诸多怨言，而且根据调查，同一些收入差距客观程度相当的国家和地区相比，我国民众对收入分配状况的主观不满程度要高得多；三是面临一些调整收入分配的两难问题，例如一方面群众对一些国有垄断企业负责人

的高额年薪问题反映强烈，另一方面我国国有垄断企业人才又面临国际垄断企业猎头公司的争夺；四是一些权钱交易和贪污腐败现象将贫富差距问题在人们心理上进一步扩大，造成一些"仇富"现象。在改革发展的实践中妥善处理好公平和效率的关系，理顺收入分配的秩序，形成公平合理的分配制度，这必然要触及既有的利益格局，这既需要勇气和远见，也需要智慧和社会管理的技术。但如果说改革开放以来的最大成就是经济的快速发展和人民生活水平的极大提高，那么最大的尚未解决好的问题恐怕就是收入分配问题。

7. 群体性事件问题突出，各种新型社会风险需要高度重视

近年来，群体性事件问题在群众中引起较大反响。尽管造成这些问题的原因是多方面的，但绝大多数上访和群体性事件，反映的是民生和经济利益方面的诉求，如提升劳动福利和待遇、提高征地拆迁补偿标准、抗议企业环境污染、追究医疗事故责任等。这些事件，有的属于侵害职工和群众利益造成的"直接利益冲突的群体性事件"，也有的属于社会普遍不满情绪的宣泄造成的"无直接利益冲突的群体性事件"。特别是"无直接利益冲突的群体性事件"，具有难以预测、扩散迅速、容易引起大规模混乱的现代风险的特点，值得特别的关注。另外，近年来频繁发生的一些食品安全和环境安全事件，也多具有难以预测和容易引起民众恐慌的现代风险特点，需要高度重视。

8. 社会转型加速，社会治安面临的问题日趋复杂

随着社会转型的加速，社会流动加快，各种社会治安问题也呈现多发态势，社会管理面临诸多难点。尽管各级公安机构采取了一系列措施，严厉打击各种犯罪行为，但刑事犯罪总量仍在高位运行，新型犯罪持续增多，特别是黑恶势力犯罪、严重暴力犯罪、网络诈骗犯罪以及各种侵财犯罪等，严重危害公共安全和社会秩序，给人民生活带来极大的危害。社会治安综合治理是社会转型期的一项长期任务。

以上社会管理面临的新情况、新问题，有的是在社会结构转型和体制转轨过程中，因结构冲突、体制摩擦、规范空白、法律法规不健全造成的，也有的是快速发展过程中因各种原因历史积累和遗留的，还有的是因我们工作缺位、方法不当或某些工作失误形成的。这些问题都需要我们在

加强和创新社会管理的过程中逐步加以解决。

四 加强和创新社会管理的主要举措

1. 完善社会管理的格局，充分发挥社会各方面的力量

加强和创新社会管理，要形成和完善党委总揽全局、政府负责实施、社会各方协同、公众广泛参与的社会管理格局。但在实际操作过程中，大家对新的社会管理格局的理解并不一致。一些政府部门的同志认为，现在社会问题突出，加强社会管理主要是要强化政府的权力，否则政府在社会问题面前束手无策，软的措施不管用，硬的措施又不敢用。而一些学者认为，我们国家现在的特点是强政府强市场弱社会，重要的是制衡权力、驾驭市场，通过发展社会组织来发育社会，创新社会管理体制。

从中国的国情出发，我国不能走把管理权力都集中到政府、政府包管一切社会事务的老路，也不可能走一些西方国家倡导的完全依赖民间组织发育社会的道路。在构建中国特色社会主义的社会管理体制的过程中，要发挥基层党组织的作用，加快事业单位的分类改革，引导和强调企业承担社会责任，建立一批承担更多社会责任的"社会企业"，发展壮大承接政府购买社会服务的社会组织，通过加强社区建设把社区改造成新的社会管理基础。要特别注重发挥工、青、妇等人民团体和行业协会在社会管理和公共服务方面的重要作用。这些机构有自下而上的完备组织系统，有一支具有群众工作、思想政治工作和社会工作经验的人才队伍，它们不仅是党和国家联系群众的桥梁和纽带，而且能够在反映群众诉求、化解社会矛盾、提供公共服务、参与社会管理等方面发挥独特的作用。

2. 统筹协调各方面利益，处理好维权与维稳的关系

进一步加强和完善党和政府主导的维护群众权益机制，协调好人民群众的根本利益、现阶段群众的共同利益以及特殊群体的特殊利益之间的关系。形成科学有效的利益协调机制、诉求表达机制、矛盾调处机制、权益保障机制。要妥善处理各种人民内部矛盾，坚决纠正损害群众利益的不正之风，切实维护群众合法权益。在改革和发展的过程中，要始终坚持处理好维护群众权益和维护社会稳定的关系，既不能以"维稳"的名义压制群

众"维权"的诉求，也不能以"维权"的名义破坏社会的和谐稳定。

要下决心在建立公平合理的收入分配制度上有所突破。下大力气整顿收入分配秩序，打击各种非法牟利行为，取缔各种非法收入，从源头上治理贪污腐败现象，统筹治理一般竞争行业与垄断行业的收入差距过大问题，规范公务员的工资制度体系，协调劳动收益与资本收益的关系，坚决扭转收入分配差距的扩大趋势，维护社会公平正义，让人民群众共享改革发展的成果。

3. 加强基层基础建设，把城乡社区建设成社会管理新的基础

在新的社会管理格局中，要特别注意发挥社区在基层社会管理中的作用。社区是居民自治组织，但同时也肩负着基层自我管理、自我服务的任务，很多"社区服务中心"肩负着几十种服务功能，包括税收、治安、就业、社会保障、社会福利、社会救助、卫生、防疫、精神文明建设等，群众用"社会千条线，社区一根针"来形容社区功能的广泛性。社区在基层社会管理中的作用越来越重要，随着社会主义市场经济的发展，人们维护自身权益的意识不断增强，这也会带来围绕权益保护而产生的一些权益纠纷，所以需要从社区开始，使社区工作逐步专门化和专业化，建立起"把问题解决在基层"的新机制。要妥善规范社区委员会、业主委员会和物业委员会之间的关系，形成我国基层基础建设的合力。

4. 发展专业化的社会管理人才队伍，做好新形势下的群众工作

党的十六届六中全会的决定提出，要"建立一支宏大的社会工作人才队伍"。我们要像十一届三中全会以后大力培养和发展经济管理人才队伍那样，大力培养和发展社会管理人才队伍。要把社会管理与社会服务联系起来，寓社会管理于社会服务之中，在社会服务中不断改进和完善社会管理。不能把社会管理简单地理解为"管、卡、压"，也不能把社会管理简单地理解为解决上访、群体性事件以及维护社会稳定，社会管理涉及社会建设的方方面面，涉及就业、社会保障、收入分配、教育、医疗、住房等各种民生问题。要把以人为本、关注民生作为新形势下社会管理工作的职业精神和职业道德，大力提高新形势下群众工作的专业化水平，开创社会管理和群众工作的新局面。要通过大力发展志愿者队伍和开展志愿者活动，形成自助互助、奉献、诚信的良好社会风气。

5. 建立健全公共安全体系，注重防范新型社会风险

我国用了 30 多年的时间，完成了很多国家在现代化中用上百年的时间完成的发展转变过程。发展时间的压缩，也使很多不同发展阶段面临的问题压缩在同一时空。我国当前面临的社会问题，既有火灾、交通事故、矿难、旱灾涝灾、地震、劳动纠纷、贫富冲突等传统安全问题，也面临难以预测、扩展迅速、容易引起恐慌的化学污染、核污染、食品安全、不明传染病、金融危机、恐怖主义等新型社会风险。这些不同性质的安全问题有时交织在一起，增加了处理的难度。要进一步建立健全我国的公共安全体系，加强政府和民众的应急应对能力，普及公共安全教育，提高防范、抵御和治理新型社会风险的能力，完善公共安全领域的制度建设和法制建设。

6. 抓住当前的突出矛盾，有步骤地解决一批历史遗留的社会问题

在改革发展过程中，由于体制转变过程中的制度不衔接、不完善等原因，也由于我们急于发展而社会管理工作不到位等原因，积累了一些历史遗留的民生问题，如部分改制企业职工的补偿费用拖欠问题、部分集体企业职工的社会保障问题、部分企业离退休人员工资水平过低问题、部分失地农民的土地补偿问题、部分转退军人的妥善安置问题，等等。随着我国财政状况的转好，我国解决这些历史遗留问题的能力大大增强，我们要采取负责任的态度，下决心用十年的时间逐步解决这些历史遗留的社会问题，切忌抱有在发展过程中"大事化小、小事化了"的心态，严防社会问题的积累留下爆发的隐患。

7. 发展壮大社会组织，调动广大群众参与社会管理的积极性

在社会管理实践中，要充分发挥社团、行业组织和中介组织等社会组织提供服务、反映诉求、规范行为的作用。要通过积极培育各类社会组织，加强和改进对各类社会组织的管理和监督，完善社会化服务网络，努力形成社会管理和社会服务的合力，不断满足人民群众日益增长的物质文化需求。当前和今后一个时期，要以社会组织服务经济社会发展为核心，以提高社会组织能力建设为重点，推进管理体制创新，建立法制健全、管理规范、分类管理、分级负责的社会组织管理体系。要适应发展社会主义市场经济和政府转变职能的需要，着力培育发展经济类、公益类、农村专

业经济协会和社区民间组织，支持和引导科、教、文、卫、体以及随着人民生活水平的提高逐渐涌现的新型社会组织。同时要加强对社会组织活动的依法监管，形成社会组织自我发展、自我管理、自我教育、自我约束的运行机制，加大对非法、违法、违纪社会组织的查处力度，打击邪教组织、黑社会、非法传销组织和社会敌对组织，保证社会组织的健康发展。

8. 完善社会管理的法律体系建设，强化社会管理中的依法治理

改革开放以后，我国法制建设取得巨大成就，依法治国的局面基本形成。但与经济领域的立法相比，我国在社会领域的立法还相对滞后。特别是在社会管理方面，无法可依、有法不依和以行政决定代替依法治理的情况，在一些地方还相当普遍地存在。社会管理的法律法规，是中国特色社会主义法律体系的重要组成部分，要适应构建社会主义和谐社会以及把社会建设摆在突出位置的需要，加快完善社会管理法律法规体系的步伐，特别是完善劳动关系纠纷、土地征用、房屋拆迁、社会治安、生产安全、食品药品安全、环境保护等方面的法律法规建设，进一步强化社会管理中的依法治理，维护社会和谐稳定。

9. 加强道德和诚信体系建设，提升社会管理的软实力

在创新社会管理体制的过程中，不但要重视硬实力建设，也要注重软实力建设。要加强社会主义核心价值体系在民主法治、和谐正义、共同富裕等方面的价值建设，更新社会管理的理念，完善与新型社会管理体制相配合的道德秩序、诚信体系和行为规范。要加强以社会公德、职业道德和家庭美德为基本内容的公民道德建设，倡导爱国守法的传统道德、诚信敬业的职业道德和互助友爱的家庭美德。发挥道德规范和道德舆论在遏制拜金主义、享乐主义、极端个人主义、欺骗欺诈、以权谋私、腐化堕落等行为方面的作用，形成鼓励见义勇为、扶危济困、乐于奉献和维护社会公平正义的社会氛围和机制。

10. 认真总结地方经验，完善社会管理创新的顶层设计

我国各地情况千差万别，改革过程中被实践证明的一项成功做法，就是注重总结地方经验。现在各地在加强和创新社会管理的实践中，有许多好的经验，如北京建立社会工作委员会、构建"枢纽型"社会组织工作体系的经验，上海市加强和创新社区管理的经验，江苏省南通市建立"大调

解"制度的经验，浙江杭州市以民主促民生的管理经验，辽宁省建立"民心网"为群众排忧解难、处理上访诉求的经验，等等。要通过系统总结地方经验并加以提炼，完善社会管理创新的顶层设计，走出一条有中国特色社会主义的社会管理道路。

大众消费阶段与社会改革[*]

我今天讲的是"大众消费阶段与社会改革",首先讲一下概念,那就是什么是"大众消费阶段"。"大众消费阶段"是美国经济学家罗斯托在20 世纪 60 年代就提出的一个概念,他有一个著名的经济理论就是经济成长阶段论,他起初把一个国家的成长分为五个阶段,在 1971 年,他在《政治和成长阶段》中增加了一个阶段,所以到现在是六个阶段,它们分别是传统的社会阶段、准备起飞阶段、起飞阶段、走向成熟阶段、大众消费阶段和超越大众消费阶段。但是,在这六个阶段当中,被大家所接受的核心内容主要是关于起飞阶段的描述和分析,而且他用很多的材料和经验来证明它的起飞阶段的分析是正确的,所以说后来的理论也被简称为"罗斯托的起飞模型"(Rostovian take-off model)。罗斯托认为,起飞阶段的基本特征有这样几个:一是大量的劳动力从农业转向制造业;二是外国的投资明显地增加;三是出现了区域性的增长极,比较优势从农业转向劳动密集型产品。他根据经验材料,分析了很多发达国家起飞阶段的时段,譬如说英国是 1783 年到 1802 年,法国是 1830 年到 1860 年,美国是 1843 年到 1860 年,德国是 1850 年到 1873 年,日本是 1878 年到 1900 年。罗斯托所说的经济起飞阶段,实际上就是一个国家工业化的过程,但是不同的国家经济起飞的条件是不同的。而中国一直以来被认为是一个传统的社会,所以在国内甚至国际的经济学界,一些学者认为中国的起飞阶段是在 1977 年到 1987 年。但是,罗斯托的理论有一个问题,就是他对其他阶段的特征的划分没有这么细致,而且其他阶段没有得到很多经验的证明,特别是关于成熟阶段,他描述得比较简单。所以中国完成起飞以后,我们究竟走

---

* 本文根据作者 2010 年 3 月 28 日在武汉大学珞珈讲坛第十二讲记录稿整理。

向什么样的阶段呢？

我认为，我们从起飞阶段直接进入了大众消费阶段。我们国家现在进入一个新的发展时期，这个时期跟以前的很多方面产生了根本性的差异。改革开放三十多年来，过去我们的主要分析框架，是改革前和改革后相比较，有两个重要变化造成改革前和改革后的阶段性差异：一个就是我们讲的体制转变，或者叫市场转型，很多国外的学者，把我们国家放在转轨国家的分析框架和模型里，也就是 transitional 国家，认为我们和东欧国家以及俄罗斯都是市场转型国家。但是从经济成长的角度看，我们和这些国家是根本不一样的，这些国家在它们进行市场化转型的时候，已经完成了工业化的过程，所以之后没有发生巨大的结构性转变。另一个就是把我们放在一个经济起飞的模型当中，例如把我们和亚洲四小龙进行比较，放在东亚雁行模型中，认为这些国家都是处在一个儒家文化圈，都是黄种人、东方文化，但实际上我们这些东亚国家和地区也有很大的不同，它们的成长过程主要是一个结构转变和工业化过程，没有一个同时的从计划经济到市场经济的转变。我国国家的经济起飞是经济体制的 Transition 和社会结构的 Transformation 同时进行，是两 T 转变。

现在三十多年过去了，如果我们总是和改革开放以前相比较，在很多方面已经不能够适应新的变化，所以说现在的改革已经进入了一个中期，不但与改革之前，而且与改革初期阶段相比，改革和发展的主要议题也已经有了很大的转变。这种转变可以概括为以下几点，可以叫做"新的阶段性特征"。

第一个变化就是"从短缺经济到公共产品和公共服务的供给不足"。我们在改革开放初期面临的形势是什么呢？那就是短缺经济，什么都短缺，那个时候主要任务就是经济进行规模性的扩张，大量地提供消费产品，满足人民群众的基本需要，所以那个时候生产什么东西都能卖出去，甚至一些假冒伪劣产品也能够推销出去。但是从 90 年代以后，我们从一个卖方市场转变到一个买方市场，买方市场就意味着，我们的生产大体上形成了一个供求平衡甚至供大于求的局面。到现在，按照国家统计局统计的三百多种产品，基本上供求平衡，一部分供大于求，一部分我们出现了生产过剩，也就是说这个东西很难卖出去，甚至跌破成本价也卖不出去，但是同时新的短缺在形成，也就是随着经济发展，人民的物质文化的需求也在提高。根据马斯洛的需求层次，人们在满足了下一层的需要后上一层的需求就同时产生，现在我们短缺的主要表现在公共产品和公共服务上。现在我们所说的民生问题，已经和改革开放初期有明显的不同，改革开放初期的民生主要是温饱问题，而现在的民生问题主要是就业、教育、医疗、社会保障、收入分配、环境保护等，这些方面的短缺是什么问题呢？共同的特点就是它们都属于公共产品和公共服务，也就是说在这个领域不可能完全靠市场的竞争就能够充分地解决，所以我们现在提出要建立公共财政，实行公共产品和公共服务的均等化，要转变政府职能，建立服务型政府，这一系列的提法都是为了回应我们现阶段的问题。

第二个根本性的变化就是"从平均主义到收入差距扩大"。改革开放初期我们面临什么情况？那就是平均主义，吃大锅饭，后来在十二大、十三大的时候，党的主要文献讲，平均主义是我们体制的重大障碍，所谓的改革就是要打破这种平均主义，拉开收入差距，引入竞争机制，提高资源配置效率，这是我们改革的主方向，而且小平同志在那个时候多次讲，让一部分人、一部分地区先富起来，这是一个能够带动全国的大政策。也正是在这个政策的推动下，中国才出现了巨大活力，调动起各方面的积极性。但是这个问题的转变发生，也是在20世纪90年代中期，收入差距开始逐步越过了合理的区间，走入收入差距过大的状态。当我们想扭转这种趋势，并且采取了一系列措施来控制收入差距的时候，这个差距却不以人的意志为转移，沿着继续扩大的趋势在发展。我们在这个问题上政策的主导方向，已经有了根本性的改变，不能说大锅饭情况在现在就不存在了，但是收入分配首先要解决的问题是收入的差距扩大的问题。

第三个变化就是"从温饱、耐用消费品时代到大额消费品时代"。三十多年来，我们经历了三波消费的热潮，第一波就是解决温饱，到80年代中期才出现了不同的服装和不同的颜色，到90年代，我们用了不到十年的时间，使家用电器普及到千家万户，这个过程可以说比很多国家的过程都大大地压缩了时间。那么现在我们应当说，新世纪以来，我们进入一个新的消费时代，这就是大额消费时代，这是以汽车和住房进入家庭消费的时代，这个不仅是货币消费的时代，而是信贷消费的时代，这种消费阶段已经和我们的过去有完全的不同了。

　　第四个变化就是"从低成本劳动力生产到产业结构快速升级的阶段"。大家看到，我们改革开放三十多年来，遇到了一个很好的机遇就是人口红利，劳动力呈现无限供给态势，社会的老人和少儿的总负担系数在改革开放以来是不断下降的，这使得我们有了劳动力低成本的时代，这是我们的一个主要的比较优势，但是这个情况也在发生变化。本来我们以为国际金融危机之后，我国的就业会在相当一个阶段非常困难，但是现在恢复得非常之快，而且现在很多人都在谈论怎么管理新的繁荣。我参与撰写的2010年的"社会蓝皮书"总报告，提出我国发展进入一个新成长阶段，也就是说我们本来以为10%左右的增长率，保持三十年了，已经到顶了，按照其他国家的经验，不可能永远保持这么高的速度，但是新世纪以来，我们也是很神奇地继续保持这样的增长率，但是这个阶段同时伴随的是什么呢，那就是廉价的低成本的劳动时代在逐步地走向终结，工资会出现增长，2004年之后间歇性出现的"民工荒"、"招工难"以及国际贸易市场情况的变化，逼着我们的产业从"中国制造"转向创造"中国品牌"，逼着我们升级创造自己的品牌，要生产有高附加值的产品。

　　第五个很重大的变化就是我们的发展和增长的方式有了很大转变，也就是经济增长"从更多地依赖于投资和出口转向更多地依赖国内消费"。以前我国的增长主要都是依靠投资和出口，以前的投资率常年都是在30%以上，而外贸依存度最高的时候达到过70%，国际金融危机前常年是在60%左右。但是现在我们看到，贸易保护主义抬头，很多国家为了保护它们的就业岗位，对中国的贸易诉讼案件在急剧增加。我国作为一个大国，如此高地依赖于出口来保持经济增长，是有很大风险的，而投资的过量也会带来很大的风险，虽然我们说四万多亿投下去来保增长，但如果我们不在适当的时机逐步退出的话，那也会造成重复建设，产能过剩的问题、通货膨胀的压力，以及投资效率的下降的问题，所以从根本的方式上讲，我们要更多地依赖于国内的消费。这就需要对国内的消费有一个根本性的判断，就是我们的消费是否能够支撑我们未来经济的快速发展，我们是不是到了这样一个阶段，即大众消费时代的到来。也许有的人认为，这是一种非常乐观的判断，但是我们从一些关键性的指标来看，我们这个时期已经到来。一个就是人均 GDP 的增长，我们从改革开放初期以来，那时候人均 GDP 200 多美元，我们用了大概 20 年的时间，到 2000 年，我们达到了 800 多美元的地步，2003 年我们首次超过 1000 美元，三年后的 2006 年，到了 2000 美元，2008 年超过 3000 美元，今年（2010 年），我们预计要达到 4000 美元。但是我们同样看到，地区的差别是很不平均的，最近出了一个区域竞争力的报告，就是把各省市的经济水平和发达国家进行比较，有五六个省达到了 G20 国家的水平，虽然我们的平均数据还很低，但是中国是大国，很少百分点的增加就是一个消费市场的极大地增长，所以我们 13 亿人平均每人增加 7 元消费，就是一个 13 亿美元的巨大消费市场，这也就是国际各大商家瞄准中国的一个重要原因。第二个就是我们的城市化水平，城市化水平和消费水平是具有相当大的联系的，譬如城市消费和农村消费是一个完全不同的概念，我国的城市化水平，已经接近 50%，当然不同的学者还有很大的争议，因为国家统计局算的是常住人口，常住人口里面，包括了在城市里面工作半年以上的农民户籍人员，比如农民工，他们还没有真正市民化。但是同时我们也要看到，我国沿海一代经济发达的区域，很多农村区域按照国际标准也是城市化了，如果按照欧洲的标准，2000 人以上的聚集点就叫做城市，当然他们那个地方农村比较发达，所以住房和生活水平也没有什么差别，差别主要是在商业和金融这些方面。现在我国正在加快城市化进程，要放开很多中小城镇和中等城市的进入的限制，迅速地开展城乡一体化的建设，在这一个方面，我们也会有一个较快的发展。第三指标就是第二、第三产业的从业者比重接近 70%，这是按照国际的标准来衡量的进入大众消费阶段的象征，当然这个指标大大滞后于经济产出的结构。在 GDP 里面，农业的比重已经只有 10% 左右，但是农业的从业人员还是很多，这是由于人多地少，农村都是小农，这是很难富裕起来的。有的社会学家就说，我国的社会结构比经济结构晚 15 年。第四个就是高等教育进入大众化阶段，这也是国际上提出的一个标准，到 2010 年我国的大学毛入学率达到 25% 左右，这和近几年的扩招有关系，所以围绕这个有很多的争论，所以现在有人说就业难是不是大学扩招惹的祸，但是从实际的指标来看，我们还差很远，尽管我们的指标在快速地提升，离我们成为一个人力资源大国还差很远，像我国台湾地区已经达到了

90%以上了，一般发达国家也在60%左右，我们才25%，所以我们还需要继续培养这种受到高等教育的人才。第五就是消费的恩格尔系数接近30%，也就是食品消费占整个消费的比重，它表明越低的系数生活水平越高，但是按照国际统计局的数字，农村在42%，城市也还在37%左右，而我认为我们国家的恩格尔系数有高估的成分，也就是我们把住房的价格在消费中的比重低估，也就是其他方面低估了，在食品方面的比例就会高估。第六个就是消费的第三波的到来，从一个满足温饱的阶段，到耐用消费品进入千家万户的阶段，到现在大额消费品阶段的到来，现在我认为最大的消费影响因素是城乡发展的不平衡，因为城市的消费方式和习惯与农村是不一样的，在我们的整个经济增长中，农业的增加值在GDP中只占10%左右，按照常理，农业的从业人员应该下降到25%左右，但是现在我们的农业从业人员还占38%，和经济结构大不相符，而按照居民的居住来看，农村的居民就更多了，还占42%，我们的城市化水平还是48%。这三个结构本来有一个均衡的比例，也即产业结构、就业结构和城乡结构，但是实际上会存在一种背离，这种背离就是社会结构的转变慢于经济结构的转变才形成的不协调的问题，包括我们的消费不能够快速地成长。

我国消费进入一个新的时期，除了汽车和住房进入大众消费，一些新兴消费，如信息通讯、教育、医疗、休闲、旅游等，都增长得很快。过去消费总额长期以来一直低于投资的增长，从2004年以来，出现了一个新的局面，这个局面就是消费的快速增长。2009年社会消费品零售总额增长了大概16%，几乎高于GDP增长的一倍，这是我们以前从来没有过的局面。现在消费增长的速度和投资增长的速度在靠近，如果什么时候消费的增长能够超过投资的增长，那我们这个国家的发展就建立在更加依赖于国内消费的基础之上。但是我们同样能够看到一个矛盾的现象，我们总说消费不足，但是这又和某些现象产生矛盾，比如说房价，也就说在通常情况下，当你消费不足的时候，会出现房价低迷，消费低迷，也就是说在消费上供大于求，才会出现消费不足的现象，但是现在好像不是这样，房价在不断高涨，这么多人都想买房子，消费不足还要花这么多力气来打压房价吗，为什么这么高的需求我们不能够满足，所以住房是一个很奇特的消费，与一般商品不一样。比如服装、电器和汽车，这些消费品的价格规律是什么呢？一到进入大众普及阶段，就会有各种竞争的厂商，都来参与竞争，竞争越激烈，价格就越低，所以现在买家用电器也好，买电脑也好，甚至是买汽车也好，大家的预期是什么呢？如果你不是马上需要的话，就可以等几年，以后价格会更低，而且质量会更好，同样价格在来年买性价比要高很多，但是唯独这个住房，大家的预期完全不一样了，大家的预期就是赶紧买，不买的话到时候就买不了这个房子了，价格是不断上涨的，为什么会有这种预期呢，就是因为住房是消费品也是投资品，买房子有的是消费需求，但也有的是投资甚至投机。我国消费有很多相互矛盾的特征，一方面，在西部，在农村，更多的人在生活上处于非常困难的局面，同时，大量的奢侈品，化妆品，包括什么人头马、名牌化妆品、名牌箱包的消费啊，我们都排在世界前几位了，这也是相互矛盾的，那你这个国家到底是有钱还是没钱啊，说有钱，人均 GDP 才四千多美元，而发达国家都在两三万美元，说没钱吧，我们的出国旅游团一人就买十几个名牌箱包回来送人。一方面我们的统计确实表明，我们城镇居民的收入以快于 GDP 的速度在增长。但是同时，老百姓感觉到，这个收入好像是"被增长"了，什么原因呢？就是说，民众的平均收入线和整个社会的平均收入线不是一回事，要是收入差距大的话，60%—70%的人在社会的平均收入线以下都是可能的，千万别认为平均线应当就是日常水平。城乡居民储蓄率余额，它的增长比我们的收入增长还要快，原因有很多，有很大一部分是来源于隐形收入。在中国，收入是一个最说不清的、最难以调查的数据，因为我们没有一个严格的财产和收入申报制度。本来我们储蓄的增长，理论上应该是全国居民的收入减去消费，再减去手持现金，还要留一部分去投资，剩下的那一部分才有可能去储蓄，但是每年仅仅储蓄增加的那块，就大于收入减去消费的余额，这也就是说，有很大一部分收入是没有办法来了解和统计的，这个特别现象很明显地表现在住房问题上。如果我们从现在的各种消费品的改善和增长来看，住房是我们改革开放以来特别是 80 年代后期以来，改变最快最大而且是最深刻的领域，我们会看到农村居民人均的居住面积从过去不到五平方米，到现在人均三十多平方米，城市居民的居住面积也从过去的三点多平方米，到现在的二十七八平方米，我国的户均拥有住房率几乎是全世界最高的，数据显示高达 90% 左右，当然一个原因是我们的农民多，农民都有自己的住房，另一个原因是住房改革制度，就是在改革以前有很多的房子是福利分房，在一夜之间通过住房改革以福利价格卖给了每一户，所以使大多数家庭都拥有了住房，在国外你会看到在一个社会当中，百分之五六十的人都是租房的。大家可以回忆一下，十年前，十五年前，我们的家庭住房是什么样子，拥有一百多平方米的住房，这在十五年前，是不可以想象的。现在我们实现了这个梦想，但是你会发现，住房问题反而成为人民群众最不满意，最为抱怨，最为诟病的一个方面。这个问题到底是怎么产生的？因为住房这东西和其他商品不一样，住房与土地连在一块。我们人多地少，耕地稀缺迫使我们严格控制土地。控制土地的最终结果只能是房价的升高。不断出现地王，地王的价格只能算在房价里，分摊在住房里。如何扩大住房，比如现在有种思路，说新加坡、中国香港地区所谓社会保障房、经济适用房、廉租房等。但是我看我们这么大一个国家，不是新加坡、中国香港地区几百万人，靠政府的力量就能解决这么多人的住房。所以按照我们过去发展市场经济的一条经验，就是要掌握市场的供给力。如果有个办法，能够满足群众的住房需求，政府又有税收，我们经济又获得增长的新动力，这是多好的事。比如说，我们使农民的住房进入消费市场，因为住房里边一大半都是农村住房。但是现在，在城市里边，土地是国家的，住房可以完全变成自己的产权。你可以出租，可以转卖，还可以抵押。农民住房是集体用地，土地是集体所有，宅基地上面房子是自己的。他们的房屋为什么就只有使用证，没有产权证，他们的房屋就不能转卖、不能抵押。如果允许农民的住房进入市场，对于平抑房价、增加农民的财产性收入都是有好处的。当然这不是一点副作用都没有，拆迁成本会更高。政府要权衡利弊，在各种选择中选择更好的一个。

但是我们感觉到，现在很多问题和我们的预期是不一样的。比如说到底为什么现在消费不振，消费不振当然是有指标的，比如说，1985—2008年我国居民的消费率从52%下降到35.4%，所谓居民的消费率，是指全部居民的消费占GDP的比重。这个35.4%的消费率在各个国家来看都是很低的消费率。美国的居民消费率接近70%，日本65%，而我们的消费率是随着收入的增长不断下滑。美国3亿人一年消费10万多亿美元商品，我们中国13亿人一年才消费1万多亿美元。所以你会看到消费市场的大小不是以人口计算的，是以可支配货币计算的。1990—2008年，我国居民平均消费倾向从85%下降到72.7%。消费倾向的指标是消费支出占收入的比重，即你收入一百块钱有多少钱用于消费。另外，1991年至2008年，我国社会消费品零售总额与居民储蓄存款的比例呈现逐步下降的趋势，由1991年的1.02下降到2008年的0.50，下降了一半多。这是三个关键性的指标。

消费不振应该是因为缺钱。但我们国家现在似乎不是没有钱，1994年到2008年，我们的税收总量从5000多亿元一下子增加到5.4万多亿元，年均增长18%，远远高于GDP增长，政府支出占最终总消费支出的比重，80年代为21.6%，90年代为24.2%，现在是约27%。老百姓似乎也有钱，1994—2009年3月，居民储蓄存款余额从2万多亿元增加到24.7万亿元，年均增长18%以上，相当3/4强的一年GDP。国家想让老百姓消费，通常的办法就是降低利率，现在的一年存款利率只有2.25%，低于物价上涨水平，所以存款不是增值保值，是贬值，所以低利率的方法就是迫使你把钱取出来进行消费。为什么老百姓不花钱呢？根本原因就是与我们分配结构有关系，虽然存储的总量是在增加的，但是分布不平均，所以有钱的不一定消费，消费的不一定有钱。

我国收入分配的基尼系数，现在在全世界都是比较高的。除了收入差距，社会分层的结构目前还是呈现金字塔的形状，要转变成中等收入者为主的橄榄形，还要经过很多年的努力。只有当农民大量减少，农村的居民多数已经不是从事农耕生活，这种转变才会完成。如何使农民富裕起来，是实现社会分层结构转变、扩大消费的一道坎。我国农民的土地经营规模太小，即便是东北这样耕地广阔的地方，每家最多也就是二三十亩地，但是在一些发达国家，像法国、加拿大、澳大利亚平均一个农民是三四十公顷，你要达到这样大的规模你才能进入中产生活水平，当然美国就更没法比了，美国的农民平均一百多公顷，所以我们和他们的差距很大，我们没有土地，没法向外扩张，只有向内发展，大量地投入增长，投入人力，投入时间，但是毕竟土地太少，单位面积产量提高也不行，即便是种花种菜也不行，因为也只有大规模地种才能拥有中等收入。所以在这种情况下可以看到，对于我们消费的限制，就是中产阶级的比例太小。中产阶级的概念还比较模糊，经济学家们把中产阶级的资产、收入、住房来作为指标，社会学家很重视职业，现在我们国家用职业、收入、教育来测算中产阶级，测算出的结果是中产阶级占从业人口的12%，那么还有20%是边缘中产，边缘中产还不是中产阶级，但是未来可以发展成为中产，在未来二十年能够发展到30%的话，还是一个比较快的速度。当然我们国家中产阶级比例过低还是因为农村的人口太多，如果我们不计算农村，只是计算城镇人口的话，中产阶级比例在2006年测算可以达到25%，如果我们参照韩国，韩国现在的中产阶级比例是46%，比我们还是要高很多的。

　　为什么我们说收入差距对我们的消费会有影响呢，就是在消费当中，有一条定律，这一条定律并不是在每个国家都应验，但是在我们国家很明显，就是家庭消费率随家庭收入水平的提高而递减，收入越高，消费率越低。这是什么意思呢？家庭消费率是指家庭消费在家庭收入的比重，如果我们把家庭分成低收入、中低收入、中等收入、中高收入、高收入五种类型，那么低收入家庭的消费率高达90%多，但高收入家庭收入100块钱，花去的大概还不到60块钱。那么也就意味着，你要想扩大整个国内居民消费的话，要使新增张的收入更多地转向中低收入阶层，这个消费总量才有可能扩大。另外，现在影响家庭消费的三个主要因素，是教育、医疗和住房，这些方面极大地影响着我们的消费行为和消费预期。为什么这么多的人去大量地储蓄？现在好多的美国人老是用文化因素说事，说我们美国人是信贷消费，我们都是把下一辈子的钱先借过来，我们先花掉算了，说你们中国人怎么就是反过来，存的钱给下半辈子、下辈子人花，你说你们傻不傻？但是我就说，这不是一个文化的问题可以解释的，什么东西你单用文化来解释的话，你就会陷入一个很模糊的、很难说清楚的领域。实际上你会看到，我国民众之所以高储蓄，是因为其自身的一个理性行为，也就说一个家庭，他需要自己规避未来的风险，我家里子女上学怎么办？我生了病我没有医疗保险，我看病怎么办？我养老从哪儿来钱？我要攒钱买房子吧。各大银行系统都做居民储蓄目的的调查，这类调查结果显示，排在前三位的储蓄目的，大概都是为了子女教育、看病和买房。我们需要通过扩大社会保障覆盖面，提供更好的公共服务，来给民众提供一个稳定的预期。民众有了稳定的未来预期，才敢于花钱进行即期消费。

从以上的分析大家会看到，扩大国内消费，并不是一个单纯的经济问题，而是与很多社会体制问题联系在一起的。要建立工资和收入的正常增长机制，调整收入分配结构，扩大社会保障覆盖面，实行公共产品和公共服务的均等化，破除城乡二元结构，加快城市化的步伐，等等。社会体制的改革涉及就业、社会保障、收入分配、教育、医疗等领域，这里面非常关键的就是收入分配体制，会触动既有的利益格局，当改革进行到关键时期，使一部分人获得利益，同时又影响到另一部分人的利益的时候，改革就会遇到难题和阻力，但是我们要坚定信心，坚持改革，为社会的发展不断提供新的动力。而与此同时，在结构性的转变当中，我们要意识到工业化、城市化进入一个新阶段，我们要使未来一二十年的发展，更多地依赖于国内大众消费的支撑，我们不但要国强，更重要的是让人民群众普遍地富裕起来，民富才是国强真正的基础。

法国福利体制的危机及对我国的启示 [*]

1995 年 11—12 月，法国因政府公布的社会保障体制改革方案而爆发了声势浩大的全国性大罢工，这是法国自导致戴高乐总统下台的 1968 年学生运动以来规模最大、持续时间最长、影响最深刻、同情者最多、损失最重的一次社会运动。在这个 5800 万人口的国家里，此起彼伏的罢工运动和示威游行持续了约两个月的时间，波及法国的所有大中城市和大部分小城市。根据法国内政部公布的数字，参加示威游行的总人次达到 380 多万人，其中仅 12 月 12 日一天就有近百万人走上街头，工会组织方面公布的示威人数则更高得多。法国电力总公司、煤气总公司、邮政总公司、通讯总公司、铁路总公司、运输总公司等主要国有经济部门的职员都参加了罢工，公共交通全面瘫痪长达近一个月，造成社会生活的极大混乱。主要的工会组织都参与了罢工和示威的组织和动员，众多的社会知名人士在报纸上公开发表支持罢工的呼吁书。根据法国权威民意调查机构在罢工初期的一项民意测验，有 56% 的法国人支持罢工。[①]

这次大规模的社会运动造成巨大的社会反响，引起法国知识界的深刻反思，罢工的直接起因虽然是法国右翼于贝（Alain Juppe）政府的社会保障体制改革法案，实际上却反映了欧洲福利国家普遍面临的社会危机或深刻的社会变动，以及理论在解释这种危机和变动上的乏力。

---

* 1996 年 5—8 月，我作为高级访问学者在法国高等社会科学研究院从事企业社会保障问题的研究，本文是这项研究的附带成果。在此期间，我的研究得到 A. Touraine、M. Wieviorka、P. Rosanvallon、R. Castel、H. Mendras 等教授和研究员不同形式的帮助，在此顺致谢意。

① 参见 A. Touraine 等人所写的描述和评论这次大罢工的专著《大拒绝：关于 1995 年 12 月罢工的反思》，该书附有这次事件的详细日程表，法国 Fayard 出版社 1996 年版，第 299—317 页。

一 法国的社会保障体制

像大多数西方发达国家一样，法国社会保障体制的建立和发展，也是与历史上一系列的社会改革和社会立法相联系的，但是，从"长时段"的历史考察看，它又有其自然发展进程的一面。也就是说，抵御生存、生活和发展的风险，建立一种共同生活的秩序，这是人类社会的一种本能反应，这种避险保护反应的较早形式是储蓄和互助等，随后是保险的产生，较早的是航海保险和工伤保险。在 19 世纪欧洲的高速工业化过程中，人口的激增带来一系列的伴随问题，经济危机的出现使工人阶级的生活状况迅速恶化，社会不平等加剧，社会冲突激化，工会和社会党的力量迅速壮大和发展，这些因素和压力对于社会保障制度覆盖面的扩大和完善都起到了推动作用。而两次世界大战的现实灾难更使人们达成一种基本共识：社会保障是社会在和平时期的一种基本整合手段。

1945—1973 年的近 30 年，被西方经济学家称为"辉煌的 30 年"。在这期间，西方国家不但经济获得迅速发展，而且国家的福利政策起到有效地缓解社会冲突、维持社会稳定、促进社会繁荣的作用。这种福利政策的稳定作用来自增长成果的普遍分享：工资和生活水平稳定增长，中学教育普及，男女同工同酬，各领域的社会不平等状况得到普遍改善，失业、病残、养老、医疗等方面的社会保障不断发展。然而，就是在这种稳定中，潜在危机因素已经开始萌生。法国的福利体制是一种建立在公民权利和基本需求基础上的福利体制，国民新增财富的很大一部分被用于社会保障的支出。随着社会保障的普及、扩大和发展，社会保障支出占国内生产总值的比重也不断增加，1960 年为 15.9%，1970 年为 20.5%，1980 年为 27.3%，1990 年为 31.9%，1993 年为 35.4%。近两年社会保障支出占 GDP 比重的增长速度显著加快了，1990 年以前差不多每 10 年增加 5 个百分点，但 1990—1993 年的 3 年中就增加了 3.5 个百分点（见表 1）。在欧共体国家中，1992 年法国社会保障支出占 GDP 的比重排在第 3 位，仅次于荷兰和丹麦（见表 2）。

表 1　　　　　　　　法国社会保障支出占 GDP 的比重（％）

	1960	1970	1980	1985	1990	1993
社会保障支出	15.9	20.2	27.3	32.6	31.9	35.4
社会保障补助金	14.0	17.7	23.8	26.7	25.8	28.5
其中：						
医疗保障金	4.8	6.6	8.4	9.2	9.1	9.9
养老保障金	5.1	7.4	10.2	12.3	11.6	12.6
家庭保障金	3.9	3.3	3.5	3.3	3.0	3.3
失业保障金	0.2	0.4	1.7	1.6	1.7	2.3
其他保障金	0.0	0.1	0.1	0.1	0.2	0.3

资料来源：Les Comptes de la Protection Social，Rapport Surles Comptes de la Nation，Juin 1994.《1994年法国国家核算报告》。

　　法国的社会保障支出占其国内生产总值的比重较高，这主要是一种体制结果。一是社会保障的覆盖面广，不论是法国公民还是长期居住的外国人，不管其从事什么工作和居住何地，也不管其是否就业，都享有社会保障；二是社会保障的内容广，从生、老、病、残、死到失业、多子女、单亲家庭、待业青年、低收入家庭等，几乎涉及社会生活的各个方面；三是与其他西方国家相比较，退休人员比重较高，家庭补助项目较多，享受医疗保险的人更加广泛，对缺乏竞争力的贫弱人口补助较多。

表 2　　　　1992 年欧共体 8 国社会保障支出占国内生产总值的比重（％）

国家	保障金总计	病残	生育	工伤	养老	家庭	失业	其他
法　国	27.8	9.0	0.4	0.6	12.3	2.2	1.8	1.5
德　国	26.3	10.0	0.2	0.8	10.7	2.1	1.1	1.4
比利时	26.5	8.6	0.2	0.5	11.9	1.9	2.6	0.8
丹　麦	30.6	8.6	0.6	0.2	10.7	3.1	3.7	3.8
西班牙	21.6	7.4	0.2	0.5	8.9	0.2	3.8	0.6
意大利	24.4	7.2	0.1	0.6	15.3	0.8	0.4	—
荷　兰	31.7	14.3	0.1	—	11.7	2.4	2.7	0.5
英　国	26.2	9.4	0.3	0.1	10.3	2.6	1.2	2.3

注：工伤一栏包括了职业病的保障；荷兰的病残医疗保障中包括了工伤和职业病的保障。

资料来源：Euro st at，1992.

法国的社会保障体系非常复杂，分类很细，粗略地说可以分成四大类，即医疗保障、养老保障、家庭保障和失业保障。1993年，法国社会保障总支出为25089亿法郎，除去各种行政管理和服务开支等，直接用于社会保障补助的费用是18108亿法郎，其中医疗保障支出占34.7%，养老保障支出占44.3%，家庭保障支出占11.6%，失业保障支出占8.2%，其他保障支出占1.2%。

社会保障的收入主要来自社会保障分摊金（Cotisation Scoial），一部分来自财政转移支付、公共捐助以及保障基金的资金收益等。1993年法国的社会保障总收入为24392亿法郎，其中社会分摊金收入占67.7%，财政转移支付占15.3%，公共捐助占12.2%，基金资本收益占1%，其他收入占3.8%。作为社会保障主要收入来源的社会分摊金，实际上很类似于一种所得税，因为它同样是带有强制性的；与所得税不同的是，社会分摊金是按收入比例制而不是累进制缴纳，另外社会分摊金是专款专用，不能用于社会保障以外的支出、消费和投资，而不像税收那样可以进入财政安排。

社会分摊金名义上可以分成两种，即雇主分摊金和雇员分摊金。雇主分摊金是雇主为雇员缴纳社会保障分摊金，雇员分摊金则是在雇员的毛工资中扣除的社会保障分摊金。雇主分摊金与雇员分摊金的区分，只是在雇主和雇员双方在一定的时候谈判分摊金相互缴纳的比例时才有意义，而在一般情况下，其区分的意义不大，因为归根结底二者都是由雇主来缴纳的，都是雇主的劳动力工资成本。我们可用下面的关系式来表达：

$$雇主雇用劳动力的工资成本 = 毛工资 + 雇主分摊金$$

$$毛工资 = 净工资 + 雇员分摊金$$

雇主分摊金和雇员分摊金都是按毛工资的一定比例缴纳，但二者的比率是不同的，粗略地比较是6：4的关系，即在为雇员的社会保障而缴纳的分摊金中，约有60%是由雇主缴纳的，约占雇员毛工资的34%，约有40%是从雇员的毛工资中扣除的，约占毛工资的21%。例如，一个中等收入的工薪者的月毛工资假如是12000法郎，那么国家每月要从中扣除约2520法郎的雇员社会分摊金，其剩下的净工资是9480法郎，雇主还要每月为该雇员缴纳约4080法郎的雇主社会分摊金，雇主雇用该雇员每月的总劳动力工资成本是 16080 法郎。社会保障分摊金的缴纳有三个特点：一是统一性，即用于社会保障的分摊金是统一收缴的，不能多头收钱；二是比例制，即分摊金是根据工资的一个相对固定的百分比来提取，但有一个分摊金的最高收缴限额；三是一致性，即全国所有的雇员和企业，不管其所属的地区、所有制类型或行业，都按照一致的标准缴纳社会分摊金。

社会保障分摊金实际上已成为一种最重的"税"。在法国目前国家全部强制性缴纳金中，社会保障分摊金占 43.9%，各种间接税占 28.7%，个人所得税占 11%，公司税占 5.6%，资本税（巨富税、遗产税等）占 5.0%，其他税负占 5.0%[①]。社会保障金的管理历来是一件困难的事情，因为它不仅数额庞大，而且涉及千家万户，具体情况也千差万别，但一般说来，社会保障金的管理要遵循四个原则。一是经费自治，专款专用。根据有关的法律规定，提取的社会保障金要保证进行独立的管理，无论是国家还是政府，都不能挪用这笔款项，不能将其用于其他的目的。二是账目分开，独立管理。按照医疗、家庭、养老、失业等社会保障的不同领域，分成几个全国性的保障资金分支管理机构，共同隶属于全国社会保障总局，但分支管理机构的资金账目都是独立的，不能相互挪用。三是资金平衡。不同领域的保障资金都要自己保证收支平衡，要有预算和决算。四是以收定支，统筹安排。当年的社会分摊金收入是用于当年的保障支出，在分摊金收入减少的情况下，从理论上说只能降低保障的水平，当然实际上这样做是极为困难的，社会分摊金是统筹使用，在个人缴纳的社会保障分摊金与个人获得的社会保障补助金之间，一般来说没有什么关系。

社会保障金各个分支管理机构的资金使用情况，在行政上的监督由全国社会保障总局负责，在财会业务上的监督则由社会保障监察团和财政监察总署负责，另外会计法院专门负责处理有关的诉讼。财政监察总署每年要负责向政府提交关于社会保障金使用的报告。

[①]　参见 P-A. Chiappori《不平等、效率和再分配》，载 J. Affichard 等《社会公正和不平等》，法国 Esprit 出版社 1992 年版，第 73—92 页。

二 社会保障的财政危机与改革法案

到 1995 年年底，法国社会保障收支的赤字累计已达 2300 亿法郎，1994 年和 1995 年两年的该项赤字分别为 548 亿法郎和 640 亿法郎，1996 年法国的各种税收和社会保障分摊金（相当于社会保障税）加在一起，已占国内生产总值的 45%，成为世界上税负最重的国家之一①。如此庞大的社会保障和福利费用，不仅给经济造成沉重的负担，而且面临着难以解脱的财政危机。为了解决社会保障费用的入不敷出，从理论上说，要么是降低社会保障的水平，要么是增加社会保障的收入。由于实际操作中社会保障的利益刚性特征，历届政府都更倾向于依靠提高强制性缴纳金（税收 + 社会分摊金）的提取比率，而在近几年的强制性缴纳金总额中，法国的社会保障分摊金又几乎占了一半。如一个法国的最低工资劳动者的社会保障分摊金占其毛工资的比重 1970 年为 43.3%，1994 年上升到 54.6%，其个人缴纳的社会分摊金占其毛工资的比重，从 1970 年的 8.2% 上升到 1994 年的 21.0%（见表 3）。

法国社会保障体制所面临的严重财政危机主要是由于以下几个原因造成的：

1. 经济增长与社会保障发展的剪刀差

社会保障水平的提高实际上是增长成果的分享，直到 70 年代初期，法国的经济增长速度基本上还可以支持社会保障状况的改善。但自那以后，经济增长速度明显放慢了，而社会保障金额绝对数的大幅度增加，即便是在相同的剪刀差情况下，实际造成的财政问题也更为严重。1960—1970 年，法国国内生产总值年均增长 5.6%，社会保障补助金年均增长 8.2%；1970—1975 年，国内生产总值年均增长 3.5%，社会保障补助金年均增长 3.8%（见表 4）。到 1993 年，法国社会保障总支出已占国内生产总值的 35.4%，也就是说，一个国家一年创造的财富有 1/3 以上要用于社会保障的支出。社会保障支出实际上已成为最大的社会消费项目。

———————

① 法国 1996 年 6 月 16—18 日《欧洲时报》。

表3　　　　法国最低工资劳动者的社会保障分摊金占毛工资的比重（％）

	1970	1975	1980	1985	1990	1994
社会保障分摊金比重	43.3	45.2	53.1	55.8	56.6	54.6
雇员分摊金比重	8.2	8.6	12.8	15.1	18.0	21.0
雇主分摊金比重	35.1	36.6	40.3	40.7	38.6	33.6

　　资料来源：Commisariat Genera l du Plan, La France de l' An 2000, Rapport au Premier Minis-tre. Editions Odile Jacob, 1994, p. 253. 《2000 年的法国》，法国计划总署给法国总理的报告。

表4　　　　法国国内生产总值、工资和社会保障金增长的比较（％）

年平均增长率	1960—1970	1970—1975	1975—1980	1980—1985	1985—1990	1990—1993
国内生产总值	5.6	3.5	3.1	1.5	3.2	0.3
受薪职工人数	1.6	1.2	0.7	- 0.2	1.2	- 0.3
人均生产率	4.0	2.3	2.4	1.7	2.0	0.6
毛工资总额	6.7	5.8	3.2	0.2	2.1	0.8
净工资总额	6.1	5.5	2.4	- 0.3	1.4	0.6
人均净工资	4.5	4.3	1.7	- 0.1	0.2	0.9
社会保障补助金	8.2	7.1	4.9	4.0	2.4	3.8

　　注：本表以法国法郎可比价格计算。

　　资料来源：《1994 年法国国家核算报告》。

2. 就业人口比重下降、失业率上升

　　社会保障实际上也是社会就业者与社会待业、失业者之间的一种转移支付手段。社会保障金的主要收入来源，是根据毛工资强制性提取的社会分摊金，因而就业的人数和比重对于社会保障收入就具有重要的意义。随着生育率的降低和家庭平均抚养系数的提高，就业人口的比重有所下降。80 年代以后，激烈的市场竞争，使传统的劳动密集行业进一步萎缩，新型技术的采用和劳动力成本的提高使就业职位减少，失业率快速上升，居高不下。1970—1974 年，法国的失业率一般在 3%—4%，而 1986 年至今，失业率一直在 10% 左右。失业率的上升，特别是长期失业者比例的增多，加剧了西方发达国家社会保障体制的财政危机。

3. 医疗保障和养老保障支出迅速增加

随着生产水平的提高、人均预期寿命的延长以及养老保障金的增加，医疗保障和养老保障支出的增长已变得越来越难以控制。由于现代社会中人们对生活保健要求的提高，医疗保健已从疾病治疗演变成一种日常消费，而药品价格的迅速提升更使医院像是药品商店。老龄化社会的到来使老龄人口比重不断增加，法国目前领取养老金的人员已有900万人，而且每年新增70万人。现在的就业者要比以前负担更多的退休者，退休者比就业者生活得更好已是司空见惯的了，社会保障寅吃卯粮的状况使现在的青年人为生活前景而忧心忡忡。

正是在这种状况和背景下，法国右翼政党执政的朱佩政府开始着手进行社会保障体制的改革。正如法国计划总署给法国总理的一份报告中指出的，如果不进行社会保障体制的结构改革，这一体制在中期内将有无法维持下去的危险，改革的基本目标是使社会保障支出的增长不超过甚至低于国内生产总值的增长①。1995年11月15日，朱佩政府向法国国民议会提出了社会保障体制改革方案，这项改革方案的主旨是扩大社会保障的收入，控制社会保障支出的膨胀，主要内容包括：（1）将目前社会保障分摊金缴纳的工资比例制改为收入比例制，把工资以外的股票、利息、房地产收入、部分资本收益以及保险福利收入都纳入缴纳社会分摊金的计算基数。（2）新开征社会保障债务分摊金，所有的社会成员按总收入的0.5%缴纳，预计每年可征收250亿法郎，连续征收13年，专门用于偿还社会保障基金的债务；同时作为一项临时措施，在药品生产经营行业增缴25亿法郎的医疗保障分摊金，用于偿还医疗保障基金的债务。（3）将近几年为弥补社会保障基金不足而新征收的社会保障普遍分摊金，作为一种长期的强制性缴纳金从法律上固定下来，缴纳比率仍为工资收入的2.4%。（4）统一退休养老制度，取消公务员以及交通运输、电力煤气、邮政通信等国家机关和垄断部门人员的退休优惠条件，逐步延长工作年限，养老金领取者要增加医疗保障分摊金的缴纳比例。（5）家庭保障和福利补助短期

---

① 法国计划总署：《2000年的法国》，给法国总理的报告，Odile Jacob 出版社1994年版，第118—122页。

内不再随家庭人口的增加而提高，失业保障金领取者也要从失业金中支付一定的医疗保障分摊金[①]。此项广泛触及现有社会保障利益格局的改革方案一公布，立刻导致在本文开头提到的法国全国性大规模罢工和示威游行，在全社会造成轩然大波，并进一步加剧了社会保障领域近若干年来已经酝酿的在理论上和意识形态上的危机。

三　福利体制在理论和意识形态上面临的挑战

法国社会保障的财政危机以及由此引发的问题说明，西方的福利体制已陷入一种难以解脱的怪圈：经济增长与社会保障支出增长的剪刀差使现在的福利体制面临严重的财政危机，但由于福利水平易上难下的利益刚性特征，历届政府都不愿冒丧失选民的危险，因而不得不转而采取扩大征收社会保障税的办法，但这样一来必然给经济造成更大的负担，而经济的不景气则会进一步加剧福利体制的危机。对于这种情况，有些西方学者认为这意味着一种深刻的福利体制的危机，还有的认为这只是意味着社会结构的深刻变化，但不管怎样，一致的看法是现实的挑战要求理论和制度上的创新，而这需要对社会公正、社会契约、平等与效率、理想社会模式等观念的重新考察。

按照经典的经济学观点，社会保障机制是一种不同于市场机制的旨在消除不平等的再分配机制，而市场机制是一种最有经济效率的但会产生不平等的机制，追求社会平等目标的政府要建立转移支付的再分配体系，消除或减弱市场竞争的不利社会后果，不过任何转移支付都会产生经济的无效率。当然，这里所说的不平等是根据大多数经济学家所认同的洛伦兹的定义，即指可以测量的分配结果的不平等，当一种分配体制通过转移的过程使收入和财富从最富有的阶层向最贫穷阶层流动时，它就是较其他体制更为平等的；而这里所说的效率概念，也是经济学界几乎一直认同的帕累

---

① 参见法国 1995 年 11 月 16 日《世界报》和《费加罗报》。另请参阅国家劳动部社会保障事业管理局代表团赴法国考察后的专题文章，孟昭喜：《法国大罢工与社会保险改革》，《中国社会保险》1996 年第 2 期，第 34—36 页。

托的效率概念，它不是生产的最大化，也不是国民生产总值的增长率，而是资源（包括人力资源）的使用和配置效率，即在不损害至少一人的利益就无法改善其他人的利益时，这种情况就是有效率的，换句话说，如果还有可能进行资源配置的变化从而使所有的人都受益时，这种情况就是无效率的。但在现实中，更经常发生的情况是，一些人的获益要以另一些人的利益受损为代价。

为了解释和说明现实中存在的问题，以便为市场经济体制寻找一种具有合理性的道德基础，很多学者一直在试图解决平等与效率的矛盾。首先是部分哲学家提出了公平（justice）与平等（equality）的区别，认为社会的价值目标是社会公平而不是绝对的社会平等，社会公平是指一种权利，强调的是机会的平等，这是一种"前置的"社会公正，而社会平等是指一种待遇，强调的是结果的平等，这是一种"后置的"社会公正。前者是承认天赋差别和资源有限的社会公平，是与效率原则相容的。然而，另一些学者认为，对社会公平的看法属于价值判断领域，不同的公平观会导致不同的资源配置结果：如所有的孩子都享受免费教育是一种公平，只有困难家庭的孩子才享受免费教育是另一种公平；重点学校根据高分录取是一种公平，取消重点学校又是另一种公平。

美国哈佛大学的教授罗尔斯（Rawls）为了协调和统一社会体系与经济体系的运行规则，提出了著名的两个基本公平原则，第一个是"最大的平等自由"原则，这是指权利和机会的平等，即"那些有相同水平的天赋和能力，并有相同的运用这些天赋和能力的愿望的人，不管他们在社会制度中的初始地位如何，即不管他们出身于哪个收入等级，都应该有相同的成功背景"；第二个是"基本物品分配差别"原则，这是说机会的平等并不等于分配结果的平等，具有不同天赋和能力的人，在市场体系中获得的基本物品分配是有差别的，但这是符合平等原则的。罗尔斯关于公平的第二原则尤其受到经济学家的关注和重视，因为经济学家经常受到"没有社会良心"的谴责，这次他们从第二原则中找到真正的辩护词，第二原则从此也被称之为"罗尔斯标准"。法国当代著名哲学家里科（P. Ricoeur）认为，罗尔斯只不过是继承了古希腊的哲学传统，亚里士多德在他的《伦理学》中就区分了事物平等和比例平等，比例平等是一种关系平等，如多劳多得，也就是罗尔斯所说的公平的差别原则，但罗尔斯把"市场平等"纳入社会公平的范畴，这使很多人担心会以"差别原则"的旗号使实质性的不平等合理化①。

实际上，罗尔斯继承的仍是从康德到哈贝马斯（J. Habermas）的普遍主义和形式主义理论传统，追求能够超越具体经验的和普遍适用的正义法则，就像在经济领域建立市场化的契约一样，他试图在社会领域建立公平的统一标准。罗尔斯的公正标准受到另一位研究公平理论的哲学家瓦尔则（M. Walzer）的激烈抨击，瓦尔则尖锐地批评了罗尔斯理论构造的抽象色彩，认为它只具有启发性意义，但绝没有普遍价值。瓦尔则指出，人类最重要的共同特点就是特殊主义，公正在现实的不同领域中有不同的维度，社会中不同的共同生活形式（如市场、学校、教会、家庭），都具有不同的公正标准，不能以一个领域的公正的名义去谴责或取代另一个领域的公正，市场的不平等与男女不平等或收入不平等的原则是不同的，不能以市场的公平标准去管理整个社会，要使那些弱小的生活组织形式也有充分表达自己利益的权利和机会。

法国的社会学家波尔坦斯基（L. Boltanski）和经济学家特纳诺（L. Thevenot）将关于公平理论的讨论推进到一个新的阶段。他们认为，过去关于社会公正的理论始终围绕着如何建立社会契约的问题，这实际上是在两种趋向之间寻找一条出路：一种是共同体趋向，是强调在共同的社会生活中遵守共同的历史所形成的共同的价值标准，另一种是自由趋向，是强调个人对社会公正的独立自主的追求和选择，因此，要建立普遍的社会契约，以便消除这两种趋向所形成的社会冲突。他们宣布，必须与这种传统的公正观念分道扬镳，因为在复杂的社会中，实际上不同的社会行动系统存在不同的价值认同和价值追求，如经济领域是利润，宗教领域是信仰，家庭领域是情感，社会舆论领域是声望，公民社会领域是普遍利益，艺术领域是灵感和创造力，等等；所谓正义、公平，就是不排斥任何一种价值，不是以一种价值压倒其他的价值，而是不同领域之间进行交往和沟

---

①　P. Ricoeur：《公正原则的统一性和多样性》，载 J. Affichard 等《社会公正和不平等》，法国 Esprit 出版社 1992 年版，第 177—180 页。

通的结果，是在各种不同的价值之间寻求整合和协调，寻求从一种行动系统的价值标准过渡到另一种行动系统的价值标准的有效途径。

波尔坦斯基和特纳诺想通过社会学家与经济学家的协作，从目前普遍主义与特殊主义关于公平问题的争论所陷入的僵局中解脱出来，以便回答福利国家的财政危机所提出的理论问题。但他们的理论一经提出，就立刻受到来自两方面的批评：普遍主义理论家批评他们放弃了理论的彻底性和责任感，是一种新相对主义；特殊主义的理论家则认为这不过是一种改头换面的新契约论，因为不同领域的利益实际上是由不同的社会群体代表的，而所谓社会交往和沟通的结果，实际上仍然是要通过压制弱小群体的权利来建立一项普遍的社会契约。

西方福利体制的财政危机使这一体制不仅在理论上而且在意识形态上受到新的挑战。福利国家体制的建立，曾经在相当长一个时期内使绝大多数西方人认为，他们终于建立起一种在政治上符合民主和共和原则、在经济上与市场竞争体系相协调的社会体制，通过社会保障体制的转移支付，一方面减弱了市场竞争的不良后果，另一方面保证了市场体系的正常运转。

在经济增长较快的乐观时期，西方的经济学家们普遍认为，社会保障制度之所以有效，是因为它没有破坏市场体系，而且是以市场体系为基础的；市场分配是不均等的，因为对不同的劳动贡献和资本投入是给予不同的回报，但这符合市场的公正原则，根据这一原则，公平不是生活条件的绝对均等，而是在税务、生产和消费上的价格平等，就像法律上和政治上的权利平等。在这些经济学家看来，福利体制不过是社会的一个消费系统，它所建立和维护的公平不过是市场的公平原则在社会消费领域的延伸。

西方的许多社会学家和政治学家则认为，那种认为社会不平等会促进经济效率的"经济学观念"是完全错误的，因为经济效率要求要素的合理流动和最佳配置，当要素处于一个合作系统中时，某些不平等可能会成为要素合理流动的障碍，而不是对更佳配置的激励。他们以大量的经验事实证明，经济效率并不仅仅出自个人对利益的理性选择，也来自社会行动者之间的合作和组织的凝聚力，社会不平等和社会排斥往往会成为经济无效率的重要动因。

然而在今天，当西方经济处于低增长、高消费、高失业率的情况时，讨论问题的角度和出发点都发生了很大变化。讨论的焦点已远远超出财政问题和公平与效率的问题，福利制度的财政危机已使意识形态上发生动荡，很多学者甚至直截了当地提出疑问：这种福利体制是否是西方民主所追求的理想体制？它是实现了还是背离了选择这一体制时的初始目标？目前这种福利体制是否还能继续下去，还能维持多久？一种意见认为，发生危机的不是福利体制，而是西方的经济体制，相反，社会保障制度为维护社会公正和社会稳定起到了关键性作用；如果没有这一制度，失业率达到5%社会就难以承受了，今天西方失业率已达到10%以上，社会之所以还能稳定运行，恰恰是社会保障制度的作用；社会保障制度是一百多年来社会进步的成果，是西方民主体制的基石。另一种意见认为，目前的福利体制已经背离了它建立时的初衷，不仅没有起到消除社会不平等的作用，而且形成养懒机制，破坏了经济效率，并使经济背上沉重负担，其开支的增长远远超过经济的增长，因此必须改革福利体制，缩小社会保障范围，控制福利水平的增长，取消某些福利项目，同时降低企业税负，以便启动经济。还有一种意见认为，西方面临的不是体制危机，而是深刻的社会变动，即从工业社会向后工业社会的转变，增长的要素改变了，产业结构不同了，因此要适应这种变动，制定新的产业政策和福利政策，特别是要把医疗、教育、社会保险、再就业培训等与福利制度有关的部门作为新型的产业纳入产业发展计划，从而使社会保障成为产业发展的一部分，而不再是经济的负担。

四　对中国社会保障体制改革的若干启示

法国的情况所兆示的西方福利体制面临的财政危机，以及西方学者们对此所展示的讨论，对于正在进行社会保障体制改革的中国来说，有许多可以借鉴的经验和教训。至少，可以给我们一些重要的启示。

（一）社会保障水平必须与经济发展水平相适应

中国在一个较长时期是一个低收入的发展中国家，从某种道德理想出发一味地强调扩大保障覆盖面和提高保障水准，是非常不现实的。在提供新的福利项目时一定要注意起点要低，因为福利水平具有刚性增长的法则，往往是只能升不能降。在目前我国经济高增长时期，社会保险福利费用的增长已远远超过经济的增长，随着经济总量基数的增大，经济增长的速度会有所下降，所以从现在起就要严格控制福利费用的增长，一定要做到量入为出，而不要寅吃卯粮，给将来造成困境。

（二）社会保障的基本制度要有统一性

社会保障制度的基本目标和功能，就是通过转移支付，调整初次分配的收入不平等，它所赖以建立的基础，就是人们在同一社会保障体制下具有享受社会保障的同样权利，如果在行业、地区和部门之间各自为政，那就起不到社会转移支付的作用，反而会使再分配中的不平等制度化，从而背离建立社会保障制度的初衷，并为以后的改革制造障碍。这一原则也适用于社会保障税的征收，也就是说它是带有强制性的，对所有人和所有的企业都应实行统一的征收标准。

（三）社会保障费用要财政独立、严格监督

社会保障费用的征收、管理和支出都要做到财政独立、专款专用，不能政出多门，随意挪用。要建立多方面的严格监督机制，防止将保障费用挪用于基础建设、生产投资、行政开支等。要特别防止社会保障中的各种漏洞和舞弊行为，经验证明这是很容易发生的。

（四）要配合体制转轨，变单位保障为社会保障

要通过对所有社会成员（至少在城市）的社会保障税的强制性征收，逐步把目前中国企业和单位承担的社会保障功能分离出来，交给统一的社会保障机构。目前城市社会保障费用主要由国有企业承担的做法，不但严重影响了企业效率，掩盖和模糊了企业的真实运营情况，而且也难以维持下去。

（五）要配合产业结构调整，拯救老工业基地

在产业结构调整的过程中，国家对"夕阳工业"集中的老工业基地实行大规模转产的救援计划和职工再就业的培训计划是通常的必要措施，如当年英国的曼彻斯特、法国的格林地区、德国的汉堡等，都是如此。中国在进行社会保障体制改革时，也应注意到配合传统的纺织、林业、军工、煤炭采掘业集中的地区进行产业结构调整。

（六）要使社会保障成为效率的激励机制

建立和完善社会保障制度必须与提高资源配置效率和工作效率结合起来，如果不干工作的人比干工作的人或出工不出力的人生活得更好，这样的保障体制就是失败的。目前中国国有部门的保障体制仍然有"养懒"的弊病，克服这一弊病的关键是在建立普遍的失业保障制度的同时，在国有部门建立严格的过失辞退制度和解聘制度以及劳聘争议的仲裁制度。

（七）社会保障改革要注意社会稳定

社会保障制度的改革触及千家万户和方方面面的利益调整，而且这种调整会触及现有利益格局的刚性部分，因此必须谨慎和稳妥。国际经验也表明，社会保障和税负方面的体制变动往往最容易引起社会的动荡。如果社会的基本群体形成一种普遍的感觉，他们在改革中不是获得利益或保持利益而丧失利益，那么这样的改革是很难进行下去的。

参考文献

1. Affichard J. , De Foucauld J-B. （sous la direction de），*Justice Social et In galit*，Paris：Esprit，1992.

2. Bertrand D. ，*La Protection Sociale*，Paris：PUF，1987.

3. Bichot J. ，*Economie de la Protection Sociale*，Paris：A. Colin，1992.

4. Boltanski L. ，Thvenot L. ，*De la Justification：Les Economies des Grandeurs*，Paris：Gallimard，1991.

5. Castel R. ，*Métamorphose de la Question Sociale*，Paris：Fayard，1995.

6. Dumont J - P. ，*La Securité Sociale en Chantier*，Paris：Ourières，1981.

7. Ewald F. , *L. Etat – providence*, Paris: Grasset, 1986.

8. Kaus M. , *The End of Equality*, New York: Basic Books, 1992.

9. Nash, Pugach and Tomason (ed.), *Social Security : The First Half – Century*, New Mexico: The University of New Mexico Press, 1988.

10. Connor J. , *The Fiscal Crisis of The State*, New York: Basic Books, 1973.

11. Phelps E. S. , *Structural Slumps : The Modern Equilibrium Theory of Unemployment , Interest and Assets*, Cambridge (Mass.): Havard University Press, 1994.

12. Philipps K. , *Boiling Point: Republicans, Democrats and The Decline of Middleclass Prosperity*, New York: Random House, 1993.

13. Rawls J. , *A Theory of Justice*, Cambridge (Mass.) : Harvard University Press, 1971.

14. Rosanvallon P. , *La Crise de l' Etat – providence*, Paris: Seuil, 1981.

——*La Nouvelle Question Sociale*, Paris: Seuil. 1995.

15. Solow R. M. , *The Labor Market as a Social Institution*, Cambridge: Basic Blackwell, 1990.

16. Touraine, Dubet, Lapeyronnie, Khosrokhavar, Wieviorka, *Le Grand Refus: Réflexions sur la grève de Décembre* 1995, Paris: Fayard, 1996.

17. Walzer M. , " Socializing the Walfare State. " in Gutmann A. (ed.), Democracy and the Walfare State. Princeton: Princeton University Press. 1988.

（原载《社会学研究》1997 年第 2 期）

让农民的住宅进入市场

扩大内需，保证经济社会在未来一二十年仍然能够稳定快速协调发展，是当前转变发展方式的一项重要内容。改革开放 30 多年来的一条重要经验，就是经济社会的发展始终与满足人民群众日益增长的物质文化需求密切联系。改革开放以来，我国已经历了三次消费大增长的阶段。20 世纪 80 年代的消费快速增长是与满足群众的温饱需求密切相连的，在那个阶段农业生产、食品加工和纺织服装业实现了大发展；90 年代是耐用消费品普及的阶段，电视、冰箱、洗衣机、空调、音像、照相机、录音机、抽油烟机等一大批家用电器进入千家万户，也带动了相关产业的发展；进入新世纪以后，我国进入以汽车和住房等大额消费品普及为龙头，以教育、医疗、旅游、信息新兴消费领域相配合的大众消费阶段，房地产业和汽车业成为新的支柱产业。

但与此同时，经济的发展却越来越显示出过多地依赖于投资和出口。1985—2008 年，我国居民消费率从 52% 下降到 35.4%；1990—2008 年，我国居民平均消费倾向从 85% 下降到 72.7%；1991—2008 年，我国社会消费品零售总额与居民储蓄存款的比例呈现逐步下降的趋势，由 1991 年的 1.02 下降到 2008 年的 0.50。

然而，内需不足应当表现为消费价格低落，但住房价格却与内需不足的事实相反而行，一路高涨。本来住房状况的改善是近十几年来群众生活改善最为突出的一个方面，我国城镇居民人均居住面积从 1998 年的 9 平方米增加到 2008 年的 28 平方米，没有哪个国家居住状况在十年中获得如此之大的变化。但恰恰是住房这个群众生活改善最大的方面，却变成当前群众最不满意的一个社会问题。群众的不满来自城市房价的过快增长，超越了一般群众的消费能力。

为什么住房价格会飞涨呢？短期看是因为某些投机炒房行为，长期看还是因为住房短缺的预期。住房不同于一般的消费商品，它既是消费，也是投资。一般消费品的价格规律是，一旦出现短缺，就会吸引大量投资参与生产竞争，而竞争的加剧会使平均价格降低。所以，群众买服装、电视、汽车等消费品的心理预期是，明年价格会更低、质量和样式会更好。但住房不一样，群众的消费心理是，价格以后会越来越高，越等就越买不起。对于投资者来说，住房是比股票、债券更加安全、回报率更高的投资，而对于投机家来说，住房是高收益、低风险的投机品。

群众对于住房价格不断攀升的心理预期并不是没有道理的。住房不同于一般消费品，因为我国土地稀缺而不能像其他消费品那样实现无限供给，特别是为了国家粮食安全要保住18亿亩耕地的红线，更使群众产生土地和住房价格在未来将轮番上升的心理预期，而且这种预期还不断被验证和强化。

今年（2010年）"两会"期间，房价是代表们议论的一个主题，政府也释放出稳定房价的信号，但两会后重点城市房价却普遍上涨，个别城市房价甚至出现飙升，让群众非常失望，多数经济预测机构也作出房市泡沫快速形成的判断。在此背景下，2010年4月14日召开的国务院常务会议明确表示，要坚决遏制住房价格过快上涨，并提出新一轮房地产调控的目标和政策措施。4月17日，国务院出台《关于坚决遏制部分城市房价过快上涨的通知》，要求各地严格限制各种名目的炒房和投机性购房，这些房地产调控政策被舆论界称为"乱市用重典"的新"国十条"组合拳，房市价格也应声回落。

但问题是，住房价格是一柄双刃剑，其飞涨和大落，都会严重地损害经济。如果房市价格真的回落过大，将会严重影响经济增长，影响地方政府财政收入和可支配资金，银行也会出现大量不良债务。在各种维持高房价利益群体的博弈中，最终住房价格宏观调控的政策效应很可能还是短期的。所以，从长远考虑，稳定和平抑房价还是要根据一般消费品价格规律，从扩大供给来考虑。

有什么办法来扩大住房供给呢？如果从顺应大众消费阶段的到来，扩大内需，平抑和稳定房价，增加居民财产性收入，保住耕地红线，推进城乡一体化进程等多种政策要求来看，让农民的住宅进入市场是一箭多雕的办法。

一　让农民的住宅进入市场有利于稳定和平抑房价

如果允许农民在自己的宅基地上建设楼房，允许农民以包括住房抵押贷款在内的各种方式融资建设住房，允许农民出租和出售住房，那么将极大地增加全国的住房供给量，对长期稳定和平抑房价会起到关键性的作用。我国城郊农民的大部分住房特别是北方城郊的农民住房，还非常扁平化，通过改建增加住房面积的潜力非常大。让农民的住宅进入市场可以向群众提供住房建设无限供给的前景，从根本上改变群众对于住房价格的心理预期，从而有效地稳定和平抑房价，防止房价的大起大落。

二　让农民的住宅进入市场有利于扩大内需

群众的住房需求，是当前最大的消费需求，住房作为大额消费，对经济的拉动力量是其他消费产品无法比拟的。让农民的住宅进入市场，可以产生向中低收入群体大量供给住房的态势，从而拉大住房的价位差异，市中心的房子和豪华住宅的价格会因为控制产生的短缺而价格继续攀升，但一般群众也有买得起的郊区一般住房，租得起的城市一般住房，从而扩大住房消费。这是城市化和郊区化都有过的过程。

三　让农民的住宅进入市场有利于增加农民财产性收入

我国城市住房制度的改革，使城市的大部分住房进入市场，不仅大大改善了城市居民的住房状况，而且推动了房地产业的快速发展。现在农村居民的住房，是在农民的宅基地上建设的住房，但直到现在，农民的住房并没有完整产权，既不能抵押，也不能出售。如果说城市住房已经成为城市居民的最主要财产，那么农民实际上没有大额财产，也谈不上财产性收入。实际上，在一些发达的地方，城市1小时交通圈中很多村落的农民的楼房，因为农民进城而有三分之一闲置，这是一个很大的浪费，也造成经济效益的损失。深圳、广州等一些快速发展的城市，形成了很多城中村，城中村的农民把自己的住房改成七八层甚至二十多层，农民因为出租房屋而快速富裕起来。随着我国城市化进程的推进，城市 1 小时交通圈和 2 小时交通圈将覆盖城郊大部分农民住房。城市居民购买或租用城郊农民住房，也会带动农村的发展和繁荣，增加农民的收入。

四 让农民的住宅进入市场有利于保住 18 亿亩耕地红线

在我国较发达地区，集中居住已经成为新农村建设的一项重要内容。集中居住，将有效地节约土地，有利于农村的基础设施建设，形成各具特色的"农家庄园"，极大地改善农民居住环境。让农民的住宅进入市场，可以创新、拓宽农民增收渠道，在大量增加农村住宅居住面积的同时，不影响对耕地红线的保护，并通过使农民获得财产性收入的途径降低农民集中居住的成本，防止"上楼致贫"的不良后果。

五 让农民的住宅进入市场有利于推进城乡一体化进程

我国已进入破除城乡二元结构、推进城乡一体化发展的新阶段。这涉及就业、教育、医疗、养老、住房等诸多方面的制度改革。近几年来，建立覆盖城乡社会保障体制在推进城乡一体化发展方面发挥了重要作用，特别是农村新型合作医疗制度的推进速度远超过预期。现在，改革农村住房制度，成为推进城乡一体化进程的关键一步。要让农民和市民一样，获得自己住房的完整产权，使农民获得更多的收入，使市民获得合理价格的住房，这样才能缩小城乡差距，更好地促进城乡人口的双向流动，增加城市经济的辐射效应，让城市郊区农民普遍富裕起来，并形成从城市到农村波浪式发展的前景。

（原载《中国经贸导刊》2010 年第 13 期）

乡村发展研究

巨变：村落的终结

——都市里的村庄研究

　　10 年前，我曾翻译了法国著名农村社会学家孟德拉斯（Henri Mendras）的一本经典著作《农民的终结》，这个话题，对于当时中国这样一个农业大国来说，似乎还非常遥远。孟德拉斯在书中指出，"20 亿农民站在工业文明的入口处，这就是在 20 世纪下半叶当今世界向社会科学提出的主要问题"，因为在此之前的上个世纪，"较之工业的高速增长，农业的缓慢发展可以给人一种安全稳定、千年平衡的印象，与工业的狂热相对照，农民的明哲适度似乎是永恒的：城市和工业吸引着所有的能量，但乡村始终哺育着恬静美满、安全永恒的田园牧歌式幻梦"，而工业化和城市化的铁律打破了原有的平衡，震撼和改变了整个社会结构①。对于整个中国来说，这种"巨变"可能要延续很长时间，但由于中国地区发展的不平衡性，在一些较发达的地区，这种"巨变"已经在加速地进行。人们原来以为，村落的终结与农民的终结是同一个过程，就是非农化、工业化或户籍制度的变更过程，但在现实中，村落作为一种生活制度和社会关系网络，其终结过程要比作为职业身份的农民更加延迟和艰难，城市化并非仅仅是工业化的伴随曲，它展现出自身不同于工业化的发展轨迹。

一　问题的提出和方法、假设的交代

　　"城中村"在整个珠江三角洲地区，是一个非常普遍的现象和非常热

---

　　①　孟德拉斯（H. Mendras）：《农民的终结》，李培林译，中国社会科学出版社 1991 年版，第 1—6 页。

门的话题，围绕着"城中村"，街谈巷议中也有各种各样的故事。近20年来，珠江三角洲的工业和城市以令人目眩的速度扩张，这种高速扩张似乎是引发产生"城中村"这种独特事物的直接原因。但问题并非如此简单，因为在其他国家的城市化过程中，这种"城中村"现象还几乎从来未出现过。所以，"城中村"现象的产生，一定与中国的一个比较独特的因素相关联，这就很容易使人们联想到中国已经实行了几十年的城乡分割的户籍制度。但这种户籍制度是所有的中国村落共有的，所以还应当有另外的特殊机制在起作用。而这种机制究竟是什么，则成为激发我们研究热情的一个"悬念"。

在调查之前，我们原来设想，所谓"城中村"，就是在很多城市的城乡结合部出现的、已经转为以从事工商业为主的村落，是城市地域扩张的一种自然延伸，大概就类似于北京的"浙江村"、"韩村河"那种村落，无非是生活和工作都很城市化了，但房子矮一点、商业气氛淡一点而已。然而，当我们到作为华南经济、政治、文化中心的广州市"城中村"进行实地调查时，尽管事先已阅读了一些相关的资料，还是感到一种心灵的巨大震撼并惊讶地失语。因为现实呈现给我们的"城中村"，与我们心目中原来的想象，实在有太大的距离：就在繁闹的市中心区域，就在鳞次栉比的高楼大厦之中，每个"城中村"就像在方圆几公里人为制造的一个整体的高达20多米的"水泥巨物"。震撼还不仅仅来源于此：这个"水泥巨物"并不是由某个公司或某个经济集体建造的，其基本的住宅楼是一家一户的个体盖起来的，但在土地和房租收益的刺激下，建筑已完全失去个体差异的美学意义，经济的铁律也碾碎了中国传统村落和谐人居空间的"文化意义"①。在连接着的非常雷同的七八层高的建筑物中间，是由原来的宅基地间隔确定的宽约1.5—2米的街道，可是在第2层楼以上，为了最大化地扩展住宅建筑面积，街道两旁的楼都伸展出来，几乎把露天的地方塞满，形成当地人戏称的"贴面楼"、"亲吻楼"和"一线天"。村落中的大部分住宅，白天屋里也要靠电灯照明，村里的街道也形同"地道"。但就是在这样的环境中，村里的人气和商业气氛却很旺，狭窄幽暗的街道两

---

① 刘沛林：《古村落：和谐的人居空间》，上海三联书店1998年版。

旁，排满各种商店、杂货店和服务网点，在村里居住的人除了村民之外，还有几万租房而居的外来打工者。

都市里的这种"城中村"，既像是古老历史的遗物，又像是快速城市化过程中新生的活体。发生在"城中村"里的种种故事，也遭到一些媒体和学者的简单非议。一位学者写到，"城中村"的"规划、建设、管理极其混乱，外来人口膨胀，内面的出租屋成为黄赌毒的温床，'超生游击队'的藏身之穴……这些和现代城市的生态、整洁与舒适是大相径庭的"①。还有一位记者评述到，这些"洗脚上田"的农民，"他们不用劳作，有村社的分红和出租屋的租金，足可以高枕无忧。……他们成为居住城市里的特殊群体——出入城市公共场合，却没有得体的打扮和相应的气质，对宗族观念、对求神拜佛的尊崇弥漫了整个村落。城市在进化，村庄在消失，'村'民在夹缝中裂变。老人在麻雀桌上消磨着他们的最后岁月，中年人在文化水平低下、被社会的先进产业淘汰的情况下，固守现状，任何一项有关'城中村'新政策的出台，都会令其对自己生存状况担忧"②。

2000 年 9 月 6 日，广州市召开"城镇建设管理工作会议"，确定在未来 5 年要加快城乡一体化进程，建立整体协调的大都市城镇体系。这其中的一项重要工作，就是要在 5 年之内基本完成中心城区内"城中村"的改制和改造，在城市规划区内全面推行农民公寓建设，基本没有土地不以务农为主要职业的农民，全部成建制转为城镇居民，实行城市化管理③。然而，与这种乐观的规划形成对照的，是广州市市长在接受记者采访时表现出的出人意料的审慎和冷静：他认为，"城中村"的改造"需要一个很长的时间，有的可能要花一两代人的时间，并不是三年、五年、十年可以改造好的"④。

从宏观上来看，城市化是转移农村剩余劳动力、提高农民收入水平、改造村落社会结构的必由之路。而且我们通常认为，这个城市化的过程是

---

① 马中柱："改造'城中村'是建设现代化城市的需要"，《广东精神文明通讯》2000 年第 87—88 期专刊。

② 记者评述："在城市的夹缝中裂变"，《南方都市报》2000 年 9 月 6 日。

③ 郑毅等："广州改造'城中村'目标确定"，《南方都市报》2000 年 9 月 6 日。

④ 市长专访："按照规划量力而行改造城中村"，《南方都市报》2000 年 9 月 6 日。

充满农民的欢庆、喜悦和梦幻的。然而，在这村落城市化的最后一环，在这村落的终结点上，为什么我们看到的却是一个千年村落文明裂变和新生的艰难？我们在本文提出和试图回答的问题是：在世界城市化的经历中，为什么"城中村"唯独在中国最发达的珠江三角洲出现？它是农民的一种理性的选择还是一种非理性的构造？"城中村"的顽强存续究竟是一种什么机制或功能在起作用？改造"城中村"究竟应当从哪里入手？

　　把村落终结过程作为研究对象，比较适用的社会学研究方法可能就是参与观察了，在对历时性的"过程"研究方面，一个时点上的共时性问卷调查显然有很大的局限性。尽管利用问卷调查数据进行生命历程的研究已经取得很大的突破，但数据反映"过程"还是欠缺"丰满"和"质感"。然而，对个案的参与观察研究，也容易囿于个案的特殊性而失去普遍的解释力。我们的目的也许过于宏大了一点，我们试图在研究中建立一种关于中国村落终结的具有普遍解释力的理想类型（Ideal Type）。在中国改革开放后村落城市化过程的链条上，社会学已经有众多不同类型的散点研究，如周大鸣对广东都市里的村庄"南景村"的研究，王春光、项飙、王汉生等对都市外来流动民工和农民小业主聚居地北京"浙江村"的研究，折晓叶对高度工业化的东南地区超级村庄"万丰村"的研究，陆学艺等人对北方地区初步工业化的"行仁庄"的研究，王铭铭对发达地区农业村闽南"美法村"、"塘东村"的研究，黄平等人对欠发达的民工流出地4省8村的研究，等等①。通过对村落城市化链条每一个发展环节理想类型的建立，我们就可以在理论上再造中国村落城市化的生动而又丰富的全过程。

　　本文的经验材料来自2001年10月对广州市9个"城中村"的调查，它们是石牌村、棠下村、瑶台村、三元里村、同德村、冼村、杨箕村、林和村和猎德村。我们在调查中访谈了部分政府管理者、村干部、村民和居

---

　　① 周大鸣："城乡结合部社区的研究：广州南景村50年的变迁"，《社会学研究》2001年第4期；王春光：《社会流动与社会重组：京城"浙江村"研究》，浙江人民出版社1995年版；项飙："社区何为：对北京流动人口聚居地的研究"，《社会学研究》1998年第6期；王汉生等："'浙江村'：中国农民进入城市的一种特殊方式"，《社会学研究》1997年第1期；折晓叶：《村庄的再造：一个超级村庄的社会变迁》，中国社会科学出版社1997年版；陆学艺主编：《内发的村庄：行仁庄》，社会科学文献出版社2001年版；黄平主编：《寻求生存：当代中国农村外出人口的社会学研究》，云南人民出版社1997年版。

住在"城中村"的外来打工者，形成了一个更加深入细致的访谈调查的结构性框架。据统计，广州市共有139条"城中村"，以"条"而不是以"个"为单位来计算"城中村"的数量，表现出"城中村"融入城区的特点。这139条"城中村"大体可以分为三种类型：一是处于繁华市区，已经完全没有农用地的村落；二是处于市区周边，还有少量农用地的村落；三是处于远郊，还有较多农用地的村落。我们调查研究的"城中村"，基本只限于第一种类型，因为它们最突出地呈现出村落终结的特点，这个类型的村落在广州市139条"城中村"中约占1/3，本文中"城中村"概念的使用，也特指这一种类型的村落。

二 "城中村"的产生：土地和房屋租金收益的刺激

要想了解"城中村"产生和存在的原因，一般来说应当从"城中村"本身作为城乡二元混合体的典型特征入手。如果说在市场经济和再分配经济之间存在着"混合经济"的话，那么"城中村"就是在城市和村落之间存在的"混合社区"。"城中村"的生活方式已经完全城市化了，"村民"们也都居住在市区，甚至是中心市区，他们已经完全不再从事或基本上不再从事属于农业范围的职业，甚至他们的户籍也已经全部或绝大部分转为城市户口，那么根据什么还称他们为"村落"和"村民"呢？难道以上这些方面还不是我们平常区别"村民"和"市民"最通行的标准吗？即便是"农民工"的称谓也不是仅仅因为他们的户籍是"农民"吗？

"城中村"的村落特征也许显示出我们容易忽视的一些更深层的城乡差异的体制因素，这些因素可以概括为以下三个方面：一是土地制度的差异，根据法律，城市所有土地的产权归国家所有，而村落土地的产权归村落集体所有，在城市化的过程中，国家可以征用作为农民生产资料的农用地，但难以征用作为农民生活资料的宅基地，所以"城中村"嵌入市区的住宅用地和部分村集体房产用地至今还是归村集体所有，我们在随后的分析中会看到这种差异的重要性和巨大影响；二是社会管理制度的差异，根据法律，城市社区由作为基层政府派出机构的"街道委员会"管理，管理的一切费用由政府财政承担，而村落社区则由作为村民自治组织的"村民委员会"管理,管理的一切费用由村集体承担,这是形成我们在后面要分析的"村落单位制"的一个根本的因素;三是与土地制度和管理制度相联系的"村籍"制度,我们容易认为,城市化的主要阻碍是一个户籍制度问题,农民身份的转变就是从农村户籍转为城市户籍,但"城中村"的"村民"已经由于耕地的征用而几乎全部转为城市户籍,但他们仍然保留着"村籍",对他们来说,"村籍"比"户籍"重要得多,正是因为具有"村籍",他们同时也是强大的村集体经济的股东,并因此与外来的村宅租客和一般市民在经济地位上有极大的差别,从这一点上来说,他们宁可为"村民"而不愿为"市民"。

问题在于,就宏观正式制度来讲,全国都是一样的,为什么唯独在珠江三角洲这样的地区出现如此密集的、把土地使用价值最大化利用的村落建筑群体?农民难道没有意识到,这种违反城市人居空间规则的异化的建筑"怪物",从它诞生之日起就意味着"短暂的生命"和"最终的毁灭"吗?即便是从经济收益的角度看,农民为什么不能把住宅盖得更"优雅"一些,同时也把租金提高,就像房地产商开发的住宅区那样?是农民缺乏房地产商的资本实力和开发眼光吗?对此问题,很多学者是从制度变迁的角度进行分析,认为这是发达地区超高速的城市化扩张与严重滞后的村落制度变迁之间形成的巨大落差所造成的,这种落差形成城市化的社会理性与农民个体非理性行动之间的矛盾和冲突,而"城中村"就是这种矛盾和冲突的"异化物"。我们在本文中则更倾向于从一个相反的个体理性选择的角度来分析"城中村"的产生原因,因为这样更能够从逻辑上推导出改造"城中村"的真正难点。

从个体理性选择的角度看,"城中村"这种特殊的建筑群体和村落体制的形成,是农民在土地和房屋租金快速增值的情况下,追求土地和房屋租金收益最大化的结果。但是,农民是否具有或能够具有追求收益最大化的经济理性,这本身就是学术界长期争议的一个问题。社会学和人类学中大部分注重"小传统"、"地方性知识"的实体主义学者,都认为小农是缺乏现代经济理性的,并往往陷入非理性的"深层游戏",即使不能武断地认为他们是非理性的,小农具有的所谓"理性"也是一种不同于"功利主义"的"另类理性",对于生活较为富裕的农民来说,这是因为农民在缺乏资本积累和增值的外部刺激情况下保持的"安逸自足"和"明哲适度"的生活态度，而对于生活艰难的农民来说，则是出于规避生活风险的"生存理性"[1]。与这种小农"另类理性"的解释相反，很多经济学家和一些历史学家论证了"经济理性"解释小农经济行为的"普适性"，认为农民的潜质其实与土地投资者没有什么差异，一旦有来自外部的新的经济刺激，农民一样可以走出支配他们的"生存逻辑"，作出追求利益最大化的选择[2]。其实，从过程分析的角度看，这两种观点并不存在根本的理论冲突和差异，冲突和差异只在于我们是否能够假设会发生使农民从"生存理性"过渡到"经济理性"的"巨变"。而对于濒临"村落终结"的"城中村"的"村民"来说，这种"巨变"是真实地发生了。

我们在调查中了解到，村民每户的宅基地面积在70多平方米，用市亩制计算，也就是一分多地。农民创造的"一分地奇迹"，是最大化地利用了土地价值，把楼盖到6—8层，使拥有的住宅建筑面积增加到400—600平方米，而且建筑从2层以上探出，完全挤占了公用街道的"空域"，尽管并没有占用公用街道的"领土"。"村民"们一般是自己居住一层，而把底层的铺面和其他住房全部出租。铺面的租金要视商业位置而定，差异较大，而住房的租金一般在每平方米每月10—15元，这在市中心的地理位置是非常便宜的价格。每层楼一般有两个单元房，但由于租客很多是外地单身来打工的，所以一个单元也可能是几个租客合住。"城中村"里一个有趣的现象是，一个单元的租金并不是固定的，比如一个单元如果一家人居住，租金是每月600元，但如果是4个单身合住，就是每月800元，每人分摊200元，5个人合住每月就是900元，每人分摊180元，6个人合住就是每月1000元，每人分摊160多元。但是这种逻辑并不会一直持续下去，因为"村民"们已有了住房折旧的概念和规避"拥挤"风险

① Geertz, C. (1973) *The Interpretation of Cultures*, New York: Basic Books; Chayanov, A. V. ([1925] 1986) *The Theory of Peasant Economy*, Madison: University of Wisconsin Press; Scott, J. C. (1976) *The Moral Economy of the Peasant: Rebellion and Subsistence in the South-east Asia*, New Haven, Conn.: Yale University Press.

② Schultz, T. W. (1964) *Transforming Traditional Agriculture*, New Haven, conn.: Yale University Press; Popkin, S. (1979) *The Rational Peasant: The Political Economy of Rural Society in Vietnam*, Berkeley: University of California Press; 黄宗智：《长江三角洲小农家庭与乡村发展》，中华书局2000年版。

的意识，他们有一个约定成俗的符合效用最大化的房客与居住面积匹配的比例。

"城中村"的这个"故事"，使我想起张五常应用于亚洲的著名的"佃农理论"。以前，西方学者一般都认为，耕地的固定租金制比收入分成制更有利于产出的最大化，因为固定的租金比随产出增加而增加的租金对佃农的劳动和资金投入具有更大的刺激力。张五常则根据理论逻辑和经验数据证明，在竞争和由于人多地少而造成的劳动力充分供给这种特殊的约束条件下，耕地的一定的收入分成制也是最有利于产出最大化的合约安排。他的论证逻辑是一个简单的假设"故事"：假如一个佃主有一大块耕地，他租给一个佃农，获得的收入分成率会较高，因为规模经营的效益可以使佃农不另谋高就。但佃主并不满足于此，于是他把土地分租给两户佃农，虽然他的分成率会下降，但由于耕作规模变小后单位面积的投入增加，总产出的增加会使佃主的总收入也增加。但是，如果佃主不断地把耕地切开分租，这种分成率下降而总收入提高的逻辑不会一直持续下去，到某一点佃主再切下去，佃主的总收入就会下降。也就是说耕地分租的曲线上，只有一个点是符合收益最大化而又与竞争均衡没有冲突的。亚洲某些地区土地改革确定的佃主的分成率不能超过耕地收入的37.5%，就是接近这个点的一种分成率，这说明依靠政府管制实行的土地改革的成功，实际上也是一种竞争合约的成功①。

"城中村"的"房租故事"与张五常的"地租故事"很相似。实际上，城市土地的收益率，存在着一个自由竞争的均衡价格，在某种制度约束和管制的条件下，会出现收益率降低和"租金消失"的现象，但"租金"不会真正的消失，它会以别的形式得到补偿或以政府成本的形式表现出来。"城中村"的住宅建筑不是没有制度约束的，政府规定村民的住宅最高可以盖到3层半，否则就要罚款，但村民们都违规盖到6—8层，因为租金增加的收益足以超过罚款付出的成本。在市区地价高涨的情况下，一般分布状态的6—8层的住宅还不足以达到土地收益的均衡价格，而6—8层似乎是政府可以容忍"村民"违规建筑的最高极限，在此情况下，

---

① 张五常：《佃农理论：应用于亚洲的农业和台湾的土地改革》，商务印书馆2000年版。

"村民"为了补偿自己的土地收益低于竞争均衡价格的差价，就只有最大化地利用可支配的面积和空间，这就是"城中村"密集建筑"怪物"产生的根本原因。所以，如果在改造"城中村"的过程中，"村民"不愿意损失租金收益，政府也不愿意付出巨额补偿，唯一的办法，就是使住宅向更高层发展，以更高层的空间收益置换目前空间收益，这样才能基本保证达到或接近市区土地收益的竞争均衡价格。

三　从"村落单位制"到"村落公司制"的转变：共生、共有和分红

"单位制"原本是特指中国再分配经济体制下城市国有部门的组织形态，已有众多的研究[①]。在"单位制"下，国家机关、国有企业和国有事业单位，不仅是一个工作或经营单位，也是一个社会生活和政治管理单位，单位成员在身份、就业、养老、医疗、福利等诸多方面，都对其所在的单位组织具有很强的依赖性。在"城中村"里，我们发现也存在着与这种组织形态很相似的"村落单位制"，尽管"村民"已经没有了耕地，他们也多数不在这个村落中工作，但他们在收入、生活、情感、社会交往、心理认同等诸多方面，却依然对自己的"村落"具有很强的依赖关系。

"村落单位制"是两方面的原因促成的：一是村落管理制度下共同生活的社会关系网络，二是村落集体经济产权下的分红。在"村落单位制"下，"城中村"就像是镶嵌在都市的汪洋大海里的一个个孤岛，大海是一个陌生的世界，而孤岛中是一个熟人社会。

村落管理与街道管理实际上有很大的差异，在街道社区的管理中，街道委员会只负责有限的事务，而教育、卫生、治安、供水、供电、道路、

[①] Walder, A. G. (1986) *Communist Neo-Traditionalism: Work and Authority in Chinese Industry.* Berkeley: University of California Press；李汉林等：《寻求新的协调：中国城市发展的社会学分析》，测绘出版社 1988 年版；路风："单位：一种特殊的社会组织"，《中国社会科学》1989 年第 1 期；李培林等：《转型中的中国企业：国有企业组织创新论》，山东人民出版社 1992 年版；李汉林："中国单位现象与城市社区的整合机制"，《社会学研究》1993 年第 5 期；李培林、张翼：《国有企业社会成本分析》，社会科学文献出版社 2000 年版，第 17—41 页。

环境建设、征兵等社会事务的服务供给，都是由条条的相关机构直接负责的；而在村落社区的管理中，村民委员会几乎要负责与"村落生活"有关的这一切事务，村长的责任就类似于村落这个大家庭中家长的无限责任。街道社区建设和管理的费用是国家财政支付，而村落社区建设和管理的费用是村集体支付。棠下村里生活着6000多名原"村民"和3万多名外来打工者，为了管理村落社区生活，村集体雇佣了100多个治安人员、30多个卫生保洁人员、15个市场管理人员、6个计划生育管理人员、20多个垃圾运送人员，此外村集体还要负责1000多名老年村民的养老金、村民的医疗补贴、村小学教师工资外的福利补贴及小学硬件建设、村道路和管线的建设、村民服役的补贴、献血补贴、上高等学校补贴，等等。该村的集体经济一年的纯利润约1亿多元，其中的12%—15%要用于以上这类社区管理、建设和服务的公共支出。这种公共支出的比例关系在其他"城中村"也大体如此，如石牌村原"村民"9000多人，外来的居住者4万多人，每年村集体纯收入平均9000多万元，税收500万—800万元，日常行政支出几百万元，用于社会事务的公共支出1000多万元，剩下的可分红的利润4000万—5000万元。村集体对"城中村"社区生活的全面负责，形成了"村民"对"村落单位"的依赖，但这种依赖还因为另外一个更深层的原因，这就是具有村落排他性的、社区内非村民不能分享的村落集体经济分红。

"城中村"早期的集体收入来自一些集体兴办的劳动密集产业，如纺纱、酿酒、造纸、制砖、制茶、石料加工、服装加工等，但随着城市劳动力价格和土地使用价格的升高以及城市劳动密集产业的衰落，"城中村"经历了一个"去工业化"的过程，现在村集体的收入主要来自村集体的物业收入。管理村集体经济的组织是"经济联社"，下属若干个"经济社"，它们都是独立核算的，与行政管理上的村委会和村民小组实际上是一体化的。在这里我们仍能看到过去农村人民公社体制下公社、大队、生产队"三级管理、队为基础"的影子。对于"城中村"来说，公社彻底解体了，但大队和生产队的组织遗产却保留下来，成为"村民"在股份合作的基础上重新组织起来的组织架构，"村民"们既是"经济社"的股东，也是"经济联社"的股东。

　　"经济联社"和"经济社"实行的是"股份合作制"，它与"股份制"和"合伙制"都是有区别的，实际上是村行政与村经济一体化的产物。"股份制"是"一股一票"，"股份合作制"却是"一人一票"，"合伙制"是合伙者都是老板，并可退出资本，而"股份合作制"的一般村民股东谈不上有什么决策权，股份也是不能退出的。然而也有共同点，就是按股份分红。

　　股份的分配依据两个原则：一是"按籍分配"，凡是村民，不分长幼，股份平等，一般每人5股，俗称"人头股"；二是在此基础上的"按工龄分配"，每一年工龄折为一股，俗称"年资股"。"人头股"加上"年资股"有一个最高限，一般是25—30股，股份可以继承，但不能转让、退股和抵债。由于"城中村"基本是物业收入，而不是产业收入，所以基本上没有其他发达地区工业村出现的"资金股"、"技术股"和"关系股"等。

　　近两年，"城中村"发生了或即将发生两个重大的体制转变：一是经济体制从"经济联社"到"集团公司"的转变，这是"村民"主动选择的合约式转变；二是行政管理体制从"村民委员会"到"街道委员会"的转变，这是政府主导的新的制度安排。这两个转变的过程是完全不同的，前者是实质转变快于形式转变，而后者是形式转变快于实质转变。

　　在经济体制转变方面，1994—1995年，为了避免村民流动和迁移带来的股权纠纷，彻底解决集体经济产权内部边界不明、产权主体不清的问题，在"村民"的呼吁、推动和政府的支持下，"城中村"先后实行了"一刀断"的产权制度改革，从一个时点开始，实行"生不增、死不减、进不增、出不减"，即村落新增人口、劳动力不再增加股份，减少人口也不再减少股份，此后不论集体经济组织的资产增加或减少，都由股东按股份共有。这项"股份固定化"改革以后，"村民"获得几乎完整的产权，自己的股份不仅具有收益权，也有了自由处置权，股份不仅可以继承，也可以转让和抵押了，但退出还是有限制。这样，产权的运作不再是遵循村规民约的非正式制度，而是成为遵循法律的正式制度，在此基础上进行"公司化"，也是顺理成章的了。但是，由于这种"公司"的收入主要是来自几乎是"无成本"的物业收入，所以产权的占有和收益具有集体的

"封闭性",它不允许外部资金的注入来改变产权结构和分享收益。

另一项转变是行政管理体制方面的,2000 年,政府为了加快城市化速度,出台了"'城中村'整治建设计划方案",要求"城中村"逐步实行"政企分开",村集体经济组织要进行公司化管理,原村委会及其管理社会事务的职能,由街道委员会替代。然而,截至我们调查的时候,这种管理形式的转变并没有带来实质的变化,村里除了不再负责外来人口的暂住登记,其他一切社会事务仍然是由村里负责,村"集团公司"成了"影子内阁",因为政府很难,并且也并不急于拿出巨额财政来替代原村委会管理社会事务的公共支出。原来设想的"村落"改"街道"这种结束村落体制的根本性制度变迁,却似乎并没有真正改变了什么。

"村落单位制"与"国有单位制"实际上面临着同样的问题,即单位利益的排他性和对内部福利的追求,增加了其内部的凝聚力,但限制了资源的流动并加重了社会事务管理的成本。改变"单位制"的关键,不论是"村落单位制"还是"国有单位制",并不是某种形式化的制度变迁,而是要找到替代或消散"单位制"的"社会事务成本"的办法。

在"城中村"从"村落单位制"到"村落公司制"的转变中,如果其"社会事物成本"真的可以由政府公共支出替代,运行的效率和效益应该是提高的。然而在调查中,"城中村"的干部似乎并没有对此前景表示出高兴,不知究竟是由于行政管理权力的失落,还是由于村经济的发展本来就很难离开这种权力的支持。

四 "城中村"的社会分层结构:存在的和生成的

在"城中村"社会分层结构中发挥作用的分层因素,一是身份和房产,二是组织权力,三是资本,四是知识技能。

首先是身份上"有村籍"和"无村籍"产生的分层。"无村籍"者的收入几乎全部来自经营和劳动,而"有村籍"者的收入主要来自三块:分红、房屋出租收入和经营劳动收入。分红和房屋出租的收入一般都远远高于经营劳动收入,所以"有村籍"者的经济地位,不仅高于外来"无村籍"的打工者,也远非普通的市民工薪阶层可以望其项背的。所以不少

"城中村"的"村民"，完全靠分红和房屋出租收入过着悠闲的日子，成为新型的"租金食利阶层"。即便是"村民"自己住宅的铺面，一般也都租给别人经营，他们自己并不屑于从事这种劳累的"微利"生意。"村民"们自视为"城中村"里的上层，一些富裕的"村民"已经另购住宅，搬到环境幽雅的地方居住，因为他们认为与外来打工者混居，"影响了孩子的成长和素质"。

其次是"有村籍"者内部由于拥有"组织权力"的不同而产生的分层。"城中村"虽然只是一个很小的社会，但管理体系却有很多的等级，"经济联社"有财务部、物业管理部、劳资人事部、行政办公室、法律顾问室等，其下属的"经济社"又有很多分属机构。此外，治安、卫生、市场管理、计划生育、教育、养老等方面的管理人员都是"本村人"担任，他们都拥有不同的组织权力资源。"本村人"担任管理工作的薪水都是不菲的，如村一级的领导年薪可达10万元。但组织权力的分层作用还不止如此，因为拥有组织权力的人更能够使他们的房产获得较好的收入，并把他们的存款变成"活资本"。

再次是在"无村籍"的外来人员中因"有资本"和"无资本"而产生的分层。每个"城中村"居住的几万外来人口，基本上可以分为两类，一类是"有资本"的在街面上从事各种商业和服务业的小业主，即我们通常所说的"个体户"，另一类是"无资本"的完全靠打工生活的工薪阶层。然而，这种"有资本"与"无资本"之间的差异，并不像通常认为的那么大，这可能是因为，在"城中村"住的小业主，都是从事小本生意的，很多是家庭自雇人员，他们在缴了铺面租金和税费之后，所剩的收入其实也就是略高于普通工薪阶层而已。在这里我们看到所谓"第三产业"的复杂性，在"城中村"里，本村的"房地产主"和外来的"小业主"从事的都是第三产业，但经济地位和社会等级却有很大的差异，这种差异甚至要大于农业和工业的差异。另外我们也观察到，在"城中村"这样的经济活跃区域，存在很大一块"隐形经济"，像"村民"租房这样的大宗经营活动，是GDP里统计不到的，所以与一些地区相反，这里的GDP不是因为有"统计水分"高于实际增加值，而是因为有"隐形经济"低于实际增加值。

最后是在"打工族"中因拥有的"知识技术"的差异而产生的分层。"打工族"都是"无资本"的工薪阶层，但由于具有"知识技术"上的不同而产生"白领"和"蓝领"之分。"城中村"中居住的"白领"一般是从事企业技术员、营销人员、教师、医生、出租车司机、编辑、记者、公司文员等职业，"蓝领"一般是从事加工制造业雇工、建筑装修业雇工、餐饮商铺等服务业雇工、运输装卸工、散工等。除此之外还有"发廊小姐"之类的"粉领"以及从事非法行当的"黑领"。我们在调查中发现，近几年来流动"打工族"中出现一个新的发展趋势，即外来打工者已经不是都来自乡村，从小城市到大城市、从欠发达地区城市到发达地区城市、从经济不景气城市到经济活跃城市的流动打工者越来越多，这也许是一种新的流动就业大潮的前兆。"城中村"的"打工族"中的"蓝领"过去多数是农民，而"白领"则过去多数就是城市职工。

以上是"城中村"里"存在的"社会分层结构，但这个结构并不是凝固不变的，在个体理性选择的机制下，正在"生成的"或"建构的"分层过程并不是原有结构的"复制"。"城中村"里的小业主和"打工族白领"，他们或者是由于具有旺盛的创业精神，或者是由于具有"知识技术"的优势，在分层体系中具有良好的社会升迁前景，从"城中村"里已经走出了一批批成功的创业者。而一些属于"城中村"上层的"租金食利者"，他们在"知识技术"上的劣势地位使他们难以找到自己满意的工作，安逸和无所事事的生活又泯灭了他们的进取、创业精神，所以在流动的分层体系中具有社会下滑的可能，他们中的一部分最终会成为不进则退的农业文明的守业人。

五　村落社会关系网络：分家和"富不过三代"

村落是一个以血缘、亲缘、宗缘、地缘等社会关系网络构成的生活共同体，"城中村"也不例外。在过去村落"组织起来"的过程中，人们曾试图打破这种社会关系网络，以现代法人的行政体系或经济组织来替代，但很少成功过。这些外部注入的现代构造，在嵌入村落社会关系网络之后，都被潜移默化地进行了彻底的改造。甚至进城的"流动农民"，他们就像"新客家人"，在进城打工以后，还会把他们的村落社会关系网络移植到城市，形成像北京"浙江村"那样的生活共同体。人们难以理解，这种传统的村落社会关系网络为什么有那么大的延续力量？

地处城市中心的"城中村"，虽然生活水平和生活方式非常城市化了，但原有的社会关系网络并没有因此而发生断裂。"城中村"的"村落社区"与城市的"街道社区"和"单位社区"都有很大的差异，它不是一个由陌生人构成的生活共同体（如街道和物业小区），也不是一个仅仅由于业缘关系而构成的熟人社区（如单位宿舍大院），而是一个由血缘、亲缘、宗缘和地缘关系结成的互识社会。

"城中村"有一个共同的特点，在非常拥挤的建筑群中，似乎只有三处豪华建筑具有空间的"特权"，可以超越"租金最大化"逻辑，这就是宗祠、小学幼儿园和老年活动中心，它们是作为村落里敬祖同宗、尊老爱幼的共同价值观象征而存在的。"城中村"一般都有3—5个大姓，不同的姓有不同的宗祠，宗祠的气派是该宗族的村落地位的象征，村落权力配置一般要与其宗族结构相协调才能"摆得平"。华南村落中的宗族关系似乎远比华北农村盛行，这可能是由于整体迁移性群落对他们的"根"都有特殊的关注。

从我们访谈调查的情况来看，村民们由于各种复杂的亲属和联姻关系，平均每户村民至少与20户村民具有血缘和亲缘关系，大的家族可以把这种关系扩展到50户甚至上百户。在宗族群体的地位划分之下，是家族之间的地位划分。宗族就像村落"集团公司"下属的"主干公司"，而家族是"主干公司"下属的"子公司"。经济组织产权架构的下面，是深层社会关系网络的基础。

村落"大家庭"的内聚力，与村落社会关系网络的相对封闭性有重要关系，这种相对封闭性保证了村落"做蛋糕"的集体与"分蛋糕"的集体基本一致。过去村里有嫁出村的姑娘，也有娶进村的媳妇，大体保持着集体利益的平衡。但进入20世纪90年代后，这种相对封闭性下的平衡难以保持了，年轻一代与城市青年的"涉外婚姻"越来越多，作为村落社会关系网络基础的集体经济利益受到威胁，因为"分蛋糕"人数的增加意味着平均分配数额的减少。所以，到90年代中期，"城中村"大多数都实行了此后任凭生死婚嫁而股份不再变动的制度。

在中国的历史上，历来有"富不过三代"的说法，这也可以被称为"家族盛衰循环定律"。对此"定律"的道德解释是，富家子弟多半是纨绔子弟，是败家子，其实这并非是普遍真实的，因为人力资本的家庭再生产假设更容易得到证实。从继承制度上对此"定律"进行解释似乎更加可信：中国传统的家庭财产继承制度与欧洲国家有很大不同，也与中国的皇位继承制完全不同，它不是聚集财产和权力的"长子继承制"，而是分散财富和权力的"兄弟分家制"。这种"兄弟分家制"的功能类似于现代国家的"遗产税"，似乎是一种国家的设计，它不允许一个家族的力量无限扩大，可以与皇权和国家抗衡。对于家族的盛衰来说，创业人去世后的"分家"，往往成为产生内隙、内讧和由盛变衰的转折点。在一些家族企业悲壮的盛衰史上，我们仍可以看到这一"定律"在起作用。所以，历来大家族规避和抵御衰落风险的根本办法，就是不"分家"，因为"分家"就意味着产权和社会关系的重组。

"城中村"实际上就是一种由血缘、亲缘和宗缘等社会关系网络联结的"大家庭"。这种村落社会关系网络，具有聚集财富和资金的实际功能，村落股份制一般都有不能退股的严格规定。农民在改变职业身份以后，之所以对村落社会关系网络还有那么大的依赖性，是因为他们面对一个新的陌生社会，具有共同抵御风险和外部压力的需要。"城中村"里村落社会关系网络的顽强存在，实际上是"村民"们为了"大家庭"的持续兴旺而坚持不"分家"的结果。他们本能地按照自己的理性选择，试图保持他们"大家庭"的气脉不断。

六 改造"城中村"的逻辑：政策和产权置换资金

村落制度是"城中村"的村民们世代生活的规则，这里活跃着各种各样的为现代城市所不容的"隐形经济"，形成"城中村"的"繁荣"，"村民"们希望他们因此而获得的收益能够长期保持。但是从城市管理者角度看，"城中村"似乎有成为"新贫民窟"和"藏污纳垢"之地的可能。而且"城中村"的超密集建筑群体，在日新月异的城市发展中，的确像是一个现代社会的"异物"。这样，城市现代化的铁律和村落集体对这一铁律的"抗拒"形成了人们担忧的冲突。

实际上，"城中村"的彻底改造要比"城中村"建立街道委员会的改制艰难得多，因为改造不仅意味着搬迁和翻建，而且意味着产权的重新界定和村落社会关系网络的重组。"城中村"的改造仍然是一种历史的必然，只是时间早晚的问题。一些"城中村"的领导已经意识到这种必然性，开始进行改造自己的"城中村"的经济核算。根据石牌村的测算，全村各类房产的建筑面积约100万平方米，按"村民"可以接受的平均每平方米2000元的价格计算，买下全村的房产需要20亿元。以此粗略推算，要买下市中心40个"城中村"的房产就需要800亿元，这将是一项耗资比"三峡工程移民"还巨大的动迁（三峡移民总投资约600亿元）。不过，与三峡移民不同的是，"城中村"的土地都是可以生钱的"活资本"。在很多"城中村"村民的家里或住宅门口，都供奉着土地神，两旁的对联就是"土可生财，地能出金"。

在"城中村"改造的博弈中，存在着三方对弈者：政府、房地产商和"村民"。"城中村"的最终改造方案，将是这三方利益平衡的合约安排。"村民"们的要求是在改造中保护他们的租金收益或对损失的租金收益给予补偿，房地产商的要求是在投资改造中至少获得平均收益，而政府的希求是避免财政的压力和保证市场、社会的稳定。在这种情况下，"城中村"改造的真正难点，就是改造的资金从哪里来？政府的担忧是，拆迁过程中的利益冲突会成为社会不稳定的因素，政府自己开发因成本过于高昂难以启动，而给予优惠政策吸引房地产商介入开发，又可能造成房屋过量供给，冲击业已趋近饱和的房地产市场，使目前房地产开发中大量的国有银行贷款无法收回；房地产商的担忧是，此种拆迁开发中的利益矛盾重重，不确定的变数很多，高昂的交易成本会吞没和消散房地产开发的正常收益，政府对楼层高度的管制会使开发最终变得无利可图；"村民"们的担忧是，他们既得的房地产租金收益在开发中得不到保护，而且会损失市中心区域房地产升值前景的好处（过去的5年铺面租金几乎翻了5倍左右），他们会以几百年来祖祖辈辈居住在这里为由，对他们的既得利益寸金必争。

　　从纯粹开发经营的角度看，似乎问题很简单，要改变"城中村"为人们所诟病的建筑"过密化"和混乱无序状态，无非是开发高度空间来替代低度空间的拥挤。仅就资金来源来说，香港依靠土地批租获得财政收入和开发资金的做法以及珠江三角洲以房屋期权聚集建设资金的做法都是现成的成功经验。但复杂的是开发过程也是一个利益博弈的过程，必须创造一种对弈各方共赢的合约安排才能使开发顺利和成功。政府在这种博弈中显然处于主导的地位，可以通过另辟一块住宅地来置换"城中村"的地产；并通过放宽房地产商在改造"城中村"中建筑高度的限制和减免开发中的部分附加费用，使房地产商有能力以新建住宅的期权来置换"城中村"在一个规定时点的现有住房；同时，还可以通过将"村民"现有村落住宅的使用证变更为城市住宅产权证，使"村民"获得新房产的完整产权，从此可以出售和抵押房产，以此来换取"村民"在住宅拆迁补偿价格上的让步。为了防止因"城中村"的改造带来房屋过量供给和房地产市场的波动，改造显然不宜大规模地进行，而要有步骤地、分阶段地进行，不能奢望在短期内完成。城市建设是百年大计，切忌在"几年大变"的冲动下一哄而起。不过，对规划中必须改造的"城中村"，要立即确定和公布改造范围以及房屋改造补偿的建筑时点，因为在我们调查时，有些改造中必然要推倒的"过密化"建筑还在进行新的翻建，这会进一步加重改造的成本。

　　过去多数对村落城市化的研究，都把问题的焦点放在户籍制度的改革上，以为户籍制度的彻底改革，会使城市化进程一路凯歌。然而我们在"城中村"村落终结的过程中看到，户籍制度在这里几乎已经不再发生作用，但村落的城市化并没有因此而完成，村落的终结还要经历一个艰难的产权重新界定的过程和社会关系网络的重组过程。广州"城中村"的情况，或许有它许多超阶段发展的特殊性，但它预示的村落终结过程中的各种冲突是有普遍意义的。

　　一个由血缘、亲缘、地缘、宗族、民间信仰、乡规民约等深层社会网络联结的村落乡土社会，其终结问题不是非农化和工业化就能解决的。村落终结过程中的裂变和新生，也并不是轻松欢快的旅行，它不仅充满利益的摩擦和文化的碰撞，而且伴随着巨变的失落和超越的艰难。

参考文献

曹锦清，2000，《黄河边的中国：一个学者对乡村社会的观察与思考》，上海文艺出版社。

科斯等（R. Coase et al，［1990］1994），《财产权利与制度变迁》，胡庄君等译，上海三联书店。

调查村文件（1988，1995）若干个"村合作经济股份制章程"。

杜赞奇（P. Duara，［1988］1994）：《文化、权力与国家：1900—1942 年的华北农村》，王福明译，江苏人民出版社。

费孝通，1947/1985，《乡土中国》，三联书店。

吉尔兹（C. Geertz，［1983］1999）：《地方性知识》，王海龙、张家瑄译，北京：中央编译出版社。

广州天河区委文件，1994，"关于进一步完善农村股份合作制的若干规定"。

——2001，"关于农村股份合作经济组织的基本规定"。

郭于华，1996，"农村现代化过程中的传统亲缘关系"，《社会学研究》第 6 期。

黄平主编，1997，《寻求生存：当代中国农村外出人口的社会学研究》，云南人民出版社。

黄宗智，1990/2000，《长江三角洲小农家庭与乡村发展》，中华书局。

记者评述，2000，"在城市的夹缝中裂变"，《南方都市报》9 月 6 日。

柯兰君、李汉林主编，2001，《都市里的村民：中国大城市的流动人口》，中央编译出版社。

李汉林等，1988，《寻求新的协调：中国城市发展的社会学分析》，测绘出版社。

李汉林，1993，"中国单位现象与城市社区的整合机制"，《社会学研究》第 5 期。

李培林，1996，"流动民工社会网络和社会地位"，《社会学研究》第 4 期。

李培林等，1992，《转型中的中国企业：国有企业组织创新论》，山东人民出版社。

李培林、王春光，1993，《新社会结构的生长点：乡镇企业社会交换论》，山东人民出版社。

李培林、张翼，2000，《国有企业社会成本分析》，社会科学文献出版社。

刘梦琴，2001，"石牌流动人口聚居区研究：兼与北京'浙江村'比较"，载柯兰君、李汉林主编《都市里的村民：中国大城市的流动人口》，中央编译出版社。

刘沛林，1998，《古村落：和谐的人居空间》，上海三联书店。

路风，1989，"单位：一种特殊的社会组织"，《中国社会科学》第 1 期。

陆学艺主编，2001，《内发的村庄：行仁庄》，社会科学文献出版社。

马中柱，2000，"改造'城中村'是建设现代化城市的需要"，《广东精神文明通讯》第87—88期专刊。

孟德拉斯（H. Mendras，［1984］1991）：《农民的终结》，李培林译，中国社会科学出版社。

麻国庆，1999，《家与中国社会结构》，文物出版社。

奥尔森（M. Olson，［1980］1996）《集体行动的逻辑》，陈郁等译，上海：上海三联书店。

市长专访，2000，"按照规划量力而行改造城中村"，《南方都市报》9月6日。

唐灿、冯小双，2000，"'河南村'流动民工的分化"，《社会学研究》第4期。

"外来农民工"课题组，1995，"珠江三角洲外来农民工状况"，《中国社会科学》第4期。

王春光，1995，《社会流动与社会重组：京城"浙江村"研究》，浙江人民出版社。

王汉生等，1997，"'浙江村'：中国农民进入城市的一种特殊方式"，《社会学研究》第1期。

王沪宁，1991，《当代中国村落家族文化》，上海人民出版社。

王铭铭，1997，《村落视野中的文化与权力：闽南三村调查》，三联书店。

王晓毅，1993，《血缘与地缘》，浙江人民出版社。

王颖，1996，《新集体主义：乡村社会再组织》，经济管理出版社。

项飙，1998，"社区何为：对北京流动人口聚居地的研究"，《社会学研究》。

魏安雄，2000，"聚焦'城中村'"，《文明导报》第10期。

张继焦，1999，《市场化中的非正式制度》，文物出版社。

张乐天，1998，《告别理想：人民公社制度研究》，东方出版中心。

张五常，1969/2000，《佃农理论：应用于亚洲的农业和台湾的土地改革》，商务印书馆。

折晓叶，1997，《村庄的再造：一个超级村庄的社会变迁》，中国社会科学出版社。

郑毅等，2000，"广州改造'城中村'目标确定"，《南方都市报》9月6日。

周大鸣："城乡结合部社区的研究：广州南景村50年的变迁"，《社会学研究》2001年第4期。

周荣德（Y-T. Chow，［1996］2000）：《中国社会的阶层与流动：一个社区中士绅身份的研究》，学林出版社。

Geertz, C. (1973) *The Interpretation of Cultures*, New York: Basic Books.

Chayanov, A. V. (［1925］1986) *The Theory of Peasant Economy*, Madison: University of Wisconsin Press.

Polanyi, K. (1958) *The Great Transformation*, Boston: Beacon Press.

Popkin, S. (1979) *The Rational Peasant: The Political Economy of Rural Society in Vietnam*, Berkeley: University of California Press.

Schultz, T. W. (1964) *Transforming Traditional Agriculture*, New Haven, conn. : Yale University Press.

Scott, J. C. (1976) *The Moral Economy of the Peasant: Rebellion and Subsistence in the South-east Asia*, New Haven, Conn. : Yale University Press.

Walder, A. G. (1986) *Communist Neo-Traditionalism: Work and Authority in Chinese Industry*, Berkeley: University of California Press.

（原载《中国社会科学》2002 年第 1 期，引用格式有变化）

透视"城中村"

——我研究"村落终结"的方法*

中国正在发生村落的巨变。从 1985 年到 2001 年，在这不到 20 年的时间里，中国村落的个数，由于城镇化和村庄兼并等原因，从 940617 个，锐减到 709257 个。仅 2001 年一年，中国那些延续了数千年的村落，就减少了 25458 个，平均每天减少约 70 个。人们原来以为，村落的终结与农民的终结是同一个过程，就是非农化、工业化或户籍制度的变更过程，但在现实中，村落作为一种生活制度和社会关系网络，其终结过程要比作为职业身份的农民更加延迟和艰难，城市化并非仅仅是工业化的伴随曲，它展现出自身不同于工业化的发展轨迹。①

一　我聚焦的"城中村"现状

我为切入这项研究而选择的调查对象，是华南大都市里的"城中村"。"城中村"在整个珠江三角洲地区，是一个非常普遍的现象和非常热门的话题，围绕着"城中村"，街谈巷议中也有各种各样的故事。近 20 年来，珠江三角洲的工业和城市以令人目眩的速度扩张，这种高速扩张似乎是引发产生"城中村"这种独特事物的直接原因。但问题并非如此简单，因为在其他国家的城市化过程中，这种"城中村"现象还几乎从来未出现过。

＊　本文是即将由商务印书馆出版的《村落的终结》一书中"村落进入和研究方法"一节，这里发表时作了删改，题目为编者所加。

①　参见李培林主编《农民工：中国进城农民工的经济社会分析》一书中的相关分析，社会科学文献出版社 2003 年版。

所以，"城中村"现象的产生，一定与中国的一个比较独特的因素相关联，这就很容易使人们联想到中国已经实行了几十年的城乡分割的户籍制度。但这种户籍制度是所有的中国村落共有的，所以还应当有另外的特殊机制在起作用。而这种机制究竟是什么，则成为激发我研究热情的一个"悬念"。

在调查之前，我们原来设想，所谓"城中村"，就是在很多城市的城乡结合部出现的、已经转为以从事工商业为主的村落，是城市地域扩张的一种自然延伸，大概就类似于北京的"浙江村"、"韩村河"那种村落，无非是生活和工作都很城市化了，但房子矮一点、商业气氛淡一点而已。然而，当我们到作为华南经济、政治、文化中心的广州市"城中村"进行实地调查时，尽管事先已阅读了一些相关的资料，还是感到一种心灵的巨大震撼并惊讶得失语。因为现实呈现给我们的"城中村"，与我们心目中原来的想象，实在有太大的距离：就在繁闹的市中心区域，就在鳞次栉比的高楼大厦之中，每个"城中村"就像在方圆几公里人为制造的一个整体的高达20多米的"水泥巨物"。震撼还不仅仅来源于此：这个"水泥巨物"并不是由某个公司或某个经济集体建造的，其基本的住宅楼是一家一户的个体盖起来的，但在土地和房租收益的刺激下，建筑已完全失去个体差异的美学意义，经济的铁律也碾碎了中国传统村落和谐人居空间的"文化意义"。在连接着的非常雷同的七八层高的建筑物中间，是由原来的宅基地间隔确定的宽约1.5—2米的街道，可是在第2层楼以上，为了最大化地扩展住宅建筑面积，街道两旁的楼都伸展出来，几乎把露天的地方全塞满，形成当地人戏称的"贴面楼"、"亲吻楼"和"一线天"。村落中的大部分住宅，白天屋里也要靠电灯照明，村里的街道也形同"地道"。但就是在这样的环境中，村里的人气和商业气氛却很旺，狭窄幽暗的街道两旁，排满各种商店、杂货店和服务网点，在村里居住的人除了几千村民之外，还有几万租房而居的外来打工者。

都市里的这种"城中村"，既像是古老历史的遗物，又像是快速城市化过程中新生的活体。宏观上来看，城市化是转移农村剩余劳动力、提高农民收入水平、改造村落社会结构的必由之路。而且我们通常认为，这个城市化的过程是充满农民的欢庆、喜悦和梦幻的。然而，在这村落城市化的最后一环，在这村落的终结点上，为什么我们看到的却是一个千年村落文明裂变和新生的艰难？

从研究对象的角度看，相对于企业、机关和城市社区，村落的进入并不困难。首先，村落是中国社会最基层的末梢，外来的调查者，通常被视为从社会的上层来的，至少是从制度架构的上层来的，所以一般都能够受到尊敬和认真的接待；其次，村落是一个熟人社会，通过私人关系，很容易融入，农民也是朴实好客的，不像在城市社区和企业里调查，被调查对象通常带有警惕和怀疑的眼光；再次，在村落中，生活和生产经营、家庭和工作场所、私人领域和公共领域，都没有非常清晰和严格的划分，你比较容易从一个日常的领域进入，然后转到你所专注的领域；最后，村落中很少有秘密可言，每一个村落大婶，都是破解村落秘密能力很强的乡土"福尔摩斯"，即便是文字档案资料，借出来复印也并不是困难事。

我们的调查，在通过行政渠道的介绍和私人关系的安排下，比较顺利地进入村落。第一次调查是 2001 年 10 月，我们对广州市 9 个"城中村"进行了调查，它们是石牌村、棠下村、瑶台村、三元里村、同德村、冼村、杨箕村、林和村和猎德村。我们在调查中访谈了部分政府管理者、村干部、村民和居住在"城中村"的外来打工者。此后，我们拟定了一个更加细致的结构性访谈调查的提纲，邀请大学的学生在经过一定培训后参加访谈工作。第一批访谈调查整理了 40 多万字的访谈资料，但我们发现，学生们太受访谈提纲的约束，一些较好的个案由于面面俱到而不够深入。于是我们修改了访谈提纲，要求访谈注重挖掘日常生活的"故事"，把访谈变成了收集"生活故事"，这样第二批访谈资料又整理出约 80 万字，访谈调查的范围也扩展到 40 多个"城中村"。我从中选编了一部分，涉及 22 个村的访谈资料。

二　他者的研究方法和成果

如何处理和使用个案调查和访谈资料，在社会学的所谓"质"的研究方法中，一直是一个令人困惑的问题。在这方面，过去中国的村落研究存在着两种调查原材料加工的方法。

一种是费孝通先生的方法，我称之为"文本概括法"。就是把调查的资料和受访者的话语，慢慢地咀嚼，然后转化成比较精练、比较条理化的文本语言表达出来。这种语言不像那些充满学术概念的推论，比较通俗易懂，但也不是文学语言，它要表达的是"事实"，不是故事，也不是逻辑，就像现实之树去掉了多余花叶的枝条，所以谈不上好看，主要还是供专业人士阅读，一般读者可能会觉得没有故事而难以读下去。费老的《江村经济》和李景汉的《定县社会概括调查》，应该说都是使用的这种方法。

另一种林耀华先生的方法，我称之为"文学概括法"。这是把调查的原材料进一步加工成文学的语言，更具体地说，是小说的语言，它不舍弃生活语言中那些鲜活的东西，而是把调查的一些片断、零碎、芜杂的原材料，转化成一个完整的故事，就像是一个小说，因为小说的原意，就是区别于"文本大说"的市井故事。这方面的代表作，就是林耀华先生的《金翼》，这本用小说体裁写成的人类学著作，它的写作方法数十年来一直面临着一些学者的不断质问，这究竟是虚构的故事，还是科学的研究？尽管林先生自己一再表明，这部书的故事是真实的，是东方乡村社会与家族体系的缩影，展示了种种人际关系的网络，它是运用社会人类学调查研究方法的结果，尽管有国际著名经济人类学家雷蒙德·费斯（Raymond Firth）教授为它作序并对其学术价值给予极高的评价，但在学术研究如同工匠的手艺活和工业流水线的今天，如何调查、如何收集处理资料、如何分析问题，都有了"标准化"的"规矩"，所以林先生的别出心裁的"文学概括法"，一直被视为一个"另类"。

在西方社会学界，对使用访谈和实地调查资料的重视，可以追述到美国的芝加哥学派。1918—1920 年，美国社会学芝加哥学派的领军人物之一托马斯（W. I. Thomas）和兹纳涅茨基（F. Znaniecki）发表了五卷本的《身处欧美的波兰农民》，震动了学界。托马斯等人甩开史学界传统上侧重的、围绕领袖人物和重大事件的政治、战争等主题，寻求从"普通人"的失业、贫困、社会动荡、拥挤、无根漂泊等问题入手，"自下而上"地书写历史。他们称自己的新方法是"生活研究法"（The Life Study Method），是让外来移民自己讲述生活故事，注重收集研究对象讲述生活经历的文献，特别是信件。五大卷的《身处欧美的波兰农民》，多数都是汇集了类似的活材料，作者有他自己的假设，即认为不管是青年男女离开美国的农场去都市寻找工作，还是一个美籍非洲人离开南方农业区迁向哈雷姆或芝加哥，也不论是一个波兰农民来到匹兹堡的一个钢铁厂工作，还是一个意大利家庭离开家园到布法罗的罐头食品厂谋生，在所有这些情况下，人们都是将一种结合紧密的、以家庭为基础的传统文化抛到身后，而去努力适应一个更为个人主义的、更具竞争性的社会，但作者希望，这种普遍性的东西能够通过生活故事自己述说出来。他们反对"社会普查"堆积数据和偏于道德说教的"常识社会学"（common-sense sociology），如《匹兹堡调查》写到"在那儿你会看到瓦解社会的力量多么令人不可抗拒，而进步的力量又如何被委靡不振和自私自利的社会风气拒之门外"。根据托马斯的"生活研究法"，《身处欧美的波兰农民》中占主导的是来自外来移民的"活材料"，而不是作者对这些材料的解释和分析。

受托马斯等人影响很深、也属于美国社会学芝加哥学派的老怀特（W. F. Whyte），似乎在试图走出一条独特的更加文学化的加工调查材料的道路。之所以称他为老怀特，是因为他的儿子小怀特（M. K. Whyte）现在是美国以研究中国问题著名的社会学家。老怀特1943年写的《街角社会》，研究的是波士顿的意大利人贫民区，他在研究上是个不愿循规蹈矩而且有点桀骜不驯的人，这本书的文体，有些像介于学术著作和小说之间的东西，在叙述故事的过程中，还不断地引证调查访谈的对话，就像一般的学术著作引证经典的名句。老怀特曾想成为一名小说家，并以《街角社会》的初稿，去参加非小说书稿大赛，但他又成功地使《街角社会》被富有严格学术传统的芝加哥大学社会学系接受为博士论文，并在答辩中胆大妄为地反击对他的论文"没有明确概念定义和系统文献回顾"的严厉批评。《街角社会》后来成为芝加哥学派的代表作之一，甚至成为一种"讲述外部世界的叙事方法"，成为后来喜欢个案访谈调查方法的学者争相模仿的楷模。

《街角社会》更加文学化的方法，使得它与早期的那些经典社区著作都有很大的不同，如沃纳（W. L. Warner）的《扬基城》（Yankee City），林德夫妇（Robert and Helen Lynd）的《中镇》（Middletown）以及韦尔（C. Ware）的《格林威治村》（Greenwich Village, 1920—1930）。韦尔的《格林威治村》，其实与本书的主题很相像，它是写20世纪30年代格林威治村如何在快速的城市扩张中被并入纽约市的过程，而韦尔的关注点是，在这个过程中，格林威治村独有的特征，如何仍能保持未被吞噬。但这几本社区研究的经典，在叙述方式上，仍然是以逻辑线索为主，而不是以故事线索为主，就像《中镇》的写作，是按照谋生、成家、育儿、闲暇时间的利用这样一些通用的题目来写的。

实际上，如何利用个案调查的访谈资料，面临着很大的困惑和窘境，这也是所谓"质"的研究的困惑和窘境。一方面，很多学者希望，这种访谈资料也能具有统计意义上的"代表性"，所以在一个社区里面，也采取分段分层抽样和统一访谈提纲的办法，但结果是，统一的访谈提纲限制了访谈的话题，使访谈的记录枯燥而且重复，更为尴尬的是，这种使访谈资料"科学化"的努力，不仅未使访谈资料获得科学化的形式，而且还丢失了真实鲜活的实质。另一方面，访谈资料作为生活语言，具有话语/本位、符号/意义、能指/所指的两重性，它本身是一种隐喻，意义的揭示需要解释的过程，而研究者的解释根据研究者的不同而有差异，有时这种差异甚至会扩大为对立。换句话说，研究者和被研究者的关系，其实并非主体和客体的关系，而是主体间性的关系，即访谈资料的意义根据主体间性而会发生变化，这样一来，研究者是否能自认为比被研究者高明、深刻，而具有肢解、切割、筛选和重新解释生活语言的权力？研究者的解释，是否会并不是"揭示"而是"遮蔽"了生活语言的真实含义呢？因为访谈资料的话语，毕竟与问卷调查的数据不同，它的意义对访谈的"情景"有很大的依赖，而使用访谈资料的人，是无法再造和重复"情景"的。问卷调查数据的问题，是完全舍弃和遗忘了调查"情景"，并主观假定这些"情景"并不影响对数据的解释，所以数据的测算，是可重复的"科学工作"，而访谈资料的解释，则变成不可重复的"艺术工作"。

我们目前还无法解决这种方法论上的窘境和尴尬。我在研究中采取了妥协的办法，既没有像《中镇》和《江村经济》那样，把访谈的资料转化成文本语言，并按通行的逻辑线索编排，也没有像《街角社会》和《金翼》那样，尽可能地用生活语言米叙述一个完整的故事。

《村落的终结》这本书的前半部分，是我个人的解读、理解、看法、认识和判断，是我试图从纷杂的现象和故事中，提炼出一些可以从学术的知识框架角度来理解的规则和道理，而书的后半部分，是原汁原味的访谈记录，我把解读和理解的权力，交给每一位用心的读者。读者通过自己的解读和理解，可以证实、也可以证伪我在前面的论述。

据统计，广州市共有 139 条"城中村"，以"条"而不是以"个"为单位来计算"城中村"的数量，表现出"城中村"融入城区的特点。这 139 条"城中村"大体可以分为三种类型：一是处于繁华市区，已经完全没有农用地的村落；二是处于市区周边，还有少量农用地的村落；三是处于远郊，还有较多农用地的村落。我们调查研究的"城中村"，基本只限于第一种类型，因为它们最突出地呈现出村落终结的特点，这个类型的村落在广州市 139 条"城中村"中约占 1/3，本文中"城中村"概念的使用，也特指这一种类型的村落。

村落生活千姿百态，每个村落都有自身的一些特殊约束条件。村落的个案调查，尽管可以做得非常深入细致，但也容易囿于个案的特殊性而失去普遍的解释力。而宏观的大规模村落问卷调查所获得的数据，又往往会丢失甚至遮蔽一些有血有肉的现实生活。特别是对村落生活和制度历时性变迁的"过程"研究，一个时点上的共时性问卷调查显然有很大的局限性。尽管利用问卷调查数据进行生命历程的研究已经取得很大的突破，但数据反映"过程"还是欠缺"丰满"和"质感"。

费孝通先生很早就意识到，村落研究中存在个案解释力的局限问题，从乡村工业的形式比较，到小城镇的类型比较，再到农村区域发展的模式比较，他一直在探索乡村社区研究的现实类型比较方法，试图通过这种类型比较，走出村落个案的局限。

但是，现实类型的比较方法，实际上仍然难以克服个案解释力的局限性，只不过把局限的范围大大地拓展了。现实类型的局限性，主要表现在两个方面：其一是，这种比较类型不是经过抽象的理想类型（ideal type），不具有超越个体经验的普遍解释力，也不是经过还原的原型（prototype），不具有历史寻根的意义。由于现实类型的无数多样性，因此最后的分类需要某些简单的标准，但这样一来就会发现，所谓类型只是某个方面更加突出一些而已，类型之间的共同性多于它们之间的不同，于是就会提出，是否需要理想类型来强化解释力的问题。此外，已有的村落现实类型的比较，多半都只是一种横断面的或共时性的比较，因此缺乏对纵深面或历时性过程的比较解释力，这些缺陷都限制了村落现实类型的对话能力。

为了走出这种局限，一些学者也在试图提炼某种村落比较的理想类型或象限图示。1988 年，杜赞奇（P. Duara）利用日本南满铁道株式会社调查部（简称满铁）1940—1942 年在河北、山东 6 个村庄的调查资料（6 卷本《中国惯性调查报告》），写了《文化、权力与国家：1900—1942 年的华北农村》一书。"满铁"的资料，成就了不少外国学者，马若孟（R. H. Myers）据此写了《中国农民经济：1890—1949 年河北和山东的农业发展》，黄宗智据此写了《华北小农经济与社会变迁》。杜赞奇的著作，是对调查资料的重新解读，他显然不愿意囿于个案资料，希望发掘出这些资料的深层含义。杜赞奇在他的书中，画了一个当时国内学者还较少使用的村落分类象限图，横坐标是生活的富裕或贫穷，纵坐标是邻近城市、宗教社区或远离城市、宗族社区，调查的 6 个村庄，被分成 4 种理想类型，放在 4 个象限里[①]。在这三个分类标准里，生活贫富或发展程度，是历来大家都关注的维度；靠近或远离城市这个标准的选取，则显然受到施坚雅（G. W. Skinner）市场体系理论的影响，与大多数中国学者不同的是，施坚雅格外强调，中国的村落与城市、市场的连接程度和方式，决定了村落的很多特质；宗族或宗教这个标准，虽然看起来似乎有些牵强，却是一个全新的维度，而且把宗族与宗教问题联系起来，大大开拓了村落研究的视野，并提高了村落研究的对话能力[②]。

1990 年，王汉生等人以农村工业化为背景，试图概括出村落变迁的解释模式。他们认为，中国改革以后，农村社会分化的历程，可以用"工业化"程度和"集体化"程度两个视角在一个十字坐标上构架出 4 种村落或农村区域理想类型，即高集体化和低工业化类型、低集体化和低工业化类型、高工业化和低集体化类型以及高工业化和高集体化类型。其中"集体化"程度与"社会分化"程度具有同等的意义，集体化程度越高，社会

---

① 杜赞奇（Duara，P.）：《文化、权力与国家：1900—1942 年的华北农村》，王福明译，江苏人民出版社 1994 年版，第 10 页。

② Skinner, G. W., 1964 - 1965, "Marketing and Social Structure in Rural China", *Journal of Asian Studies*, 3 parts. 24. 1：3 - 44，24. 2：195 - 228，24. 3：363 - 399.

分化程度越低①。

很难说王汉生等人这种构架村落理想类型的思路，是否受到杜赞奇的影响，因为当时多数中国学者还未看到杜赞奇的书，他们似乎更可能受到受到贝尔（D. Bell）在《后工业社会的来临》一书中提出的分析框架的影响，该书当时在中国颇为流行。贝尔在该书1976年版前言中，以代表生产力的技术为横轴，以代表社会关系的财产关系为纵轴，构成一个十字坐标，技术横轴划分的是工业化程度（工业的，前工业的），财产关系纵轴划分的是集体化程度（资本主义的，集体主义的），这样就出现了4种配合：工业资本主义的（如美国），工业集体主义的（如苏联），前工业资本主义的（印度尼西亚）和前工业集体主义的（如中国）。贝尔认为，并不存在唯一的社会变迁解释构架，可以有不同的社会发展图式：如封建的，资本主义的和社会主义的；或者前工业的，工业的和后工业的；或者按韦伯的政治权威架构来分，就是家长制的，世袭制的和法制—理性的科层制的。"在某一历史阶段内，很可能某一特定的中轴原理非常重要，而成为其他大多数社会关系的决定因素。"②

随后，王晓毅也提出了一种很类似的村落理想类型的解释框架，他用"权力集中程度"与"商品经济发展水平"两个维度构架出村落社会分化的4种理想类型，即商品经济发展水平低而权力集中的同质社会、商品经济发展水平高而权力集中的异质社会、商品经济发展水平低而权力分散的同质社会和商品经济发展水平高而权力分散的异质社会③。表面看来，王晓毅的划分只是王汉生等人划分的一种翻版，但仔细考究，又的确有不同，因为低集体化的村庄，权力集中程度并不一定低，权力集中可以和集体制相联系，但也可以和家族制相联系，同样，商品经济发展水平可以和工业化相联系，也可以和市场化相联系，这样王晓毅的类型构架实际上是增加了两个观察和分析的视角④。

---

① 王汉生等："工业化和社会分化：改革以来中国农村的社会结构变迁"，《农村经济与社会》1990年第4期。

② 贝尔（Bell, D.）：《后工业社会的来临》，高铦等译，新华出版社1973/1997年版。

③ 王晓毅："农村社会的分化与整合：权利与经济"，《社会学与社会调查》1991年第2期。

④ 同上。

李国庆在为一项百村调查课题设计村落类型划分方法时，把宗族权力强弱与行政权力强弱以及市场影响强弱与行政权力强弱作为两个象限图的坐标，划分出 8 种象限①。这样，经济的、政治的和文化的因素似乎都考虑到了，象限图也变得更为复杂了，但与现实的距离似乎也更远了。我与李国庆曾讨论过这个问题，象限复杂化以后，看起来考虑的因素更全面了，但随之而来的问题是，我们很难从现实中找到特征合适的村庄放到象限中去解释。

以不同观察维度的交叉，来构成具有理想类型意义的分析框架，这与简单的横断面的现实类型比较，似乎在理论上前进了一步，它不仅更加注重历时性的研究视角，而且引入了其他不同的发展解释图式。但象限图示的复杂化，也带来新的问题，它越来越成为无血无肉的枯燥骨架。它本来是要寻求更普遍的解释力，却像一些"模式"的研究一样，走到了反面，随着现实的发展，连特殊的解释力也丧失了。至少从目前来看，在利用象限图示的理想类型分析具体村落方面，还没有人比杜赞奇做得更为成功。

三　我的研究方法之源

有鉴于此，在本项研究中，我思忖再三，在研究方法上想另辟蹊径，也就是试图在研究中建立一种关于中国村落终结的具有普遍解释力的理想类型（Ideal Type）。这种方法当然是受韦伯（M. Weber）关于理想类型的原创性论述的影响，但它与韦伯使用的含义又有很大不同。韦伯与很多德国的思想家一样，深受德国思辨哲学的影响，即认为越"形式化"的东西，越符合思维逻辑的东西，越能反映事物的本质，这与深受经验主义影响的法国社会学家涂尔干（E. Durkheim）所说的"社会事实"，有很大的不同。对于涂尔干来说，越是实证主义的，才越是真实的，而对于韦伯来说，本质的东西是超越经验的，因此越是符合现实因果联系的思维构造，才是能够理解的。

但我所说的这种理想类型，不是哲学家塑造的抽象骨架，而是看起来

---

① 参见陆学艺主编《内发的村庄：行仁庄》，社会科学文献出版社 2001 年版。

有血有肉的东西，有些像小说中的故事和人物，它来自生活，但无法还原为生活，是生活的提炼和综合，生活中可能并没有完全相同的人物，但又有很多人对号入座。从研究的角度来看，老舍的《茶馆》、鲁迅的《祝福》、曹禺的《雷雨》、巴金的《家》、沈从文的《边城》……这都是提炼的具有普遍解释力的理想类型。

我给自己塑造的这个村落类型，起了一个学名，叫"羊城村"，代表珠江三角洲城郊地区进入终结过程的村落。这个"羊城村"，在现实中有一个村作为基本的塑造底版，却具有许多原型，我把这些原型中最有代表性的那些特征和故事提炼出来，用这些来自生活的原始素材，像机器压缩饼干一样，压缩成"羊城村"和"羊城村的故事"。这些故事是真实可靠的，不是捕风捉影、杜撰捏造的，但也并非是原汁原味的，它去掉了一些与主题无关的细节，突出了那些与主题联系密切的线索。

中国改革开放以来，在村落城市化过程的链条上，社会学已经有众多不同类型的散点研究，尽管很难说每一个散点研究塑造的村落类型，都具有理想类型的意义，但这些散点的研究，已经基本可以串起一个过程或一条线索：如周大鸣对广东都市里的村庄"南景村"的研究，王春光、项飙、王汉生等对都市外来流动民工和农民小业主聚居地北京"浙江村"的研究，折晓叶对高度工业化的东南地区超级村庄"万丰村"的研究，王铭铭对发达地区农业村闽南"美法村"、"塘东村"的研究，陆学艺等人对北方地区初步工业化的"行仁庄"的研究，于建嵘对湖南农业村岳村的研究，肖唐镖对江西、安徽9个农业村的研究，黄平等人对欠发达的民工流出地4省8村的研究，等等①。通过对村落城市化链条每一个发展环节理想类型的建立，我们就可以在理论上再造当代中国村落变迁的生动而又丰

① 周大鸣："城乡结合部社区的研究：广州南景村50年的变迁"，《社会学研究》2001年第4期；王春光：《社会流动与社会重组：京城"浙江村"研究》，浙江人民出版社1995年版；项飙：《跨越边界的社区：北京"浙江村"的生活史》，三联书店2000年版；王汉生等："工业化和社会分化：改革以来中国农村的社会结构变迁"，《农村经济与社会》1990年第4期；折晓叶："村庄边界的多元化：经济边界开放与社会边界封闭的冲突与共生"，《中国社会科学》1996年第3期；陆学艺主编：《内发的村庄：行仁庄》，社会科学文献出版社2001年版；黄平主编：《寻求生存：当代中国农村外出人口的社会学研究》，云南人民出版社1997年版；肖唐镖等：《村治中的宗族：对九个村的调查与研究》，上海书店出版社2001年版；于建嵘：《岳村政治》，商务印书馆2001年版。

富的全过程。

我对"羊城村"的塑造方法，应当说有些像商学院里讲授的"典型案例"，这些案例的意义，并不在故事本身，而在于案例揭示的法则。

过去，社会学界和经济学界的朋友聚在一起，常常开一些互相"讥讽"的玩笑。经济学家喜欢"讥讽"的是，社会学没有理论，只有一些没有结论的细致描述和没有精致提炼的素材，其余的就是同情的眼泪和愤慨的话语，就像一盆"杂烩菜"。而社会学家反唇相讥的是，经济学是研究降低成本的，但无奈经济学家学问之外的收益使做学问的成本太高，所以到处都是经济学家对宏观问题的观点、看法、见解和评论，唯独不见经济学家对微观案例的深入分析，而那些所谓"见解"，就像一根根弃之可惜而嚼之无味的"肉骨头"。

后来，北京天则经济研究所设立了一个制度变迁案例分析的宏大研究项目，给予特殊资助，带动一大批经济学家像教 MBA 课程一样，去搞案例分析。这个项目的成果也结集出版为《中国制度变迁案例研究》，并一集、二集、三集地出下去。

引起我兴趣的，不仅是这些案例分析本身与社会学案例分析的差异，更有周其仁教授为第一集案例写的评论《研究真实世界的经济学》，他在那篇评论中，提出"超越实证经济学"问题。

周其仁认为，这些经济学首批案例研究成果的一个显著特点，是系统地将自科斯以来新制度经济学的许多新发展，运用于中国近年发生的制度变迁，而科斯的研究方法强调，理论赖以成立的前提性假设，不但应当是"易于处理的"（manageable），而且必须是"真实的"（realistic）。科斯一生不但偏爱用实例，而且偏爱用经过他本人下工夫调查的实例，比如英国历史上的灯塔究竟是政府还是私人修建的，美国联邦通讯委员会如何通过分配频道资源集中了权力，福特汽车公司与其零配件厂的一体化程度。在这些著名的问题中，科斯都是一面利用大量一手或二手的材料弄清事实的来龙去脉，一面自己来对事实"简化"，从而得到可用于经济学研究的"够格的"实例。然而周其仁教授认为，虽然首批九个天则案例个个精彩，但这批成果在"把实例一般化"方面普遍薄弱，普遍存在"前理论十足，后一般化不够"问题。而实例本身并不能自动回答问题，从实例的研究，到得出对真实世界的理解，中间还需完成一个跳跃，这就是把实例一般化。所以说"真实世界的经济学"，又是"超越实证经济学"的，其方法论的三个关键词是：真实世界、实例和（把实例）一般化①。

　　我所塑造的"羊城村"这个理想类型，也是为了"超越实证社会学"，努力把实例"一般化"，用我前面的话说，就是追求"更普遍的解释力"和"更广泛的对话能力"。另外，我还不是把"羊城村"作为一个"一般的村落"来研究。对于我来说，"羊城村"不仅仅是一个村落，它也是一个企业，是一种村落和企业合一的特殊的经济组织。这种经济组织，是深深嵌入村落社会网络的，它为我们提供了一个解释现实经济组织及其运行规则的很好的特例。它让我们可以从一种比较原初的状态下，观察企业的生成和裂变。而在市场和企业这两极的理想状态之间，是一个连续谱的种群，它在现实中有多样性的变异形态，"羊城村"就是其中的一种。我们在现实的一些特例身上，常常能够找到使我们更深刻理解"普遍规则"的钥匙。在科学的研究历程中，"特例"的功能从来就不是对"普遍规则"的反动，而是修正和扩大"普遍规则"的边界。

　　在写作的方法和分析的关注点上，我受到两本书的影响。一本是贝克夫妇（G. S. Becker and G. N. Becker）的《生活中的经济学》，那里面汇集的是1985—1995年的10年时间里，理性选择学派巨擘 G. S. 贝克为美国《商业周刊》所撰写的一系列专栏文章。享有突破"黑板经济学"和走出"象牙塔"盛誉的贝克，1992年因用经济理论分析社会问题的成就而获得诺贝尔经济学奖。他在那些给普通读者写的文章里，用通俗的语言和清晰的理论，分析了真实世界的各种现象，从犯罪、移民、歧视、劳工、教育、吸毒、婚姻、妇女地位、烟酒销售，一直到税收制度、政府管制、利益团体、国际贸易、股票市场和经济衰退。他的语言朴素无华，却字字珠玑，处处渗透着真知灼见，读后更让我对崇尚晦涩生僻玄虚的文风深恶痛绝。记得有一次在乡下，几位学界同仁在听完一位老农的生活洞见之后，感慨万千，有些自嘲地讥讽说，过去学富五车的学界前辈，手艺的绝活，

――――――――――

① 周其仁："研究真实世界的经济学"，载张曙光主编《中国制度变迁案例研究》，中国财政经济出版社1999年版。

是能够把深奥的道理解说得像老农的故事一样通俗易懂，而我辈近来的本事，似乎是专长于用孤冷朦胧的概念去费劲地解说大家都知道的常识。所以，这本书的叙述语言，我力戒过于学究气。

另一本影响我的写作关注点的著作，是格兰诺维特（M. Granovetter）和斯威德伯格（R. Swedberg）1992 年编的《经济生活的社会学》，他们选择了 15 位著名社会学家、经济学家和人类学的文章，这些文章都是从历史的、比较的和社会学的角度，来探讨经济生活、经济组织和经济制度的问题。作者们的理论取向，有理性选择社会学，有新经济社会学，有社会经济学，还有交易成本经济学和心理—社会—人类学的经济学，而他们共同关注的问题，似乎都集中在经济和社会之间，强调经济行动是一种社会行动，经济行动是嵌入社会境况的，经济制度是一种社会构成。这也成为我这本书的主要假设，我在书中所寻求的，就是经济生活的社会规则。

该文是写村落终结的过程，它的基本研究结论和意义是：一，村落的终结和农民的终结不是完全同一的过程，不是非农化、工业化和户籍改革就能解决的，村落的终结更加艰难，更加漫长，一蹴而就的结果往往会造成社会的断裂。二，村落的终结必然伴随产权的变动和社会网络的重组，其间必然伴随着激烈的利益和价值冲突，需要建立一种超越"零和博弈"的新的合作和整合机制。三，村落组织的传统本土资源，并不完全是现代性的对立面，它也可以融入或被用来构建现代化的新传统，在所有被视为对立两级的中间，都存在连续谱的过渡和多样性。四，"城中村"在城市化过程中具有双重的功能，它既是城市异质的边缘，也是替代贫民窟而成为农民工融入城市并转变成新市民的摇篮和跳板。五，"城中村"的研究，为我们最终揭示从村落非农化、工业化、去工业化到城市化和村落终结的变迁逻辑，提供了可能。

参考文献

贝克夫妇（G. S. Becker and G. N. Becker），1997/2000，《生活中的经济学》，薛迪安译，华夏出版社。

贝尔（D. Bell），1973/1997，《后工业社会的来临》，高铦等译，新华出版社。

曹锦清，2000，《黄河边的中国：一个学者对乡村社会的观察与思考》，上海文艺出版社。

曹锦清、张乐天、陈中亚，1995/2001，《当代浙北乡村的社会文化变迁》，上海远东出版社。

陈俊杰，1998，《关系资源及农民的非农化：对浙东越村的一项实证研究》，中国社会科学出版社。

邓英淘、崔之元、苗壮，1996，《南街村》，当代中国出版社。

杜赞奇（P. Duara），1988/1994，《文化、权力与国家：1900—1942 年的华北农村》，王福明译，江苏人民出版社。

江振昌，1998，"村落家族与大陆农村社区权威结构之分析"，台北：《中国大陆研究》总第 41 期。

费孝通，1939/1999，《江村经济》，戴可景译，载《费孝通全集》第二卷，群言出版社。

——1943/1990，《禄村农田》，原由重庆商务印书馆出版，载费孝通、张之毅著《云南三村》，天津人民出版社。

——1947/1985，《乡土中国》，三联书店。

冯尔康，1994，《中国的宗族社会》，浙江人民出版社。

吉尔兹（C. Geertz），1983/1999，《地方性知识》，王海龙、张家瑄译，中央编译出版社。

郭于华，1996，"农村现代化过程中的传统亲缘关系"，《社会学研究》第 6 期。

郭正林，1999，《中国村社制度》，中国文联出版社。

贺雪峰、仝志辉，2002，"论村庄社会关联"，《中国社会科学》第 3 期。

贺雪峰、肖唐镖，1999，"村社研究的分层与深化"，《中国社会科学季刊》（香港），总第 25 期。

胡必亮，1996，《中国村落的制度变迁与权力分配》，山西经济出版社。

黄平主编，1997，《寻求生存：当代中国农村外出人口的社会学研究》，云南人民出版社。

黄树民，1994，《林村的故事：1949 年后的中国农村变革》，张老师出版社。

黄宗智（Ph. Huang），1986/2000，《华北的小农经济与社会变迁》，中华书局出版社。

——1990/2000，《长江三角洲小农家庭与乡村发展》，中华书局。

——1992，《中国农村的过密化与现代化：规范认识的危机及出路》，上海人民出版社。

金雁、卞悟，1996，《农村公社、改革与革命——村社传统与俄国现代化之路》，中央编译出版社。

蓝宇蕴，2003，《都市里的村庄：关于一个"新村社共同体"的实地研究》，中国社会科学院研究生院社会学系博士论文。

李培林，2002，"巨变：村落的终结"，《中国社会科学》第 1 期。

李培林主编，2003，《农民工：中国进城农民工的经济社会分析》，社会科学文献出版社。

林耀华，1944/1989，《金翼——中国家族制度的社会学研究》，庄孔韶、林宗成译，三联书店。

——1935/2000，《义序的宗族研究》，三联书店。

陆学艺主编，2001，《内发的村庄：行仁庄》，社会科学文献出版社。

马若孟（R. H. Myers），1970/1999，《中国农民经济》，史建云译，江苏人民出版社。

毛丹，2000，《一个村落共同体的变迁》，学林出版社。

孟德拉斯（H. Mendras），1984/1991，《农民的终结》，李培林译，中国社会科学出版社。

钱杭、谢维扬，1995，《传统与转型：江西泰和农村宗族形态》，上海社会科学院出版社。

沈延生，1998，"村政的兴衰与重建"，《战略与管理》第 6 期。

苏力，2000，《送法下乡》，中国政法大学出版社。

托马斯（W. I. Thomas）、兹纳涅茨基（F. Znaniecki），1984/2000，《身处欧美的波兰农民》，张友云译，译林出版社。

王春光，1995，《社会流动与社会重组：京城"浙江村"研究》，浙江人民出版社。

王汉生等，1990，"工业化和社会分化：改革以来中国农村的社会结构变迁"，《农村经济与社会》第 4 期。

王汉生等，1997，"'浙江村'：中国农民进入城市的一种特殊方式"，《社会学研究》第 1 期。

王沪宁，1991，《当代中国村落家族文化》，上海人民出版社。

王铭铭，1997，《村落视野中的文化与权力：闽南三村调查》，三联书店。

王晓毅，1991，"农村社会的分化与整合：权利与经济"，《社会学与社会调查》第 2 期。

王晓毅、朱成堡，1996，《中国乡村的民营企业与家族经济：浙江省仓南县项东村调查》，山西经济出版社。

王颖，1996，《新集体主义：乡村社会再组织》，经济管理出版社。

温铁军，1999，"半个世纪的农村制度变迁"，《战略与管理》第 6 期。

怀特（W. Whyte），1943/1994，《街角社会：一个意大利贫民区的社会结构》，商务印书馆。

吴毅，2002，《村治变迁中的权威与秩序：20世纪川东双村的表达》，中国社会科学出版社。

项飚，2000，《跨越边界的社区：北京"浙江村"的生活史》，三联书店。

项继权，2002，《集体经济背景下的乡村治理》，华中师范大学出版社。

肖唐镖等，2001，《村治中的宗族：对九个村的调查与研究》，上海书店出版社。

阎云翔，1996/2000，《礼物的流动：一个中国村庄中的互惠原则与社会网络》，李放春、刘瑜译，上海人民出版社。

杨懋春，1984，《中国农村社会之演变》，台湾巨流图书公司。

于建嵘，2001，《岳村政治》，商务印书馆。

张乐天，1998，《告别理想：人民公社制度研究》，东方出版中心。

张五常，1969/2000，《佃农理论：应用于亚洲的农业和台湾的土地改革》，商务印书馆。

赵秀玲，1998，《中国乡里制度》，社会科学文献出版社。

折晓叶，1996，"村庄边界的多元化：经济边界开放与社会边界封闭的冲突与共生"，《中国社会科学》第3期。

折晓叶，1997，《村庄的再造——一个"超级村庄"的社会变迁》，中国社会科学出版社。

周其仁，1999，"研究真实世界的经济学"，载张曙光主编《中国制度变迁案例研究》，中国财政经济出版社。

周晓虹，1998，《传统与变迁——江浙农民的社会心理及其近代以来的嬗变》，三联书店。

庄孔韶，1999，《银翅——中国的地方社会与文化变迁》，三联书店。

Anderson，B.，1983，*Imagined Communities*，London：Verson.

Burn，J.P.，1988，*Political Particapation in Rural China*，New Haven：Yale University Press.

Chan，A.，Madsen，R. and Unger，J.，1992，*Chen Village under Mao and Deng*，Berkeley：University of California Press.

Chayanov，A.V.，1925/1986，*The Theory of Peasant Economy*，Madison：University of Wisconsin Press.

Durhkeim，E.，1901/1950，*The Rules of Sociological Method*，Glencoe Ⅲ.：Free Press.

Freedman，M.，1958，*Lineage Organization in South China*，London：Athlone.

——1966，*Chinese Lineage and Society*：*Fukien and Kwangtung*，New York：Humanities

Press.

Friedman, E. et. al. , 1991, *Chinese Village*, *Socialist State*. New Haven: Yale University Press.

Geertz, C. , 1973, *The Interpretation of Cultures*. New York: Basic Books.

Granovetter, M. and Swedberg, R. (ed.), 1992, *The sociology of Economic Life*, Colorado: Westview Press, Inc. .

Kuhn, Ph. , 1970, *Rebellion and Its Enemies in Late Imperial China: Militarization and Social Structure* 1796 – 1864, Cambridge, Mass. : Harvard University Press.

Malinowski , B. K. , 1922, *Argonauts of the Western Pacific: An Account of Native Enterprise and Adventure in the Archipelagoes of Melanesian New Guinea*. London: Routledge and Kegan Paul.

Lipman, J. N. and Harrell, S. (eds.), 1990, *Violence in China: Essays in Culture and Counterculture*, Albany: State Universty of New York Press.

Little, D. , 1989, *Understanding Peasant China: Case Studies in the Philosophy of Social Sciences*, New Haven: Yale Universty Press.

Lynd, R. and Lynd, H. , 1929, *Middletown*, New York: Harcourt Brace Jovanovich.

——1937, *Middletown in Transition*, New York: Harcourt Brace Jovanovich.

Madsen, R. , 1984, *Morality and Power in a Chinese Village*, Berkeley: University of California Press.

Marks, R. , 1984, *Rural Revolution in South China: Peasants and the making of History in Haifeng County* 1570 – 1930, Wisconsin: The University of Wisconsin Press.

Nolan, P. , 1988, *The political Economy of Collective Farms: An Analysis of China's Post-Mao Rural Reforms*, Boulder, Colo. : Westview Press.

Oi, J. C. , 1989, *State and Peasant in Contemporary China: the Political Economy of Village Government*, Berkeley: University of California Press.

Parish, W. L. (eds.), 1985, *Chinese Rural Development: The Great Transformation*, N. Y. : M. E. Sharp.

Polanyi, K. , 1958, *The Great Transformation*, Boston: Beacon Press.

Popkin, S. , 1979, *The Rational Peasant: The Political Economy of Rural Society in Vietnam*, Berkeley: University of California Press.

Potter, S. H. and Potter J. M. , *China's Peasant: the Anthropology of a Revolution*, Cambridge: Cambridge Universty Press.

Redfield, R. , 1956, *Peasant Society and Culture*, Chicago: University of Chicago Press.

Sath, A. (ed.), 1987, *The Re-emergence of the Chinese Peasantry: Aspects of Rural Decol-*

lectivisation, London: Croom Helm.

Schultz, T. W. , 1964, *Transforming Traditional Agriculture*, New Haven: Yale University Press.

Scott, J. C. , 1976, *The Moral Economy of the Peasant: Rebellion and Subsistence in the South-east Asia.* New Haven, Conn. : Yale University Press.

——1985, *Weapons of the Weak: Everyday Forms of Peasant Resistance*, New Haven: Yale University Press.

Skinner, G. W. , 1964 – 1965, "Marketing and Social Structure inRural China", *Journal of Asian Studies* 3 parts. 24. 1: 3 – 44, 24. 2: 195 – 228, 24. 3: 363 – 399.

Shue, V. , 1988, *The Reach of State: Sketches of the Chinese Body Politics*, Stanford: Stanford University Press.

Vermeer, E. B. , Pieke, F. and Chong, W. L. , 1998, *Coorperative and Collective in Cjina's Rural Development: Between State and Private Interests*, N. Y. : Sharpe.

Walder, A. G. , 1998, Zouping in Transition: The Process of Reform in Rural China. Cambridge, Mass. : Harvard University Press.

Ware, C. F. , 1935/1977. *Greenwich Village: 1920 – 1930*, New York: Octagon Books.

Zweig, D. , 1997, *Freeing China's Farmers: Ruaral Restructuring in the Reform Era*, London: Sharpe.

（原载《思想战线》2004 年第 1 期）